Quo vadis, Geldstrafe?

Europäische Hochschulschriften

Publications Universitaires Européennes
European University Studies

Reihe II
Rechtswissenschaft

Série II Series II
Droit
Law

Bd./Vol. 5308

PETER LANG
Frankfurt am Main · Berlin · Bern · Bruxelles · New York · Oxford · Wien

Marcel Arendt

Quo vadis, Geldstrafe?

Möglichkeiten und Grenzen einer ambulanten Sanktion

PETER LANG
Internationaler Verlag der Wissenschaften

Bibliografische Information der Deutschen Nationalbibliothek
Die Deutsche Nationalbibliothek verzeichnet diese Publikation in der Deutschen Nationalbibliografie; detaillierte bibliografische Daten sind im Internet über http://dnb.d-nb.de abrufbar.

Zugl.: Leipzig, Univ., Diss., 2012

Gedruckt auf alterungsbeständigem,
säurefreiem Papier.

15
ISSN 0531-7312
ISBN 978-3-631-63180-5

www.peterlang.de

Vorwort

Die vorliegende Arbeit wurde 2011 von der Juristenfakultät der Universität Leipzig als Dissertation angenommen. Für die Veröffentlichung wurden Gesetzgebung, Rechtsprechung und Literatur bis einschließlich November 2011 berücksichtigt.

Ich danke meiner Doktormutter Prof. Dr. Katharina Beckemper für die ausgezeichnete Betreuung dieser Arbeit. Bedanken möchte ich mich auch bei Prof. Dr. Hendrik Schneider für die zügige Erstellung des Zweitgutachtens.

Mein besonderer Dank gilt meiner Partnerin, Dr. Tina Siegmund und meinem – während der Promotionszeit geborenen – Sohn Karl Leonard, denen ich diese Arbeit widme. Tina hat mich während der gesamten Zeit liebevoll unterstützt und motiviert. Die notwendige Flucht ins Außerakademische gelang mir in Karls Gegenwart stets am besten.

Berlin, im Dezember 2011 *Marcel Arendt*

Inhaltsverzeichnis

Abkürzungsverzeichnis

a.A.	andere Ansicht
a.a.O.	am angegebenen Ort
a.F.	alte Fassung
Abs.	Absatz
ÄndG	Änderungsgesetz
Anm.	Anmerkung
AO	Abgabenordnung
APuZ	Aus Politik und Zeitgeschichte
Art.	Artikel
AWG	Außenwirtschaftsgesetz
BayObLG	Bayrisches Oberstes Landesgericht
BayStVollzG	Bayerisches Strafvollzugsgesetz
Begr.	Begründung
BewHi	Bewährungshilfe
BGBl	Bundesgesetzblatt
BGH	Bundesgerichtshof
BGHSt	Entscheidungen des Bundesgerichtshofs für Strafsachen
BJagdG	Bundesjagdgesetz
BMJ	Bundesministerium der Justiz
bspw.	beispielsweise
BR-Drucks.	Bundesratsdrucksache
BT-Drucks.	Bundestagsdrucksache
BT-Plenarprotokoll	Plenarprotokoll des Bundestages
BVerfG	Bundesverfassungsgericht
BVerfGE	Entscheidungen des Bundesverfassungsgerichts
Dahs-FS	Festschrift für Hans Dahs
DAR	Deutsches Autorecht
DDR	Deutsche Demokratische Republik
ders.	derselbe
DRiZ	Deutsche Richterzeitung

E-StGB	Gesetzesentwurf zum StGB
EBAO	Einforderungs- und Beitreibungsanordnung
EGStGB	Einführungsgesetz zum Strafgesetzbuch
EMRK	Europäische Menschenrechtskonvention
EuGRZ	Europäische Grundrechte-Zeitschrift,
EUV	Vertrag über die Europäische Union
f.	die Folgende
ff.	die Folgenden
Fn.	Fußnote
FS	Forum Strafvollzug – Zeitschrift für Strafvollzug und Straffälligenhilfe
GA	Goltdammer´s Archiv für Strafrecht
GdP	Gewerkschaft der Polizei
GeschmMG	Geschmacksmustergesetz
GG	Grundgesetz
HK-StPO	Heidelberger Kommentar zur Strafprozessordnung
HmbStVollzG	Hamburgisches Strafvollzugsgesetz
i.V.m.	in Verbindung mit
IzpP	Informationen zur Politischen Bildung
JA	Juristische Ausbildung
JBeitrO	Justizbeitreibungsordnung
JR	Juristische Rundschau
JuMoG	Gesetz zur Modernisierung der Justiz
JuS	Juristische Schulung
JZ	Juristenzeitung
KrimJ	Kriminologisches Journal
liechtStGB	liechtensteinisches Strafgesetzbuch
LK-StGB	Leipziger Kommentar zum Strafgesetzbuch
LR-StPO	Löwe-Rosenberg, Die Strafprozessordnung und das Gerichtsverfassungsgesetz, Großkommentar
MarkenG	Markengesetz
MdJ	Ministerium der Justiz
MDR	Monatsschrift für Deutsches Recht

m.a.W.	mit anderen Worten
Mio.	Million
MK-StGB	Münchner Kommentar zum Strafgesetzbuch
Mrd.	Milliarde
MschKrim	Monatsschrift für Kriminologie und Strafrechtsreform
NJVollzG	Niedersächsisches Justizvollzugsgesetz
NJW	Neue Juristische Wochenschrift
NK	Neue Kriminalpolitik
NK-StGB	Nomos Kommentar zum Strafgesetzbuch
NStZ	Neue Zeitschrift für Strafrecht
NZV	Neue Zeitschrift für Verkehrsrecht
ÖJZ	Österreichische Juristenzeitung
OLG	Oberlandesgericht
OpferschutzG	Opferschutzgesetz
öStGB	österreichisches Strafgesetzbuch
OWiG	Gesetz über Ordnungswidrigkeiten
PatG	Patentgesetz
PStR	Praxis Steuerstrafrecht
Rdnr.	Randnummer
RegE	Regierungsentwurf
RiStBV	Richtlinien für das Strafverfahren und das Bußgeldverfahren
RGSt	Entscheidungen des Reichsgerichts in Strafsachen
RPflG	Rechtspflegergesetz
RuP	Recht und Politik
S.	Seite
Sch/Sch-StGB	Schönke/Schröder, Kommentar zum Strafgesetzbuch
schweizStGB	Schweizerisches Strafgesetzbuch
SK-StGB	Systematischer Kommentar zum Strafgesetzbuch
SOEP	sozio-ökonomisches-Panel
StGB	Strafgesetzbuch

StGB-DDR	Strafgesetzbuch der Deutschen Demokratischen Republik
StPO	Strafprozessordnung
StrÄndG	Strafrechtsänderungsgesetz
StrRG	Strafrechtsreformgesetz
StV	Strafverteidiger
StVG	Straßenverkehrsgesetz
StVollstrO	Strafvollstreckungsordnung
StVollzG	Strafvollzugsgesetz
Tab.	Tabelle
UrhG	Urhebergesetz
VerbrechensbekämpfungsG	Verbrechensbekämpfungsgesetz
vgl.	vergleiche
VRS	Verkehrsrechtssammlung
VV	Verfahrensvorschrift
wistra	Zeitschrift für Wirtschafts- und Steuerstrafrecht
z.B.	zum Beispiel
ZfStrVO	Zeitschrift für Strafvollzug und Straffälligenhilfe
ZIS	Zeitschrift für internationale Strafrechtsdogmatik
ZJJ	Zeitschrift für Jugendkriminalrecht und Jugendhilfe
ZPO	Zivilprozessordnung
ZRP	Zeitschrift für Rechtspolitik
ZStW	Zeitschrift für die gesamte Strafrechtswissenschaft

Einführung

Während Sanktionen ohne Freiheitsentzug in den letzten hundert Jahren lediglich eine formale Alternative zur Freiheitsstrafe darstellten, wechselte die kriminalpolitische Richtung mit den Strafrechtsreformen von 1969 und 1974 zum absoluten Vorrang ambulanter Sanktionen gegenüber der Freiheitsstrafe. Auf diesen Reformen basiert das deutsche Sanktionensystem in seinen Grundstrukturen bis zum gegenwärtigen Zeitpunkt. Im Wesentlichen beschränkt es sich dabei auf die unbedingte Geldstrafe und die Freiheitsstrafe mit der Möglichkeit zur Bewährungsaussetzung. Gerade im Bereich der mittleren und unteren Kriminalität können die Gerichte daher regelmäßig nur mit der Verhängung von Geldstrafen und kurzen Freiheitsstrafen reagieren.

Obwohl die von einem beständigen Wandel geprägte Entwicklung der Gesellschaft immer weiter und schneller voranschreitet, befindet sich das strafrechtliche Sanktionensystem nahezu unverändert noch immer auf dem Stand der Reformideologie der sechziger und siebziger Jahre. Indes prägen aktuell in Zeiten von Wirtschafts- und Finanzkrisen hohe Arbeitslosen- und steigende Armutszahlen sowie eine wachsende Perspektivlosigkeit ein verändertes gesellschaftliches Wertebewusstsein. Darüber hinaus resultieren – abhängig von der jeweiligen sozialen und wirtschaftlichen Stellung – aus diesen Entwicklungen umfangreiche unerwünschte Nebenfolgen von Geld- oder kurzen Freiheitsstrafen bei den Tätern. Die damit unweigerlich verbundenen geänderten Strafbedürfnisse machen eine Anpassung des strafrechtlichen Sanktionensystems unabdingbar.

Diese Probleme wurden mit der Anwendung des Strafensystems immer deutlicher und deshalb im Laufe der Zeit zutreffend von der Politik erkannt. Die daraufhin ergangenen Reformversuche verdeutlichen einerseits die immer wieder erkennbar werdenden Bestrebungen der Politik, Veränderungen am bestehenden Strafensystem vorzunehmen. Andererseits ist jedoch mit Bedauern zu beobachten, dass trotz dieser Bestrebungen die erhofften Lösungen stets ausblieben. In Anbetracht leerer Haushaltskassen sträuben sich die Bundesländer stattdessen beharrlich, Mehrkosten für eine Erweiterung des Sanktionensystems in Kauf zu nehmen. Die Medien präsentieren durch Kriminalitätsverzerrungen ein eigenständiges, von der bestehenden Sicherheitslage losgelöstes, Kriminalitätsbild, das ebenfalls mit einer Weiterentwicklung täterfreundlicher Sanktionsmöglichkeiten nur schwer in Einklang zu bringen ist. Als Folge dieser Gegenströme deutet sich derzeit eine scheinbar politische und wissenschaftliche Resignation im Sanktionenrecht an.

Gleichzeitig wachsen aber die Probleme und Bedürfnisse in der Kriminalpolitik im unteren und mittleren Kriminalitätsbereich kontinuierlich weiter. Dem wirksam entgegenwirken zu können, dürfen die erforderlichen Reformbestrebungen bei den ambulanten Sanktionen trotz der Diskrepanzen im Bereich des politischen Widerstandes und der Medien, nicht ins Stocken geraten, sondern müssen weiterhin regelmäßig mit neuen Ideen, Vorschlägen und Modellversuchen vorangetrieben werden, wofür die folgende Untersuchung ebenfalls einen Beitrag leisten soll.

Ausgangspunkt ist zunächst eine kurze Bestandsaufnahme des aktuellen Sanktionensystems in Deutschland und eine Analyse der derzeitigen Sanktionierungspraxis. Anschließend werden die daraus resultierenden Probleme aufgearbeitet. Dem folgen die im Laufe der Zeit hervorgebrachten Reformvorschläge und ihre Verläufe in chronologische Reihenfolge.

Als Schwerpunkt werden dann einerseits die diskutierten Änderungs- und Ausbauvorschläge im Bereich der Geldstrafe aufgegriffen und im Lichte des aktuell bestehenden Reformbedarfs untersucht. Neben den rechtlichen und wirtschaftlichen Aspekten werden dabei auch soziale Bedürfnisse genauere Beachtung finden. Darüber hinaus werden an geeigneten Stellen neue Ideen eingebracht und ebenfalls unter diesen Kriterien begutachtet.

Basierend auf den vorangegangenen Ergebnissen schließt die Arbeit dann mit der Vorstellung eines, durch den Verfasser mit neuen Geldstrafenmöglichkeiten erweiterten Strafensystems. Darin wird das vorhandene, bislang ungenutzte Potential der Geldstrafe verdeutlicht und eine Reform der ambulanten Sanktionen in einer realisierbaren Weise aufgezeigt.

Teil 1: Das bestehende Sanktionensystem

1 Das Sanktionensystem

Eine Rechtsfolge im Strafrecht ist die staatliche Reaktion oder die missbilligende öffentliche Reaktion auf eine Straftat oder rechtswidrigen Tat[1]. Das deutsche Rechtsfolgensystem folgt dem Grundsatz der Zweispurigkeit, indem es zwischen Strafen und vorbeugenden Maßnahmen unterscheidet. Während für die in den §§ 38 ff. StGB geregelten Strafen die Schuld des Täters zugleich Voraussetzung und gemäß § 46 Abs. 1 StGB Zumessungsgrundlage ist, können die in die Zukunft gerichteten vorbeugenden Maßnahmen, wie die in den §§ 61 ff. StGB geregelten Maßregeln der Besserung und Sicherung, unabhängig vom Schuldmaß oder auch ohne Schuld des Täters angeordnet werden[2]. Dieses Prinzip basiert auf der Erkenntnis, dass Strafen nicht immer allen Aufgaben des Strafrechts, insbesondere einem ausreichenden Rechtsgüterschutz, genügen und gegebenenfalls durch Maßregeln der Besserung und Sicherung, die der Gefährlichkeit des Täters entgegenwirken sollen, ergänzt werden müssen[3].

Die im Folgenden zu untersuchenden, als „Strafen" bezeichneten Sanktionsformen werden unter Betrachtung der Zweispurigkeit von zwei Elementen geprägt: dem öffentlichen sozialethischen Unwerturteil über die schuldhaft begangene Tat und dem zwangsweise auferlegten Übel[4]. Das sozialethische Unwerturteil folgt aus dem Schuldspruch und macht die symbolischen Wirkungen des Strafrechts deutlich, indem es dem Täter das normbrechende Geschehen personell zuweist, ihn ächtet, Solidarität mit dem Opfer bekundet und die Normgeltung bekräftigt[5]. Das zwangsweise auferlegte Übel besteht in einem Eingriff in die Rechtsphäre des Verurteilten wie Freiheit, Vermögen, Freizeit oder soziales Ansehen[6].

Dabei setzt sich das deutsche Strafensystem aus Hauptstrafen, Nebenstrafen und Nebenfolgen zusammen.

1.1 Die Hauptstrafen

Mit der Geldstrafe (§ 40 ff. StGB) und der Freiheitsstrafe (§§ 38 f. StGB) bestimmt das StGB nach geltendem Recht zwei Hauptstrafen, die als solche jeweils als isolierte Rechtsfolge gegen den Täter verhängt werden können. Die durch das OrgKG 1992 ebenfalls als Hauptstrafe[7] eingeführte Vermögensstrafe (§ 43a StGB) sollte nur neben der Freiheitsstrafe verhängt werden können. Allerdings wurde § 43a StGB durch Urteil

1 BVerfGE 105, 135, 157; 109, 133; *Fischer*, StGB, Vor § 38, Rdnr. 4.
2 Vgl. BVerfGE 109, 133; 109, 190.
3 *Häger*, in LK-StGB, Vor §§ 38 ff. Rdnr. 8.
4 *Schmidhäuser*, 2004, 40 ff.; *Jescheck/Weigend*, 1996, 65.
5 *Meier*, 2009, 16.
6 *Jescheck/Weigend*, 1996, 65.
7 Vgl. die Überschrift „Nebenstrafe" vor § 44 StGB.

des Bundesverfassungsgerichtes vom 20. März 2002[8] mit dem Grundgesetz für unvereinbar und nichtig erklärt.

1.1.1 Geldstrafe

Verhängt das Gericht eine Geldstrafe, wird diese durch den Entzug von Geldmitteln vollstreckt. Der Schwerpunkt des dabei wirkenden Strafübels liegt jedoch nicht im bloßen Entzug des Geldes. Der Kern soll vielmehr mittelbar im Zwang zum Konsumverzicht auf Zeit liegen, da dem Verurteilten das entzogene Geld für die Befriedigung seiner Bedürfnisse nicht zur Verfügung steht[9]. Damit ist die Geldstrafe nach einer grundsätzlich anzuwendenden abstrakten Betrachtung gegenüber der Freiheitsstrafe als milderes Strafübel einzuordnen[10].

Die Geldstrafe ist im allgemeinen Teil des StGB in den §§ 40 ff. StGB geregelt. Im besonderen Teil des StGB ist die Geldstrafe bei allen Vergehen vorgesehen, die nicht mit einer im Mindestmaß erhöhten Freiheitsstrafe bedroht sind, wie z.B. in den §§ 223 Abs. 1, 242 Abs. 1, 267 Abs. 1 StGB. Darüber hinaus eröffnen die §§ 47 Abs. 2 und 49 Abs. 2 StGB zwei weitere Anwendungsmöglichkeiten der Geldstrafe. Gemäß §§ 47 Abs. 2 StGB kann eine Geldstrafe selbst dann verhängt werden, wenn eine solche im Gesetz zwar nicht vorgesehen ist, das Gericht aber eine Freiheitsstrafe von unter sechs Monaten für angemessen hält. § 49 Abs. 2 StGB erweitert diese Möglichkeit auf Straftaten, die ebenfalls eine Geldstrafe selbst nicht vorsehen, aber ihrerseits auf § 49 Abs. 2 StGB verweisen, wie etwa in den §§ 113 Abs. 4, 157 Abs. 1, 306e Abs. 1 StGB. Der Unterschied dieser Regelung zu § 47 Abs. 2 StGB besteht darin, dass auch Freiheitsstrafen von mehr als sechs Monaten erfasst werden können[11]. Damit beschränkt sich der Anwendungsbereich der Geldstrafe letztlich auf den unteren und mittleren Kriminalitätsbereich.

1.1.1.1 Geldstrafenbemessung

Die Bemessung der Geldstrafe erfolgt im Rahmen des Tagessatzsystems in mehreren Schritten. Zunächst ist durch das Gericht die Zahl der Tagessätze zu bestimmen, wobei allein der Schuld- und Unrechtsgehalt der Tat, sowie präventive Gesichtspunkte zum Ausdruck kommen sollen[12]. Gemäß § 40 Abs. 1 Satz 2 StGB beträgt dabei die Mindestzahl fünf und die Höchstzahl dreihundertsechzig Tagessätze, soweit das Gesetz nichts anderes bestimmt. Bei der Bildung einer Gesamtgeldstrafe liegt die Höchstgrenze gemäß § 54 Abs. 2 Satz 2 StGB bei siebenhundertzwanzig Tagessätzen.

Nach der Bestimmung der Tagessatzzahl ist in einem zweiten Schritt die Höhe des einzelnen Tagessatzes unter Berücksichtigung der persönlichen und wirtschaftlichen Verhältnisse des Täters zum Zeitpunkt des Urteils festzulegen, § 40 Abs. 2 Satz 1 StGB. Dabei beträgt gemäß § 40 Abs. 2 Satz 3 StGB die Mindesthöhe eines

---

8 BVerfGE 105, 135; BGBl. I S. 1340.

9 *Häger*, in LK-StGB, Vor §§ 40 bis 43 ff. Rdnr. 44.

10 RGSt 2, 205, 206; BGHSt 37, 106, 133; BayObLG, MDR 1972, 884; 1975, 161.

11 Vgl. *Stree/Kinzig*, in Sch/Sch-StGB, § 49 Rdnr. 10.

12 *Kintzi*, DRiZ 2001, 198; *Streng*, 2002, Rdnr. 107.

Tagessatzes einen Euro. Sein Höchstbetrag wurde mit dem am 19.03.2009 vom Bundestag verabschiedeten Gesetzentwurf von bislang fünftausend auf dreißigtausend Euro erheblich erhöht[13]. Gleichzeitig wurde wegen der damit einhergehenden Verletzung des Bestimmtheitsgrundsatzes des Art. 103 Abs. 2 GG eine völlige Aufhebung der Obergrenze aus verfassungsrechtlichen Gründen abgelehnt[14]. Diese Ausgestaltung der Tagessatzhöhe, die sich an den persönlichen Verhältnissen orientiert, soll als zweiter Bemessungsschritt eine sogenannte „Opfergleichheit" oder „Gleichheit des Leidens" beim Täter sicherstellen. Für die gleiche Tat soll einem Wohlhabenden eine in gleicher Weise spürbare Einbuße wie einem Einkommensschwachen zugefügt werden[15]. Um dieses Ziel zu erreichen, hat sich der Gesetzgeber in § 40 Abs. 2 Satz 2 StGB für das Nettoeinkommensprinzip entschieden. Ausgangspunkt für die Bemessung der Tagessatzhöhe ist danach das Nettoeinkommen des Täters, das er durchschnittlich an einem Tag zur Verfügung hat oder haben könnte. Der strafrechtliche Begriff des Nettoeinkommens umfasst sämtliche Einnahmen des Täters, gleichgültig ob sie aus selbständiger oder unselbständiger Arbeit, Vermietung, Verpachtung, Kapitalvermögen, Arbeitslosenhilfe oder Sozialhilfe stammen, abzüglich der Steuern, Sozialabgaben, vergleichbarer Ausgaben für die private Kranken- oder Altersversicherung, Betriebsausgaben und Werbungskosten[16]. Bei der Einkommensermittlung spielt es keine Rolle, ob es sich um die Gewährung von Geld- oder Sachbezügen handelt, da die bezogenen Sachleistungen die wirtschaftliche Leistungsfähigkeit des Beziehenden in gleicher Weise bestimmen wie der Erhalt von Geldleistungen[17]. Dieser in der Rechtsordnung allgemeingültige Grundsatz findet sich ebenfalls in § 8 Abs. 1 EStG, der den Zufluss von „Gütern in Geldeswert" als steuerrechtliche Einnahme bestimmt und in § 8 Abs. 2 EStG in diesem Zusammenhang Wohnung, Kost, Waren, Dienstleistungen und sonstige Sachbezüge beispielhaft aufführt.

Ist das durchschnittliche Nettoeinkommen des Täters ermittelt, sind gemäß § 40 Abs. 2 Satz 1 StGB seine persönlichen und wirtschaftlichen Verhältnisse in angemessener Weise zu berücksichtigen. Hierzu zählen in erster Linie Unterhaltsverpflichtungen[18], aber auch außergewöhnliche Belastungen, wie z.B. besondere finanzielle Aufwendungen als Körperbehinderter sowie erhebliche alters- oder krankheitsbedingte Mehraufwendungen[19].

Sonstige wirtschaftliche Belastungen, wie Schulden oder Aufwendungen für Wohnung, Verpflegung, Kleidung etc. werden im Rahmen der sogen. „Opfergleichheit" grundsätzlich nicht in die Bemessung einbezogen, da sie regelmäßig jeden Täter

13 BT-Drucks. 16/11606.

14 Vgl. BT-Drucks. 16/11606, 7.

15 BGH 28, 363; *Kintzi*, DRiZ 2001, 198.

16 *Albrecht*, in NK-StGB, § 40 Rdnr. 25; *Horn/Wolters*, in SK-StGB, § 40 Rdnr. 8.; *Meier*, 2009, 63 f.; *Meyer*, PStR, 2008, 257, 260 f.

17 OLG Dresden, NJW 2009, 2966 f.; OLG Köln, StV 2009, 592; OLG Stuttgart, StV 2009, 131; OLG Oldenburg, NStZ–RR 2008, 6; *Fischer*, StGB, § 40, Rdnr. 11.

18 OLG Celle, NJW 1975, 2029 f.; OLG Celle, JR 1977, 382 ff. mit Anm. *Tröndle*; OLG Hamm, wistra 2007, 191 f.

19 *Stree/Kinzig*, in Sch/Sch-StGB, § 40 Rdnr. 15.

treffen[20]. Eine Einbeziehung hat jedoch dann zu erfolgen, wenn es sich um überdurchschnittliche Belastungen handelt, die über solche hinausgehen, die in der Regel jeder Täter zu leisten hat[21]. Denkbar ist ein situations- oder schicksalsbedingter finanzieller Mehrbedarf, etwa für eine körperliche Behinderung oder Aufwendungen für eine Haushaltshilfe für eine pflegebedürftige Person[22].

1.1.1.2 Zahlungserleichterungen

Stehen Tagessatzzahl und -höhe fest, ist anschließend von dem erkennenden Gericht über mögliche Zahlungserleichterungen gemäß § 42 StGB zu entscheiden. Als solche kommen Stundung oder Ratenzahlung in Betracht, wenn es dem Verurteilten nach seinen persönlichen oder wirtschaftlichen Verhältnissen nicht zumutbar ist, die Geldstrafe sofort zu erbringen. Zu berücksichtigen sind etwa Versorgungsprobleme einer Familie, eine entstehende finanzielle Bedrängnis oder die Nichterfüllbarkeit bestehender schuldrechtlicher Verpflichtungen bei einer sofortigen Zahlung der gesamten Geldstrafe[23]. Darüber hinaus sollen nach § 42 Satz 3 StGB Zahlungserleichterungen gewährt werden, wenn die Wiedergutmachung des durch die Tat verursachten Schadens ohne diese zumindest gefährdet wäre.

Im Rahmen der Entscheidung von Zahlungserleichterungen spielen weder Strafzwecke noch Schuld- oder Präventionsgesichtspunkte eine Rolle, sondern es geht ausschließlich um die Liquidität des Verurteilten[24]. Deshalb ist die Geldstrafenzumessung bereits mit den ersten beiden Schritten abgeschlossen und es handelt es sich um einen Akt vorweggenommener Strafvollstreckung[25]. Zudem können gemäß § 459a StPO dem Verurteilten ebenso nach Eintritt der Rechtskraft des Urteils durch die Vollstreckungsbehörde noch Zahlungserleichterungen bewilligt oder geändert werden.

1.1.1.3 Geldstrafenvollstreckung

Mit Eintritt der Vollstreckbarkeit, also gemäß § 449 StPO mit der Rechtskraft des Urteils, wird die Geldstrafe durch die Vollstreckungsbehörde (§ 451 StPO) eingefordert und erforderlichenfalls beigetrieben, wofür die §§ 459 ff. StPO, § 48 StVollstrO und im Einzelnen die JBeitrO oder die EBAO maßgebend sind. Dabei wird dem Verurteilten zunächst eine Kostenrechnung (§ 4 EBAO) mit einer regelmäßigen Zahlungsfrist von zwei Wochen (§ 3 Abs. 2 EBAO) zugestellt. Lässt er diese Frist ergebnislos verstreichen, so erhält er gemäß § 7 EBAO eine Mahnung mit einer erneuten angemessenen Fristsetzung. Bleibt auch dann die Zahlung aus, bestimmt die Vollstreckungsbehörde gemäß § 8 Abs. 1 EBAO, welche Vollstreckungsmaßnahmen zu ergreifen sind. Hierbei kann sie gemäß § 6 JBeitrO i.V.m. der jeweiligen Norm der ZPO auf diejeni-

20 OLG Celle, NJW 1975, 2029 f.; OLG Celle, JR 1975, 471 ff., mit Anm. *Tröndle*; OLG Karlsruhe, MDR 1977, 65.

21 OLG Karlsruhe, MDR 1977 65; *Schall*, JuS 1977, 307, 310.

22 BT-Drucks. 7/1261, 5; BayObLG, JR 1976, 161 ff. mit Anm. *Tröndle*.

23 *Häger*, in LK-StGB, § 40 Rdnr. 57; *Stree/Kinzig*, in Sch/Sch-StGB, § 42 Rdnr. 2.

24 *Albrecht*, in NK-StGB, § 42 Rdnr. 9.

25 *Meier*, 2009, 66; a.A. *Fischer*, StGB, § 42, Rdnr. 2; *Häger*, in LK-StGB, § 42 Rdnr. 1, die in der Entscheidung über Zahlungserleichterungen, eine dritte Phase der Geldstrafenzumessung sehen.

gen Möglichkeiten zurückgreifen, die ansonsten einem privaten Gläubiger bei der Zwangsvollstreckung wegen Geldforderungen in das bewegliche und unbewegliche Vermögen seines Schuldners eröffnet sind. Nach § 459c Abs. 2 StPO kann ein solches Beitreibungsverfahren unterbleiben, wenn zu erwarten ist, dass es in absehbarer Zeit erfolglos wäre.

Entrichtet der Verurteilte darüber hinaus die Geldstrafe weiterhin nicht, bleibt eine Beitreibung erfolglos oder liegt ein Fall des § 459c Abs. 2 StPO vor, ordnet die Vollstreckungsbehörde die Vollstreckung der Ersatzfreiheitsstrafe an (§ 43 StGB, § 459 StPO).

Ausnahmsweise kann das Gericht gemäß § 459f StPO trotz Uneinbringlichkeit der Geldstrafe von der Vollstreckung der Ersatzfreiheitsstrafe absehen, wenn diese für den Verurteilten eine unbillige Härte darstellen würde. Hierfür genügt jedoch nicht, dass die Geldstrafe ohne Verschulden des Verurteilten nicht erbracht werden kann oder der Verurteilte unverschuldet zahlungsunfähig geworden ist[26]. Vielmehr werden Umstände gefordert, die erst nach der Verurteilung eingetreten sind und eine – auch ratenweise – Zahlung der Geldstrafe unmöglich machen, wie z.B. Krankheit oder der nachträgliche, unverschuldete Verlust des Arbeitsplatzes[27].

Des Weiteren enthält Art. 293 EGStGB eine Alternative zur Ersatzfreiheitsstrafe. Danach kann die Vollstreckung der Ersatzfreiheitsstrafe durch freie Arbeit abgewendet werden. Gleichzeitig ermächtigt die Norm die Länder, nähere Ausgestaltungen zu treffen. Aktuell haben sämtliche Landesregierungen im Wesentlichen inhaltsgleiche Verordnungen erlassen, die dem Verurteilten die Abwendung der Ersatzfreiheitsstrafe durch Gestattung der Ableistung durch freie Arbeit – d.h. gemeinnützige und unentgeltliche Tätigkeit – ermöglichen[28]. Für die zu erbringende Beschäftigung beträgt der Anrechnungsmaßstab zur Tilgung eines Tagessatzes Ersatzfreiheitsstrafe überwiegend sechs Stunden[29] freie Arbeit. Gemäß Art. 293 Abs. 1 Satz 2 EGStGB ist die Ersatzfreiheitsstrafe mit Ableistung aller Arbeitsstunden erledigt. Schlechtleistung, Nichtaufnahme der Arbeit oder unentschuldigtes Fernbleiben haben dagegen den Widerruf der Gestattung und damit die Vollstreckung der Ersatzfreiheitsstrafe zur Folge[30].

1.1.2 Freiheitsstrafe

Als zweite und letzte Hauptstrafe enthält das StGB die Freiheitsstrafe. Bei deren Vollstreckung besteht das Strafübel in der Entziehung der Fortbewegungsfreiheit. Dabei werden zwei Anwendungsbereiche für die Freiheitsstrafe eröffnet. Zum einen kann sie vom erkennenden Gericht im Urteil ausgesprochen werden (sog. primäre Freiheitsstrafe). Im zweiten Fall spricht das Gericht zunächst eine andere Sanktion – zwangsläufig

26 BGH 27, 90, 93; OLG Düsseldorf, VRS 1977, 455; OLG Düsseldorf, MDR 1983, 341; *Schädler*, ZRP 1983, 5, 7; a.A. *Köhler*, GA 1987, 145, 161; *von Selle*, NStZ 1990, 118 ff.

27 Z.B. BayObLG, NJW 1955, 1644 f.

28 Vgl. stellvertretend Sachsen: „Verordnung über die Abwendung der Vollstreckung einer Ersatzfreiheitsstrafe durch Arbeit" vom 18.10.2010, SächsGVBl. Jg. 2010 Bl.-Nr. 13 S. 313.

29 Etwa § 7 Abs. 1 Satz 1 der in Fn. 28 genannten sächsischen Verordnung.

30 Vgl. nur § 6 Abs. 1 der in Fn. 28 genannten sächsischen Verordnung, *Häger*, in LK-StGB, § 43 Rdnr 12; *Albrecht*, in NK-StGB, § 43 Rdnr. 10.

eine Geldstrafe – aus[31]. Wenn deren Vollstreckung jedoch nicht möglich ist, hat die sog. sekundäre (oder Ersatz-) Freiheitsstrafe die Aufgabe, das Urteil in dieser Alternative durchzusetzen.

1.1.2.1 Primäre Freiheitsstrafe

Die primäre Freiheitsstrafe findet bei der mittleren und schweren Kriminalität ihren Anwendungsbereich, wobei in zeitlicher Hinsicht zwei Arten voneinander zu unterscheiden sind, die im Gesetz ausdrücklich als solche bezeichnete, lebenslange Freiheitsstrafe (vgl. §§ 211, 212 Abs. 2 StGB) und die zeitliche Freiheitsstrafe (§ 38 Abs. 1 StGB). Bei Letzterer begrenzt § 38 Abs. 2 StGB das gesetzliche Mindestmaß mit einem Monat und das Höchstmaß mit fünfzehn Jahren, soweit nicht andere spezialgesetzliche Regelungen vorliegen. Freiheitsstrafen von bis zu sechs Monaten sind jedoch gemäß § 47 StGB nur zulässig, wenn sie zur Einwirkung auf den Täter oder zur Verteidigung der Rechtsordnung unerlässlich sind. Damit soll erreicht werden, dass die kurze Freiheitsstrafe als ultima ratio weitestgehend zurückgedrängt wird und an ihre Stelle die Geldstrafe tritt[32].

Die Bemessung der Zeiteinheiten einer primären Freiheitsstrafe ergibt sich aus § 39 StGB, nach dem eine Freiheitsstrafe unter einem Jahr nach vollen Wochen und Monaten und bei einer längeren Dauer nach vollen Monaten und Jahren zu bestimmen ist.

1.1.2.1.1 Aussetzung der Freiheitsstrafe zur Bewährung

Darüber hinaus kennt die primäre Freiheitsstrafe einige Modifikationen. So kann die Vollstreckung einer Freiheitsstrafe, die zwei Jahre nicht übersteigt, nach § 56 Abs. 1 bis 3 StGB zur Bewährung ausgesetzt werden.

Die Voraussetzungen einer Aussetzung zur Bewährung sind – je nach Dauer der anerkannten Freiheitsstrafe – unterschiedlich ausgestaltet. Für eine Freiheitsstrafe von unter sechs Monaten ist es gemäß § 56 Abs. 1 i.V.m. Abs. 3 StGB ausreichend, wenn zu erwarten ist, dass dem Täter bereits die Verurteilung als Warnung genügt und er künftig ohne Einwirkung des Strafvollzuges keine Straftaten mehr begehen wird. Dies ist durch eine sogen. Legal- oder Kriminalprognose über das zukünftige, strafrechtlich relevante Verhalten des Täters zu ermitteln[33]. Als Grundlage dieser Prognose sind alle Tatsachen heranzuziehen, die auf das künftige Verhalten des Täters schließen lassen[34]. Die Vorgaben, welche Kriterien im Rahmen dieser Beurteilung relevant sind, enthält § 56 Abs. 1 Satz 2 StGB, nach dem die Persönlichkeit und das Vorleben des Verurteilten, die Tatumstände, das Nachtatverhalten, seine Lebensverhältnisse und die für ihn von der Aussetzung zu erwartenden Wirkungen zu berücksichtigen sind. Da es sich nur um eine beispielhafte Aufzählung handelt, sind darüber hinaus sämtliche sonstige Tatsachen zu berücksichtigen sind, die für oder gegen eine günstige Prognose sprechen.

---

31 Siehe oben, Teil 1. 1.1.1.3 Geldstrafenvollstreckung.

32 BGH 1 StR 245/94, Beschluss vom 21.06.1994; *Theune*, in LK-StGB, § 47 Rdnr. 1 f.

33 Vgl. *Fischer*, StGB, § 56, Rdnr. 3 ff.

34 *Hubrach*, LK-StGB, § 65 Rdnr. 17.

Freiheitsstrafen von sechs Monaten bis zu einem Jahr können über eine derartige positive Prognose hinaus nur zur Bewährung ausgesetzt werden, wenn die Verteidigung der Rechtsordnung nicht eine Strafvollstreckung gebietet (§ 56 Abs. 3 StGB). Dies wäre der Fall, wenn die Aussetzung der Strafe im Hinblick auf den Sachverhalt und dessen Besonderheiten auf Unverständnis stoßen würde, also das Vertrauen der Allgemeinheit in die Unverbrüchlichkeit des Rechts und den Schutz der Rechtsordnung vor kriminellen Angriffen erschüttern könnte[35]. Das Vorliegen dieser Voraussetzung ist im Rahmen einer Gesamtabwägung sämtlicher, die Tat und den Täter kennzeichnenden Umstände zu ermitteln[36]. Letztlich verlangt § 56 Abs. 2 Satz 1 StGB für die Bewährungsaussetzung einer Freiheitsstrafe von mehr als einem bis zu zwei Jahren neben den beiden voranstehenden Voraussetzungen, dass nach einer Gesamtwürdigung von Tat und Täterpersönlichkeit besondere Umstände vorliegen müssen. Durch diese Formulierung wird der Ausnahmecharakter einer Vollstreckungsaussetzung zur Bewährung für diese Strafhöhe deutlich. Die Rechtsprechung stellt darauf ab, ob „Umstände von besonderem Gewicht vorliegen, die eine Strafaussetzung trotz des erheblichen Unrechts- und Schuldgehalts, der sich in der Strafhöhe widerspiegelt, nicht als unangebracht und als den allgemeinen, vom Strafrecht geschützten Interessen nicht zuwiderlaufend erscheinen lassen“[37].

Liegen die Voraussetzungen für eine Aussetzung der Vollstreckung zur Bewährung vor, beginnt die – gemäß § 56a Abs. 1 Satz 2 StGB mindestens zwei und höchstens fünf Jahre dauernde – Bewährungszeit mit Rechtskraft des Urteils, das die Aussetzungsentscheidung enthält (56a Abs. 2 Satz 1 StGB).

Während dieser Zeit können dem Verurteilten Auflagen (§ 56b StGB) oder Weisungen (§ 56c StGB) auferlegt werden. Die in § 56b Abs. 2 Nr. 1 bis Nr. 4 StGB festgelegten Auflagen stellen strafähnliche Maßnahmen dar, die der Genugtuung für das begangene Unrecht dienen sollen (§ 56b Abs. 1 Satz 1 StGB)[38]. Der abschließende Katalog enthält die Wiedergutmachung des verursachten Schadens (Nr. 1), die Zahlung eines Geldbetrages zugunsten einer gemeinnützigen Einrichtung (Nr. 2), die Erbringung sonst gemeinnütziger Arbeit (Nr. 3) sowie die Zahlung eines Geldbetrages zugunsten der Staatskasse (Nr. 4).

Dagegen dienen die Weisungen ausschließlich spezialpräventiven Zielen, indem sie dem Verurteilten helfen sollen, zukünftig keine Straftaten mehr zu begehen (§ 56c Abs. 1 Satz 1 StGB). Im Gegensatz zu den Auflagen lässt sich der Formulierung des § 56c Abs. 2 StGB („namentlich“) entnehmen, dass dessen Weisungskatalog keine abschließende Aufzählung beinhaltet. Insofern benennt § 56c Abs. 2 StGB in den Nr. 1 bis 5 beispielhaft folgende Möglichkeiten des Gerichts, Anordnungen zu treffen, die sich auf Aufenthalt, Ausbildung, Arbeit, Freizeit oder auf die Ordnung seiner wirtschaftlichen Verhältnisse beziehen (Nr. 1) oder den Unterhaltspflichten nachzukommen (Nr. 5). Zudem kann das Gericht den Verurteilten verpflichten, sich zu bestimmten Zeiten bei Gericht oder einer anderen Stelle zu melden (Nr. 2) oder zu der verletzten Person, zu einer bestimmten Personen oder Personengruppe, die ihm Gelegenheit

---

35 BGHSt 24, 40, 46; 24, 64, 66; *Hubrach*, in LK-StGB, § 56 Rdnr. 49.
36 BGHSt 24, 40, 46; 24, 64, 66, OLG Saarbrücken, NJW 1975, 2215 f.
37 BGHSt 29, 370, 371.
38 OLG Zweibrücken, JR 1991, 290; *Fischer*, StGB, § 56b, Rdnr. 2.

oder Anreiz zu weiteren Straftaten bieten können, keinen Kontakt aufzunehmen, mit ihnen nicht zu verkehren, sie nicht zu beschäftigen, auszubilden oder zu beherbergen (Nr. 3) sowie bestimmte Gegenstände, die ihm Gelegenheit oder Anreiz zu weiteren Straftaten bieten können, nicht zu besitzen, bei sich zu führen oder verwahren zu lassen (Nr. 4). Darüber hinaus enthält § 56c Abs. 3 StGB zwei weitere Weisungen, die aber die Einwilligung des Verurteilten erfordern. So kann dem Verurteilten gegenüber angeordnet werden, sich einer Heilbehandlung, die mit einem körperlichen Eingriff verbunden ist oder einer Entziehungskur zu unterziehen (Nr. 1) oder in einem geeigneten Heim oder einer geeigneten Anstalt Aufenthalt zu nehmen (Nr. 2).

Letztlich ist der Verurteilte gemäß § 56d Abs. 1 StGB der Aufsicht eines Bewährungshelfers zu unterstellen, wenn dies angezeigt ist, um ihn von weiteren Straftaten abzuhalten. Hieraus wird erkennbar, dass auch diese Maßnahme eine rein spezialpräventive Zielsetzung verfolgt.

1.1.2.1.2 Aussetzung des Strafrests zur Bewährung

Als zweite Modifikation der primären Freiheitsstrafe besteht nach einer Teilverbüßung einer vollstreckbaren Freiheitsstrafe die Alternative, den Strafrest zur Bewährung auszusetzen (§§ 57, 57a StGB).

Die Möglichkeit der Strafrestaussetzung existiert für alle Arten der primären Freiheitsstrafe. Bei der zeitlichen Freiheitsstrafe gibt es zwei Zeitpunkte, an denen eine Reststrafenaussetzung zur Bewährung in Frage kommt. Einerseits besteht diese Möglichkeit nach einer Mindestverbüßungszeit von zwei Dritteln, mindestens jedoch zwei Monaten, unter den Voraussetzungen des § 57 Abs. 1 Nr. 1 bis Nr. 3 StGB (sog. Zweidrittelaussetzung). Zum anderen kann die Vollstreckung eines Freiheitsstrafenrests bereits nach der Hälfte der verbüßten Zeit – mindestens jedoch sechs Monaten – zur Bewährung ausgesetzt werden (sog. Halbstrafenaussetzung). Hierfür sind die Voraussetzungen der Zweidrittelaussetzung sowie zusätzlich die des § 57 Abs. 2 StGB erforderlich. Zudem wird bei lebenslangen Freiheitsstrafen der Rest nach einer Mindestverbüßungszeit von 15 Jahren und bei kumulativem Vorliegen der sonstigen Voraussetzungen des § 57a StGB ohne Ermessen des Gerichts zur Bewährung ausgesetzt.

In den Fällen der zeitigen Freiheitsstrafen beträgt die Bewährungszeit zwischen zwei und fünf Jahren, wobei sie jedoch nicht kürzer sein darf als der zur Bewährung ausgesetzte Strafrest (§ 57 Abs. 3 StGB). Dagegen kommt bei lebenslangen Freiheitsstrafen nur eine Mindestbewährungszeit von fünf Jahren in Betracht (§ 57a Abs. 3 StGB).

Zur besseren Einwirkung auf den Verurteilten können ihm zusätzlich die Auflagen und Weisungen der §§ 56b und 56c StGB auferlegt werden (§§ 57 Abs. 3, 57a Abs. 3 StGB).

1.1.2.2 Sekundäre Freiheitsstrafe

Bei der bereits erwähnten sekundären oder Ersatzfreiheitsstrafe[39] handelt es sich ebenfalls um eine „echte“ Kriminalstrafe und nicht um ein bloßes Beugemittel zur Durch-

39 Oben, Teil 1, 1.1.1.3 Geldstrafenvollstreckung.

setzung der nicht vollstreckbaren Sanktion[40]. Ist die angeordnete Geldstrafe oder ein Teil uneinbringlich, kann gemäß § 43 Satz 1 StGB eine Ersatzfreiheitsstrafe vollstreckt werden. Das Mindestmaß der Ersatzfreiheitsstrafe liegt gemäß § 43 Satz 3 StGB bei einem Tag und geht somit dem § 38 Abs. 2 StGB als speziellerer Norm vor. Die Bemessung richtet sich nach § 43 Satz 2 StGB, wonach derzeit ein Tagessatz einem Tag Freiheitsstrafe entspricht.

1.2 Verwarnung mit Strafvorbehalt

§ 59 StGB enthält die Verwarnung mit Strafvorbehalt als weitere staatliche Reaktionsmöglichkeit auf eine Straftat im unteren Kriminalitätsbereich[41]. Die Rechtsnatur dieses Instruments ist keine Strafe im engeren Sinne – diese soll vielmehr verhütet werden – sondern es handelt sich um ein strafrechtliches Reaktionsmittel eigener Art[42].

In Betracht kommt die Verwarnung mit Strafvorbehalt gemäß § 59 Abs. 1 Hs. 1 StGB, wenn sich das anerkennende Gericht auf eine Geldstrafe von bis zu einhundertachtzig Tagessätzen festlegt. Zudem erfordert § 59 Abs. 1 Nr. 1 StGB eine günstige Täterprognose. Es muss also zu erwarten sein, dass der Täter künftig auch ohne Verurteilung zur Strafe keine Straftaten mehr begehen wird.

Außerdem verlangt § 59 Abs. 1 Nr. 2 StGB, dass eine Gesamtwürdigung von Tat- und Täterpersönlichkeit bestimmte Umstände ergibt, die eine Verurteilung zu Strafe entbehrlich machen. Notwendig sind Umstände, die das zu verurteilende Delikt deutlich gegenüber vergleichbaren, gewöhnlich vorkommenden Durchschnittstaten oder -tätern herausheben[43]. Diese können z.B. bei einem besonders geringen Schuld- und Unrechtsgehalt[44], ungewöhnliche Tatumstände[45] oder vom Täter selbst erlittene schwere Tatfolgen[46] vorliegen.

Schließlich darf der generalpräventive Ausschlussgrund der Verteidigung der Rechtsordnung einer Verwarnung mit Strafvorbehalt nicht entgegenstehen (§ 59 Abs. 1 Nr. 3 StGB). Dies wäre der Fall, wenn die bloße Verwarnung in einer vollständig über den Sachverhalt und dessen Besonderheiten informierten Bevölkerung auf Unverständnis und Missbilligung stoßen würde, sie also das Vertrauen der Allgemeinheit in die Unverbrüchlichkeit des Rechts und den Schutz der Rechtsordnung vor kriminellen Angriffen erschüttern könnte[47].

---

40 BVerfG, NJW 2006, 3626, 3627; BGHSt 20, 13, 16; Lackner/*Kühl*, StGB, § 43 Rdnr. 1; *Stree/Kinzig*, in Sch/Sch-StGB, § 43 Rdnr. 2; *Radtke*, in MK-StGB, § 43 Rdnr. 3; *Schatz* ZRP 2002, 439; a.A. *Seebode*, Festschrift-Böhm 1999, 519, 534.

41 BT-Drucks. 16/3038, 58.

42 BayObLG, JR 1978, 73 ff. mit Anm. *Schöch*; *Stree/Kinzig*, in Sch/Sch-StGB, § 59 Rdnr. 1, a.A. *Albrecht*, in NK-StGB, § 59 Rdnr. 2, der darin eine im Ansatz zur Bewährung ausgesetzte Geldstrafe sieht.

43 OLG Köln, NStZ 1982, 333 f.; OLG Stuttgart, NStZ-RR 1996, 75, 76; BGHSt 46, 279, 291.

44 BayObLG, NJW 1990, 58; OLG Nürnberg, NJW 2007, 526 f.

45 LG Berlin, wistra 1996, 72 ff. mit Anm. *Hohmann/Sander*.

46 BayObLG, NJW 1990, 58.

47 BayObLG, NJW 1990, 58; BayObLG, wistra 2001, 359, 360; *Hubrach*, in LK-StGB, § 59 Rdnr. 18.

Liegen die Voraussetzungen des § 59 Abs. 1 StGB vor und beabsichtigt das anerkennende Gericht diesen anwenden, so legt es dem Täter – im Gegensatz zu den beiden vorangegangenen Hauptstrafen – kein Strafübel auf, sondern es beschränkt sich lediglich auf den Schuldspruch und eine Verwarnung. Die Strafe wird für eine nach § 59a Abs. 1 StGB festgesetzte Bewährungszeit von einem bis zu drei Jahren ausgesetzt.

Zur besseren Einwirkung auf den Täter kann diese Bewährungszeit mit Auflagen und Weisungen verbunden werden, die abschließend in § 59a Abs. 2 StGB aufgezählt sind. Dabei handelt es sich um die Auflage, einen Geldbetrag zugunsten einer gemeinnützigen Einrichtung oder der Staatskasse zu zahlen (Nr. 3) und die Weisungen, sich zu bemühen, einen Ausgleich mit dem Verletzten zu erreichen oder sonst den durch die Tat verursachten Schaden wieder gutzumachen (Nr. 1), seinen Unterhaltspflichten nachzukommen (Nr. 2), sich einer ambulanten Heilbehandlung oder ambulanten Entziehungskur zu unterziehen (Nr. 4) oder an einem Verkehrsunterricht teilzunehmen (Nr. 5).

Bewährt sich der Verwarnte in dieser Zeit, dann entfällt nicht nur die Vollstreckung der Geldstrafe, sondern auch die Verurteilung endgültig (§ 59b Abs. 2 StGB) und er gilt als unbestraft[48]. Andernfalls wird die Strafe durch eine Verurteilung verhängt (§ 59b Abs. 1 StGB i.V.m. § 56f StGB).

1.3 Absehen von Strafe

Auch beim Absehen von Strafe gemäß § 60 StGB wird dem Täter kein Strafübel auferlegt. Das Gericht beschränkt sich auf den Schuldspruch, der das sozialethische Unwerturteil über die Tat bereits zum Ausdruck bringt. Insofern handelt es sich hierbei nicht um eine Strafe, sondern vielmehr einen Strafverzicht als mildeste staatliche Reaktionsform auf eine Straftat.

Sie kann in verschiedenen Konstellationen Anwendung finden. Einerseits sehen einige Normen des StGB – neben der unbegrenzten Strafmilderung bis zum gesetzlichen Mindestmaß gemäß § 49 Abs. 2 StGB – ein Absehen von Strafe als mögliche Alternative vor[49]. Zum anderen findet sich in § 60 StGB eine allgemeine, deliktsunabhängige Vorschrift für das Absehen von Strafe als alleinige Form der Reaktion in außergewöhnlichen Fällen[50], in denen die Folgen der Tat den Täter so schwer getroffen haben, dass eine Strafe offensichtlich verfehlt wäre. Nicht erforderlich sind dabei Folgen, die der Täter am eigenen Leib zu spüren hat. Vielmehr genügen solche, die den Täter nur mittelbar treffen, wie bspw. die fahrlässige Tötung oder schwere Verletzung naher Angehöriger durch einen verschuldeten Verkehrsunfall[51]. Als „offensichtlich verfehlt" gilt die Strafe gemäß § 60 StGB dann, wenn ihre Funktion bereits durch den Schuldspruch erfüllt wird[52] oder m.a.W. eine weitergehende Sanktionierung bei dem

48 BT-Drucks. 5/4095, 24.

49 Vgl. z.B. § 23 Abs. 3, § 46 a, § 83 a, § 84 Abs. 4 und 5, § 113 Abs. 4, § 157, § 158 Abs. 1 StGB.

50 BGHSt 27, 298, 301.

51 BayObLG, NJW 1972, 696; OLG Karlsruhe, NJW 1974, 1006.

52 BGH, NJW 1996, 3350 f.

durch die schweren Folgen der Tat genug Gestraften unter keinen der üblichen Aufgaben staatlicher Strafe noch sinnvoll erscheint[53]. Eine Grenze für den Anwendungsbereich des § 60 StGB enthält dessen Satz 2, in dem der Täter keine Freiheitsstrafe von mehr als einem Jahr verwirkt haben darf.

Liegen die Voraussetzungen des § 60 StGB vor, ist das Absehen von Strafe obligatorisch. Dem Gericht wird insoweit kein Entscheidungsermessen eingeräumt. Das Absehen von Strafe wird dann entweder im Urteilstenor festgelegt (§ 260 Abs. 4 Satz 4 StPO) oder als Rechtsfolge in einem Strafbefehl ausgesprochen (§ 407 Abs. 2 Satz 1 Nr. 3 StPO).

1.4 Die Nebenstrafen

Den beiden Hauptstrafen können zudem Nebenstrafen an die Seite gestellt werden, deren Ziel darin liegt, zusätzlich über die eigentliche Hauptstrafe hinaus in geeigneter Weise auf den Täter einzuwirken. Hieraus ergibt sich für deren Anwendung, dass sie als Rechtsfolge gegen den Täter nicht isoliert, sondern nur in Verbindung mit einer der beiden Hauptstrafen – der Geld- oder der Freiheitsstrafe – verhängt werden können. Mit dem Fahrverbot (§ 44 StGB) enthält das StGB nur eine Nebenstrafe. Jedoch findet sich eine weitere im Nebenstrafrecht mit dem Verbot der Jagdausübung (§ 41a Abs. 1 Nr. 1 BJagdG).

1.4.1 Fahrverbot

Das Fahrverbot gemäß § 44 StGB ist die einzige im StGB geregelte Nebenstrafe. Das Strafübel liegt in dem Verzicht, für einen festgelegten Zeitraum von der Fahrerlaubnis Gebrauch zu machen. Bei Verkehrsverstößen, die noch keine mangelnde Eignung zum Führen von Kraftfahrzeugen erkennen lassen, soll das Fahrverbot der Repression und Warnung dienen, wobei die spezialpräventive Einwirkung auf den Täter als „Denkzettelstrafe“ im Vordergrund steht[54]. So soll das Fahrverbot nach der Intention des Gesetzgebers den noch als Fahrzeugführer geeigneten Täter vor einem Rückfall warnen und ihm vor Augen führen, was es bedeutet, vorübergehend ohne Führerschein zu sein[55]. Hier schließen sich das Fahrverbot des § 44 StGB und die Einziehung der Fahrerlaubnis gemäß § 69 StGB als Maßregel der Besserung und Sicherung grundsätzlich gegenseitig aus, da letztere den Eignungsmangel als Fahrzeugführer gerade voraussetzt[56]. Zudem lässt § 44 StGB die Fahrerlaubnis als solche unberührt, während § 69 StGB zu deren Erlöschen führt und dem Verurteilten vom Gericht gemäß § 69a StGB eine Sperrfrist von mindestens sechs Monaten für die Erteilung einer neuen Fahrerlaubnis auferlegt wird.

Die Voraussetzungen für die Verhängung eines Fahrverbotes sind in § 44 Abs. 1 StGB geregelt. Nach dessen Satz 1 muss der Täter wegen einer Straftat verurteilt wor-

---

53 OLG Karlsruhe, NJW 1974, 1006; BGHSt 27, 298, 300; OLG Frankfurt, NJW 1971, 767 f.

54 BVerfGE 27, 36, 41 f.; BGHSt 27, 348 ff.; OLG Köln, NZV 1996, 286 ff. mit Anm. *Hentschel*; OLG Hamm, NZV 2004, 598 f. mit Anm. *Kempgens*.

55 BT-Drucks. 4/651, 12.

56 *Nüse*, JR 1965, 42, 43; *Lackner*, JZ 1965, 92, 94 f.

den sein, die er bei oder im Zusammenhang mit dem Führen eines Kraftfahrzeuges oder unter Verletzung der Pflichten eines Kraftfahrzeugführers begangen hat. Insofern wird der Unterschied zum behördlich erteilbaren Fahrverbot des § 25 StVG deutlich, das bereits aufgrund einer Ordnungswidrigkeit ergehen kann und deshalb nicht als Strafe, sondern erzieherische Nebenfolge zu qualifizieren ist[57].

Sind die Voraussetzungen des § 44 Abs. 1 Satz 1 StGB gegeben, liegt es grundsätzlich im Ermessen des Gerichts, ein Fahrverbot von einem bis zu drei Monaten zu verhängen. Allerdings soll es gemäß § 44 Abs. 1 Satz 2 StGB bei den dort aufgeführten Verkehrsstraftaten „in der Regel" angeordnet werden, wenn nicht bereits ein Entzug der Fahrerlaubnis vorliegt.

Das vom Gericht angeordnete Fahrverbot wird gemäß § 44 Abs. 2 StGB mit Eintritt der Rechtskraft des Urteils wirksam und der Führerschein in amtliche Verwahrung genommen. Mit dem Tag der Inverwahrnahme des Führerscheins beginnt gemäß § 44 Abs. 3 StGB die Fahrverbotsfrist.

1.4.2 Verbot der Jagdausübung

Eine weitere, weitgehend unbekannte Nebenstrafe findet sich mit dem Verbot der Jagdausübung gemäß § 41a Abs. 1 Nr. 1 BJagdG im Nebenstrafrecht. Kommt es zur Verurteilung zu einer Geld- oder Freiheitsstrafe wegen einer Straftat, die mit der Jagdausübung im Zusammenhang steht, so kann das Gericht für die Dauer von einem bis zu sechs Monaten die Jagdausübung verbieten. Abzugrenzen ist dieses gerichtliche Verbot der Nr. 1 von dem behördlichen Verbot der Nr. 2, in dem eine Geldbuße wegen einer Ordnungswidrigkeit aus § 39 BJagdG unter Begehung grober oder beharrlicher Verletzung der Pflichten bei der Jagdausübung bestimmt ist. Wie beim Fahrverbot des § 25 StVG handelt es sich hierbei ebenfalls um eine erzieherische Nebenfolge[58]. In einer weiteren Parallele zum Fahrverbot enthält § 41 BJagdG die Anordnung der Entziehung des Jagdscheines als Maßregel der Besserung und Sicherung, die den vollständigen Verlust des Jagdscheines und die Bestimmung einer mindestens einjährigen Sperre zur Neuerteilung zur Folge hat.

Ebenso wie bei § 44 StGB wird in diesem Fall das vom Gericht angeordnete Verbot der Jagdausübung gemäß § 41a Abs. 2 Satz 1 BJagdG mit Eintritt der Rechtskraft des Urteils wirksam, wobei auch der Jagdschein in amtliche Verwahrung zu nehmen ist und erst zu diesem Zeitpunkt die Verbotsfrist beginnt (§ 41a Abs. 3 BJagdG).

1.5 Die Nebenfolgen

Schließlich kommen als Rechtsfolgen einer Straftat die Nebenfolgen in Betracht. Mit dem Begriff der „Nebenfolgen" lassen sich diejenigen Rechtsfolgen bezeichnen, die sich nur schwer in das zweispurige Sanktionensystem eingliedern lassen. Dieses Problem entsteht durch die Zusammensetzung ihres Rechtscharakters aus verschiedenen Elementen, da sie weder nur als Nebenstrafen, noch als Sicherungsmaßnahmen oder

57 BVerfGE 27, 36 ff.

58 Vgl. hierzu und zum folgenden oben Teil 1, 1.4.1 Fahrverbot.

rein als Schadenersatz zu qualifizieren sind[59]. Strafrechtliche Nebenfolgen sind der Verlust der Amtsfähigkeit, der Wählbarkeit und des Stimmrechts (§§ 45 bis 45b StGB) und die Bekanntgabe der Verurteilung (z.B. §§ 165, 200 StGB).

1.5.1 Verlust der Amtsfähigkeit, der Wählbarkeit und des Stimmrechts

Die in den §§ 45 bis 45b StGB geregelten Nebenfolgen sind sog. Statusfolgen einer strafrechtlichen Verurteilung[60]. § 45 Abs. 1 StGB beinhaltet den Verlust des passiven Wahlrechts sowie der Fähigkeit öffentliche Ämter zu bekleiden für die Dauer von fünf Jahren als zwingende Folge einer Verurteilung zu einer Freiheitsstrafe von mindestens einem Jahr wegen eines Verbrechens. Außerdem kann das Gericht gemäß § 45 Abs. 2, 5 StGB diese Fähigkeiten und auch das aktive Wahlrecht für die Dauer von zwei bis zu fünf Jahren aberkennen, wenn dies für den jeweiligen Straftatbestand besonders angeordnet wird[61]. Hierbei ist es für die Rechtsfolgen des § 45 StGB ohne Bedeutung, ob die Freiheitsstrafe zu verbüßen ist oder nicht.

Ergänzend beinhalten die §§ 45a und 45b StGB Regelungen für den Eintritt und die Berechnung des Verlustes sowie für die Wiederverleihung von Rechten und Fähigkeiten. So treten die Rechtsfolgen des § 45 StGB gemäß § 45a Abs. 1 StGB mit Rechtskraft des Urteils ein. Die besonderen gerichtlichen Anordnungen der §§ 45 Abs. 2 und 5 StGB sind zudem im Urteil zu begründen (§ 267 Abs. 3 Satz 1 StPO).

1.5.2 Bekanntgabe der Verurteilung

Schließlich ist auch die öffentliche Bekanntgabe der Verurteilung zu den strafrechtlichen Nebenfolgen zu zählen. Dabei wird deren Rechtsnatur als sanktionsähnliche Nebenfolge bezeichnet[62]. So dient die öffentliche Bekanntgabe zum einen der Verurteilung der Genugtuung und Rehabilitation des Verletzten[63]. Andererseits wird zu Recht auf den Nebenstrafcharakter hingewiesen, denn durch die Bloßstellung des Verurteilten ist ein zusätzliches Element der Sanktionierung nicht ohne weiteres von der Hand zu weisen[64]. Regelungen zur Bekanntgabe der Verurteilung finden sich nicht im allgemeinen Teil des StGB, sondern ausschließlich bei den betreffenden Straftatbeständen, wie etwa bestimmte Formen der Beleidigung (§§ 103 Abs. 2, 200 StGB) oder der falschen Verdächtigung (§ 165 StGB). Aber auch das Nebenstrafrecht ermöglicht den Einsatz dieser Nebenfolge, etwa bei Verletzungen von Urheberrechten in § 111 UrhG, Patentrechten in § 142 Abs. 6 PatG, Geschmacksmusterrechten in § 51 Abs. 6 GeschmMG oder Markenrechten in § 143 Abs. 6 und § 144 Abs. 5 MarkenG.

---

59 Vgl. *Jescheck/Weigend*, 1996, 785 ff.

60 *Theune*, in LK-StGB, Vor §§ 45-45b Rdnr. 3; *Albrecht*, in NK-StGB, § 45 Rdnr. 1.

61 Vgl. bspw. §§ 92a, 101, 102 Abs. 2, 108c, 109i, 129a Abs. 6, 264 Abs. 5, 358 StGB, § 375 Abs. 1 AO.

62 Lackner/*Kühl*, StGB, § 200 Rdnr. 1; *Streng*, 2002, Rdnr. 95; *Häger*, in LK-StGB, Vor §§ 38 ff. Rdnr. 49.

63 *Lenckner/Bosch*, in Sch/Sch-StGB, § 165 Rdnr. 1, *Rudolphi/Rogall*, in SK-StGB, § 165 Rdnr. 1, die hierin allerdings ausschließlich den Zweck der Bekanntmachung sehen.

64 RGSt 6, 180, 182, 73, 24, 26; BGHSt 10, 306, 310; OLG Nürnberg, NJW 1951, 124; kritisch hierzu *Schomburg*, ZRP 1986, 65 ff.

Erforderlich für eine öffentliche Bekanntgabe der Verurteilung ist jedoch ein Antrag des Verletzten oder eines sonst zum Strafantrag Berechtigen[65], womit diese Rechtsfolge von ihm abhängt. In der Folge ergeht die Anordnung der Bekanntmachung im Urteil oder im Strafbefehl, wobei im Ermessen des Gerichtes liegt, in welcher Art und in welchem Umfang sie zu erfolgen hat[66]. Als Möglichkeiten kommen etwa eine Zeitungsanzeige oder ein Aushang am Gemeindebrett in Betracht.

1.6 Die Einstellungsmöglichkeiten der §§ 153 ff. StPO

Über die bisher aufgezeigten Reaktionsmöglichkeiten des Staates auf eine Straftat hinaus beinhalten die Vorschriften der §§ 153 ff. StPO zusätzliche Alternativen, ohne dass eine gerichtliche Verurteilung erfolgen muss. Die Regelungen erlauben der Staatsanwaltschaft von der Anklageerhebung abzusehen und das Verfahren aus Opportunitätsgründen einzustellen. Ebenso eröffnen sie auch dem Strafgericht die Möglichkeiten, Strafverfahren ohne die Hauptverhandlung einstellen zu können.

1.6.1 Einstellung wegen geringer Schuld

Gemäß § 153 Abs. 1 StPO kann die Staatsanwaltschaft ein Verfahren ohne weitere Folgen für den Beschuldigten einstellen, wenn es sich dabei um ein Vergehen gemäß § 12 Abs. 2 StGB handelt, die Schuld als gering anzusehen ist und kein öffentliches Interesse an der Strafverfolgung besteht.

Dabei bedarf die Einstellung grundsätzlich der Zustimmung des für die Eröffnung des Hauptverfahrens zuständigen Gerichtes. Darüber hinaus gewährt § 153 Abs. 1 Satz 2 StPO der Staatsanwaltschaft eine autonome Einstellungsmöglichkeit bei einem Vergehen mit einer im Mindestmaß nicht erhöhten Strafandrohung und geringen Folgen der Tat. Dabei wird immer wieder empfohlen, den Begriff der geringen Folgen an die „geringwertige Sache“ des § 248a StGB anzulehnen[67]. Richtigerweise ziehen Rechtsprechung und der Literatur die Grenze überwiegend bei 50,00 Euro[68].

§ 153 Abs. 2 StPO erlaubt darüber hinaus dem Gericht nach der Anklageerhebung und mit Zustimmung von Staatsanwaltschaft und Angeschuldigtem das Verfahren unter den oben genannten Voraussetzungen einzustellen.

1.6.2 Einstellung mit Auflagen und Weisungen

§ 153a StPO eröffnet eine weitere Art der Verfahrensbeendigung ohne gerichtliche Verurteilung durch die Erfüllung von Auflagen oder Weisungen. Für diese Möglichkeit muss ebenfalls zunächst ein Vergehen vorliegen. Zudem darf die Schwere der Schuld einer Einstellung nicht entgegenstehen. Hierdurch wird zum Ausdruck gebracht, dass § 153a StPO nicht nur im Bereich der leichten, sondern auch der mittleren

65 Vgl. nur §§ 165 Abs. 1, 200 Abs. 1 StGB.
66 *Fischer*, StGB, § 200, Rdnr. 4 f.; *Lenckner/Bosch*, in Sch/Sch-StGB, § 165 Rdnr. 9.
67 *Beulke*, LK-StPO, § 153, Rdnr. 51.
68 OLG Zweibrücken, NStZ 2000, 536; OLG Hamm, StV 2003, 672; *Meyer-Goßner*, StPO, § 153 Rdnr. 17.

Kriminalität Anwendung finden soll[69]. Im Gegensatz zum Verfahren des § 153 StPO besteht zunächst ein öffentliches Interesse an der Strafverfolgung, das jedoch durch die Erbringung der Gegenleistungen kompensiert wird.

Als Auflagen nennt § 153a Abs. 1 Satz 2 Nr. 1 bis 3 StPO die Schadenswiedergutmachung (Nr. 1), die Zahlung eines Geldbetrages zugunsten einer gemeinnützigen Einrichtung oder der Staatskasse (Nr. 2) und die Erbringung einer gemeinnützigen Leistung (Nr. 3).

Die Weisungen sind dagegen in den Nr. 4 bis 6 des § 153a Abs. 1 Satz 2 StPO geregelt. Dabei handelt es sich um das Nachkommen der Unterhaltspflicht in einer bestimmten Höhe (Nr. 4), die ernsthafte Bemühung einen Täter-Opfer-Ausgleich zu erreichen (Nr. 5) und die Teilnahme eines Aufbauseminars (Nr. 4) bei einer auf Probe erteilten Fahrerlaubnis (§ 2b Abs. 2 Satz 2) oder im Rahmen des Punktsystems (§ 4 Abs. 8 Satz 4 StVG).

Da durch die Formulierung „insbesondere" des § 153a Abs. 1 Satz 2 StPO zum Ausdruck gebracht wird, dass dieser Katalog nicht als abschließend anzusehen ist, haben die Staatsanwaltschaft und das Gericht die Möglichkeit, sich weitere ungeschriebene Auflagen und Weisungen für den Täter zu überlegen[70].

Grundsätzlich bedarf die Einstellungsentscheidung der Staatsanwaltschaft zwar der Zustimmung des Beschuldigten und des Gerichts (§ 153a Abs. 1 Satz 1 StPO). Bis auf die Weisung der Teilnahme an einem Straßenverkehrsseminar ist die gerichtliche Zustimmung jedoch unter den o.a. Voraussetzungen des § 153 Abs. 1 Satz 2 StPO entbehrlich (§ 153a Abs. 1 Satz 7 StPO).

Entscheidet sich die Staatsanwaltschaft für eine Klageerhebung, räumt § 153a Abs. 2 StPO dem Gericht unter den Voraussetzungen des Abs. 1 gleichfalls die Möglichkeit einer Einstellung mit Auflagen oder Weisungen ein.

2 Die gegenwärtige Sanktionspraxis

Das derzeitige Sanktionssystem besteht in der zuvor beschriebenen Form im Wesentlichen unverändert seit den Strafrechtsreformgesetzen von 1969[71] und 1975[72]. Das Ziel der damaligen Strafrechtsreform lag in der Begrenzung der strafrechtlichen Sanktionen auf das zum Rechtsgüterschutz erforderliche Maß und der gleichzeitigen Verbesserung der resozialisierenden Einwirkung auf den Täter[73].

Um die aktuelle Diskussion um eine Reform des Sanktionenrechts richtig einordnen zu können, ist somit ein Blick in die gegenwärtige Strafenpraxis unumgänglich[74].

---

69 *Beulke*, StPO, Rdnr. 337a; *Saliger/Sinner*, ZIS 2007, 476 ff.

70 Umfassend hierzu *Beulke*, Festschrift-Dahs 2005, 209 ff.

71 1. StrRG vom 25.06.1969, BGBl. I S. 645.

72 2. StrRG vom 04.07.1969, BGBl. I S. 717.

73 Vgl. *Horstkotte*, BewHi 1984, 1; *Dölling*, ZStW 1992, 259 f.

74 In den folgenden Ausführungen handelt es sich – wenn sich aus dem Text nichts anderes ergibt – um eigene Berechnungen. Als Verurteilte werden dabei Angeklagte gezählt, gegen die nach allgemeinem Strafrecht Freiheitsstrafen, Geldstrafen (auch durch einen rechtskräftigen Strafbefehl) sowie Verwarnungen mit Strafvorbehalt verhängt worden ist. Da hier die Verwarnung mit Strafvorbehalt als eigenständige Sanktion aufgeführt wird, unterscheiden sich

Schon der erste Blick in die Verteilung der gegenwärtigen strafrechtlichen Verurteilung (vgl. nachfolgende Abbildung 1) lässt erkennen, dass das deutsche Strafensystem von der Geldstrafe dominiert wird, die gemeinsam mit der zur Bewährung ausgesetzten Freiheitsstrafe mehr als 94% aller Verurteilungen im Strafrecht ausmachen, wogegen die unbedingte Freiheitsstrafen nur in rund 5% der Verurteilungen vorkommt und die Verwarnung mit Strafvorbehalt eher eine Ausnahmesanktion darstellt[75].

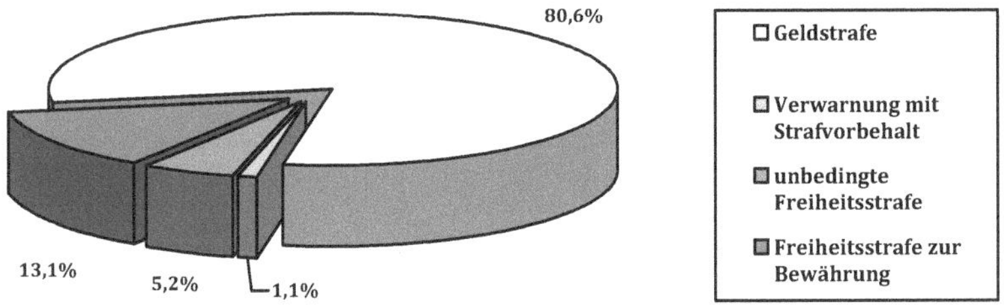

Abbildung 1: Strafrechtliche Verurteilungen im Jahr 2009

2.1 Die Geldstrafe

Schnell wird damit deutlich, dass die Zielsetzungen der damaligen Reformgeber in den Folgejahren in der Sanktionspraxis weitestgehend erfüllt wurden. Im Einzelnen erfuhr die Geldstrafe einen erheblichen Aufschwung durch einen zügigen Anstieg ihres Anteils an den verhängten Sanktionen[76]. Wurde 1968 lediglich in ca. 63%[77] der nach allgemeinem Strafrecht Verurteilten eine Geldstrafe ausgeurteilt, so waren es 1970 bereits 84%[78]. Dieser Anteil stabilisierte sich in den Folgejahren bis in die Gegenwart bei ca. 80%. Dementsprechend wurden deutschlandweit auch im Jahr 2009 von 735.004 Verurteilungen nach allgemeinem Strafrecht 592.578 Geldstrafen gem. § 40 ff. StGB

die hiesigen Zahlen von denen des Statistischen Bundesamtens. So werden dort Verwarnte mit Strafvorbehalt in die Zahl der Verurteilten nur dann einbezogen, wenn der Verwarnte sich nicht bewährt hat und deshalb gemäß § 59b Abs. 1 StGB zu der vorbehaltenen (Geld-) Strafe verurteilt wird. Unterschiede ergeben sich zudem daraus, dass bei den hiesigen Berechnungen der Strafarrest unberücksichtigt blieb.

75 Statistisches Bundesamt, Strafverfolgung 2009, Fachserie 10, Reihe 3, Tab. 2.3., Tab. 3.1., Tab. 3.4.

76 Die nachfolgend aufgeführten Zahlen und daraus hervorgehenden eigenen Berechnungen umfassen das frühere Bundesgebiet einschl. Berlin-West, seit 1995 einschließlich Gesamt-Berlin und erstmals seit 2007 Gesamtdeutschland, da für die neuen Bundesländer bis dahin keine flächendeckenden Angaben vorlagen.

77 Vgl. Statistisches Bundesamt, Rechtspflege 1968, 128 f.

78 Vgl. Statistisches Bundesamt, Rechtspflege 1970, 112 f.

verhängt, womit deren Anteil bei 80,6% lag[79]. Damit bildet die Geldstrafe zum aktuellen Zeitpunkt den Schwerpunkt verhängter strafrechtlicher Sanktionen.

Bei der Höhe der verhängten Tagessatzzahl liegt gegenwärtig, ebenso wie in den Vorjahren, 2009 mit 93,6% der Kern deutlich im Bereich bis zu 90 Tagessätzen und nur ein geringer Anteil (5,8%) wurde bis zu 180 Tagessätzen ausgesprochen[80]. Zudem kamen 181 Tagessätze und mehr lediglich in 0,6% der verhängten Geldstrafen in Betracht, womit der Ausnahmecharakter von Geldstrafen im oberen Strafmaßbereich deutlich wird[81].

Die sich an den wirtschlichen Verhältnissen orientierte Höhe der einzelnen Tagessätze verteilte sich 2009 deutschlandweit wie folgt[82]: 3,3% lagen zwischen einem und fünf Euro, zudem betrug in 70,9% deren Höhe mehr als fünf bis zu 25,00 Euro. Daneben entfielen 23,8% der Geldstrafenverurteilungen auf mehr als 25,00 bis einschließlich 50,00 Euro und nur 2,0% auf mehr als 50,00 Euro.

2.2 Die Freiheitsstrafe

Mit der vermehrten Anwendung der Geldstrafe verringerte sich auch die Zahl der ausgesprochenen Freiheitsstrafen. Während es im Jahr 1968 noch 211.095 Verurteilungen zu Freiheitsstrafen gab[83], waren es 2009 nur 134.496[84]. Dadurch sank die Zahl der verhängten Freiheitsstrafen von 1968 mit 37%[85] auf gegenwärtig beständige 18 bis 19%[86] aller Verurteilungen.

Gleichzeitig ist auch ein Rückgang der Verhängungen kurzer Freiheitsstrafen zu beobachten. 1968 wurden noch 183.744 Freiheitsstrafen bis einschließlich sechs Monaten Länge ausgesprochen, die seinerzeit fast ein Drittel (32%) aller Verurteilungen ausmachten[87]. Mit deutschlandweit 63.125 Freiheitsstrafen 2009 machte dieser Anteil 2009 weniger als ein Zehntel (8,3%) sämtlicher Verurteilungen aus[88].

Ein Blick in die Verteilung der gegenwärtig verhängten Freiheitsstrafen macht allerdings deutlich, dass der Anteil bis einschließlich sechs Monate fast die Hälfte (ca. 46,9%) aller verhängten Freiheitsstrafen umfasst und sogar 43.761 Freiheitsstrafen (ca. 32,5%) in den Bereich von weniger als sechs Monaten fallen[89]. Den Schwerpunkt bildeten – wie in den Vorjahren – auch 2009 die Freiheitstrafen von bis zu einem Jahr mit insgesamt 101.774 Verurteilungen und damit ca. 75,7% aller Freiheitstrafen. Gleichzeitig macht dieser Anteil ca. 13,8% aller strafrechtlichen Verurteilungen aus[90].

---

79 Statistisches Bundesamt, Strafverfolgung 2009, Fachserie 10, Reihe 3, Tab. 2.3.
80 Vgl. Statistisches Bundesamt, Strafverfolgung 2009, Fachserie 10, Reihe 3, Tab. 3.3.
81 Vgl. Statistisches Bundesamt, oben Fn.80.
82 Vgl. Statistisches Bundesamt, oben Fn. 80.
83 Statistisches Bundesamt, oben Fn. 77.
84 Statistisches Bundesamt, oben Fn. 79.
85 Statistisches Bundesamt, oben Fn. 77.
86 Der Freiheitsstrafenanteil lag damit 2009 bei 18,3%, vgl. Statistisches Bundesamt oben Fn. 79.
87 Statistisches Bundesamt, oben Fn. 77.
88 Statistisches Bundesamt, Strafverfolgung 2009, Fachserie 10, Reihe 3, Tab. 3.1.
89 Statistisches Bundesamt, oben Fn. 88.
90 Statistisches Bundesamt, oben Fn. 88.

Zudem lässt sich bei der Verhängung mittlerer Freiheitsstrafen mit mehr als sechs Monaten bis zu zwei Jahren ein Anstieg beobachten. Mit 4% der Verurteilungen wurden 1968 nur 22.821 Freiheitsstrafen in diesem Bereich verhängt, wogegen es 2009 bereits 60.961 (8,4%) waren[91].

Positiv wiederum ist anzumerken, dass auch die Zahl der Aussetzungen der Vollstreckung von Freiheitsstrafen zur Bewährung in den Jahren nach den beiden Strafrechtsreformgesetzen bis in die Gegenwart einen erhebliche Aufschwung erkennen lassen. Wurden vor der Reform im Jahr 1968 lediglich 36% der Freiheitsstrafen zur Bewährung ausgesetzt, stieg diese Zahl bereits 1970 auf 53% und befindet sich gegenwärtig mit 96.585 bei ca. 71,8%[92] aller verhängten Freiheitsstrafen. Damit wurden im Jahr 2009 deutschlandweit nur 37.911 unbedingte Freiheitsstrafen ausgesprochen[93].

Der Anteil der unbedingten Freiheitsstrafen schrumpfte damit insgesamt in den vergangenen drei Jahrzehnten von einem Viertel der Hauptstrafen auf fast ein Zwanzigstel. Waren 1968 noch ca. 24% sämtlicher Hauptstrafen unbedingte Freiheitsstrafen, sank diese Zahl 1970 bereits auf 8% und allmählich weiter auf 5,2% bis 2009[94].

Allerdings fällt auch hier die Verteilung zuungunsten der kurzen Freiheitsstrafen aus (vgl. nachfolgende Abbildung 2). Von den 37.911 im Jahr 2009 verhängten, unbedingten Freiheitsstrafen wurden 21.552 Verurteilungen und somit ca. 56,8% bis einschließlich einem Jahr ausgesprochen, wobei 13.747 und damit ca. 36,2% aller unbedingten Freiheitsstrafen im Bereich bis einschließlich sechs Monaten und 10.362 Verurteilungen (27,3%) unterhalb der sechs Monate lagen[95].

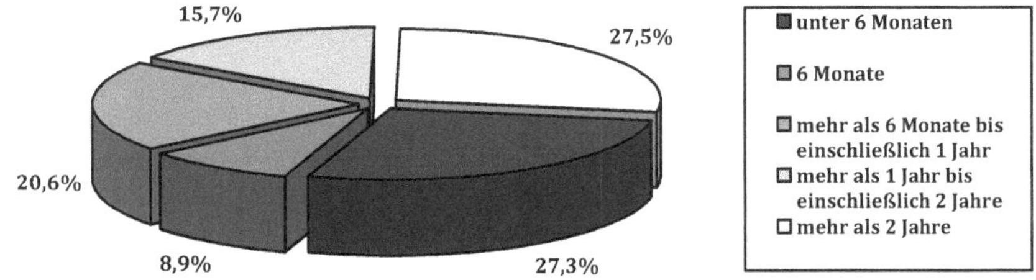

Abbildung 2: Verteilung der unbedingten Freiheitsstrafen im Jahr 2009

2.3 Verwarnung mit Strafvorbehalt / Absehen von Strafe

Neben diesen beiden Hauptstrafen gab es im Jahr 2009 deutschlandweit insgesamt 7930 Verwarnungen mit Strafvorbehalt[96]. Damit machte die Anwendung der Verwarnung mit Strafvorbehalt im Jahr 2009 lediglich 1,08% sämtlicher Verurteilungen nach

91 Statistisches Bundesamt, 1968: oben Fn. 77, 2009: oben Fn. 88.
92 Statistisches Bundesamt, 1968: oben Fn. 77, 1970: oben Fn. 78, 2009: oben Fn. 79.
93 Statistisches Bundesamt, oben Fn. 88.
94 Statistisches Bundesamt, 1968: oben Fn.77, 1970: oben Fn. 78, 2009: oben Fn. 88.
95 Statistisches Bundesamt, oben Fn. 88.
96 Statistisches Bundesamt, Strafverfolgung 2009, Fachserie 10, Reihe 3, Tab. 2.2.

allgemeinem Strafrecht aus. Zu beobachten ist dabei jedoch eine kontinuierliche Zunahme deren Anwendung (vgl. nachfolgende Abbildung 3)[97].

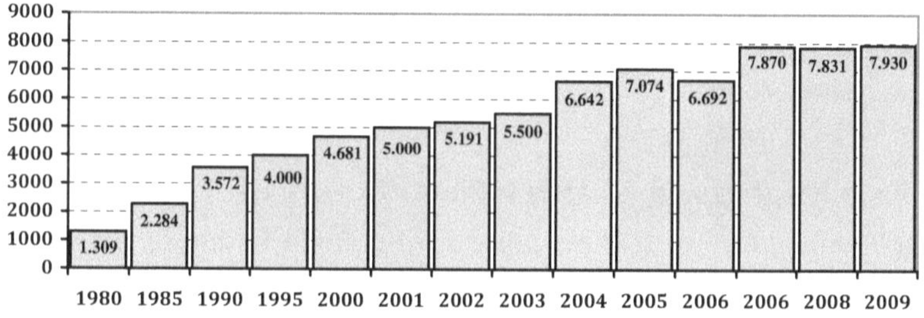

Abbildung 3: Die Entwicklung der Verwarnung mit Strafvorbehalt

Bei der Höhe der verhängten Tagessatzzahl lag im Jahr 2009, ähnlich wie in den Vorjahren, mit 91,4% das Schwergewicht deutlich bei bis zu 90 Tagessätzen, womit lediglich 8,6% darüber und bis zu 180 Tagessätzen ausgesprochen wurden[98].

Ähnlich wie bei den Geldstrafenverurteilungen verteilte sich 2009 die Höhe der einzelnen Tagessätze deutschlandweit wie folgt[99]: 3,6% lagen bei einem bis zu fünf Euro und in 71,3% betrug deren Höhe mehr als fünf bis zu 25,00 Euro. Zudem entfielen 22,1% der Verwarnungen auf mehr als 25,00 bis einschließlich 50,00 Euro und nur 3,0% auf mehr als 50,00 Euro.

Von der Möglichkeit des Absehens von Strafe gem. § 60 StGB wird dagegen noch wesentlich seltener Gebrauch gemacht. Aktuell kam diese Vorschrift im Jahr 2009 lediglich bei 398 Personen im Rahmen zu Anwendung[100].

2.4 Nebenstrafen / Nebenfolgen

Ähnlich wie in den Vorjahren ergeben sich auch für das Jahr 2009 bei den Nebenstrafen und Nebenfolgen folgende Zahlen. Als wichtigste Nebenstrafe kommt das Fahrverbot gemäß § 44 StGB in Betracht. Insgesamt wurde in 30.033 Fällen und damit bei 4,1% aller Verurteilungen ein Fahrverbot verhängt, wobei die Quote im Rahmen der Verkehrsdelikte bei ca. 17,1% lag[101].

97 Vgl. die jeweiligen Jahrgänge: Statistisches Bundesamt, Strafverfolgung, Fachserie 10, Reihe 3, Tab. 2.2.

98 Vgl. Statistisches Bundesamt, Strafverfolgung 2009, Fachserie 10, Reihe 3, Tab. 3.4.

99 Vgl. Statistisches Bundesamt, oben Fn. 98.

100 Statistisches Bundesamt, oben Fn. 96.

101 Statistisches Bundesamt, Strafverfolgung 2009, Fachserie 10, Reihe 3, Tab. 5.3.

Mit 43,4% beliefen sich weit mehr als ein Drittel der verhängten Fahrverbote auf mehr als zwei bis zur zulässigen Höchstdauer von drei Monaten. Dabei erfolgte die überwiegende Zahl der Anordnungen (83,6%) bei Straftaten im Straßenverkehr[102].

Im Bereich der Nebenfolgen kam es im Jahr 2009 in keinem Fall zur Aberkennung von Bürgerrechten im Sinne von § 45 Abs. 2 und 5 StGB[103] und auch 2008 geschah dies lediglich in einem Fall[104]. Damit wird unzweifelhaft der Ausnahmecharakter dieser Normen deutlich.

2.5 Einstellungen nach §§ 153, 153a StPO

Darüber hinaus müssen bei der Auswertung des derzeitigen Sanktionspraxis auch die Einstellungsmöglichkeiten der §§ 153 ff. StPO einfließen.

Wegen Geringfügigkeit kam es in Gesamt-Deutschland im Jahr 2009 zu 429.394 Verfahrenserledigungen nach § 153 Abs. 1 StPO durch die Staatsanwaltschaften[105] und 40.091 Einstellungen nach Abs. 2 durch die Strafgerichte[106]. Bei den Verfahrenseinstellungen mit Auflagen oder Weisungen nach § 153a StPO wurden im Jahr 2009 in Gesamt-Deutschland 199.572 staatsanwaltschaftliche Einstellungen i.S.d. Abs. 1 und 64.130 gerichtliche Einstellungen nach Abs. 2 vorgenommen[107].

Für § 153a StPO errechnete *Rieß* für die früheren Bundesländer und das Jahr 1977 unter anderem, dass seinerzeit 55.015 Verfahren durch die Staatsanwaltschaften eingestellt wurden[108]. Für dieses Gebiet ergaben die Statistiken im Jahr 2009 169.494 staatsanwaltschaftliche Einstellungen[109]. Damit wird sichtbar, das sich seither die Anwendung der Verfahrenseinstellungen durch die Staatsanwaltschaften nach § 153a Abs. 1 StPO mit Auflagen und/oder Weisungen mehr als verdreifacht hat[110]. Ein Vergleich mit 1977 zeigt weiterhin, dass seither auch die gerichtlichen Einstellungen nach § 153a Abs. 2 StPO von 34.846 auf an 51.825 im Jahr 2009 anstiegen[111].

2.6 Zusammenfassung

Die vorangegangenen Zahlen lassen in einer Gesamtschau (vgl. die nachfolgende Abbildung 4) der heutigen Sanktionierungspraxis erkennen, dass bei den formellen strafrechtlichen Verurteilungen der gegenwärtige Schwerpunkt mit über 80% bei der Geldstrafe liegt, wobei mehr als 90 Tagessätze eher selten zur Anwendung kommen. Die

---

102 Statistisches Bundesamt, oben Fn. 101.
103 Statistisches Bundesamt, Strafverfolgung 2009, Fachserie 10, Reihe 3, Tab. 5.2.
104 Statistisches Bundesamt, Strafverfolgung 2008, Fachserie 10, Reihe 3, Tab. 5.2.
105 Statistisches Bundesamt, Staatsanwaltschaften 2009, Fachserie 10, Reihe 2.6., Tab. 2.2.1.1.
106 Statistisches Bundesamt, Strafgerichte 2009, Fachserie 10, Reihe 2.3., Tab. 2.2., 4.2., 5.2., 7.2., 8.2.
107 Statistisches Bundesamt, oben Fn. 105, 106.
108 *Rieß*, ZRP 1983, 93 f.
109 Statistisches Bundesamt, oben Fn. 105.
110 Zur praktischen Bedeutung des § 153a im Bereich der Wirtschaftskriminalität *Meier/Homann*, MschrKrim 2009, 359 ff.
111 Zahlen für 1977: *Rieß*, oben Fn. 108; für 2007: Statistisches Bundesamt, oben Fn. 106.

unbedingte Freiheitsstrafe macht dagegen lediglich ein Zwanzigstel der Strafurteile aus. Allerdings liegen hierbei mehr als die Hälfte aller unbedingten Freiheitsstrafen im Bereich bis einschließlich einem Jahr und sogar mehr als ein Drittel im Bereich bis einschließlich sechs Monaten.

Der Anwendungsbereich des Fahrverbotes liegt gegenwärtig bei ca. 4% der Verurteilungen.

Mit gerade einmal etwas mehr als einem Prozent aller Verurteilungen spielt die Verwarnung mit Strafvorbehalt aktuell nur eine untergeordnete Rolle im Sanktionensystem und auch ein Absehen von Strafe erfolgt nur in seltenen Ausnahmefällen.

Deutlich wird auch, dass neben den formellen strafrechtlichen Verfahrenserledigungen durch gerichtliche Verurteilungen ebenso viele Erledigungen durch informelle Verfahrenseinstellungen im Rahmen der §§ 153, 153a StPO erfolgen.

Bei den informellen Sanktionierungen erfolgt die folgenlose Einstellung gem. § 153 StPO mehr als doppelt so häufig wie die nach § 153a StPO gegen Auflagen und Weisungen. Deutlich wird zudem, dass die Verfahrenseinstellungen der Staatsanwaltschaften nach §§ 153, 153a StPO mittlerweile einen ähnlichen Umfang erreicht haben, wie die entsprechenden informellen Verfahrensbeendigungen durch die Gerichte.

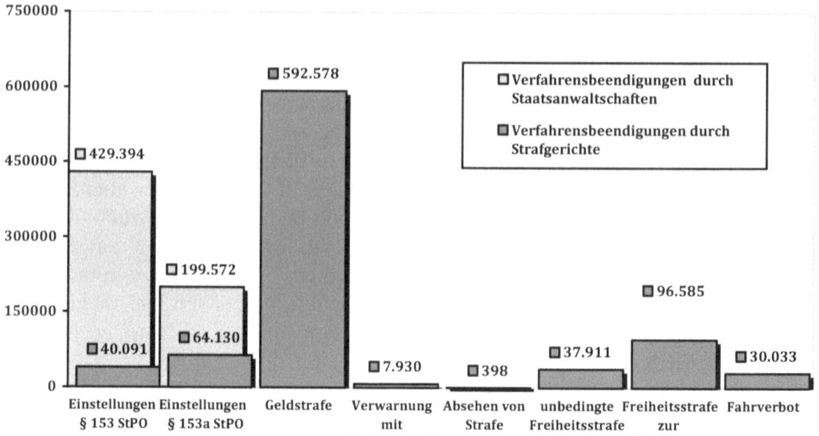

Abbildung 4: Strafrechtliche Reaktionsformen im Jahr 2009

3 Reformbedarf des derzeitigen Sanktionensystems

Da sich der formelle Sanktionenkatalog damit im Wesentlichen auf die Geld- und die Freiheitsstrafe beschränkt und deshalb zu wenig aufgefächert scheint, wurde dem Reformgesetzgeber von 1969 auch eine gewisse Phantasielosigkeit vorgeworfen[112]. Ge-

112 *Hirsch*, 1986, 133, 136, 162.

rade im Bereich der mittleren und unteren Kriminalität können die Gerichte regelmäßig nur mit der Verhängung von Geldstrafen und kurzen Freiheitsstrafen reagieren. Unter spezialpräventiven Gesichtspunkten bestehen deshalb oft nicht genügend Gestaltungsmöglichkeiten, differenzierter und stärker auf die Person des Täters ausgerichtet zu sanktionieren[113]. Besonders in diesen Kriminalitätsbereichen kann es jedoch zu den nachfolgend aufgeführten, unerwünschten Nebenfolgen von Geld- oder Freiheitsstrafen kommen.

3.1 Probleme bei der Geldstrafe

Die Geldstrafe macht mit über 80% im derzeitigen Sanktionensystem den unstrittigen Schwerpunkt aller verhängten Strafen aus und findet fast ausschließlich im unteren und mittleren Kriminalitätsniveau Anwendung[114]. Vor diesem Hintergrund sind daher die bestehenden Nachteile dieser Sanktionsart näher zu beleuchten.

Die Rechtsfolgen der Geldstrafe betreffen das Vermögen. Für den Verurteilten ergeben sich faktisch – die nachfolgend aufgeführten – verschiedenen Möglichkeiten, seine Geldstrafe auf andere abzuwälzen, womit diese Sanktion unpersönlich und austauschbar ist.

3.1.1 Der Denkzettelcharakter

In diesem Zusammenhang macht der Denkzettelcharakter der Geldstrafe zugleich leider auch eine Schwäche aus. Grundsätzlich sollte die vom Gericht erkannte Geldstrafe geeignet sein, in der erforderlichen Weise auf den Täter einzuwirken, um ihn zum Nachdenken über seine Tat anregen zu können. Diese Zielsetzung kann allerdings nur dort greifen, wo die Zahlung durch den Täter erfolgt und nicht von Dritten übernommen wird. Letzteres könnte etwa der Fall sein, wenn die Tatbegehung durch weitere Täter oder Teilnehmer erfolgte, die sich strafrechtlich jedoch nicht zu verantworten haben. Denkbar sind in diesem Zusammenhang auch Straftaten von Unternehmen, die eine Straftat durch einen Mitarbeiter begehen lassen und für ihn im Gegenzug die Geldstrafe übernehmen. Vor diesem Hintergrund wird die Strafe für berufsbezogene Kriminalität zwar nach den Einkommensverhältnissen des Verurteilten bemessen, trifft aber in Wirklichkeit das dahinter stehende Unternehmen[115]. Diese, in der Praxis durchaus nicht unübliche, Vorgehensweise stellt nach richtiger Auffassung keine Vollstreckungsvereitelung gem. § 258 Abs. 2 StGB dar[116]. Zudem könnte eine derartige Strafbarkeit leicht umgangen werden, indem der Dritte dem Täter die Geldstrafe überlässt und dieser sie dann an die Staatskasse zahlt.

113 Vgl. auch zu nachfolgenden Problemen BT-Drucks. 14/762, 4; BT-Drucks. 14/9358, 9; BT-Drucks.15/2725, 15.

114 Vgl. oben Teil 1, 1.1.1 Geldstrafe 2.1 Die Geldstrafe.

115 *Meier*, StV 2008, 263, 268.

116 BGHSt 37, 222, 226; *Müller-Christmann*, JuS 1992, 379, 382; *Krey*, JZ 1991, 889; Lackner/*Kühl*, StGB, § 258 Rdnr. 13; *Hoyer*, in SK-StGB, § 258 Rdnr. 21; a.A. *Hillenkamp*, JR 1992, 74 ff.; *Mitsch*, JA 1993, 304 f., *Stree/Hecker*, in Sch/Sch-StGB, § 258 Rdnr. 29; *Ruß*, in LK-StGB[11], § 258 Rdnr. 24a.

Zweifelhaft ist die Durchsetzung des Denkzettelcharakters der Geldstrafe aber auch in Konstellationen, in denen es einem gut situierten Täter ein Leichtes ist, seine Geldstrafe zu zahlen. Darüber hinaus können bspw. Gewerbetreibende ihre Belastung durch die Geldstrafe im Rahmen der Preisgestaltung an Dritte weitergeben. Wenn die Täter durch die gezahlte Summe aber keine spürbare Einbuße erfahren, wird die Strafe auch keinen Denkanstoß auslösen können und damit ihre eigentliche Wirkung verfehlen. Dann erscheint die Anwendung der Geldstrafe bei diesen Tätern jedoch verfehlt.

3.1.2 Unbeteiligte Dritte

Ein weiteres Problem der Geldstrafe ist ihre faktisch unvermeidbare Streuwirkung. Als unerwünschte Nebenfolge werden regelmäßig auch Personen betroffen, die mit dem Verurteilten in einer Konsumgesellschaft leben. Insofern führen die Geldstrafenzahlungen auch bei dem Ehe- oder Lebenspartner sowie den Kindern zu einem fühlbaren Konsumverzicht, etwa durch den vorübergehenden Verzicht auf Anschaffungen oder den Familienurlaub. Indem sich die Familienangehörigen regelmäßig einschränken werden, bis die Geldschuld beglichen ist, trifft die Geldstrafe faktisch auch sie[117]. Bei einem wirtschaftlich schwächeren Täter kann die Zahlung der Geldstrafe unter Umständen sogar zu einer Gefährdung des Familienunterhalts oder zur Vernachlässigung von Unterhaltspflichten führen. Damit beträfe die Geldstrafe dann auch die jeweiligen Familienmitglieder oder Unterhaltsberechtigten als ursprünglich unbeteiligte Dritte in unzumutbaren Ausmaßen.

Diese Problematik lässt sich auch nicht mit der Überlegung abtun, dass Unterhaltsansprüche bereits im Rahmen der Geldstrafenfestsetzung zu berücksichtigen seien, und im Übrigen die Familienmitglieder auch bei der Verhängung einer Freiheitsstrafe faktisch betroffen wären. So dürfte sich die Vorstellung, dass Ehefrau und Kinder vorab auf eine Befriedigung ihrer Unterhaltsansprüche drängen und diese notfalls auch einklagen, wohl der Realität entziehen[118].

Letztlich lässt sich diese unerwünschte Nebenwirkung für unbeteiligte Dritte nur dann ausschließen, wenn es sich um einen alleinstehenden Täter ohne Unterhaltsverpflichtungen handelt[119].

3.1.3 Die „Leidens*un*gleichheit"

In der Praxis stellt sich zusätzlich das Problem der mangelnden Leidensgleichheit bei Verurteilten. Wenn es – wie bereits aufgezeigt – einerseits einem Täter möglich ist, die Geldstrafe ohne jegliche fühlbare Einbuße zu entrichten, kann von einem sanktionsbedingten Leiden wohl kaum die Rede sein. Zum anderen kann das genaue Gegenteil bei wirtschaftlich schwächeren Tätern eintreten. So könnte die Verurteilung zu einer Geldstrafe, insbesondere bei gleichzeitiger Übernahme der Verfahrens- und Vollstreckungskosten, zu finanziellen Überlastungen führen. Denn in dieser sozialen Täterschicht es ist durchaus nicht unüblich, dass zur Ableistung der Geldstrafe letzte Reser-

---

117 Vgl. *Kintzi*, DRiZ 2001, 198, 199; *Häger*, in LK-StGB Vor § 40 Rdnr. 29.
118 *Meier*, StV 2008, 263, 268.
119 *Kintzi*, DRiZ 2001, 198, 199.

ven eingesetzt oder Schuldverträge abgeschlossen werden müssen. Im direkten Vergleich dieser beiden Konstellationen wird deutlich, dass eine Geldstrafe nicht immer die gleichen Wirkungen mit sich bringt und hier durchaus von einer Leidens*un*gleichheit gesprochen werden kann.

Dem kann auch nicht entgegengehalten werden, dass im bestehenden Tagessatzsystem bei der Bemessung der Höhe des einzelnen Tagessatzes die persönlichen und wirtschaftlichen Verhältnisse des Täters zu berücksichtigen sind und hierdurch eine „Leidensgleichheit" – unabhängig von der wirtschaftlichen Leistungsfähigkeit – erreicht werden soll[120]. Insofern erfolgt eine Umsetzung dieser lobenswerten Motive des Gesetzgebers in der Praxis jedoch nur bedingt. Zum einen bleiben vorhandene Vermögenswerte bei der Geldstrafenbemessung zumeist unbeachtet[121]. Dies hat zur Folge, dass ein vermögender Verurteilter die Geldstrafe durch (teilweisen) Vermögensverzicht leichter verkraften kann als ein vermögensloser.

Hinzu kommt das rechtlich noch ungeklärte Problem, wie die Geldstrafenhöhe bei dauerhaft in Armut lebenden Personen zu bemessen ist. Hierbei bewegen sich die Gerichte auf dem schmalen Grat zwischen der nicht erlaubten Wegnahme des unerlässlichen Lebensbedarfs sowie der Durchsetzbarkeit von Ernst und Bedeutung einer Kriminalstrafe[122]. Insbesondere die Frage wann und in welcher Höhe die Einbeziehung von erhaltenen Sachleistungen bei der Berechnung der Tagessatzhöhe zu erfolgen hat, bereitet den Gerichten erhebliche Schwierigkeiten[123].

Außerdem erschöpft sich die Ermittlung der wahren Einkommens- und Vermögenswerte regelmäßig allein in der Befragung des Täters[124]. Weitergehende Überprüfungen durch das anerkennende Gericht, der Staatsanwaltschaft oder deren Ermittlungspersonen unterbleiben zumeist. Obwohl in Nr. 14 RiStBV Art und Umfang der Feststellungen zu den Einkommens- und Vermögensverhältnissen beschrieben wird, erfolgt insoweit sowohl bei der ersten polizeilichen Vernehmung, als auch bei Staatsanwaltschaft und Gericht eine weitgehende Untätigkeit[125]. Die in Nr. 14 Abs. 1 Satz 4 RiStBV vorgesehene Frage nach einer Auskunftsermächtigung der Finanz- und Steuerbehörden durch den Beschuldigten ist in der Praxis nahezu bedeutungslos. Die Bemessung der Geldstrafe wird daher in der Realität meist nicht nach § 40 Abs. 2 StGB tatsächlich ermittelt, sondern – nicht zuletzt durch die chronische Überlastung der Gerichte – im Rahmen des § 40 Abs. 3 StGB geschätzt[126]. Dabei werden zielgerichtet, unbewusst oder einfach in der Scham, seine gegenwärtige Finanz- oder Familiensituation offenbaren zu müssen, häufig unrichtige Angaben gemacht[127]. Diese wirken sich dann unmittelbar auf die im Urteil ausgesprochene Tagessatzhöhe und damit auch ins-

---

120 Vgl. oben Teil 1, 1.1.1.1 Geldstrafenbemessung.

121 *Mitsch*, JA 1993, 304, 305.

122 OLG Stuttgart, NJW 1994, 475; OLG Celle, StV 1999, 213; *Häger*, in LK-StGB § 40 Rdnr. 37, *Radtke*, in MK-StGB, § 40 Rdnr. 37.

123 Vgl. zuletzt OLG Stuttgart, StV 2009, 131; OLG Celle, StV 2009, 131 f.; OLG Frankfurt/M, StV 2009, 137, 138; OLG Oldenburg, NStZ-RR 2008, 6.

124 *Bösling*, MschKrim 2002, 105, 107.

125 *Kintzi*, DRiZ 2001, 198, 201, sowie bereits die Prognose von *Zipf*, JuS 1974, 140.

126 Vgl. hierzu *Janssen*, 1994, 101 ff., 119 ff.; *Dolde*, Festschrift-Böhm 1999, 581, 586; *Seebode*, Festschrift-Böhm 1999, 519, 532 f.; ausführlich *Hellmann*, GA 1997, 503, 506 ff.

127 Ähnlich *Stöckel*, in Verhandlungen des 59. DJT, Band II, O 31.

gesamt auf die Höhe der Geldstrafe aus. Mangels regelmäßig ausbleibender Rechtsmittel der Verurteilten bleiben derartige Fehler bestehen[128]. Als sicherlich unerwünschte aber logische Konsequenz tritt in Fällen mit zu hohen Angaben eine ungerechtfertigte Leidens*un*gleichheit gegenüber denen mit zu niedrigen Angaben ein. Der Vorschlag, anhand eines Auskunftsrechts gegenüber den Steuerbehörden in diesem Bereich mehr Gerechtigkeit zu erreichen[129], lässt sich jedoch mit dem bestehenden Steuergeheimnis nur schwer vereinbaren.

3.1.4 Beschaffungskriminalität

Mit der Verurteilung zu einer Geldstrafe entsteht auch die Gefahr der Beschaffungskriminalität. Ein wirtschaftlich schwächerer Täter könnte dazu geneigt sein, die Summe bzw. die vereinbarten Tilgungsraten durch die Begehung neuer Straftaten zu kompensieren[130]. Aber auch für den vermögenden Täter steht diese Alternative zur Diskussion, um so einem möglichen Strafübel entgehen zu können. Die Verurteilung zu einer Geldstrafe würde dann einen kriminogenen Anreiz zur Begehung neuer Straftaten darstellen, um die Mittel zur Bezahlung der Geldstrafe zu erlangen[131]. In Betracht kommen hierbei Eigentums- und Vermögensdelikte, wie bspw. Diebstahl, Hehlerei, Betrug, Versicherungsmissbrauch, Schwarzarbeit oder Steuerhinterziehung. Für den Verurteilten besteht zwar ein erneutes Strafrisiko, hierbei kommt es aber zu einer Kosten-Nutzenrechnung, in der das erneute Strafrisiko mit der Chance der schnellen Geldstrafenbezahlung abgewogen wird. Die Attraktivität der erneuten Begehung von Straftaten steigt natürlich mit dem darin erwarteten Gewinn. Ein zusätzlicher wirtschaftlicher Anreiz entsteht für den Täter, wenn es ihm gelingt, aus den Straftaten Gewinne zu erzielen, die über geforderten staatlichen Leistungen hinausgehen.

3.2 Probleme bei der Freiheitsstrafe

Die Zielsetzung der Freiheitsstrafe ist vielseitig und umfasst die gesamte Bandbreite der Strafzwecke, wie etwa Vergeltung für die Tat, die Ermöglichung der Sühne, Abschreckung, den Schutz der Gesellschaft durch die Unterbringung des Täters, die Wiederherstellung ihres Vertrauens in das Recht, aber auch die Möglichkeit des Täters, im Vollzug die erforderlichen Voraussetzungen für ein Leben ohne Straftaten zu erwerben. Deshalb wird die Freiheitsstrafe auch zuweilen als „Rückgrat“ des derzeitigen Strafensystems bezeichnet[132].

Dabei kann die Vollstreckung von Freiheitsstrafen auch erhebliche Nachteile mit sich bringen. Insbesondere mit der Abnahme der Vollzugsdauer kann sich ein Missverhältnis zwischen Nutzen und Schaden der Freiheitsstrafe entwickeln. Dies hat auch der Gesetzgeber erkannt und versucht, den Anwendungsbereich kurzer Freiheitsstrafen

---

128 *Dolde*, Festschrift-Böhm 1999, 581, 591; *Seebode*, Festschrift-Böhm 1999, 519, 533; *Streng*, ZStW 1999, 827, 846.

129 Vgl. hierzu *Dölling*, ZStW 1992, 259 ff.

130 *Henning*, ZRP 1990, 99, 101.

131 *Eisenberg*, Kriminologie, § 33 Rdnr. 33.

132 *Tröndle*, in LK-StGB, Vor § 38 Rdnr. 22.

einzudämmen, indem er das Mindestmaß der Freiheitsstrafe auf einen Monat anhob (§ 38 Abs. 2 StGB) und im Rahmen der „ultima ratio Klausel" (§ 47 StGB) Freiheitsstrafen im Bereich von weniger als sechs Monaten nur noch in Ausnahmefällen verhängt werden dürfen. Ob diese Vorgehensweise beim Vollzug kurzer Freiheitsstrafen als ausreichend angesehen werden kann, ist aber zweifelhaft.

3.2.1 Kurze Freiheitsstrafe

Der Begriff der kurzen Freiheitsstrafe wird im deutschen Strafrecht nicht einheitlich definiert und deshalb auch sehr unterschiedlich gebraucht. In § 47 StGB und § 56 Abs. 3 StGB macht der Gesetzgeber die kurze Freiheitsstrafe an der Dauer von bis zu sechs Monaten fest. Dagegen ergibt sich unter vollzugsrechtlichen Gesichtspunkten aus der bundeseinheitlichen Verwaltungsvorschrift zu § 6 StVollzG, dass hierin auch Freiheitsentziehungen von bis zu zwölf Monaten mit einbezogen werden[133]. Darüber hinaus bezeichnen einige Bundesländer in ihren „Kurzstrafenprogrammen" sogar Vollzugszeiten von bis zu fünfzehn Monaten als kurze Freiheitsstrafen[134].

Im Rahmen der nachfolgenden Ausführungen soll die zeitliche Dauer an der vollzugspragmatischen Abgrenzung der VV zu § 6 StVollzG festgemacht werden und somit Freiheitsstrafen von bis zu zwölf Monaten erfassen[135]. Insbesondere wurde bereits deutlich, dass Freiheitsstrafen bis einschließlich einem Jahr mehr als die Hälfte der unbedingten Freiheitsstrafen ausmachen[136], weshalb in diesem Bereich ein enormer Handlungsbedarf besteht.

3.2.1.1 Berufliche, familiäre und soziale Bindungen

Die ersten Schwierigkeiten können bereits mit dem Haftantritt auftreten. Der Verurteilte verliert bei der Verbüßung einer Freiheitsstrafe regelmäßig seinen Arbeitsplatz. Möglicherweise muss ein selbständig tätiger Verurteilter sein Unternehmen durch jemanden anders weiterführen lassen, schließen oder im schlimmsten Fall sogar veräußern. Die Folge wird dabei zumeist die Zunahme von Schulden bis hin zur Zahlungsunfähigkeit sein, wenn Unterhaltszahlungen, Darlehensleistungen etc. nicht mehr erbracht werden können.

Gleichzeitig treffen die Folgen einer Haft den Verurteilten auch in privater Hinsicht. Der ohnehin regelmäßig sozialschwache Verurteilte verliert häufig seine Wohnung und seine sozialen Beziehungen werden sehr stark in Mitleidenschaft gezogen. Der Familienkontakt wird von nun an für die Zeit der Haft auf ein Minimum beschränkt, was eine wiederum eine Entfremdung zur Folge hat. Freunde und Bekannte beginnen, den Kontakt zu ihm zu meiden, sie ziehen sich von dem Verurteilten zurück. An dieser Stelle setzt bereits ein erster Stigmatisierungseffekt ein, den der Täter zu

133 Vgl. *Dolde*, Festgabe für Hans Göppinger, 171, 172.

134 Bsp. Baden-Württemberg, www.jum.baden-wuerttemberg.de/servlet/PB/menu/1199884/index.html.

135 Gleichfalls *Dolde/Rössner*, ZStW 1987, 424, 425.

136 Vgl. oben Teil 1, 2.2 Die Freiheitsstrafe.

spüren bekommt. Im äußersten Fall kann durch die Haft der Kontakt des Täters zu seinem gesamten sozialen Umfeld zerstört werden.

Dem kann auch nicht entgegengehalten werden, dass es sich bei tiefergehenden Störungen der sozialen Beziehungen um Folgen längerer Strafen handelt, die durch eine kurze Haftdauer verhütet werden[137]. Zwar mögen derartige Probleme durchaus mit zunehmender Länge der Haftstrafen an Schwere gewinnen. Allerdings setzen diese Schwierigkeiten bereits mit Beginn des Haftvollzuges und somit unabhängig davon ein, ob der Verurteilte eine kurze, mittlere oder lange Haftstrafe zu verbüßen hat. Aus diesem Grund ist es auch unangebracht, kurze Freiheitsstrafen im Hinblick auf ihre möglichen entsozialisierenden Wirkungen als „kleineres Übel" gegenüber langen zu befürworten[138].

Damit verliert der Täter – unabhängig von der folgenden Haftdauer – bereits mit dem Haftantritt seinen bisherigen gesellschaftlichen und sozialen Status.

3.2.1.2 Kriminelle Ansteckung

Befindet sich der Täter nach der Trennung von seinem sozialen Umfeld in der Haftanstalt, kann im weiteren Verlauf die Eingliederung in ein neues, geschlossenes soziales System schnell negative Auswirkungen haben. Von einer Stunde auf die andere unterliegt er einem Reglement, das bspw. seine Bewegungsfreiheit einschränkt, von den Angehörigen trennt, heterosexuelle Kontakte abbricht und zu einem Verlust an persönlicher Sicherheit führt[139]. Der Verurteilte muss nun sich in eine, durch Subkulturen geprägte, „Gefängnisgesellschaft" mit ihren eigenen Wertvorstellungen, Normen, Rangordnungen und Konfliktlösungen einfügen[140]. Er erfährt einerseits die jederzeitige Kontrolle und Korrektur durch die Bediensteten der Anstalt und zu anderen drohende Angriffe auf seine körperliche und geistige Integrität. Im Rahmen der Anpassung an die neuen Lebensumstände und seiner Behauptung darin schließt er zwangsläufig mehr oder minder intensive Kontakte zu anderen Gefangenen. Dabei besteht die Gefahr, dass er seine Gewohnheiten und Lebenseinstellungen – eventuell auch unbewusst – in negativer Weise verändert[141].

Dieses Risiko ist wird aktuell mit dem Argument verharmlost, der damals übliche Gemeinschaftsvollzug[142] sei mittlerweile dem Grundsatz der Einzelunterbringung gewichen und bilde in der heutigen Zeit nicht mehr den Schwerpunkt der Inhaftierungen[143]. Richtig ist daran, dass der Justiz derzeit 53.313 der vorhandenen 77.944 Haftplätzen in Deutschland und somit zwei Drittel als Einzelunterbringungsplätze in den

137 *Dolde/Rössner*, ZStW 1987, 424, 426.

138 So aber *Dolde/Rössner*, ZStW 1987, 424, 426.

139 *Laubenthal*, APuZ 7/2010, 34, 35

140 Hierzu im einzelnen *Laubenthal*, 2011, Rdnr. 207 ff.; *ders.*, APuZ 7/2010, 34, 35 f.; *Neubauer*, NStZ 2008, 361 ff.

141 Ähnlich BT-Drucks. 5/4094, 5; *Köhne*, JR 2004, 453, 454.

142 Vgl. dazu *Wasik*, Festschrift-Blau 1985, 600, 601 f.

143 *Heghmanns*, ZRP 1999, 299.

Haftanstalten zur Verfügung stehen[144] und darüber hinaus heutzutage weitgehend ein System differenzierter Vollzugsanstalten mit speziellen Einrichtungen für den Kurzstrafenvollzug existiert[145]. Hieraus zu schließen, dass damit die Gefahr vor krimineller Ansteckung weitestgehend ausgeschlossen werden kann, ist jedoch verfehlt. Lediglich im Hinblick auf Straftäter mit mittleren oder langen Freiheitsstrafen, die zumeist aus den mittleren und schweren Kriminalitätsbereichen stammen, liegt nun weitestgehend eine Trennung vor. Unvermeidbar bleibt dagegen der Kontakt zu anderen „Kleinkriminellen" von den gemeinsamen Mahlzeiten bis zu den möglichen Freizeitbeschäftigungen in der Haftanstalt. Deren Verurteilungen resultieren nicht selten aus ähnlichen Straftaten, wie den seiner eigenen (etwa Körperverletzungen, Diebstählen oder kleineren Betrügereien). Hier dürfte die Gefahr der negativen Ansteckung gerade im Bereich der „Gleichgesinnten" viel höher sein als zu den erheblicheren Kriminalitätsstufen, wie z.B. Raub, Erpressung, Sexual- oder Tötungsdelikten, gegen die der Täter möglicherweise selbst eine starke Ablehnungshaltung aufweist. Dagegen kann er für die Vergehen der Häftlinge, die seiner eigenen – der Verurteilung zugrunde liegenden Tat – ähnlich sind, möglicherweise Verständnis aufbringen und sich in deren Situation versetzen. Man befindet sich mit den anderen auf einem „Level". Bei leicht beeinflussbaren Tätern können sich daraus schnell Leidensfreundschaften entwickeln, die über den Gefängnisaufenthalt hinaus Bestand haben und einer späteren Wiedereingliederung in die Gesellschaft entgegenstehen. Aus diesem Grund reduziert die spezielle Einzelunterbringung und systematische Abtrennung der Kurzzeitstrafen die Gefahr einer kriminellen Ansteckung nicht, sondern sie fördert vielmehr unbewusst derartige Risiken, indem sie die „Gleichgesinnten" in einer Vollzugsanstalt konzentriert.

3.2.1.3 Resozialisierung bei kurzen Freiheitsstrafen

Gemäß § 2 Satz 1 StVollzG ist das Ziel des Strafvollzuges die Befähigung des Gefangenen künftig in sozialer Verantwortung ein Leben ohne Straftaten zu führen. Zudem gehört es zu den Aufgaben der Vollzugsbehörde gemäß § 3 Abs. 2 StVollzG, den schädlichen Folgen des Freiheitsentzuges entgegenzuwirken, sogen. Gegensteuerungsgrundsatz. Dies geschieht generell anhand einer vollzugszielorientierten Behandlung des Strafgefangenen, bei der die durch den Vollzug entstandenen Schäden zumindest auf das notwendige Maß begrenzt werden sollen[146]. Darüber hinaus verpflichtet § 3 Abs. 3 StVollzG zu einer Ausrichtung des gesamten Vollzuges auf die Rückkehr in die Gesellschaft. Dies verlangt, dass die Entlassung von Beginn an im Auge behalten und die einzelnen Vollzugsmaßnahmen so zu gestalten sind, dass sie den Übergang vom Strafvollzug in die Freiheit erleichtern[147].

Die Verwirklichung des Resozialisierungsgedankens und der damit zusammenhängenden Aufgaben gilt zwangsläufig auch für kurze Freiheitsstrafen. Die Vollzugs-

---

144 Statistisches Bundesamt, Bestand der Gefangenen und Verwahrten in den Justizvollzugsanstalten nach ihrer Unterbringung auf Haftplätzen des geschlossenen und offenen Vollzuges am Stichtag 30. November 2010, 5.

145 *Heghmanns*, ZRP 1999, 299.

146 *Laubenthal*, 2011, Rdnr. 207.

147 BT-Drucks. 7/918, 46.

behörde steht aber gleichzeitig vor dem Problem der Ausgestaltung, da ihr gerade durch die kurze Vollzugsdauer zeitliche Grenzen gesetzt sind[148]. Insofern wird teilweise zu Recht behauptet, das Vollzugsziel der Resozialisierung habe vor den Toren der Kurzstrafenvollzugsanstalten Halt gemacht und es handle sich bei dieser Gefangenengruppe lediglich um einen Verwahrvollzug[149]. Dies lässt sich auch folgendermaßen begründen[150]: Für geeignete Maßnahmen der Vollzugsbehörde, wie etwa die Unterstützung bei der Wohnungs- und Arbeitsplatzsuche, Hilfe bei Schuldenregulierungen und Behördengängen sind zeitliche Mindestanforderungen unentbehrlich. So müssen zunächst die notwendigen Faktoren erlangt werden, die Rückschlüsse auf den Beistandsbedarf und die -möglichkeiten gestatten. Insoweit setzen sowohl die Wahrnehmung des Handlungsbedarfs als auch das wirksame Tätigwerden der Behörde das Kennenlernen des Verurteilten und den Aufbau eines zumindest minimalen Vertrauensverhältnisses voraus. Gleichzeitig wäre es aber auch verfehlt, nach einer festen zeitlichen Grenze zu suchen, ab der die Maßnahmen Aussichten auf Erfolg hätten. Es ist vielmehr auf den Einzelfall und die bereits vorhandenen Kenntnisse über den Verurteilten abzustellen.

Täterorientierte Maßnahmen im Kurzvollzug beschränken sich aus diesem Grunde regelmäßig auf ein Minimum, wie der Abmilderung der durch den Vollzug selbst geschaffenen Probleme. Damit erlangt der Gegensteuerungsgrundsatz des § 3 Abs. 2 StVollzG nahezu alleinige Bedeutung[151].

3.2.1.4 Stigmatisierung

Hat der Verurteilte seine Haftstrafe verbüßt, sieht er sich nach seiner Entlassung sehr oft mit dem nächsten Problem konfrontiert. In der Gesellschaft haftet ihm nun der „Mangel“ eines „Kriminellen“, „Vorbestraften“ oder „Knastbruders“ an. Das soziale Umfeld, in welches er sich nunmehr integrieren möchte, bleibt auf Distanz zu ihm. Sowohl bei der Suche nach einem neuen Arbeitsplatz als auch bei der Wohnungssuche hat er regelmäßig gegenüber dem Arbeitgeber oder dem Vermieter eine Auskunft über seine soziale Situation der letzten Monate zu geben. Offenbart er ihnen seinen Haftaufenthalt, werden nicht selten Schwierigkeiten auftauchen. Sein Gegenüber wird entweder überhaupt nicht oder nur mit einem erheblichen Misstrauen und Vorbehalten mit einem „Kriminellen“ vertragliche Beziehungen eingehen wollen. Dabei dürfte es die Betreffenden regelmäßig nur wenig interessieren, um welche Haftdauer es sich handelte. Damit wird deutlich, dass Verbüßer einer kurzen Freiheitsstrafe von dieser Stigmatisierung in gleicher Weise betroffen sind, wie die mittlerer und langer Freiheitsstrafen.

Der Täter ist deshalb auch nach der Haft weiteren Stressfaktoren ausgesetzt, die auf seine psychische Situation auswirken, da auf ihm ein zusätzlicher Druck durch die Gesellschaft ausgeübt wird, in die er sich aber wieder einfügen muss. Die Folgen dieser Probleme sind eine schwierigere und wesentlich kostenintensivere Wiedereinglie-

---

148 Vgl. auch BT-Drucks. 5/4094, 5; *Köhne*, JR 2004, 453, 454.

149 *Dolde/Rössner*, ZStW 1987, 424, 432; *Heghmanns*, ZRP 1999, 299.

150 *Heghmanns*, ZRP 1999, 299.

151 Vgl. *Villmow/Sessar/Vonhoff*, KrimJ 1993, 205, 213.

derung des Täters in die Gesellschaft. Darüber hinaus entsteht eine erhöhte Gefahr erneuter Straffälligkeit.

Mögen sich solche Gefahren und Risiken für den Täter und die damit einhergehenden steigenden Kosten für die Allgemeinheit bei mittleren und langen Freiheitsstrafen mit den Strafzwecken noch als hinnehmbar begründen lassen, kann dies für kurze Freiheitsstrafen nicht gelten.

3.2.2 Ersatzfreiheitsstrafe

Die vorangegangenen Probleme betreffen jedoch nicht nur Straftäter, die im Rahmen einer primären Freiheitsstrafe den Vollzug anzutreten haben. Hinzu kommen auch die Fälle uneinbringlicher Geldstrafen, denen gemäß § 43 StGB die Vollstreckung der Ersatzfreiheitsstrafe folgt[152].

Ungeachtet der bereits erwähnten Probleme hält die überwiegende Meinung die Ersatzfreiheitsstrafe für unentbehrlich[153]. Darüber hinaus wird sie in der Literatur zuweilen sogar als „Rückgrat" der Geldstrafe bezeichnet[154].

Dem könnte einerseits entgegengehalten werden, dass der angenommene abschreckende Effekt einer Haftandrohung nicht selten keine Wirkung zeigt, da die von der Ersatzfreiheitsstrafe betroffene Klientel regelmäßig von ausgeprägter Armut gekennzeichnet ist[155]. Aufgrund ihrer sozialen Situation sind sie der oft Ansicht, nichts mehr verlieren zu können und stehen der drohenden Ersatzfreiheitsstrafe gleichgültig gegenüber[156].

Zum anderen kommen über die bereits angesprochenen Schwierigkeiten und Gefahren kurzer Freiheitsstrafen hinaus weitere Probleme aus kriminalpolitischer Sicht durch die Ersatzfreiheitstrafe mit ihrer steigenden Vollstreckungszahl, ihrer Vollzugsdauer und damit verbunden die fehlende Möglichkeit einer Strafrestaussetzung zur Bewährung.

3.2.2.1 Vollstreckungszahl

Eine entscheidende Rolle bei der Art und Höhe der jeweiligen Sanktionierung spielt die wirtschaftliche Situation des Täters. In diesem Zusammenhang kann auf die Armuts- und Reichtumsberichte der Bundesregierung[157] verwiesen werden, die seit den neunziger Jahren einen stetigen Anstieg des Armutsrisikos[158] verzeichnen. Demnach

---

152 Vgl. oben Teil 1, 1.1.2.2 Sekundäre Freiheitsstrafe.

153 Vgl. etwa *Wolters*, in SK-StGB, § 43 Rdnr. 2; *Radtke*, in MüKo-StGB, § 43 Rdnr. 2; *Stree/Kinzig*, in Sch/Sch-StGB § 43 Rdnr. 1; *Dölling*, ZStW 1992, 259, 275; *Tröndle*, ZStW 1974, 545, 571.

154 *Schädler*, ZRP 1983, 5, 7; *Häger*, in LK-StGB § 43 Rdnr. 1.

155 *Matt*, MschrKrim 2005, 339, 347.

156 Vgl. *Dünkel/Grosser* NK 1/1999, 28, 33; *Matt*, MschrKrim 2005, 339, 348.

157 Erster Armuts- und Reichtumsbericht der Bundesregierung BT-Drucks. 14/5590; Zweiter Bericht BT-Drucks 15/5015; Dritter Bericht BT-Drucks. 16/9915.

158 Die Armutsrisikoquote wird definiert als Anteil der Personen in Haushalten, deren bedarfsgewichtetes Nettoäquivalenzeinkommen weniger als 60% des Mittelwertes (Median) aller Personen beträgt. Mit der Benennung als Armutsrisikoquote sollte deutlich werden, dass

lag das Risiko von Armut betroffen zu werden im Jahr 1993 bei 11,7%, 1998 bei 12,1%, 2003 bei 13,5%[159]. Nach den Vergleichszahlen auf der Grundlage vom SOEP[160] lag die Quote im dritten Armuts- und Reichtumsbericht für das Jahr 2006 bei 18% und hat damit im Zeitraum der Berichterstattungen weiter zugenommen[161].

Durch die negative Entwicklung der sozialen und wirtschaftlichen Verhältnisse, insbesondere der erhöhten Arbeitslosigkeit und der Zunahme überschuldeter Privathaushalte werden nun auch immer mehr Straftäter von den beschriebenen Nachteilen einer kurzen Freiheitsstrafe betroffen, die ursprünglich nur eine Geldstrafe abzuleisten hatten und diese aufgrund fehlender finanzieller Mittel nicht aufbringen können[162]. Diese Argumentation gewinnt insbesondere an Schärfe, wenn man sich vor Augen führt, dass parallel hierzu die Zahl der verhängten Tagessätze bei den Geldstrafenverurteilungen deutlich angestiegen ist[163]. Wurde 1981 von den Verurteilten lediglich jeder vierte zu 31 oder mehr Tagessätzen verurteilt, ist es gegenwärtig nahezu jeder zweite[164].

Im Bereich des früheren Bundesgebietes mit Berlin wuchs demzufolge von 1980 bis 2002 die Zahl der Zugänge zur Ersatzfreiheitsstrafe um ca. 76,4% an (vgl. Tabelle 1). So hatten 1980 25.905 Personen – mithin 5,2% der zu einer Geldstrafe Verurteilten – eine Ersatzfreiheitsstrafe zu verbüßen. Bis 2002 erhöhte sich dieser Anteil mit 45.700 Ersatzfreiheitsstrafen bereits auf 9,3%[165].

	1980	1985	1990	1995	2000	2002
zu Geldstrafe Verurteilte	494.114	488.414	512.343	567.195	513.336	493.083
Zugang zu Ersatzfreiheitsstrafe	25.905	30.765	29.503	42.127	46.250	45.700
Prozentualer Anteil	**5,2**	**6,3**	**5,8**	**7,4**	**9,0**	**9,3**

Tabelle 1: Zugänge im Strafvollzug wegen Ersatzfreiheitsstrafe, früheres Bundesgebiet mit Westberlin, seit 1995 mit Gesamtberlin

Seit 2003 lässt sich die genaue Zahl der verhängten Ersatzfreiheitsstrafen allerdings nicht mehr zweifelsfrei ermitteln, da aufgrund der Umstellung der Strafvollzugsstatistiken die Zugänge von Ersatzfreiheitsstrafen nicht mehr erfasst werden. Seit 2003

dieser Indikator die Möglichkeit einer Armutsgefährdung beschreibt – insbesondere bei längerem Verbleiben in diesem niedrigen Einkommensbezug.

159 Vgl. BT-Drucks. 14/5590, 39; BT-Drucks. 15/5015, 45.

160 Das sozio-ökonomische-Panel (SOEP) des deutschen Instituts für Wirtschaftsforschung wird seit 1984 jährlich erhoben und ermöglicht daher kontinuierliche Zeitreihenvergleiche. Hierbei werden immer wieder dieselben Haushalte nach ihren Einkommen befragt.

161 BT-Drucks. 16/9915, 39.

162 *Hamdorf/Wölber*, ZStW 1999, 929, 934 f.; *Heinz*, ZStW 1999, 461, 485; *Seebode*, Festschrift-*Böhm* 1999, 519, 525 f.; *Streng*, ZStW 1999, 827, 832.

163 *Hamdorf/Wölber*, ZStW 1999, 929, 935.

164 Vgl. *Heinz*, NK 1/2011, 14, 18.

165 Quelle: *Heinz*, Sanktionensystem und Sanktionierungspraxis, 62.

werden die Strafvollzugsdaten nur noch stichtagsbezogen jeweils am 31.03., 31.08. und 30.11. jedes Jahres erhoben (vgl. Tabelle 2).

	2003	2004	2005	2006	2007	2008	2009	2010
Freiheitsstrafen	52.896	54.241	54.780	54.612	52.674	53.170	52.380	51.650
Ersatzfreiheitsstrafen	3.577	3.811	3.747	3.944	3.813	3.906	3.981	4.001
Prozentualer Anteil	**6,8**	**7,0**	**6,8**	**7,2**	**7,2**	**7,3**	**7,6**	**7,7**
Freiheitsstrafen geschlossener Vollzug	42.963	44.278	44.983	45.435	44.788	44.089	43.456	42.945
Ersatzfreiheitsstrafen geschlossener Vollzug	2.605	2.746	2.715	2.866	2.795	2.840	3.009	3.100
Prozentualer Anteil	**6,1**	**6,2**	**6,0**	**6,3**	**6,2**	**6,4**	**6,9**	**7,2**

Tabelle 2: Stichtagsbezogener Vergleich der Verbüßer von Freiheitsstrafen und Ersatzfreiheitsstrafen insgesamt und im geschlossenen Vollzug jeweils am 31.03., 31.08. und 30.11. in Deutschland, gemittelte Werte[166]

Ein Vergleich der Daten bis 2002 mit denen der Jahre ab 2003 ist bereits wegen der unterschiedlichen Erhebungsmethoden nur mit Einschränkung möglich. Darüber hinaus ist zu beachten, dass die Erhebungen vor 2002 ausschließlich den Bereich des früheren Bundesgebietes und Berlins umfassten und demnach aktuell der Anteil von Ersatzfreiheitsstrafen in den neuen Bundesländern mit ca. 17% hinzuzufügen ist[167]. Zudem dürfte der tatsächliche Anteil der Ersatzfreiheitsstrafenverbüßer an den Einsitzenden deutlich über dem angegeben Werten liegen, weil durch die Kürze dieser Strafen eine Vielzahl bei den Stichtagserhebungen nicht erfasst werden. Damit lässt sich diesen Zahlen allenfalls ein Trend ablesen.

Dennoch wird auch bei diesen Erhebungen deutlich, dass die Zahl der Personen, die an Stelle einer auferlegten Geldstrafe eine Ersatzfreiheitsstrafe abzusitzen haben stetig wächst. Vorliegend erhöhte sich nachweislich der prozentuale Anteil der Ersatzfreiheitsstrafenverbüßer bei den Einsitzenden von 6,1% im Jahr 2003 auf 7,2% 2010 (vgl. Abbildung 5).

166 Statistisches Bundesamt, Bestand der Gefangenen und Verwahrten in den deutschen Justizvollzugsanstalten nach Ihrer Unterbringung auf Haftplätzen des geschlossenen und offenen Vollzugs jeweils zu den Stichtagen 31. März, 31. August und 30. November eines Jahres, Stichtag 30. November 2010, 6, 11, 16, 21, 26, 31, 36, 41, 46, 51, 56, 61, 66, 71, 76, 81, 86, 91, 96, 101, 106, 111, 116, 121.

167 Zuletzt 2008: 16,7%, 2009: 16,5%, 2010: 17,9%; vgl. Statistisches Bundesamt, oben Fn. 166, 6, 11, 16, 21, 26, 31, 36, 41, 46.

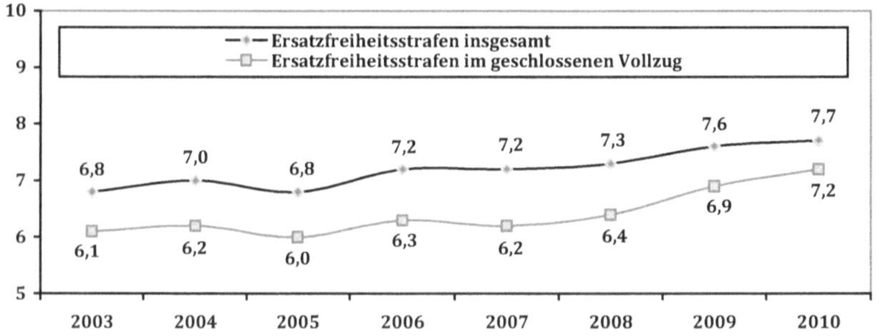

Abbildung 5: Prozentualer Anteil der Ersatzfreiheitsstrafen bei den Einsitzenden von 2003 bis 2010, Erhebungsstichtage 31. März, 31. August, 30. November; gemittelte Werte[168].

So lässt sich den aktuellen Stichtagserhebungen ein deutlicher Aufwärtstrend der Ersatzfreiheitsstrafenverbüßer im Jahresmittel seit 2003 (3.577) um insgesamt ca. 11,3% bis 2009 (3.981) und ca. 11,8% bis 2010 (4.001) entnehmen, wobei diese im Bereich des geschlossenen Vollzuges 2010 sogar bei rund 19,0% lag (2003: 2605 und 2010: 3.100)[169].

Damit kann insgesamt davon ausgegangen werden, dass der Zugang zu Ersatzfreiheitsstrafen die 10%-Hürde der Geldstrafenverurteilungen längst überschritten hat.

Fraglich ist, wie es zu diesem weiteren Anstieg kommen kann, obgleich bereits das gegenwärtige Strafrecht mit der Bemessung der Tagessatzhöhe gemäß § 40 Abs. 1 Satz 3 StGB, der Ermöglichung von Zahlungserleichterungen gemäß § 42 StGB, § 459a StPO und nicht zuletzt der Alternative einer Abwendung durch freie Arbeit gemäß Art. 293 EGStGB mehrere Möglichkeiten bietet[170], die eine Ersatzfreiheitsstrafe entbehrlich machen.

Den Grundstein für die Beantwortung dieser Frage bilden die bereits erwähnten Probleme im Rahmen der Geldstrafenbemessung[171]. Rechtsunsicherheit bei der Bemessung der Geldstrafe von in Armut lebenden Personen, bloße Einkommensbefragungen des Täter und Schätzungen der Einkünfte anstelle tatsächlicher Ermittlungen der Einkommensverhältnisse sind als Wurzeln der zu verhängenden, späteren Ersatzstrafe anzusehen. Wie ein roter Faden ziehen sich diese Probleme in der Folge durch die gesamte Geldstrafenvollstreckung.

Im Rahmen möglicher Zahlungserleichterungen gemäß § 42 StGB, § 459a StPO geht das Gericht in der Folge von falschen Einkommensverhältnissen aus und kommt zu dem Ergebnis, dass entweder keine Zahlungserleichterungen erforderlich sind oder es bemisst diese zu hoch. Stellt der Verurteilte erst in der Vollstreckungsphase fest, dass er die Geldstrafe in der geforderten Art und Weise nicht aufbringen kann, muss er selbst die Initiative ergreifen und sich an die Vollstreckungsbehörde wenden, um ge-

168 Vgl. Statistisches Bundesamt, oben Fn. 166.
169 Vgl. Statistisches Bundesamt, oben Fn. 166, 6, 11, 16, 111, 116, 121.
170 Vgl. oben Teil 1, 1.1.1 Geldstrafe.
171 Hierzu bereits oben Teil 1, 3.1.3 Die „Leidensungleichheit“.

meinsame Lösung zu finden. An dieser Stelle scheitern bereits viele mittelose Verurteilte, da sie zumeist nicht über die notwendigen sozialen Fähigkeiten und Kenntnisse verfügen, einen Ausweg mit der Behörde zu suchen. Entweder sind ihnen die Folgen der Nichtleistung schlichtweg gleichgültig oder sie wissen nicht, dass ihnen bei einer uneinbringlichen Geldstrafe eine Ersatzfreiheitsstrafe droht.

Ähnliche Schwierigkeiten treten bei der Abwendung der Ersatzfreiheitsstrafe durch gemeinnützige Arbeit gemäß Art. 293 EGStGB auf. So basiert die gemeinnützige Arbeit auf der Freiwilligkeit des Verurteilten, insbesondere muss er sich regelmäßig selbst melden, selbst aktiv werden und Eigeninitiative zeigen[172]. Auch hier leidet die Umsetzung einerseits wieder an den mangelnden Kompetenzen und der fehlende Motivation der Verurteilten. Andererseits sind aber auch Qualität und Attraktivität der gemeinnützigen Arbeit sowie lange Wartezeiten durch fehlende Arbeitsangebote zu bemängeln.

Damit zeigt sich, dass die vom Gesetzgeber vorgegebenen Möglichkeiten zur Abwendung der Ersatzfreiheitsstrafen zum Teil nicht ausgeschöpft werden oder im Rahmen der Praktikabilität schnell an ihre Grenzen stoßen.

3.2.2.2 Vollzugsdauer

Ein weiteres wichtiges Problem der Ersatzfreiheitsstrafen ist deren Dauer des Vollzuges. Die gegenwärtige Bemessung richtet sich nach § 43 Satz 2 StGB, wonach ein Tagessatz einem Tag Freiheitsstrafe entspricht.

Dieser Umrechnungsmaßstab mag auf den ersten Blick einfach und praktikabel erscheinen. Erhebliche Bedenken lassen sich jedoch gegen die Strafzumessung vorbringen[173]. Denn als „echte" Strafe muss die Ersatzfreiheitsstrafe dem Schuld- und Unrechtgehalt von Tat und Täter im Sinne des § 46 Abs. 1 Satz 1 StGB entsprechen[174]. Eine Strafe darf sich zudem inhaltlich weder nach oben noch nach unten vom gerechten Schuldausgleich lösen[175]. In diesem Zusammenhang ist zu beachten, dass mit der Ersatzfreiheitsstrafe eine ursprüngliche Geldstrafe abgegolten werden soll, wobei die Höhe des zugrunde liegende Tagessatzes nach dem Tageseinkommen des Verurteilten bemessen wurde. Insoweit erfolgt die Anknüpfung an die Arbeitszeit und nicht an einen 24-Stunden-Tag. Kommt es dann zur Verbüßung einer Ersatzfreiheitsstrafe, wandelt sich eine bloße Tageseinkunft in einen vollen Tag Freiheitsstrafe. Das Strafübel eines Tages Freiheitstrafe geht jedoch weit über den Verlust eines Tageseinkommens hinaus[176]. Dem Täter fehlen jetzt nicht nur seine Tageseinkünfte, sondern er muss sich zusätzlich dem schwereren Übel der Freiheitsstrafe unterwerfen. Aus diesem Grund ist die Ersatzfreiheitstrafe statt „Ersatzübel" auch als „Zusatzübel" ohne hinreichenden Rechtsgrund zu bezeichnen[177].

172 Vgl. hierzu und dem Folgenden *Matt*, MschrKrim 2005, 339, 347.

173 Vgl. *Häger*, in LK-StGB, § 43 Rdnr. 6.

174 Vgl. BGHSt 20, 13, 16.

175 BGHSt 24, 132, 133; 29, 319, 320; 34, 345, 349.

176 BT-Drucks. 15/2725, 21, 47.

177 *Tröndle*, ZStW 1974, 545, 575 ff., *ders.*, JR 1976, 162, 163, *Bruns*, JR 1986, 71, 73; *Gebring*, ZStW 1976, 1049, 1111; *Seebode*, Festschrift-Böhm 1999, 519, 520, 525; ähnlich auch *Schott*, JR 2003, 315.

Deshalb kann die, aus einer – dem Schuld- und Unrechtsgehalt entsprechenden – Geldstrafe resultierende Ersatzfreiheitsstrafe kann, bei einem Umrechnungsverhältnis von 1:1, keinesfalls als ebenso schuldangemessen bezeichnet werden[178].

3.2.2.3 Aussetzung des Strafrests zur Bewährung

Die Vollzugsdauer der Ersatzfreiheitsstrafe ist eine weitere zu beklagende Schwäche. Eine konsequente Behandlung als echte Kriminalstrafe legt es nahe, dass auch für die Ersatzfreiheitsstrafe die Regelungen der primär angeordneten Freiheitsstrafen mit deren Modifikationen Anwendung finden. Dem entsprechend müsste auch für die Ersatzfreiheitsstrafe die Möglichkeit der Aussetzung des Strafrestes zur Bewährung gemäß § 57 StGB in Betracht kommen[179]. Andernfalls bestünde eine Ungleichwertigkeit zwischen Primär- und Sekundärstrafen. Ein Geldstrafenschuldner, der im Rahmen einer Ersatzfreiheitsstrafe mehr als 60 Tagessätze zu verbüßen hätte, müsste länger als der Verbüßer einer entsprechenden Primärfreiheitsstrafe in Haft bleiben, da nur Letzterer in den Genuss der Strafrestaussetzung zur Bewährung im Rahmen des § 57 Abs. 1 Satz 1 Nr. 1 StGB käme. Dieses unzufriedene Ergebnis wird zwar von einem Teil des Schrifttums stark kritisiert[180], entspricht jedoch der überwiegenden Rechtsprechungspraxis, die sowohl eine unmittelbare als auch eine analoge Anwendung abgelehnt[181].

Letztlich kann diese Diskussion allerdings dahingestellt werden, da eine Reststrafenaussetzung bei Ersatzfreiheitsstrafen nach gegenwärtiger Gesetzeslage nur in unbedeutendem Maße Relevanz aufweist. Fraglich ist zunächst die praktische Bedeutung des § 57 Abs. 1 Satz 1 Nr. 1 StGB für Ersatzfreiheitsstrafen. So liegt deren Durchschnittsdauer bei ca. 30 Tagen[182]. Dagegen kam eine empirische Studie 2006 in Mecklenburg Vorpommern sogar auf durchschnittlich 54 Tage[183]. Da das Gesetz in der aktuellen Fassung jedoch eine Mindestverbüßungszeit von zwei Monaten voraussetzt, kämen die meisten Ersatzfreiheitsstrafen für eine Anwendung ohnehin nicht in Betracht. Darüber hinaus wird auch zu Recht darauf hingewiesen, dass die bestehende Regelung der Reststrafenaussetzung zur Bewährung für die Anwendung auf Ersatzfreiheitsstrafen vom Gesetz nicht vorgesehen ist und damit schwer umsetzbar sein dürfte[184]. Das hierfür erforderliche Verfahren mit einer individuellen Prognoseentscheidung, der notwendigen Einwilligung des Verurteilten sowie den gerichtlichen

---

178 *Schall*, NStZ 1985, 104, 106; *Streng*, ZStW 1999, 827, 840; *Tröndle*, ZStW 1974, 545, 575 ff.

179 Vgl. OLG Zweibrücken, NJW 1977, 222; OLG Koblenz, GA 1977, 222; *Schatz*, ZRP 2002, 438 ff.; *Streng*, 2002 Rdnr. 245.

180 *Jescheck/Weigend*, 1996, 849 f.; *Häger*, in LK-StGB § 43 Rdnr. 4; Lackner/*Kühl*, StGB, § 57 Rdnr. 1.

181 Vgl. etwa OLG Celle, JR 1977, 121 f., StV 1999, 492; KG Berlin, GA 1977, 232, 238; OLG Stuttgart, MDR 1986, 1043, StV 1994, 250; OLG Oldenburg, MDR 1988, 1071; OLG Jena, NStZ 1999, 317; OLG Hamm, StV 1999, 495; Thüringisches OLG, StV 1999, 491; OLG Zweibrücken, StV 2001, 414.

182 *Albrecht*, in NK-StGB, § 43 Rdnr. 2; *ders.*, Legalbewährung, 1982, 165; *Dolde*, Festschrift-*Böhm* 1999, 581, 588; *Eisenberg*, Kriminologie, § 33 Rdnr. 25; *Schneider*, in Göppinger, Kriminologie, § 34 Rdnr. 28; *Seebode*, Festschrift-Böhm 1999, 519, 530.

183 *Dünkel/Scheel*, 2006, 170.

184 *Schatz*, ZRP 2002, 438, 439.

Folgeentscheidungen erscheint im Hinblick auf die kurze Dauer von Ersatzfreiheitsstrafen zu aufwendig und zu langwierig.

Damit bleibt es im Ergebnis bei der – aus kriminalpolitischer Sicht – unzufriedenen Situation, dass für Verbüßer von Ersatzfreiheitsstrafen nach aktueller Rechtslage die Möglichkeit einer Reststrafenaussetzung auf Bewährung nicht in Frage kommt.

3.2.3 Die Situation im Strafvollzug

Ein weiteres Manko der Freiheitstrafe stellt sich bei deren Umsetzung in den Strafvollzugsanstalten. Trotz erheblicher regionaler Unterschiede sind hohe Häftlingszahlen und die damit einhergehende Überfüllung des Straf- und Maßregelvollzuges seit Anfang der neunziger Jahre ein Dauerthema.

3.2.3.1 Hohe Häftlingszahlen

Die Häftlingszahlen liegen europaweit durchschnittlich auf einem hohen aber sehr unterschiedlich ausfallenden Niveau[185]. Im deutschen Erwachsenenstrafvollzug wuchs von 1995 bis 2007, jeweils zum Stichtag dem 31.03, die Zahl der Personen, die an diesem Tag zur Verbüßung von Freiheitsstrafen einzusitzen hatten, um 38,5% (vgl. Tabelle 3). So ist die Gefangenenrate der Freiheitsstrafe verbüßenden Gefangenen in Deutschland derzeit wieder annähernd so hoch wie vor der großen Strafrechtsreform von 1969. Damit platziert sich Deutschland innerhalb der westeuropäischen Staaten mit seiner Gefangenenrate im oberen Mittelfeld[186].

Allerdings sind die Gefangenenzahlen seit 2008 insgesamt leicht rückläufig, wobei auch der Anteil der Freiheitsstrafenverbüßer um 5,8% auf aktuell 53.973[187] sank. Ob es sich hierbei tatsächlich um eine Trendwende handelt, bleibt jedoch abzuwarten.

185 Vgl. die Übersichten bei *Dünkel*, in: Internationales Handbuch der Kriminologie. Bd. 2, 145, 151 ff.; *Dünkel/Snacken*, NK 4/2000, 31 ff.; *Dünkel*, NK 1/2010, 3 ff.; *ders.*, für Deutschland: APuZ 7/2010, 7, 8 ff; sowie *Dünkel/Geng*, FS 1/2007, 14 ff.; *Dünkel/Geng/Morgenstern*, FS 1/2010, 20 ff.

186 Vgl. *Dünkel*, in: Internationales Handbuch der Kriminologie. Bd. 2, 145, 151 ff.; *ders*, NK 1/2010 3, 9 f.; *Heinz*, Vortrag vom 31.03.2007, 4.

187 Statistisches Bundesamt, Strafvollzug – Demographische und kriminologische Merkmale der Strafgefangenen zum Stichtag 31.3., Fachserie 10, Reihe 4.1, Tab. 1.1.

	1965	1970	1975	1980	1985	1990	1995	2000	2005
Gefangenenzahl	42.54	30.45	28.84	35.53	41.85	34.79	41.35	53.18	56.12
Gefangenenrate[188]	72,1	49,5	46,6	57,8	68,6	55,5	50,7	64,7	68,0
	2006	**2007**	**2008**	**2009**	**2010**				
Gefangenenzahl	57.14	57.28	55.34	55.04	53.97				
Gefangenenrate	69,4	69,7	67,5	67,3	65,9				

Tabelle 3[189]: Bestand der Gefangenen, die eine Freiheitsstrafe zu verbüßen hatten, jeweils am 31. März. Früheres Bundesgebiet mit Berlin-West, seit 1995 Deutschland.

Bei genauerer Betrachtung dieser Zahlen zeigt sich, dass insbesondere der Bereich der „Kurzstrafer" einen wesentlichen Anteil hiervon ausmacht. So hatten von den am 31.03.2010 einzusitzenden Personen 24.523 eine Freiheitsstrafe von bis zu einem Jahr zu verbüßen, mithin ein Anteil von 45,4%[190].

Als Ursachen für die hohen Gefangenenzahlen werden vor allem zwei wesentliche Entwicklungen angeführt. Zunächst wird eine, seit den neunziger Jahren zu beobachtende, europaweite Verhängung härterer Strafen durch die Gerichte dafür verantwortlich gemacht, die sich an den stark angewachsenen Strafbedürfnissen der Bevölkerung orientiert[191]. So sind hierzulande die vermehrten Verurteilungen von Gewaltdelikten und die in den letzten Jahren restriktiver gewordene Handhabung vorzeitiger Entlassungen anzuführen. Empirisch belegen lässt sich dies für Deutschland allerdings nur teilweise[192]. Insbesondere werden seit Jahren bei einigen Deliktsgruppen – wie etwa den vorsätzlichen Tötungsdelikten oder gefährlichen Körperverletzungen – durchschnittlich längere Freiheitsstrafen verhängt[193]. Damit einhergehend ist bei den nach allgemeinem Strafrecht verhängten unbedingten Freiheitsstrafen von zwei bis fünf Jahren ein Anstieg zu verzeichnen[194]. Diese Entwicklung führt dazu, dass unbedingte Freiheitsstrafen hierzulande gegenwärtig nahezu doppelt so hoch wie etwa in den skandinavischen Ländern sind[195]. Zuweilen ist sogar von einer neuen Straflust oder zumindest doch einer neuen Strafakzeptanz die Rede[196]. Gleichzeitig wird aber darauf hingewiesen, dass höhere Gefangenenraten nicht zwangsläufig beabsichtigt sein müs-

188 Gefangene pro 100.000 der Bevölkerung.

189 Bei dieser Stichtagserhebung im Strafvollzug werden die so genannten Gefangenenbücher ausgewertet und somit sämtliche Gefangene mitgezählt, einschließlich der Personen, die am Stichtag nicht physisch anwesend waren (etwa Hafturlaub etc.).

190 Statistisches Bundesamt, Strafvollzug - Demographische und kriminologische Merkmale der Strafgefangenen zum Stichtag 31.3., Fachserie 10, Reihe 4.1, Tab. 3.1.

191 *Dünkel/Geng*, FS, 1/2007, 14; *Dünkel/Snacken*, NK 4/2000, 31ff.; *Kretschmer*, NStZ 2005, 251, 253; *Neubauer*, NStZ 2008, 361, 364; *Pfeiffer/Windzio/Kleimann*, MschKrim 2004, 415, 428.

192 Vgl. *Heinz*, NK 1/2011, 14 ff.

193 Vgl. *Heinz*, NK 1/2011, 14, 21 f.

194 Vgl. *Heinz*, NK 1/2011, 14, 20 f.

195 *Heinz*, Vortrag vom 31.03.2007, 4; *Dünkel/Snacken* NK 4/2000, 31ff.; *Kretschmer*, NStZ 2005, 251, 253.

196 Vgl. auch zu Folgenden *von Hofen*, KrimJ, 8. Beiheft 2004, 196, 197.

sen, sondern auch als unvorhergesehene Folgen aktiven politischen Handelns auftreten können. Ebenso ist es möglich, dass sie im Fall des Unterlassens – etwa dem Nichtergreifen möglicher Gegenmaßnahmen – auf gesellschaftliches oder politisches Desinteresse oder Fehleinschätzungen zurückzuführen sind.

Ein zweiter Grund für die gestiegenen Häftlingszahlen ist die bereits angesprochene starke Zunahme der Verbüßer von Ersatzfreiheitsstrafen, die ursprünglich nur eine Geldstrafe abzuleisten hatten, aber nicht in der Lage sind, diese zu begleichen[197].

3.2.3.2 Vollzugsprobleme

Aus den zuvor beschriebenen hohen Häftlingszahlen resultieren weitere Schwierigkeiten beim Vollzug von Ersatzfreiheitsstrafen durch Belegungsdefizite in den Justizvollzugsanstalten. Am 30. November 2010 als Stichtag waren bundesweit von den in 185 Justizvollzugsanstalten zur Verfügung stehenden 77.944 Haftplätzen für den offenen und geschlossenen Vollzug 69.385 Plätze und somit insgesamt 89,0% belegt[198]. Insbesondere im geschlossenen Vollzug kamen auf 66.353 Haftplätze 60.533 Häftlinge, was einer Auslastung von 91,2% entspricht[199].

Die Schärfe dieser Zahlen wird noch deutlicher, wenn berücksichtigt wird, dass es unter den Vollzugspraktikern unbestritten ist, dass Gefängnisse bei einer Auslastung von 85 bis 90% als voll belegt anzusehen sind[200]. Obwohl erhebliche regionale Unterschiede beim Vergleich der einzelnen Bundesländer bestehen, ist der bundesweite Vollzug damit überbelegt[201].

Neben den konkreten Überbelegungszahlen wird immer wieder auf eine Art „verdeckte" Überbelegung durch die gemeinschaftliche Unterbringung von Gefangenen entgegen § 18 Abs. 1 StVollzG aufmerksam gemacht[202]. Dabei waren am 30. November 2010 insgesamt 30,2% (18.305) der Gefangenen im geschlossenen Vollzug in Gemeinschaftsunterkünften untergebracht[203].

Da diese Überbelegungen im Strafvollzug unerträgliche Zustände nach sich führen können, haben die Gerichte immer wieder die Nutzung vorhandener Einzelzellen für Mehrfachbelegungen unter dem Aspekt der Menschenwürde zu beurteilen[204]. Dabei ist

---

197 Vgl. oben Teil 1, 3.2.2.1 Vollstreckungszahl.

198 Statistisches Bundesamt, Bestand der Gefangenen und Verwahrten in den deutschen Justizvollzugsanstalten nach Ihrer Unterbringung auf Haftplätzen des geschlossenen und offenen Vollzugs jeweils zu den Stichtagen 31. März, 31. August und 30. November eines Jahres, Stichtag 30. November 2010, 5.

199 Vgl. oben, Fn. 198.

200 *Dünke/Geng*, NK 2003, 146 f., *Dünkel*, APuZ 7/2010, 7, 13.

201 Vgl. auch *Dünkel*, APuZ 7/2010, 7, 11 ff.

202 Vgl. *Böhm*, in Sch/B/J StrVollzG, § 18 Rn. 2; *Dünkel/Geng*, NK 2003, 146, 147, *Dünkel*, APuZ 7/2010, 7, 13; *Köhne*, NStZ 2009, 130, 132; *Köhne*, StV 2009, 215 ff.; *Kretschmer*, NStZ 2005, 251 f.; *Neubauer*, NStZ 2008, 361, 365; *Theile*, StV 2002, 670 ff..

203 Vgl. oben, Fn. 198, 5 f. (Die Zählung erfolgte jedoch ohne Bremen, da hierfür keine Zahlen vorlagen.), ebenso *Dünkel*, APuZ 7/2010, 7, 13.

204 Vgl. BVerfG, NJW 2002, 2699 f.; BVerfG, NJW 2002, 2700 f.; BGH, NJW 2005, 58 ff.; BGHSt 50, 234 ff. BGH, NStZ 2007, 172; OLG Celle, NJW 2003, 2463 f.; OLG Celle, NStZ-RR 2003, 316 f.; OLG Celle, NJW 2004, 2766 f.; OLG Celle, NStZ-RR, 2005, 156 f.; OLG Frankfurt/M, NStZ-RR 2003, 59 f.; OLG Frankfurt/M, NJW 2003, 2843 ff.; OLG Hamm,

in besonderem Maße unbefriedigend, dass sich die Rechtsprechung bei der Beurteilung einer menschenunwürdigen gemeinschaftlichen Unterbringung im Strafvollzug regelmäßig auf die Größe des Haftraumes und die Möglichkeit eines ungestörten Benutzens des WC-Bereiches beschränkt[205]. So wurde bspw. die Unterbringung von zwei Gefangenen in einer ca. 8 qm großen Zelle ohne abgetrennten Sanitärbereich als Verletzung der Menschenwürde und damit als verfassungswidrig angesehen[206], während bereits das Vorhandensein einer räumlich abgetrennten Nasszelle für die Wahrung der Menschenwürde bei einer gemeinschaftlichen Unterbringung genügen soll[207].

Das alleinige Abstellen auf diese beiden Kriterien ist jedoch für die Beurteilung eines Verstoßes gegen die Menschenwürde unzureichend. Vielmehr ist zu deren Wahrung erforderlich, dass dem Einzelnen die Möglichkeit zur freien Entwicklung und Entfaltung seiner Persönlichkeit nicht vollends entzogen wird, sondern ein autonomer Bereich privater Lebensgestaltung gewährleistet sein muss, in welchen er sich zurückziehen und dort „für sich" bleiben kann[208]. Damit steht jedem Menschen – auch dem Insassen einer JVA – ein Mindestprivatbereich zu, in dem er ungestört sein kann. Bei der Mehrfachbelegung eines Haftraums – sei er noch so groß – kann dem einzelnen Häftling aber kein solcher Bereich zum Aufbau und zur Wahrung einer eigenen Privat- oder Intimsphäre gewährleistet werden, da jederzeit mit Eingriffen des jeweiligen Mitbewohners zu rechnen ist[209]. Derartige Eingriffe sind bereits in den zwangsläufig detaillierten Kenntnisse des Zellengenossen über Gewohnheiten und Interessen sowie familiären und sonstigen Beziehungen des anderen zu sehen. Dem Häftling bleiben zur Wahrung seiner Privat- oder Intimsphäre nur die Alternativen, seine intimen und privaten Details dem anderen zu offenbaren oder zu versuchen, seine eigene Persönlichkeit zu verschließen[210]. Wesentlich gravierender sind zudem die zwangsweise zu duldenden Einblicke in höchstpersönliche Gewohnheiten und intimste Bereiche. Auch eine abgetrennte, isolierte und extern belüftete Nasszelle kann nicht verhindern, dass der Zellengenosse unfreiwillig die Zeiten, Häufigkeit, Dauer sowie Art und Weise der Nutzung der sanitären Einrichtungen durch den anderen zwangsläufig mitbekommt[211]. All diese vom Gefangenen Tag und Nacht zu duldenden unausweichlichen Zwänge zum Verzicht auf die eigene Privat und Intimsphäre sind mit der Menschenwürde aus Art. 1 Abs. 1 GG nicht mehr in Einklang zu bringen und erfordern ein unverzügliches Einschreiten.

NStZ-RR 2009, 326 f.; OLG Naumburg, NJW 2005, 514 f.; LG Gießen, NStZ 2003, 624; LG Oldenburg, StV 2004, 610 f.

205 Vgl. BVerfG, NJW 2002, 2700 f.; BGHSt 50, 234, 239 f.; OLG Celle, NJW 2003, 2463; OLG Celle, StV 2004, 84, 85.; OLG Frankfurt/M, NStZ-RR 2003, 59; OLG Frankfurt/M, NJW 2003, 2843, 2845; OLG Karlsruhe, NStZ-RR 2005, 224; OLG Naumburg, NJW 2005, 514, 515; LG Gießen, NStZ 2003, 624; LG Halle, StV 2005, 342; LG Hannover, StV 2003, 568,569; LG Oldenburg, StV 2004, 610, 611.

206 BVerfG, NJW 2002, 2699, 2700.

207 OLG Celle, NStZ-RR 2003, 316, 317.

208 BVerfGE 27, 1, 6; 35, 202, 220.

209 Ebenso *Theile*, StV 2002, 670, 671.

210 *Köhne*, StV 2009, 215, 217; *Theile*, StV 2002, 670, 671.

211 Vgl. auch *Köhne*, StV 2009, 215, 217.

Daneben leidet unter derartigen Zuständen auch das Vollzugsziel der Resozialisierung. Arbeitslosigkeit und eine fehlende sinnvolle Freizeitgestaltung sind die Folgen mangelnder Freizeit-, Sport-, und Therapieangebote sowie unzureichender Arbeits- und Ausbildungskapazitäten[212]. So werden bei gleichzeitigem Abbau des Personalbestandes in den Gefängnissen aufgrund der Überbelegung Freizeiträume in Hafträume umgewidmet[213]. Die weiteren Folgen sind dann eine steigende Aggressivität zwischen Gefangenen untereinander aber auch in der Beziehung zwischen den Gefangenen und den Mitarbeitern. Das hierdurch auch die Motivation der Mitarbeiter der Verfolgung des Resozialisierungsziels sinkt, dürfte nur eine logische Konsequenz sein.

Umso erstaunlicher und nicht nachvollziehbar erscheint in diesem Zusammenhang, wenn gleichzeitig vom Gesetzgeber gerade das Resozialisierungsziel verharmlost und stattdessen die Sicherheit als gleichwertiges Vollzugsziel mit Vorrang deklariert wird[214]. Ebenso sind daher die Fassungen der ersten Landesstrafvollzugsgesetze zu kritisieren, die nach der Föderalismusreform im Rahmen des Übergangs der Gesetzgebungskompetenz für den Strafvollzug auf die Länder erlassen wurden[215]. Darin finden sich nunmehr Änderungen der Rangfolge, indem eine Gleichwertigkeit des – bislang übergeordneten – Vollzugszieles der Resozialisierung des Gefangenen (§ 2 Satz 1 StVollzG) und der Aufgabe des Schutzes der Allgemeinheit vor weitere Straftaten (§ 2 Satz 2 StVollzG) hergestellt wird[216]. Diese Gleichstellung lässt erwarten, dass es zu weiteren Einschränkungen von Resozialisierungsangeboten zu Gunsten von Sicherheitserwägungen kommen wird[217], zumal bereits in der derzeitigen Praxis die Sicherheitsaufgabe den Vorrang genießt[218].

3.3 Finanzmittel des Staates

Die hohen Zahlen deutschlandweit inhaftierter Erwachsener und die damit einhergehende Überfüllung von Straf- und Maßregelvollzug bringen zwangsläufig enorme Kosten beim Straf- und Maßregelvollzug mit sich.

Die Herstellungskosten eines Haftplatzes sind bei ca. 100.000 bis 150.000 Euro anzusetzen und die Personal- und Sachmittelkosten werden in der Literatur auf durchschnittlich 80 Euro pro Tag und Gefangenen beziffert[219], was einem Jahresbedarf von rund 30.000 Euro für jeden Inhaftierten entspricht. Zum Stichtag am 30. November 2007 wurden, bezogen auf die Zahl der Gefangenen und Verwahrten, deutschlandweit

212 *Maelicke*, NK 2003, 143, 144, *Lübbe-Wolff*, ZRP 2009, 93 f.; *Dünkel*, APuZ 7/2010, 7, 14

213 *Dünkel/Geng*, NK 2003, 146; ähnlich *Kretschmer*, NJW 2009, 246, 247.

214 BR-Drucks. 910/02, 3, 886/05, kritisch hierzu *Dünkel*, NK 2003, 8 f.

215 Vgl. BGBl. I 2006, S. 2034, 2035.

216 In Art. 2 BayStVollzG erfolgte eine Umkehrung der Sätze des StVollzG (Schutzaufgabe vor „Behandlungsauftrag"); ebenso § 2 HmbStVollzG („Sicherungsauftrag" vor „Behandlungsauftrag"); § 5 NJVollzG bezeichnet beides als Vollzugsziele und betont durch die Einsetzung des Wortes „zugleich" anstelle des im StVollzG verwendeten „auch" die angestrebte Gleichrangigkeit.

217 Ebenso *Köhne*, NStZ 2009, 130, 131.

218 Vgl. *Laubenthal*, 2011 Rn. 177; *Böhm*, in Sch/B/J StrVollzG, § 2 Rn. 7 ff, 17.

219 *Dünkel/Geng*, NK 2003, 146, 147; *Dünkel/Scheel*, 2006, 2.

durchschnittlich 32.100 Euro je Gefangenen für Personal und laufenden Sachaufwand ausgegeben. Damit liegt der gegenwärtige Tageskostensatz eines Gefangenen sogar bei rund 88,00 Euro[220]. Hier zählen die Sicherungs- und Resozialisierungskosten, wie Ausgaben für bauliche Investitionen, Löhne und Gehälter für Wachpersonal, Therapeuten, Kosten zur Bereitstellung und Durchführung von Aus- und Weiterbildungsmöglichkeiten etc.[221].

Demnach wurden im Jahr 2007 durch die Länder insgesamt 2,4 Mrd. Euro für den laufenden Betrieb der Justizvollzugsanstalten aufgewandt, wobei sich die Ausgaben für Baumaßnahmen und andere Investitionen auf 103 Mio. Euro beliefen. Damit lag der durchschnittliche jährliche finanzielle Aufwand je Anstalt bei 12,3 Mio. Euro. Dagegen erzielten die Justizvollzugsanstalten unmittelbare im gleichen Zeitraum Einnahmen in Höhe von 168 Mio. Euro, wodurch ein geringer Teil der Kosten refinanziert werden konnte. Derartige Einnahmen stammen etwa durch den Verkauf von in den Justizvollzugsanstalten hergestellten Produkten.

Allerdings weisen die laufenden Ausgaben der Justizvollzugsanstalten im Ländervergleich dabei beträchtliche Unterschiede auf. Während im Jahr 2007 in Bayern „nur" 25.500 Euro (pro Tag ca. 70,00 Euro) je Gefangenen ausgegeben wurden, war es im selben Zeitraum in Brandenburg mit 45.700 Euro (pro Tag ca. 125,00 Euro) fast das Doppelte. Derartige Differenzen bei den einzelnen Bundesländern können durch Abweichungen in der Belegungsfähigkeit, den Auslastungskapazitäten, den Personalbetreuungsrelationen sowie der Gefangenenstruktur entstehen[222].

In Anbetracht dieser Zahlen dürften die fehlenden finanziellen Kapazitäten des Staates damit zum dringlichsten Argument für die Politik werden, ein weiteres Anwachsen derartiger Vollzugskosten zu verhindern.

3.4 Opferinteressen

Eine etwas anders gelagerte Schwierigkeit sowohl der Geld- als auch der Freiheitsstrafe stellt die potentielle Konkurrenz zwischen dem staatlichen Strafanspruch und einer möglichen Wiedergutmachungsverpflichtung dar.

So läuft die Geldstrafe dort den Opferinteressen insoweit zuwider, wo bestehende Entschädigungsansprüche auf Grund einer Geldstrafenzahlung nicht erfüllt werden können. Häufig handelt es sich bei den Verurteilten in den unteren und mittleren Kriminalitätsbereichen um wirtschaftlich schwächer gestellte Täter. Wenn diese jedoch unter dem Druck der Ersatzfreiheitsstrafe vorrangig die Mittel für den staatlichen Geldstrafenanspruch aufbringen, sind sie vielfach nicht mehr in der Lage, die Wiedergutmachungsansprüche des Opfers rechtzeitig zu befriedigen.

Im Rahmen des Verfalls ordnet § 73 Abs. 1 Satz 2 StGB den Vorrang des Ersatzanspruchs des Verletzten gegenüber dem Verfall an. Eine solche Norm kennt das StGB für die Geldstrafenvollstreckung nicht. Allerdings hat der Gesetzgeber dieses

---

220 Vgl. auch zum Folgenden: Statistisches Bundesamt, Justiz auf einen Blick, 2011, 56 f.

221 Vgl. *Entorf*, APuZ 7/2010, 15, 16 f.. mit dem Versuch einer Kosten-Nutzenanalyse des Strafvollzuges.

222 Vgl. oben Fn. 220.

Problem ebenfalls erkannt und eine Regelung auf der Ebene der Zahlungserleichterungen getroffen. Nach dem durch das 2. JuMoG vom 22.12.2006[223] neu eingefügten § 42 Satz 3 StGB sollen nun Zahlungserleichterungen gewährt werden, wenn ohne sie eine Schadenswiedergutmachung durch den Verurteilten unmöglich oder zumindest erheblich gefährdet wäre. Die Anordnung nach Satz 3 ist somit in der Regel zu gewähren, wenn nicht wichtige Gründe entgegenstehen. Den Inhalt der Anordnung bestimmt das Gericht nach den Umständen des Einzelfalls. Dabei kann das Gericht nun entweder die Geldstrafenzahlung für den Zeitraum, in welchem der Täter die Wiedergutmachungsleistung zu erbringen hat, aussetzen oder im Rahmen eines Gleichlaufs von monatlicher Geldstrafentilgung und Schadenswiedergutmachung die einzelnen Raten senken. Damit hat der Gesetzgeber zwar einen weiteren Schritt in Richtung der Stärkung des Opferschutzes getan.

Ob dies unter Opferschutzgesichtspunkten genügt, erscheint zweifelhaft. So basiert die Norm auf der Freiwilligkeit des Täters zur Wiedergutmachung. Sie hilft dem Opfer damit nicht, wenn der Verurteilte von vornherein eine Schadenswiedergutmachung verweigert. Auch wenn die verurteilte Person tatsächlich keine Wiedergutmachung betreibt, soll nach der Vorstellung des Gesetzgebers die Vollstreckungsbehörde die Entscheidung über die Zahlungserleichterung nachträglich ändern oder aufheben können (§ 459a Abs. 2 Satz 1 StPO)[224]. Damit bleibt dem Opfer – selbst mit zivilrechtlichen Ansprüchen – in beiden Fällen nur die Möglichkeit abzuwarten, bis der Täter wieder über genügend Liquidität verfügt. Dies wird zumeist erst nach vollständiger Ableistung der Geldstrafe der Fall sein. Aber auch wenn der Zivilprozess zeitlich erst nach der Festsetzung der Geldstrafe beendet wird, würde der wirtschaftlich schwache Verurteilte, der die Geldstrafe bereits erbracht hat oder noch ratenweise ableistet, nicht über genügend Liquidität verfügen, um die Leistungen an das Opfer zu erbringen. Im Falle der Ratenzahlung wäre ein erneuter Antrag des Verurteilten auf eine nachträgliche Stundung oder niedrigere Raten an das Vollstreckungsgericht erforderlich. Dies erscheint wiederum fraglich, da dem Verurteilten nunmehr an der zügigen Ableistung der begonnenen Ratenzahlung als an der Wiedergutmachung liegen dürfte. Festzuhalten bleibt insgesamt, dass das Opfer in all diesen Fällen – wie bislang – zunächst leer ausgeht.

Ebenso wie die Geldstrafe läuft auch die Freiheitsstrafe den Opferinteressen zuwider, da hier ebenfalls die bestehenden Entschädigungsansprüche regelmäßig nicht erfüllt werden können. Der Verurteilte ist auch in diesem Fall zumeist aufgrund seiner wirtschaftlichen Situation während des Verbüßens der Freiheitsstrafe nicht in der Lage, gleichzeitig die Wiedergutmachungsansprüche des Opfers rechtzeitig zu befriedigen. Hinzu kommt, dass durch den bereits beschriebenen möglichen Verlust des Arbeitsplatzes, der Wohnung und damit beginnenden sozialen Abstieg die Ansprüche des Opfers auch nach Ende des Strafvollzuges regelmäßig nicht ohne weiteres erfüllt werden können.

Diese Ungerechtigkeiten treffen damit nahezu jedes Opfer eines einkommensschwachen Täters mit Schadenersatzansprüchen, unabhängig davon, ob dieser zu einer

223 BGBl I S. 3416; BT-Drucks. 16/3038; BR-Drucks. 890/06.
224 BT-Drucks. 16/3038, 58.

Geldstrafe oder einer primären Freiheitsstrafe verurteilt wurde oder anstelle einer Geldstrafe eine Ersatzfreiheitsstrafe zu verbüßen hat.

3.5 Contra: Argumente gegen Reformen im Strafensystem

Trotz der bestehenden genannten Schwachstellen des aktuellen Sanktionensystems und seiner Anwendungsprobleme sind auch die Stärken herauszuarbeiten, um sie im Rahmen möglicher Veränderungen entsprechend berücksichtigen zu können.

Im Rahmen der wissenschaftlichen Erörterung ist deshalb darauf hinzuweisen, dass die kurze Freiheitsstrafe nicht durchweg als negativ bewertet wird. Ob und in welcher Weise ein Ausbau des Sanktionensystems überhaupt in Frage kommt, hängt aber nicht nur von den Ergebnissen der wissenschaftlichen Diskussion, sondern auch von viel pragmatischeren Faktoren ab. So sind bei den Reformüberlegungen auch die Rolle der Medien mit ihrer Sensationspolitik sowie der finanzielle Widerstand der Bundesländer in derartige Überlegungen einzubeziehen.

3.5.1 Vorteile kurzer Freiheitsstrafen

Vermehrt gibt es in der neueren kriminologischen und kriminalpolitischen Diskussion Stimmen, die kurze Freiheitsstrafen nicht generell ablehnen und sich stattdessen für eine Anwendung aussprechen oder den Änderungsbedarf an einer kriminologisch sinnvolleren Ausgestaltung derartiger Haftstrafen festmachen[225].

3.5.1.1 Der Vorteil der Kürze

Zunächst wird von den Befürwortern der kurzen Freiheitsstrafe der Vorzug gerade in ihrem zeitlichen Aspekt gesehen, da es hierdurch gegenüber den Verbüßern langer Freiheitsstrafen zu einer Schadens- und Leidbegrenzung käme[226].

Richtig und damit zuzustimmen ist dieser Ansicht insoweit, dass wenn Freiheitsstrafen – die ohnehin nur als ultima ratio in Betracht kommen – verhängt werden müssen, diese aus Gründen der Humanität, Gerechtigkeit und zur Vermeidung sozialer Desintegration so kurz wie nur möglich sein sollten.

Fraglich erscheint jedoch, ob ein direkter Vergleich von kurzen mit langen Freiheitstrafen, wie er hier vorgenommen wird, überhaupt dazu geeignet ist, kurze Haftstrafen zu befürworten. Sanktionen können nur miteinander verglichen werden, wenn sie auch als Alternativen in Betracht kommen. Dies ist aber bei kurzen und langen Freiheitsstrafen nicht der Fall, denn eine lange Haftstrafe kommt für den, zu einer kurzen Freiheitstrafe Verurteilten gerade nicht in Betracht. Die zeitlichen Ober- und Untergrenzen der zu verhängenden Haftstrafe ergeben sich unter anderem aus den einzelnen Straftatbeständen. Daraus folgt, dass in den betreffenden Kriminalitätsbereichen, in denen kurze Freiheitsstrafen Anwendung finden, der unteren und mittleren Kriminalität, Verurteilungen zu langen Freiheitsstrafen von vornherein ausscheiden.

---

225 *Dolde/Jehle*, ZfStrVO 1986, 195 ff.; *Weigend*, JZ 1986, 260 ff.; *Dolde/Rössner*, ZStW 1987, 424 ff.; *Dolde*, Festgabe für Hans Göppinger, 171 ff.

226 *Dolde/Rössner*, ZStW 1987, 424, 429.

Des Weiteren sollen kurze Freiheitsstrafen das kleinere Übel darstellen, weil sie geringere entsozialisierende Wirkungen als lange Freiheitsstrafen haben[227]. Neben dem eben aufgeführten Vergleichsmanko ist dem zu entgegnen, dass derartige schädliche Wirkungen in familiäre, berufliche und sonstige soziale Beziehungen mit der Länge einer Haftstrafe nur bedingt zu verbinden sind, da sie – wie gezeigt – bereits mit dem Haftantritt des Verurteilten entstehen[228].

3.5.1.2 Mehr Gerechtigkeit

Als weiteres Argument für den Vollzug kurzer Freiheitsstrafen wird eine damit verbundene höherer Gerechtigkeit bei verurteilten Straftätern angeführt[229].

So wird zum einen auf die Verfechter von „Gerechtigkeitsmodellen" im Rahmen der Sanktionierung verwiesen, die in der zu weit gehenden Individualisierung des bestehenden Sanktionensystems eine nicht gerechtfertigte Ungleichbehandlung sehen[230]. In diesem Zusammenhang wird eine individualisierte, persönlichkeitsorientierte Strafrechtspflege gerade im Hinblick auf statushohe Wirtschafts- und Verkehrsstraftäter bemängelt, die gegenüber Straftätern aus unteren oder mittleren sozialen Schichten besonders profitieren.

Gestützt wird sich hierbei auf den aus den USA stammenden „Etikettierungsansatz" oder „labeling-approach[231]", der zunächst davon ausgeht, dass Kriminalität gleichmäßig in der Gesellschaft verteilt ist (sog. Ubiquität). Indem die Justiz jedoch nicht jeden mit gleicher Intensität verfolgt (sog. Selektion), entsteht ein verzerrtes Bild der Kriminalitätsverteilung, da insbesondere untere soziale Schichten einer stärkeren Verfolgung ausgesetzt seien. Die Gerechtigkeit bei der Bestrafung ergebe sich demnach nur bei einer Nichtsanktionierung aller Straftäter oder einer ausnahmslos gleichen Sanktionierung. Zumindest im Rahmen der absoluten Straftheorien[232], die Rechtsgrund und Sinn der Strafe allein in der Vergeltung sehen, durch die dem Schuldigen Gerechtigkeit durch seine Tat wiederfahren soll, stelle die Freiheitstrafe hierfür das Mittel der Wahl dar.

Des Weiteren führen die Befürworter der kurzen Freiheitstrafe in diesem Zusammenhang auch die positive Generalprävention[233] an, nach welcher die Strafe auf der Stärkung des Rechtsbewusstseins und des Vertrauens der Allgemeinheit in die Rechtsordnung basiert, indem eine angemessene Sanktionierung die in Frage gestellte Norm bekräftigt. Dem ist allerdings entgegenzuhalten, dass es der Kriminologie bislang noch nicht gelungen ist, im Bereich der unteren und mittleren Kriminalität diejenigen Sanktionierungsstrategien zu ermitteln, die die übertretene Norm in jeweils optimaler Weise stabilisieren[234].

---

227 *Dolde/Rössner*, ZStW 1987, 424, 429 f.
228 Vgl. oben Teil 1, 3.2.1.1 Berufliche, familiäre und soziale Bindungen.
229 *Dolde/Rössner*, ZStW 1987, 424, 430 f.
230 Vgl. etwa *Sack*, 1978, 386 ff.; *Weigend*, ZStW 1978, 1117 ff.
231 Hierzu umfassend *Eisenberg*, Kriminologie, § 8 Rdnr. 1 ff.
232 Vgl. *Jescheck/Weigend*, 1996, 70 f.
233 *Jescheck/Weigend*, 1996, 68.
234 Zusammenfassend: *Albrecht*, 1985, 132, 138 f., *Weigend*, JZ 1986, 260, 264.

Das Bedürfnis nach mehr Gerechtigkeit im Rahmen des bestehenden Sanktionensystems gerade im Bereich der leichten und mittleren Kriminalität ist durchaus begründet. Dass eine Sanktionsart bei unterschiedlich situierten Tätern absolut verschiedene Wirkungen haben kann, wurde in den vorangegangenen Abschnitten bereits mehr als deutlich[235].

Fraglich ist allerdings, ob dieses Bedürfnis tatsächlich der kurzen Freiheitsstrafe zu Gute kommen sollte, da diese selbst mit wesentlichen Mängeln behaftet ist[236]. Dennoch sind die hier aufgeführten Ansätze im Rahmen von Reformüberlegungen, die eine weitere Zurückdrängung der kurzen Freiheitsstrafe zur Folge haben, mit einzubeziehen.

3.5.1.3 Bessere Wirkung

Des Weiteren wird der kurzen Freiheitsstrafe auch eine spezialpräventive Wirkung eines nachhaltigen Denkzettels oder psychologischen Schocks (auch als „short-sharp-shock" bezeichnet) zugesprochen[237]. Diese Denkzettelwirkung wird als besonders geeignet für sozial integrierte Personen gesehen, also solche, die in geordneten unauffälligen Verhältnissen leben[238]. Damit kommen als Straftäter bei sonstiger sozialer Unauffälligkeit insbesondere Verkehrs- und Wirtschaftsstraftäter in Betracht. Grundsätzlich ist es durchaus nachvollziehbar, dass eine kurze Haftstrafe gerade im Stadium der Hinentwicklung zur Kriminalität, aber auch bei Wiederholungstätern durchaus geeignet sein kann, dem sonst sozial unauffälligen Täter zu vermitteln, was es heißt sich dem Strafvollzug unterwerfen zu müssen[239]. Ob dies allerdings der Realität entspricht, ist zweifelhaft. So gibt es bislang kaum empirische Arbeiten, die diesen „heilsamen Schock" zur Verhinderung erneuter Straffälligkeit belegen könnten.

Stattdessen beweisen zahlreiche Studien, dass Täter mit kurzfristigen Freiheitsstrafen häufiger wieder rückfällig wurden als solche, die lediglich ambulant sanktioniert wurden[240]. Insbesondere die Auswertungen zweier vom Bundesjustizministerium in Auftrag gegebener Rückfalluntersuchungen ergaben, dass die Rückfallraten grundsätzlich mit der Schwere der Vorsanktion zunehmen[241]. In der aktuellen Untersuchung von 2010 (vgl. nachfolgende Abbildung 6) lag demnach die durchschnittliche Rückfallrate von Verurteilten zu einer Geldstrafe bei 27,8%, zu einer bedingten Freiheitsstrafe bei 38,1% und zu einer unbedingten Freiheitsstrafe bei 48,1%[242]. Darüber hinaus lässt sich auch innerhalb der unbedingten Freiheitsstrafen der „heilsame Schock" kur-

235 Vgl. oben Teil 1, 3.1 Probleme bei der Geldstrafe.

236 Vgl. oben Teil 1, 3.2.1 Kurze Freiheitsstrafe.

237 *Dolde*, Festgabe für Hans Göppinger, 171, 174.

238 Vgl. *Göppinger*, 1985, 133 ff.; *ders.* 1988, 283 ff.; *Dolde*, Festgabe für Hans Göppinger, 171, 175.

239 Vgl. *Göppinger*, 1980, 383.

240 Vgl. *Albrecht*, Legalbewährung, 1982, 172, 203; *Wasik*, Festschrift-Blau 1985, 600, 608 f.; *Weigend*, JZ 1986, 260, 266.

241 *Jehle/Heinz/Sutterer*, Rückfallstatistik 2003, 51 ff.; *Jehle/Albrecht/Hohmann-Fricke/Tetal*, Rückfallstatistik 2010, 53 f.; *Heinz*, ZJJ 2004, 35, 41; *ders.*, Vortrag vom 31.03.2007, 6, sowie Vortrag vom 5.04.2007, 6; kritisch hierzu *Meier*, JZ 2010, 112, 113.

242 *Jehle/Albrecht/Hohmann-Fricke/Tetal*, Rückfallstatistik 2010, 54.

zer Freiheitsstrafen gerade nicht erkennen. Die Verbüßer kurzer Freiheitstrafen von bis zu sechs Monaten wiesen eine Rückfallquote von 53,8% und jene von sechs bis zwölf Monaten sogar 57,6% auf, womit beide Gruppen noch über dem Durchschnitt bei unbedingten Freiheitsstrafen liegen[243]. Letztlich lässt sich der Untersuchung gerade der Umkehrschluss dieser Behauptung entnehmen, da die Rückfallquote erst mit zunehmender Dauer der unbedingten Freiheitsstrafen in dieser Gruppe abfällt[244].

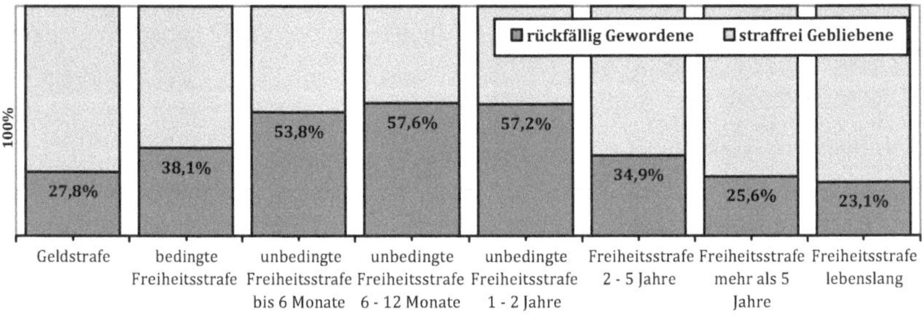

Abbildung 6: Rückfallraten nach Schwere der jeweiligen Vorsanktionen

Auch beim generalpräventiven Ziel der Abschreckung der Allgemeinheit wird den kurzen Haftstrafen ein gewisser Vorrang eingeräumt[245]. Dies würde bedeuten, dass die Befolgung einer Norm durch die Bevölkerung durch die kurze Freiheitsstrafe besser sichergestellt werden kann als durch alternativen Sanktionen. In diesem Zusammenhang wird erneut der Bereich der Wirtschaftsstraftäter hervorgehoben und damit wiederum der Täterkreis angesprochen, der sich grundsätzlich systemkonform verhält. Im Rahmen der Gewinnsteigerung kommt es zu einer genauen Abwägung der möglichen Negativfolgen, was für eine gezielte und planvolle Verletzung der jeweiligen Strafvorschriften spricht.

Wenn der Täter aber eine derartige Kosten- Nutzenanalyse vornimmt, scheint es auf der Hand zu liegen, dass die Bereitschaft zur Begehung von Straftaten mit einer Verschärfung der Rechtsfolge verringert werden kann. Dabei wird vermutet, dass auch eine sozial nachhaltige Freiheitsstrafe eine derartige Wirkung verursachen kann[246].

Allerdings existieren auch hier nur vereinzelte Untersuchungen, die diese Überlegungen bestätigen. Beispielsweise kam eine Unternehmensbefragung im Bereich der Steuerdelikte mit hypothetischen Fällen zu dem Ergebnis, dass bei einem angedrohten Freiheitsentzug anstelle einer Geldstrafe die Bereitschaft zur Begehung von Straftaten erheblich abnähme[247].

Stattdessen werden nach aktuellem Forschungsstand die generellen Abschreckungswirkungen die von Androhung, Verhängung oder Vollstreckung von Strafen

243 *Jehle/Albrecht/Hohmann-Fricke/Tetal*, Rückfallstatistik 2010, 63.
244 *Jehle/Albrecht/Hohmann-Fricke/Tetal*, Rückfallstatistik 2010, 63.
245 Vgl. auch zum Folgenden: *Weigend*, JZ 1986, 260, 265.
246 *Tiedemann*, 1976, 248 ff.
247 *Breland*, 1975, 117 ff.

auf die Allgemeinheit ausgehen, nur als sehr gering eingeschätzt[248]. Für den Bereich der leichten und mittleren Kriminalität sind zudem die Höhe und Schwere der Strafen nahezu bedeutungslos[249]. Stattdessen kommen hier das subjektiv eingeschätzte Entdeckungsrisiko, die moralische Verbindlichkeit der Normen, die Häufigkeit der Deliktsbegehung im Verwandten- und Bekanntenkreis, die vermuteten Reaktionen des sozialen Umfelds sowie das subjektive Strafempfinden zum Tragen.

3.5.2 Kriminalitätsempfinden

Ein weiterer, nicht zu unterschätzender Aspekt bei möglichen Veränderungen des strafrechtlichen Sanktionensystems sind die gesellschaftlichen und daraus resultierenden politischen Einstellungen zur öffentlichen Sicherheit. Insoweit ist es unabdingbar, dass derartige Veränderungen auch von der Bevölkerung getragen werden, wobei sich gleichzeitig das nachfolgende Problem eröffnet.

Die subjektive Wahrnehmung und Bewertung der öffentlichen Sicherheit bestimmt sich über die tatsächlichen Kriminalitätsrisiken, eigenen Opfererlebnissen oder Opfererfahrungen von Angehörigen oder Bekannten hinaus durch weitere zusätzliche Faktoren[250]. Einen erheblichen Einfluss haben insbesondere die Massenmedien, aus denen die Bevölkerung im Wesentlichen ihr Wissen über Kriminalität erhält[251].

Deren Berichterstattung ist allerdings häufig durch die Darstellung von Aufsehen erregenden Einzelfällen oder singulären Phänomenen als Schlüsselereignisse geprägt, insbesondere durch die Konzentration auf bestimmte Kriminalitätsbereiche, wie etwa schwere Gewalt- und Sexualkriminalität sowie Gewaltkriminalität junger Menschen, wobei die tatsächlichen Fakten meist nur von untergeordneter Bedeutung sind[252]. Nur allzu oft werden derartige Vorkommnisse verallgemeinert und damit das Bild einer immer brutaler werdenden Kriminalität vermittelt. Teilweise kombinieren die Medien derartige Meldungen mit dem warnenden Hinweis auf drohende „amerikanische Verhältnisse".

Dabei sind derartige Verzerrungen jedoch nicht ausschließlich auf die Medien selbst und ihrem Ziel von Erhöhungen der Auflagen und Einschaltquoten zurückzuführen. Einen weiteren Faktor, der derartige Publikationen vorantreibt, sind die hinter den Medien stehenden Gruppen und Verbände. So nutzen sie bewusst und zielgerichtet die Medien, um auf sich, ihre Probleme und Forderungen aufmerksam zu machen. Dies wird besonders deutlich an folgendem Beispiel: Obwohl der Wissenschaft schon seit Jahrzehnten die Existenz und der Umfang des Dunkelfeldes in der Kriminalität bekannt waren, warnte der damalige Chef der Gewerkschaft der Polizei in einer Pressemeldung im Jahr 2001[253] die Öffentlichkeit, dass die Kriminalität in Deutschland nach

---

248 Vgl. den Überblick bei *Meier*, 2009, 27 ff.

249 Vgl. auch zum Folgenden *Heinz*, Vortrag vom 31.03.2007, 6.

250 Vgl. zu diesen Faktoren die Fallstudie von *Reuband*, MschrKrim 2008, 416 ff.; ebenso *Kräupl/Ludwig*, 2000, 133 ff.

251 *Kräupl/Ludwig*, 2000, 242; *Walter*, APuZ 7/2010, 40, 45 f.

252 *Kaiser*, ZRP 2002, 30 f.; *Mensching*, APuZ 46/2005, 17; *Ostendorf*, IzpB 1/2010, 4, 5; *Walter*, APuZ 7/2010, 40, 45 f.

253 Pressemeldung der GdP vom 16.05.2001, Internetpublikation abrufbar unter www.gdp.de.

Einschätzung der Gewerkschaft der Polizei (GdP) ein erschreckendes Ausmaß angenommen habe und die Zahl der Straftaten im vergangenen Jahr zehn Mal höher sei als es die offizielle Kriminalitätsstatistik ausweise. Darin kritisierte er die verantwortlichen Politiker von Bund und Ländern, aus "Angst vor den tatsächlichen Kriminalitätsgeschehen sich selbst und die Bevölkerung bewusst zu täuschen". Im Jahr 2006 kam er dann in einer weiteren Presseerklärung[254] anlässlich der Vorstellung der Polizeilichen Kriminalstatistik 2005 auf den Punkt seines Begehrens, indem er erklärte, dass durch den Rückgang der Gesamtkriminalität das Leben in Deutschland keinesfalls sicherer geworden sei, sondern der fortschreitende Personalabbau bei der Polizei vor allem für eine Vergrößerung des sogenannten Dunkelfeldes sorge.

Derartige Verzerrungen der tatsächlichen Kriminalität durch die Medien lassen in weiten Bevölkerungsteilen ein eigenständiges, von der bestehenden Sicherheitslage losgelöstes, Kriminalitätsbild entstehen[255]. Gleichzeitig kommt es dabei zu einer Verringerung selbständiger Erkenntnisse des Einzelnen aus der persönlichen Weltanschauung[256].

Das belegt ein Vergleich des medial vermittelten Bildes mit den Ergebnissen aus der Polizeilichen Kriminalstatistik. Anstelle von Gemeinsamkeiten dominieren vielmehr Selektion, Verdichtung, Verzerrung und Dramatisierung[257]. So besteht ein erhebliches Spannungsfeld zwischen der tatsächlich bestehenden objektiven Sicherheitslage und der empfundenen subjektiven Sicherheitslage der Bevölkerung[258]. In Bereichen, in denen in der Polizeilichen Kriminalstatistik tatsächlich Abnahmen zu verzeichnen sind, wie etwa bei den Tötungsdelikten, werden von der Bevölkerung Zunahmen vermutet. Dies bestätigte zuletzt eine im Jahr 2004 durchgeführte Befragung, in der den Probanden Fallzahlen ausgewählter Delikte der Polizeilichen Kriminalstatistik aus dem Jahr 1993 vorgelegt und sie anschließend gebeten worden, anzugeben, wie sie die Veränderung der polizeilich registrierten Kriminalität in Deutschland zwischen 1993 und 2003 einschätzen[259].

Die damit einhergehende Entwicklung und Aufrechterhaltung von Angst- und Bedrohungsgefühlen schlägt sich in der Folge auch in der Politik nieder. Hier scheint sich eine publicity-orientierte Politik einzuschleichen, deren Erfolg sich nach den Publikumsreaktionen auf die Medien bemisst[260]. Im Vordergrund steht dabei die schnelle, politische Besänftigung einer, durch die Medien ins Bild gesetzten und desinformierten Öffentlichkeit. Da eine ernüchternde Sachargumentation im politischen Diskurs der Öffentlichkeit nur schwer verkäuflich ist, wird im Rahmen eines politisch-publizistischen Verstärkerkreislaufs auf eine sich aufschaukelnde, dramatisierende Berichterstattung mit entsprechenden plakativen politischen Reaktionen zurückgegrif-

---

254 Pressemeldung der GdP vom 15.05.2006, Internetpublikation abrufbar unter www.gdp.de.

255 Vgl. *Mensching*, APuZ 46/2005 17; *Ostendorf*, IzpB 1/2010, 4, 5; *Pfeiffer/Windzio/Kleimann*, MschKrim 2004, 417 ff.; ähnlich *Reuband*, MschrKrim 2008, 144, 153; *Streng*, MschrKrim 2004, 127, 143; *Walter*, APuZ 7/2010, 40, 45 f.

256 *Kräupl/Ludwig*, 2000, 134 f.

257 Vgl. hierzu im Einzelnen: *Heinz*, Vortrag vom 11.04.2007, 3 ff.; *Ostendorf*, IzpB 1/2010, 4, 5.

258 *Kolbe*, APuZ 46/2005 9, 10; *Ostendorf*, IzpB 1/2010, 4, 5.

259 *Pfeiffer/Windzio/Kleimann*, MschKrim 2004, 420 ff.

260 *Frommel*, NK 4/2008, 133, 138; *Streng*, ZStW 1999, 827, 857; *ders.*, MschrKrim 2004, 127 f.

fen[261]. Auf politischer Ebene werden weniger Fragen gestellt als erwartete schnelle Antworten gegeben, woraus mittlerweile für das Strafrecht einprägsame und für jedermann verständliche politische Forderungen wie der sogenannte „kurze Prozess“, oder „zero tolerance“ resultieren[262]. Eine Täterorientierung bei den strafrechtlichen Sanktionen als wird als Rückschritt abgelehnt, was wiederum mit dem Ausbau täterfreundlicherer Sanktionen nur schwer in Einklang zu bringen ist.

Darüber hinaus kommt es in den Medien zusätzlich zu Verzerrungen bei Berichterstattungen bei der Aufklärung von Straftaten. Bspw. erschien wenige Tage nach einem Einbruch in einem Berliner Kaufhaus mit Millionenschaden, bei dem die Geschädigte selbst eine Belohnung für Hinweise ausgesetzt hatte, auf der Titelseite einer regionalen Tageszeitung die überdimensionierte Schlagzeile: „100.000 Euro Belohnung für die KaDeWe-Beute – 5.000 Euro für Hinweise auf den Mörder einer zweifachen Mutter - Tut mir Leid, ich verstehe das nicht“[263]. Hier wird insbesondere deutlich, dass die Medien die selbst hervorgerufene Kriminalitätsfurcht der Bevölkerung auflagen- und eischaltquotenträchtig einzusetzen wissen, indem sie versuchen, zugehörige Gebiete, wie etwa die Aufklärung von Straftaten durch den Staat, in der öffentlichen Meinung als unzureichend opferorientiert darzustellen. So besteht – ungeachtet der gesetzgeberischen Bemühungen seit den 1980er Jahren – ein, durch die Medien in der Öffentlichkeit vermitteltes Bild fehlenden Opferschutzes. Deshalb können auch hier bei einem täterorientierten Ausbau der Strafsanktionen zuweilen gewisse Diskrepanzen entstehen.

Diese mediale Hürde bei einem zumindest auch täterfreundlichen Ausbaus des Sanktionensystems scheint jedoch in den letzten Jahren mehr und mehr zu schwinden. So lassen einige empirische Untersuchungen einen allmählichen Rückgang der überzogenen Kriminalitätsfurcht in der Bevölkerung beobachten[264]. Während die Angst, selbst Opfer einer Straftat zu werden, in den neunziger Jahren ihren Höhepunkt erreichte, relativiert sich gegenwärtig das subjektive Kriminalitätsempfinden[265]. Insoweit kommt es einerseits zu einer Verschiebung der Meinungsbildung unter den Eindrücken finanzieller und wirtschaftlicher Krisen sowie außenpolitischer Konflikte[266]. Zum anderen scheint aber auch der reißerische Einfluss der Medien beim Kriminalitätsgeschehen auf die Bevölkerung zu schwinden und stattdessen tatsächliche Kriminalitätsrisiken, eigene Opfererfahrungen oder solche von Angehörigen und Bekannten beim subjektiven Kriminalitätsempfinden weiter in den Vordergrund zu rücken.

Mit dieser positiven Entwicklung beginnt sich die Schere zwischen objektiver und subjektiver Kriminalitätslage langsam zu schließen, was wiederum mit einer zumindest teilweise täterfreundlichen Strafrechtserweiterung leichter in Einklang zu bringen ist.

---

261 *Frommel*, NK 4/2008, 133, 138; *Streng*, ZStW 1999, 827, 857; *ders.*, MschrKrim 2004, 127 f.

262 *Meier*, 2009, 389; *Kaiser*, ZRP 2002, 30; ähnlich *Kolbe*, APuZ 46/2005 9, 10.

263 BZ vom 28.01.2009.

264 Vgl. zusammenfassend *Dittmann*, NK 2/2005, 64 ff. sowie *Reuband*, NK 3/2006, 99 ff.

265 *Dittmann*, NK 2/2005, 64, 66 f.; *Reuband*, NK 3/2006, 99, 100.

266 *Dittmann*, NK 2/2005, 64, 67 f.

3.5.3 Politischer Widerstand

Reformbestrebungen beim Sanktionenausbau scheitern aber gegenwärtig auch am politischen Widerstand der Länder, was darauf beruht, dass den Bundesländern die Ausführung und die damit verbundene Finanzierung der vom Bund erlassenen Gesetze obliegen. Diese wehren sich in Zeiten knapper Kassen allerdings vehement gegen jede Minderung staatlicher Geldstrafeneinnahmen, sämtliche anfallenden Mehrkosten sowie jeden Mehraufwand[267].

So weist der Bundesrat als Ländervertretung darauf hin[268], dass Änderungen im bestehenden Sanktionensystem einschneidende Folgen für die Haushalte der Länder haben, da sie Mehrkosten und Einnahmeausfälle nach sich ziehen würden. Diese könnten aber von den Ländern in der derzeit schwierigen finanziellen Situation nicht verkraftet werden. Zudem seien nach Auffassung der Länder derartige Reformen derzeit unangebracht, da sich die Justiz aufgrund aktueller Sparzwänge auf ihre Kernaufgaben beschränken muss und schmerzliche Eingriffe in den hergebrachten Bestand vorzunehmen hat.

Zu Recht wurde bereits von der Bundesregierung Kritik an den Erwartungen der Länder geübt, dass die Verwirklichung etwaiger Neuregelungen zu Belastungen ihrer Haushalte führen könnte[269].

Solange sich jedoch die Bundesländer den notwendigen und möglichen Reformvorhaben entgegenstellen, bleibt es beim bestehenden Sanktionensystem mit den bereits aufgeführten Problemen der Täter und ihrem sozialen Umfeld. Es fehlen den Strafgerichten weiterhin weniger schädliche Sanktionsalternativen, auf die sie im Einzelfall zurückgreifen könnten. Wenn die Länder zudem diese Blockade mit überwiegend finanziellen Argumenten begründen, ergeben sich hieraus letztlich kriminalpolitische Widersprüche bei der Frage, welche Strafe für den jeweiligen Täter in Betracht kommt. So hat sich die strafrechtliche Sanktionierung ausschließlich nach an der Tat, der Täterschuld, präventiven Bedürfnissen oder den Schutzinteressen der Opfer und der Gesellschaft zu orientieren. Dabei können und dürfen die finanziellen Gesichtspunkte der Länder nicht allein ausschlaggebend sein. Es wäre geradezu verfehlt, Strafen nach finanziellen Bedürfnissen des Staates auszurichten.

Darüber hinaus bringt eine verhängte Geldstrafe nur dann etwas für die jeweilige Finanzkasse, wenn sie auch tatsächlich beglichen wird. Ferner wird auch übersehen, dass es sich im Bereich der hier betroffenen unteren und mittleren Kriminalität sehr oft um mittellose oder finanziell schwache Täter handelt. Wenn diese jedoch nicht in der Lage sind, die auferlegte Geldstrafe zu zahlen, scheint das Finanzargument bereits äußerst fraglich. So zieht die Nichtleistung der Geldstrafe dann regelmäßig die Verbüßung einer Freiheitsstrafe nach sich, die wiederum mit enormen Kosten verbunden ist.

Zudem entsteht der Eindruck, als wollen die Länder lediglich die für sie belastenden Folgen einer Sanktionenreform sehen. Mögliche Einsparungen auf Grund der nicht benötigten Haftplätze, sei es im Rahmen primärer oder sekundärer Freiheitsstrafen, werden außer Betracht gelassen. Dabei liegt auch ein wesentlicher Grund für die

---

267 BT-Drucks. 15/2725, 36 ff.; *Wilkitzki*, GA 2006, 399 ff.

268 BR-Drucks. 3/04(B); BT-Drucks. 15/2725, 36.

269 BT-Drucks. 15/2725, 46.

Reformbestrebungen darin, die ständig wachsenden Kosten des Strafvollzuges zu verringern und damit nicht zuletzt die Haushalte der Länder zu entlasten[270].

Schließlich ist anzumerken, dass auch wenn die Länder die Geldstrafeneinnahmen in ihre Finanzhaushalte mit einplanen, es sich dabei nicht um eine Einnahmequelle handelt, auf welche ein Anspruch des Staates besteht[271].

Insgesamt wird durch die strikte und beharrliche Einstellung der Länder aber deutlich, dass Reformvorschläge im strafrechtlichen Sanktionensystem zumindest mittelbar die finanziellen Interessen der Länder in einer angemessenen Weise berücksichtigen sollten, um sich letztendlich erfolgreich durchsetzen zu können.

270 Vgl. zum Problem der Haftkosten oben Teil 1, 3.3 Finanzmittel des Staates.

271 Vgl. BT-Plenarprotokoll 15/102; *Brand*, DRiZ 2004, 197.

Teil 2: Die bislang gescheiterte Reform des Ausbaus ambulanter Sanktionen

1 Begriff der ambulanten Sanktionen

Für die Beurteilung eines möglichen Ausbaus einzelner ambulanter Sanktionen ist zunächst eine greifbare Definition des Begriffs der „ambulanten Sanktionen" erforderlich, unter den die in Frage kommenden Maßnahmen einzuordnen sind.

Dabei kommen als Sanktionen nur solche in Betracht, die als Rechtsfolge der Verletzung eines Strafgesetzes normiert sind[272]. Ausgangspunkt für eine strafrechtliche Sanktion ist deshalb die staatliche Reaktion nach der Begehung kriminellen Unrechts im Interesse des Opfers und der Gemeinschaft, die sowohl präventiven als auch vergeltenden Charakter hat[273]. Im Folgenden soll sich dabei schwerpunktmäßig auf die, eine Schuldfeststellung voraussetzenden Strafen im Erwachsenenstrafrecht beschränkt werden[274]. Keine Beachtung finden demnach das strafrechtliche Maßregelsystem sowie außerstrafrechtliche Konsequenzen auf begangenes Unrecht, wie zivilrechtliche Ansprüche oder Reaktionen bestimmter Berufsgruppen, wie etwa Disziplinarrecht im öffentlichen Dienst oder das gesondert geregelte Wehrstrafrecht im Soldatentum.

Das dem Begriff der hier zu untersuchenden Sanktionen beigegebene Adjektiv ambulant stammt aus dem Lateinischen und bedeutet "umher gehend" oder "spazieren gehend"[275]. Zwar findet sich eine Verwendung dieses Begriffes auch außerhalb des Strafrechts in anderen Bereichen. So steht er bspw. in der Medizin für eine, nicht mit einer Aufnahme ins Krankenhaus verbundenen Behandlung oder Therapie[276]. Das entsprechende Spiegelbild „stationär" bedeutet dagegen an einen Standort gebunden oder ortsfest und bezeichnet dort eine, mit einer Unterbringung in der behandelnden Klinik einhergehenden Therapie.[277]. Allerdings ist eine strikte Festlegung auf diese medizinische oder therapeutische Orientierung im Strafrecht abzulehnen[278]. Stattdessen ist für die Ableitung einer Definition im strafrechtlichen Sanktionensystem – neben den räumlichen Umständen – die kriminalpolitisch bezweckte soziale Komponente zu unterstreichen. In diesem Sinne sind als ambulante Sanktionen alle Rechtsfolgen ohne stationären Freiheitsentzug zu bezeichnen, die sozialfreundlichere Alternativen zu den schwerwiegenden Freiheitsstrafen darstellen[279]. Demnach sind hierin alle nicht freiheitsentziehenden staatlichen Maßnahmen nach einer Straftat einzuordnen, die auf den Straffälligen angewandt werden und gleichzeitig einen präventiven und punitiven Charakter beinhalten.

---

272 Vgl. *Roxin*, 2006, § 1, Rn. 2.

273 Krit. *Morgenstern*, 2002, 18 f., die auf die Zufügung eines strafenden Übels verzichtet.

274 Vgl. oben Teil 1, 1 Das Sanktionensystem.

275 Vgl. www.de.pons.eu/dict/search/results/?l=dela&q=ambulare.

276 Vgl. *Geißler*, 2005, 50; Lexikon Medizin, 1995, 54.

277 Vgl. *Geißler*, 2005, 1585; Lexikon Medizin, 1995, 1618.

278 Vgl. *Kintzi*, DRiZ 2001, 198, 199; *Schöch*, Deutscher Juristentag 1992, C 14.

279 Vgl. auch *Rössner*, NStZ 1992, 409; BT-Drucks. 13/4462, 7; BMJ, Eckpunktepapier 2003, 1.

2 Bestehende ambulante Sanktionen

Dabei scheint sich zunächst ein weites Feld von Sanktionen zu eröffnen, das neben allen Haupt- und Nebenstrafen auch Nebenfolgen, Auflagen oder Weisungen sowie einzelne Diversionsregelungen erfasst.

Allerdings existiert mit der Geldstrafe gemäß §§ 40 ff. StGB gegenwärtig nur eine ambulante Hauptsanktion.

Fraglich ist, ob daneben die in den §§ 56 ff. StGB zur Bewährung ausgesetzte Freiheitsstrafe mit ihren Anordnungsmöglichkeiten von Auflagen und Weisungen zu den ambulanten Sanktionen zu zählen ist. Bei einer rein formalen Betrachtungsweise erscheint die Strafaussetzung als Modifikation der Strafvollstreckung oder Teil der Strafzumessung und ist damit der Freiheitsstrafe zuzuordnen, da der Täter zu einer Freiheitsstrafe verurteilt worden ist und durch eine Bewährung der Strafverbüßung entgehen kann[280]. Wird das Gewicht aber mehr auf die kriminalpolitische Zielrichtung gelegt, tritt deren eigenständiger Sanktionscharakter in den Vordergrund[281]. Diesen Aspekt lässt auch die höchstrichterliche Rechtsprechung erkennen, indem sie die „Eigenständigkeit als besonderes Reaktionsmittel zur ambulanten Täterbehandlung" betont[282]. Nachfolgend soll der Schwerpunkt in die kriminalpolitische Betrachtungsweise gelegt und – unabhängig von der zuvor genannten Diskussion – die Strafaussetzung der Freiheitsstrafe zur Bewährung den ambulanten Sanktionen zugeordnet werden. Schließlich ist sie mit ihren Begleitsanktionen – den Auflagen und Weisungen – gegenwärtig eine wichtige Alternative zur Freiheitsstrafenvollstreckung, indem sie bei erfolgreicher Bewährung den Freiheitsentzug verhindert.

Eine weitere, unterhalb des Hauptstrafenzweiges angesiedelte, ambulante Reaktionsmöglichkeit des Staates ist die Verwarnung mit Strafvorbehalt mit ihren Auflagen- und Weisungsmöglichkeiten gemäß §§ 59 ff. StGB.

Als ambulante Nebenstrafen kennt das StGB das Fahrverbot in § 44 StGB und im Nebenstrafrecht das Verbot der Jagdausübung gemäß § 41a BJagdG. Zudem kommen als ambulante Nebenfolgen der Entzug der Bürgerrechte der §§ 45 ff. StGB sowie die Bekanntgabe der Verurteilung (z.B. §§ 165, 200 StGB) in Betracht.

Aber auch die staatsanwaltschaftlichen oder gerichtlichen Einstellungsmöglichkeiten gemäß § 153a StPO gegen Auflagen und Weisungen stellen ambulante Sanktionsalternativen dar, weil sie einerseits eine sanktionsähnliche Wirkung besitzen[283] und gleichzeitig zur Erledigung in einer erheblichen Zahl von Strafverfahren bei tragen[284].

Nicht zu den ambulanten Sanktionen gehört dagegen das Absehen von Strafe (§ 60 StGB) als staatliche Reaktion auf eine Straftat, da es sich hierbei gerade nicht um eine Strafe, sondern einen unbedingten Strafverzicht handelt[285]. Ähnlich verhält es sich auch mit den Einstellungsmöglichkeiten für die Staatsanwaltschaft oder das Strafge-

---

280 BGHSt 7, 180, 184; 24, 40, 43; 31, 25, 28; *Stree/Kinzig*, in Sch/Sch-StGB, § 56 Rdnr. 4; *Hubrach*, in LK-StGB, § 56 Rdnr. 1.

281 So bereits *Kaufmann*, JZ 1958, 297, 298; *Geerds*, JZ 1969, 341, 342.

282 BGHSt 24, 40, 43; 31, 25, 28,

283 *Wagner*, ZStW 1997, 545, 559; *Weigend*, ZStW 1997, 103, 106; *Fezer*, ZStW 1994, 1, 32 f.; *Sieg*, MDR 1981, 200; *Montenbruck/Kuhlmey/Enderlein*, JuS 1987, 967.

284 Vgl. oben, Teil 1, 2.5 Einstellungen nach §§ 153, 153a StPO.

285 Vgl. oben, Teil 1, 1.3 Absehen von Strafe.

richt wegen Geringfügigkeit nach § 153 StPO, da auch hier eine Verfahrensbeendigung erfolgt, ohne dass diese mit belastenden Maßnahmen für den Beschuldigten verbunden sind[286].

Schließlich müssen aus rechtssystematischen Gründen auch die Aussetzung des Strafrestes bei zeitiger und bei lebenslanger Freiheitsstrafe (§§ 57 und 57a StGB)[287] ausgeschlossen werden, die ebenfalls als staatliche Reaktion auf eine Straftat folgen und der Verhaltenssteuerung dienen können, aber keine charakteristischen ambulanten Sanktionen darstellen. Zweifellos sind diese Rechtsfolgen in der Lage, eine Verringerung der Gefangenenzahlen und damit eine Entlastung des Strafvollzuges herbeizuführen. Allerdings handelt es sich hierbei um bloße Modifikationen einer zuvor verhängten Freiheitsstrafe, da sie – anders als bei typischen ambulanten Sanktionen – nicht auf einer Ersetzung, sondern lediglich auf einer Verkürzung des Freiheitsentzuges basieren[288].

3 Bisherige Reformpolitik

Sanktionen ohne Freiheitsentzug stellten in den letzten hundert Jahren lediglich eine formale Alternative zur Freiheitsstrafe dar. Erst mit der Strafrechtsreform von 1969 und dem EGStGB von 1974 begannen ernsthafte Überlegungen zur Ausgestaltung ambulanter Strafen und so wechselte der kriminalpolitische Kurs zum absoluten Vorrang ambulanter Sanktionen gegenüber der Freiheitsstrafe[289]. Dem Gesetzgeber kam es damals insbesondere darauf an, die unbedingt verhängte Freiheitsstrafe durch weniger einschneidende und resozialisierungsfreundlichere Sanktionen zu verdrängen.

Wesentliche Bestandteile des 1. StrRG[290], das zu Teilen am 01.09.1969 und am 01.04.1970 in Kraft trat, waren die Abschaffung der damaligen vier Arten der Freiheitsentziehung Zuchthausstrafe, Gefängnis, Einschließung und Haft. An ihre Stelle trat die Freiheitsstrafe gem. § 38 StGB. Zur Zurückdrängung kurzer Freiheitsstrafen wurde die „ultima ratio“ Klausel des § 47 StGB eingeführt. Zudem kam es zur Neufassung der Strafaussetzung zur Bewährung (§ 56 StGB), und der Schaffung der Möglichkeit des Absehens von Strafe in § 60 StGB. Das anschließende 2. StrRG[291] trat am 01.01.1975 in Kraft und brachte die Anhebung des Mindestmaßes der Freiheitsstrafe auf einen Monat in § 38 Abs. 2 StGB, die Umgestaltung der Geldstrafe nach dem Tagessatzsystem (§ 40 StGB) und die Einführung der Verwarnung mit Strafvorbehalt (§ 59 StGB) mit sich. In diesem Zusammenhang sind auch die Änderungen des am 01.01.1975 in Kraft getretenen EGStGB (Art. 326 EGStGB)[292] einzuordnen, wie die Aufhebung des gesamten Teils der Übertretungen als eigene Deliktskategorie. Im Rahmen der Entkriminalisierung der Alltags- und Massenkriminalität kam es zu

286 Vgl. oben, Teil 1, 1.6.1 Einstellung wegen geringer Schuld.
287 Vgl. oben, Teil 1, 1.1.2.1.2 Aussetzung des Strafrests zur Bewährung.
288 Vgl. *Schöch*, Deutscher Juristentag 1992, C 16.
289 *Frommel*, NK 4/2008, 133, 134; *Rössner*, NStZ 1992, 409.
290 Vgl. 1. StrRG vom 25.06.1969, BGBl. I S. 645.
291 Vgl. 2. StrRG vom 04.07.1969, BGBl. I S. 717.
292 Vgl. EGStGB vom 02.03.1974, BGBl. I S. 469.

gleichzeitigen Einführung der „informellen Sanktionen“ durch die §§ 153 ff. StPO, die bis heute die Strafverfolgungspraxis prägen[293].

Im weiteren Verlauf kam es lediglich in kleinen Schritten zu Weiterentwicklungen und Ergänzungen des Sanktionensystems. 1981 wurde die Strafrestaussetzung zur Bewährung auch bei lebenslanger Freiheitsstrafe (§ 57a StGB) eingeführt[294].

1986 kam es zur Erweiterung des Anwendungsbereichs der Strafaussetzung auf Freiheitsstrafen zwischen 12 und 24 Monaten und parallel wurden die Voraussetzungen für die Abwendung der Vollstreckung einer Ersatzfreiheitsstrafe durch gemeinnützige Arbeit (Art. 293 EGStGB) erneuert[295].

In der Folgezeit wurden Wiedergutmachung und Täter-Opfer-Ausgleich zunächst in den Katalog der Strafzumessungsgründe (§ 46 Abs. 2 StGB) eingearbeitet[296] und später als fakultative Strafmilderungsgründe bis hin zum Absehen von Strafe ausgestaltet (§ 46a StGB)[297]. 1992 wurde die Vermögensstrafe (§ 43a StGB) als neue Sanktionsformen eingeführt[298] aber durch das BVerfG mit Urteil vom 20.03.2002 wegen Unvereinbarkeit mit dem Bestimmtheitsgebot für nichtig erklärt[299].

1998 kam es zu zwei Änderungen im Bereich der Freiheitsstrafenaussetzung zur Bewährung. So erfolgte eine Verschärfung der prognostischen Anforderungen an die Aussetzung der Restfreiheitsstrafe zur Bewährung (§ 57 Abs. 1 Satz 1 Nr. 2 StGB) und zudem sollte die Weisung, sich einer Therapie zu unterwerfen, erstmals auch ohne Einwilligung des Betroffenen möglich sein (§ 56 Abs. 3 Nr. 1 StGB)[300].

Schließlich erfolgten kleinere Änderungen im Sanktionenbereich durch das 2. JuMoG vom 22.12.2006[301]. Der Schutz von Opferinteressen wurde durch Änderungen bei der Vollstreckung von Geldstrafen verbessert, indem die Möglichkeit von Zahlungserleichterungen aufgrund der Gefährdung von Schadenswiedergutmachungsansprüchen des Verletzten eingesetzt wurde (§ 42 Satz 3 StGB). Die Verwarnung mit Strafvorbehalt wurde durch die Streichungen des Erfordernisses der Indizierung (...nach denen es angezeigt ist, ihn zu verschonen...) und der Beschränkung auf Ersttäter erweitert (59 Abs. 1 Satz 1 Nr. 2 StGB). Zudem wurde der Widerruf der Strafaussetzung zur Bewährung für den Fall der nachträglichen Gesamtstrafenbildung ergänzt (§ 56f Abs. 1 Satz 2 StGB).

---

293 *Frommel*, NK 2008 4/2008, 133, 134.

294 Vgl. 20. StrÄndG vom 08.12.1981, BGBl. I S. 1329.

295 Vgl. 23. StrÄndG vom 13.04.1986, BGBl. I S. 393.

296 OpferschutzG vom 18.12.1986, BGBl. I S. 2496.

297 VerbrechensbekämpfungsG vom 28.10.1994, BGBl. I S. 3186.

298 ÄndG zum AWG, des StGB und anderen Gesetzen vom 28.02.1992; BT-Drucks. 11/5461.

299 BVerfGE 105, 135 ff.

300 Vgl. Gesetz zur Bekämpfung von Sexualdelikten und anderen gefährlichen Straftaten vom 26.01.1998, BGBl. I S. 160.

301 Zweites Gesetz zur Modernisierung der Justiz vom 22.12.2006, BGBl. I S. 3416; BT Drucks. 16/3416, 16/3038, 16/3640; vgl. oben Teil 1, 3.4. Opferinteressen.

3.1 Der Grundstein der Reform in den 1990ern

Die ersten intensiven Bestrebungen, das bestehende Sanktionssystem zu reformieren, gab es in der 10. Legislaturperiode des Bundestages in den achtziger Jahren. Damals stellte man im Vergleich zu anderen Ländern fest, dass das deutsche Strafensystem zu wenig Sanktionsmöglichkeiten zwischen Geld- und Freiheitsstrafe aufweist[302]. Jedoch sah die Bundesregierung 1985 in einem Bericht zur Beurteilung des Sanktionensystems noch keinen Änderungsbedarf[303].

In der 12. Legislaturperiode erfolgte im Bundestag im Dezember 1991 eine große Anfrage über die Weiterentwicklung des strafrechtlichen Sanktionensystems, wobei wiederum auf wissenschaftliche Erkenntnisse mit praktischen Erfahrungen verschiedener Strafensysteme im In- und Ausland hingewiesen wurde[304]. Darauf antwortete die Bundesregierung im November 1992 erneut, dass gegenwärtig kein Anlass zu grundlegenden Änderungen im bestehenden Strafensystem bestünde[305].

Den eigentlichen Grundstein für eine Reform des Sanktionssystems legte dann im September 1992 der 59. Deutsche Juristentag in Hannover, der sich eingehend mit der Frage befasste, welche Änderungen und Ergänzungen bei den strafrechtlichen Sanktionen ohne Freiheitsentzug zu empfehlen sind[306].

Rund ein Jahr später, im November 1993 wurde der Entwurf eines „Gesetzes zur Reform des strafrechtlichen Sanktionssystems in den Bundestag eingebracht[307]. Der Entwurf sah u.a. eine Stärkung des Täter-Opfer-Ausgleichs, eine Aussetzung zur Bewährung bei Geldstrafen sowie Erweiterungen des Fahrverbots, der Strafaussetzung zur Bewährung bei Freiheitsstrafen und des Anwendungsbereiches der Verwarnung mit Strafvorbehalt vor. Im März 1994 beriet der Bundestag über den Gesetzesentwurf in erster Lesung und verwies ihn anschließend an die Ausschüsse[308]. Eine abschließende Beratung fand bis zum Ende der in der 12. Legislaturperiode jedoch nicht mehr statt.

Aus diesem Grund brachte die SPD-Bundestagsfraktion den Gesetzesentwurf im Wesentlichen unverändert in der 13. Legislaturperiode im April 1996 erneut in den Bundestag ein[309]. Darüber hinaus gelangten auf Initiative des Bundesrates zwei weitere Gesetzesentwürfe in der damaligen Legislaturperiode in den Bundestag. Der Entwurf eines „Gesetzes zur Verbesserung des strafrechtlichen Sanktionensystems“[310] beinhaltete u.a. eine Erweiterung des Anwendungsbereiches der Verwarnung mit Strafvorbehalt, die Möglichkeit zur Verhängung eines Fahrverbots und zum Entzug der Fahrerlaubnis neben der Verwarnung mit Strafvorbehalt eine Änderung des in § 43 StGB festgelegten Umrechnungsmaßstabes. Der zweite Vorschlag betraf ein „Gesetz

302 Überblick bei *Albrecht/Kalmthout*, 2002.
303 Vgl. BT-Drucks. 10/5828; BT-Drucks. 10/4391.
304 BT-Drucks. 12/1768.
305 BT-Drucks. 12/3718.
306 Vgl. *Schöch*, Deutscher Juristentag 1992, C 130 ff.; *Weigend*, GA 1992, 345 ff.; *König*, DRiZ 2003, 267 f.
307 BT-Drucks. 12/6141.
308 BT-Plenarprotokoll 12/216, 18717 ff.
309 BT-Drucks. 13/4462.
310 BT-Drucks. 13/9612; Plenarprotokoll 13/224, 20476.

zur Einführung der gemeinnützigen Arbeit als strafrechtliche Sanktion“[311]. Jedoch wurden sämtliche, in den Bundestag eingebrachten Entwürfe auch in der 13. Legislaturperiode nicht mehr abschließend beraten.

3.2 Reformbemühungen bis in die Gegenwart

Nach dem Regierungswechsel im Herbst 1998 wurde die Reform des strafrechtlichen Sanktionensystems als besonders wichtiges Vorhaben in den Koalitionsvertrag von SPD und BÜNDNIS 90/DIE GRÜNEN aufgenommen[312].

Die beiden vorangegangenen Gesetzesvorschläge „Entwurf eines Gesetzes zur Verbesserung des strafrechtlichen Sanktionensystems“[313] und „Entwurf eines Gesetzes zur Einführung der gemeinnützigen Arbeit als strafrechtliche Sanktion“[314] wurden zu Beginn der 14. Legislaturperiode durch den Bundesrat erneut in den Bundestag eingebracht.

Gleichzeitig setzte die Bundesregierung vor dem Hintergrund der vorangegangenen Reformvorschläge eine „Kommission zur Reform des strafrechtlichen Sanktionensystems“ ein[315]. Diese hatte die Erstellung eines tragfähigen Plans für eine Reform zum Auftrag und legte im März 2000 ihren Abschlussbericht vor[316]. Darin empfahl die Kommission zur Erweiterung der bestehenden Sanktionsmöglichkeiten und gleichzeitiger Zurückdrängung der Vollstreckung von Ersatzfreiheitsstrafen im Wesentlichen die Schaffung der Möglichkeit zur Ersetzung von Geld- und Freiheitsstrafen durch gemeinnützige Arbeit und der, zumindest teilweisen, Ersetzung von Geldstrafen durch Wiedergutmachungsleistungen an den Verletzten, die Erweiterung des Fahrverbots und des Anwendungsbereichs der Verwarnung mit Strafvorbehalt.

Auf dieser Grundlage erarbeitete das Bundesministerium der Justiz im Dezember 2000 einen ersten Referentenentwurf für ein „Gesetz zur Reform des strafrechtlichen Sanktionensystems“[317]. Im Juni 2002 legten dann die Fraktionen der SPD und BÜNDNIS 90/DIE GRÜNEN im Bundestag einen Gesetzesentwurf zur Reform des Sanktionenrechts vor[318], der im Wesentlichen auf den Vorschlägen des Referentenentwurfs vom Dezember 2000 basierte. Der Fraktionsentwurf konnte jedoch ebenfalls bis zum Ende der 14. Legislaturperiode nicht mehr abschließend beraten werden.

Auch nach der Wiederaufnahme ihrer Arbeit in der 15. Legislaturperiode setzte die Bundesregierung ihre Bemühungen eines Ausbaus ambulanter Sanktionen zur Vermeidung kurzer Freiheits- und Ersatzfreiheitsstrafen fort. Allerdings schien der große Reformgeist der 1990er Jahre und des Gesetzesentwurfs aus dem Jahr 2002 zwi-

---

311 BT-Drucks. 13/10485.

312 Koalitionsvereinbarung 1998, IX., 9.

313 BT-Drucks. 14/761.

314 BT-Drucks. 14/762.

315 Vgl. *Däubler-Gmelin*, ZRP 1999, 81, 82 f.

316 Abschlussbericht 2000; Überblick in NZV 2000, 203.

317 BMJ, Referentenentwurf vom 08.12.2000; vgl. auch *Streng*, 2002, Rdnr. 784 f.; krit. *Helgerth/Krauß*, ZRP 2001, 281 ff.; *Detjen*, ZRP 2001, 140 f.

318 BT-Drucks. 14/9358.

schenzeitlich weitgehend verflogen zu sein[319]. So legte das Bundesjustizministerium im Juni 2003 einen Entwurf zur Reform des Sanktionenrechts vor, der – mittlerweile von den zwischenzeitlichen Diskussionen geprägt – inhaltlich weit hinter seinen Vorgängervorschlägen zurückblieb[320].

Dennoch wurde auf der Herbsttagung der Justizministerinnen und Justizminister im November 2003 mehrheitlich erneute Kritik an dem geplanten Gesetzesentwurf geübt. Die Landesjustizverwaltungen befürchteten einen erhöhten Verwaltungsaufwand, Einnahmeverluste aus dem Geldstrafenaufkommen und allgemein eine Schwächung der generalpräventiven Kraft des Strafrechts[321].

Ungeachtet dieser Kritik wurde vom Bundeskabinett am 10.12.2003 der „Entwurf eines Gesetzes zur Reform des Sanktionenrechts" beschlossen[322] und die Gesetzesvorlage am 02.01.2004 dem Bundesrat übergeben[323].

Nachdem sich dessen Rechtsausschuss mit der Reform des Sanktionensystems[324] beschäftigt hatte, befasste sich der Bundesrat in seiner Sitzung am 13.02.2004 mit dem Entwurf und machte in seiner anschließenden Stellungnahme deutlich, dass er der den Vorschlag für kriminalpolitisch verfehlt hielt[325]. Bemängelt wurden praktische Probleme bei dessen Umsetzung, eine spezial- und generalpräventive Schwächung des Strafrechts und Verzögerungen bei der Strafvollstreckung. Am schärfsten kritisierten die Länder jedoch die mit dem Vorschlag verbundenen Mehrkosten und Einnahmeausfälle und die damit befürchteten finanziellen Folgen für ihre Haushalte[326].

Der vom Bundesrat stark angegriffene Entwurf wurde dann von der Bundesregierung mit einer Gegenäußerung versehen und am 01.04.2004 in den Bundestag eingebracht[327]. Nach der ersten Lesung wurde der Gesetzesvorschlag in die Ausschüsse überwiesen[328]. Eine öffentliche Anhörung hierzu führte der Rechtsausschuss am 1. Dezember 2004 durch. Hierbei fiel die Bewertung der teilnehmenden Experten sehr unterschiedlich aus[329]. Letztlich konnte aber auch dieser Vorschlag in der 15. Legislaturperiode bis zu ihrem vorzeitigen Ende nicht mehr abschließend beraten werden.

Der Fortgang der Reformbestrebungen fand in Deutschland mit dem im Herbst 2005 erfolgten Regierungswechsel scheinbar sein vorzeitiges Ende. Es entstand der Eindruck, als habe die SPD als Regierungspartei einer Großen Koalition das kriminalpolitische Interesse am Ausbau des strafrechtlichen Sanktionensystems gänzlich verloren. Während im Wahlkampf der Strafenausbau noch thematisiert wurde, blieb er in der folgenden Koalitionsvereinbarung unberücksichtigt[330].

---

319 *Dünkel*, NK 2003, 2 ff.
320 Hierzu im einzelnen *Dünkel*, NK 2003, 123 f.; *Kintzi*, DRiZ 2003, 325 ff.
321 Vgl. ZRP 2003, 478; NJW Spezial 2004, 44.
322 BMJ, Referentenentwurf vom 10.12.2003.
323 BR-Drucks. 03/04, vgl. BMJ, Eckpunktepapier 2003.
324 BR-Drucks. 3/1/04.
325 BR-Drucks. 3/04(B).
326 Vgl. auch *Brand*, DRiZ 2004, 197.
327 BT-Drucks. 15/2725, 46 ff.
328 Vgl. BT-Plenarprotokoll 15/102, 9231 ff.
329 BT-hib-Meldung 298/2004.
330 *Zypries* 2005, 179, 183; vgl. auch *Wilkitzki*, GA 2006, 398, 402.

Mangels jeglicher Aktivitäten fanden in der 16. Legislaturperiode lediglich über den Bundesrat einzelne Reformfragmente ihren Einzug in den Gesetzgebungsprozess. So legte die Freie und Hansestadt Hamburg dem Bundesrat am 15.01.2008 ein Gesetzesantrag über den „Entwurf eines Gesetzes zur Einführung des Fahrverbotes als Hauptstrafe" vor[331]. Der Entwurf sieht neben der Aufwertung des Fahrverbotes zu einer Hauptstrafe die Aufhebung der Beschränkung auf Verkehrsstraftaten sowie die Ausdehnung der Höchstdauer vor. Nach den Empfehlungen der Ausschüsse vom 01.02.2008 beschloss der Bundesrat die Einbringung des Entwurfs in den Bundestag, was dann auch am 02.04.2008 erfolgte[332]. In seiner ersten Beratung am 04.12.2008 überwies der Bundestag den Gesetzesentwurf in die Ausschüsse[333]. Schließlich konnte aber auch dieser Entwurf bis zum Ende der 16. Legislaturperiode im Oktober 2009 nicht mehr abschließend beraten werden.

3.3 Exkurs: Aktivitäten auf europäischer Ebene

Des Weiteren gibt es auch auf europäischer Ebene einige Aktivitäten im Bereich der ambulanten Sanktionen. Gemäß Art. 29 EUV gehört es zu den Zielen der Europäischen Union, den Bürgern in einem Raum der Freiheit, der Sicherheit und des Rechts ein hohes Maß an Sicherheit zu bieten. Aus diesem Grund prüfte die Europäische Kommission mit einem „Grünbuch"[334] in einer breit angelegten Konsultation, inwieweit Unterschiede zwischen den strafrechtlichen Sanktionssystemen bestehen. Mit dem als Reflexionspapier gedachten und mit einem Fragenkatalog versehenen Papier sollten Reaktionen und Kommentare gesammelt werden, ob die Vorlage eines Legislativvorschlages sinnvoll erscheint, um eine gegenseitige Annäherung der Vorschriften für strafrechtliche Sanktionen sowie deren gegenseitige Anerkennung zu erreichen[335]

Hierauf antwortete der Bundesrat mit seinem Beschluss aus der Sitzung vom 09.07.2004[336]. Darin ist er der Ansicht, dass eine gesetzliche Angleichung der strafrechtlichen Sanktionensysteme der Mitgliedstaaten nicht in Betracht komme, da die Europäische Union für derartige Regelungen keine genügenden Kompetenzgrundlagen habe und einem solchen Vorhaben auch das Subsidiaritätsprinzip entgegenstehe.

Der Bundesrat warnt aufgrund der bedeutenden Praxisrelevanz und Rechtssicherheit bestehender Sanktionensysteme der einzelnen Mitgliedstaten vor essentiellen Eingriffe in deren Sanktionenrecht wegen einzelner Problemfälle, die diese zu grundlegenden Veränderungen ihrer Strafrechtsordnungen zwingen würden[337]. Für das deutsche Sanktionenrecht betont der Bundesrat dessen Bewährung und feste Verankerung im Bewusstsein der Rechtsgemeinschaft. Dies leitet er daraus ab, dass es sich bei dem bestehenden deutschen Sanktionenrecht um das Ergebnis einer jahrzehntelangen um-

331 BR-Drucks. 39/08.
332 BR-Drucks. 39/1/08 und 39/08(B), BR-Plenarprotokoll 841, 27; BT-Drucks. 16/8695.
333 BT-Plenarprotokoll 16/193, 20729.
334 Vgl. Europäische Kommission, Grünbuch 2004, KOM(2004) 334, Ratsdok. 9317/04.
335 Vgl. Bundesrechtsanwaltskammer, Nachrichten aus Brüssel, 10/2004.
336 BR-Drucksache 410/04(B).
337 Vgl. auch zum Folgenden BR-Drucks. 410/04(B), 3.

fassenden Vorbereitung des Allgemeinen Teils des deutschen Strafgesetzbuches mit einer zusätzlichen dreißigjährigen Ausformung durch die Rechtsprechung handle.

Teil 3: Reformüberlegungen zur Geldstrafe

Die vorangegangenen Reformversuche verdeutlichen einerseits die immer wieder erkennbar werdenden Bestrebungen der Politik, Veränderungen am bestehenden Strafensystem vorzunehmen. Zum anderen ist zu jedoch mit Bedauern zu beobachten, dass trotz dieser Bestrebungen die erhofften Lösungen bisher ausblieben und sich gleichzeitig zeigt, wie langwierig sich ein derartiger Reformprozess gestalten kann.

Demnach ist es in der Diskussion des Sanktionenrechts derzeit äußerst ruhig geworden. Seit dem letzten Gesetzesentwurf vom Dezember 2003 kamen nur noch Reformbruchstücke auf den Tisch des Gesetzgebers und der erhoffte große Wurf blieb bislang aus[338]. Als Folge dieses Umstandes wachsen die Probleme und Bedürfnisse in der Kriminalpolitik im unteren und mittleren Kriminalitätsbereich kontinuierlich weiter. Während die Zahlen der Verbüßer von Ersatzfreiheitsstrafen stetig steigen und der Bau neuer sowie die Unterhaltung bestehender Justizvollzugsvollzugsanstalten die ohnehin bereits erdrückenden Finanzhaushalte der Bundesländer weiter belastet, wird sich schwergetan, etwas gegen diese Missstände zu unternehmen. Es scheint, als habe der große Reformgeist der 1990er im Laufe der vergangenen drei Jahrzehnte so viel Gegendruck hinnehmen müssen, dass er gegenwärtig gänzlich verflüchtig sei. Mittlerweile entsteht der Eindruck, als habe sich die Politik mit der gegenwärtigen Situation abgefunden.

Allerdings können und dürfen die erforderlichen Reformbestrebungen bei den ambulanten Sanktionen, trotz der aufgezeigten Diskrepanzen bei den Medien und des politischen Widerstandes der Länder, nicht ins Stocken geraten. Deshalb müssen die im Laufe der Zeit diskutierten wesentlichen Änderungs- und Ausbauvorschläge aufgegriffen, neue Ideen entwickelt und diese im Lichte des aktuellen Reformbedarfs betrachtet werden. Dabei kommt es sowohl auf kriminalpolitische und rechtliche Aspekte als auch soziale und finanzielle Bedürfnisse Beachtung an. Auf diese Weise kann verdeutlicht werden, welches Potential an alternativen Sanktionen existiert, das den vorhandenen Problemen entgegengesetzt werden kann.

Im Folgenden werden sich die Reformüberlegungen dabei auf den Geldstrafenbereich als gegenwärtiges Schwergewicht des bestehenden Sanktionensystems konzentrieren, wobei Änderungsvorschläge von der Auferlegung der Strafe über deren Vollstreckung bis hin zum Verwendungszweck in Frage kommen.

Insoweit geht es um Überlegungen, dem Täter im Bereich der Bagatellkriminalität bereits durch die Polizei ein „Strafgeld" aufzuerlegen, ohne die Staatsanwaltschaft oder die Gerichte damit zu belasten oder etwa Geldstrafen zusätzlich zur Bewährung auszusetzen. Zudem ist auch an einen Ausbau der Geldstrafe durch neue Auflagen und Weisungen zu denken.

Im Rahmen einer uneinbringlichen Geldstrafe wird untersucht, inwieweit Ersatzfreiheitsstrafen mit Hilfe ambulanter Sanktionen vermieden werden können. Dem folgen Überlegungen, die gemeinnützige Arbeit als primäre ambulante Ersatzfunktion einzusetzen, wobei dann insbesondere das Umrechnungsverhältnis von einem Tages-

338 Vgl. oben Teil 2, 3 Bisherige Reformpolitik.

satz Geldstrafe zur Ersatzfreiheitsstrafe und den abzuleistenden Arbeitsstunden zu klären wäre.

Ein wesentlicher Punkt beim Geldstrafenausbau ist auch die Ausdehnung ihres Verwendungszwecks zu Opferhilfszwecken. Deshalb sollen an geeigneten Stellen auch Überlegungen einfließen, inwieweit durch die jeweiligen Vorschläge vermieden werden kann, dass der staatliche Zahlungsanspruch auf die Geldstrafe in eine das Opfer benachteiligende Konkurrenz zu dessen Schadensersatzansprüchen tritt.

1 Das „Strafgeld" als Antwort auf die kleine Kriminalität

1998 kamen durch die damalige Bundesregierung intensive Überlegungen auf, zur Verfolgung der Massenkriminalität im Bagatellbereich, wie etwa Ladendiebstahl, Schwarzfahren etc., dem mutmaßlichen Täter nach Möglichkeit bereits vor Ort durch die – ohnehin mit dem Geschehen befasste – Polizei ein Strafgeld aufzuerlegen, ohne die Staatsanwaltschaft oder die Gerichte damit zu belasten[339]. Die Strafgeldhöhe sollte den, durch die Tat erlangten wirtschaftlichen Vorteil des Täters übersteigen und gleichzeitig so bemessen sein, dass eine unkomplizierte Festsetzung des Strafgeldes durch die Polizei vor Ort möglich sei. Dazu wurde als Strafgeld der dreifache Wert des erlangten wirtschaftlichen Vorteils bei einer absoluten Wertgrenze von damals 200,00 DM und folglich einer Strafgeldhöchstgrenze von 600,00 DM vorgeschlagen[340]. Hierdurch sollte ein bürokratiearmes Verfahrens zur Zurückdrängung der derzeit vielfach praktizierten folgenlosen Einstellungen des § 153 StPO geschaffen werden[341]. Vor diesem Hintergrund ist es durchaus lohnenswert, diese Idee neben ihrer Zweckmäßigkeit auch auf eine sinnvolle Durchsetzbarkeit zu untersuchen.

1.1 Kriminalpolitische Aspekte

Deutschlandweit wurden im Jahr 2009 wegen Geringfügigkeit mehr als 469.000 Verfahren nach § 153 StPO durch die Staatsanwaltschaften und die Strafgerichte eingestellt[342].

Dabei handelte es sich regelmäßig um erstmals ermittelte Täter von Antragsdelikten wie bspw. Ladendiebstählen oder Schwarzfahrten, bei denen die Geschädigten stets eine Strafanzeige ausgefüllt und sich mit einem Antrag auf Strafverfolgung an die Strafverfolgungsorgane gewandt haben. Zu ihrem Unverständnis werden die durch sie eingeleiteten Verfahren allerdings häufig von der Staatsanwaltschaft oder dem Gericht ohne jegliche Folgen für den Täter beendet. Diese Vorgehensweise ist für die Geschädigten vielfach nicht nachvollziehbar. Es stößt auf Unverständnis, warum sie selbst für das Falschparken ihres Autos ein Verwarn- oder Bußgeld zu zahlen haben, während

339 *Däubler-Gmelin*, Süddeutsche Zeitung vom 30.11.1998; *dies.*, ZRP 1999, 81, 83; *Wilkitzki*, in Jehle (Hrsg.) 2000, 447, 453.

340 So *Bendel*, Abschlussbericht 2000, 9.1.1.

341 *Däubler-Gmelin*, Süddeutsche Zeitung vom 30.11.1998.

342 Statistisches Bundesamt, Staatsanwaltschaften 2006, Fachserie 10, Reihe 2.6., Tab. 2.2.1.1.; Strafgerichte 2006, Fachserie 10, Reihe 2.3., Tab. 2.2., 4.2., 5.2., 7.2., 8.2.

der von ihnen angezeigte Diebstahl folgenlos bleiben soll[343]. Dabei kommt die Frage auf, ob ihr Eigentum denn nicht mindestens ebenso schützenswert sei wie öffentliche Interessen. In ähnlicher Weise empfinden dies auch die Täter, da es bei ihnen an einer irgendwie spürbaren Sanktionierung fehlt. Deshalb es nicht von der Hand zu weisen, dass mit der vermehrten folgenlosen Verfahrensbeendigung des § 153 StPO ein sinkendendes Wertebewusstsein in der Bevölkerung einhergeht[344]. Werte, die gerade durch ein effektives Strafrecht geschützt werden sollen, wie etwa Achtung vor fremdem Eigentum, verlieren ihre Positionen als Folge einer schwindenden Überzeugungskraft des Strafrechts. Insoweit mangelt es im unteren Kriminalitätsbereich an einer positiven Generalprävention, mit deren Hilfe die strafrechtlich geschützte Werteordnung ins Bewusstsein der Bevölkerung zurückgerufen werden könnte.

Zudem ließe sich die Strafgeldidee grundsätzlich damit begründen, dass es erforderlich sei, die Einwirkung auf den Täter aus spezialpräventiven Gesichtspunkten zu intensivieren. So beruht die Entscheidung des Täters zur Begehung der Tat nicht selten auf einer Kosten-/Nutzen- Abwägung und die enorme Zahl der folgenlosen Verfahrenseinstellungen könnte möglicherweise zu einem Anstieg der Kriminalität führen, da formelle Sanktionierungen vom Täter nicht mehr ernsthaft zu befürchten seien[345]. Dem könnte ebenfalls mit guten Argumenten entgegengehalten werden, dass es nicht notwendig oder sinnvoll wäre, immer auf geringwiegende Taten von Ersttätern mit einer Strafe zu reagieren. Insoweit geben die Einstellungsmöglichkeiten der §§ 153, 153a StPO einen ausreichenden Handlungsspielraum dafür, dem Täter bereits bei seiner ersten Tat klarzumachen, dass eine solche Verhaltensweise nicht geduldet werde. So dürften bereits die Einleitung eines Strafverfahrens oder die Ankündigung, dass ein erneuter Verstoß eine härtere Reaktion erwarten lässt, bei einem Großteil der Ersttäter eine Abschreckungsfunktion haben[346]. Diejenigen Täter allerdings, bei denen eine derartige Abschreckung ausbleibt, dürften sich in der Regel auch nicht durch ein sofort erteiltes Strafgeld von weiteren Taten abhalten lassen. Im Ergebnis überzeugt der spezialpräventive Ansatz als Begründung für eine Strafgeldeinführung nicht vollends.

1.2 Finanzielle Aspekte

Das Ziel der Strafgeldeinführung – die Zurückdrängung der folgenlosen Verfahrensbeendigung des § 153 StPO – scheint mit einer enormen Zahl an folgenlosen Einstellungen wegen Geringfügigkeit auch gegenwärtig in Anbetracht leerer Staatskassen durchaus zweckmäßig zu sein[347].

Dabei könnte bezweifelt werden, ob das Strafgeldmodell tatsächlich einen geringeren bürokratischen Aufwand erwarten lässt. Schließlich wird ein Strafverfahren bundesweit vom Tag der Einleitung des Ermittlungsverfahrens (durch die Einleitungsbehörde) bis zur Erledigung durch die Staats-/Amtsanwaltschaft in 66,9% der Fälle

343 *Klingst*, DRiZ 2000, 131 f.

344 *Bendel*, Abschlussbericht 2000, 9.1.1.

345 *Sprenger/Fischer*, DRiZ 2000, 111; *Entdorf/Spengler*, MschrKrim 2005, 313, 333 f.

346 So die Kommission im Abschlussbericht 2000, 9.2.

347 Vgl. oben Fn. 342.

innerhalb von drei und in 88,2% innerhalb von sechs Monaten beendet[348]. Im Gegensatz dazu könnte das Strafgeld bei der Polizei zu einem zusätzlichen Arbeitsaufwand im Bereich der Bagatellkriminalität führen. Letztlich könnten hierdurch sogar erhebliche personelle Zuwächse bei der Polizei befürchtet werden.

Diese Bedenken überzeugen jedoch nicht. Insbesondere ist es gerade die Polizei, die sich regelmäßig vor Ort mit dem jeweiligen Vorfall zu beschäftigen hat. Dabei nimmt sie nicht nur die Personalien des mutmaßlichen Täters und des Opfers auf, sondern nimmt regelmäßig vor Ort den erforderlichen Strafantrag entgegen. Somit beurteilt sie bereits im Rahmen des ersten Zugriffs die mögliche strafrechtliche Relevanz des Geschehens. Aus diesem Grund kann die Polizei keinesfalls als ungeschult bezeichnet werden und würde mit der weiteren Befassung ökonomisch am wenigsten belastet werden. Gibt sie dann die gegenwärtigen Ermittlungen an die Staatsanwaltschaft als Herrin des Strafverfahrens ab, muss sich diese zunächst in den Fall neu einarbeiten. Anstatt aber zwei Behörden mit einem einfachen Ladendiebstahl zu beschäftigen, bestünde die Möglichkeit, vor Ort ein schnelles und unkompliziertes Strafgeldverfahren durchzuführen. Die Strafgeldidee könnte damit letztlich bei einer Übernahme von 469.000 Verfahren auch eine enorme Arbeitsentlastung für die Staatsanwaltschaften darstellen. Im Gegenzug ist der Mehraufwand bei der Polizei – mit dem Ausfüllen der erforderlichen Vordrucke für ein Strafgeldverfahren – eher als gering einzuschätzen. Im Idealfall würde sie das jeweilige Strafgeld noch vor Ort einnehmen. Andernfalls käme es vor Ort zur Setzung einer angemessenen Zahlungsfrist und bei ausbleibendem Zahlungseingang nach Fristablauf zu einer Weiterleitung des Verfahrens an die Staatsanwaltschaft wie bislang.

Ein wesentliches Argument der Länder für die Einführung eines Strafgeldes dürften die zu erwartenden staatlichen Mehreinnahmen sein. So handelte es sich bei 375.130 Fällen des vollendeten Ladendiebstahl 2009 in ca. der Hälfte der Fälle (51%) um Bagatelldelikte, bei denen die entwendeten Gegenstände unter 15 € wert waren und in jedem vierten Fall (25,7%) lag der Schaden zwischen 15 und 50 €[349]. Damit liegen bundesweit insgesamt 76,7% sämtlicher Ladendiebstähle in einem Bereich von bis zu 50,00 Euro.

Darüber hinaus kam es im Jahr 2009 zu 220.030 Leistungserschleichungen, bei denen in 94,3 % der Fälle ein Schaden bis zu einer Höhe von 50,00 Euro vorlag[350].

Unter Berücksichtigung der Tatsache, dass es bei einem Großteil dieser Ermittlungsverfahren zu einer folgenlosen Einstellung für den Betroffenen gemäß § 153 StPO kommt, wird das finanzielle Potential – etwa bei einer Strafgeldhöhe des dreifachen Schadenswertes – deutlich, das in der Strafgeldidee steckt.

1.3 Umsetzungsprobleme

Schwierig gestaltete sich jedoch bereits die Umsetzung dieses Vorhabens und so hielt sich die Regierung mit Ideen sehr bedeckt. Zutreffend wurde eine Herabstufung be-

348 Statistisches Bundesamt, Staatsanwaltschaften 2009, Fachserie 10, Reihe 2.6., Tab. 2.3.2.
349 PKS 2009, 161, Tab. 135.
350 PKS 2009, 190, Tab. 170.

stimmter Verhalten im Bereich der Bagatellkriminalität zu Ordnungswidrigkeiten jedoch von vornherein als ein falsches Signal und zudem verfassungsrechtlich sehr bedenklich eingestuft[351]. Aus diesem Grund kämen für die Verwirklichung dieser Idee nur zwei Möglichkeiten in Betracht, entweder konnte die Lösung im strafprozessualen oder im materiellrechtlichen Rahmen erfolgen.

1.3.1 Der prozessuale Ansatz

Bei der prozessualen „Strafgeld"-Lösung wird grundsätzlich das Regelungsmodell des § 153a StPO übernommen und gleichzeitig auf die Kompetenz der Polizei verlagert[352]. Vorteilhaft daran ist zunächst, dass die materielle Rechtslage unangetastet bleibt. Die Polizei erhält lediglich – innerhalb eines festgelegten Rahmens im Bereich der Bagatellkriminalität – die Ermächtigung, ein Strafgeld als Auflage des § 153a StPO zu erheben. Dem Beschuldigten eröffnen sich nun zwei Alternativen. Zum einen könnte er das verlangte Strafgeld entrichten und damit das Strafverfahren beenden, indem es die Polizei im Rahmen der ihr erteilten Ermächtigung einstellt. Andererseits hätte der Beschuldigte die Möglichkeit, die Zahlung zu verweigern, was eine Fortführung des Strafverfahrens in der herkömmlichen Weise zur Folge hätte.

1.3.1.1 Verfassungsrechtliche Bedenken

Die prozessuale Lösung muss aber verfassungsrechtlichen Vorgaben genügen. Insbesondere erscheinen dabei zwei Punkte bedenklich, der Richtervorbehalt von Kriminalstrafen gemäß Art. 92 GG und die Unschuldsvermutung des Art. 6 Abs. 2 EMRK, nach der die Schuld des Täters Voraussetzung einer Strafverhängung ist.

1.3.1.1.1 Richtervorbehalt des Art. 92 GG

Im Gegensatz zu sonstigen Eingriffen der öffentlichen Gewalt, die lediglich über die Rechtsweggarantie des Art. 19 Abs. 4 GG einer richterlichen Kontrolle unterliegen, hat das Bundesverfassungsgericht die Verhängung von Kriminalstrafen dem Kernbereich des Art. 92 GG und somit ausschließlich der Judikative zuordnet[353]. Daran anknüpfend wird zum Teil in der Literatur vertreten, die mit der Einführung des Strafgeldes verbundene Verlagerung der Sanktionskompetenz auf die Polizei als Exekutivgewalt führe zu einer Durchbrechung des Gewaltenteilungsprinzips[354].

Dabei müsste es sich für den Richtervorbehalt des Art. 92 GG beim Strafgeld aber überhaupt um eine entsprechende strafrechtliche Sanktion handeln. Wenn das Strafgeld im Rahmen einer Auflage nach § 153a StPO Verwendung finden soll, ist dabei insbesondere auf dessen Strafcharakter abzustellen.

Zunächst dürfte die jeweilige Auflage oder Weisung des § 153a StPO vom Beschuldigten als ein Übel empfunden werden, das ihn aufgrund des Tatvorwurfs von

351 *Hammer*, DRiZ 1999, 206; *Sauter*, RuP 1999, 20.
352 Vgl. *Weßlau*, DRiZ 1999, 225 ff.
353 BVerfGE 22, 49 ff., 73 ff.; 27, 18 ff. 28.
354 *Ostendorf*, NK 3/1999, 7.

staatlicher Seite trifft. Aus diesem Grund kommt ihnen mindestens „auch“ die Funktion einer Sanktion zu[355]. Diese Straffunktion allein genügt jedoch noch nicht für eine Strafe im materiellrechtlichen Sinne oder eine strafähnliche Sanktion. Hierfür fehlt den Auflagen und Weisungen des § 153a StPO der Strafcharakter „echter“ Kriminalstrafen, da sie nicht einseitig durch den Staat auferlegt werden können. So basieren die Einstellungsauflagen und -weisungen auf der Freiwilligkeit des Beschuldigten[356]. Sie können nur mit dessen Zustimmung erfolgen, womit er es grundsätzlich selbst in der Hand hat, ob die bezweckte Auflage oder Weisung überhaupt zur Anwendung kommen wird.

In der Literatur wird zum Teil angezweifelt, ob eine derartige Zustimmung tatsächlich als „freiwillig“ bezeichnet werden kann, da auf dem Beschuldigten der Druck der Fortführung des Strafverfahrens lastet[357]. Richtigerweise ist eine Freiwilligkeit aber zu bejahen, selbst wenn sich für den Beschuldigten tatsächlich nur die Wahl zwischen zwei Übeln eröffnet, der Auflage oder dem Risiko einer Anklage und Hauptverhandlung mit anschließender Verurteilung. Der Entscheidung des Beschuldigten wird hierdurch nämlich nicht gänzlich die Freiwilligkeit genommen, vielmehr wird dieser Druck in seine Kosten-/Nutzenanalyse im Rahmen einer möglichen Zustimmung einfließen[358]. Damit wird der Beschuldigte wird bei seinen Überlegungen in einem Maße eingeschränkt, dass weder von einer vollständig freiwilligen noch unfreiwilligen Entscheidung ausgegangen werden kann.

Der Strafcharakter „echter“ Kriminalstrafen ist für die Auflagen und Weisungen des § 153a StPO aber aus einem weiteren Grund abzulehnen. Es wurde bereits festgestellt, dass ein essentieller Bestandteil einer strafrechtlichen Sanktion das sozialethisches Unwerturteil ist[359]. Voraussetzung dafür ist unter anderem der Schuldspruch[360]. Im prozessualen Einstellungsverfahren des § 153a StPO fehlt jedoch ein solcher Schuldspruch, womit im Ergebnis kein sozialethisches Unwerturteil ausgesprochen wird[361].

Darüber hinaus steht einer Kriminalstrafe entgegen, dass die Auflagen und Weisungen des § 153a StPO einer Zwangsvollstreckung nicht zugänglich sind[362]. So kann der Beschuldigten weder zur Übernahme, noch zur Erfüllung der jeweiligen Auflage gedrängt werden. Eine Ablehnung oder Verweigerung seinerseits hat lediglich die Fortführung des Strafverfahrens zur Folge.

---

355 *Wagner*, ZStW 1997, 545, 559,: *Weigend*, ZStW 1997, 103, 106; *Fezer*, ZStW 1994, 1, 32 f.; *Sieg*, MDR 1981, 200; *Montenbruck/Kuhlmey/Enderlein*, JuS 1987, 967.

356 BGHSt 28, 174, 176 f.; *Priebe*, 2005, 133; *Saliger*, GA 2005, 155, 167 f.; *Weßlau*, DRiZ 1999, 225, 227.

357 *Heitzer*, 1997, 42 f.; *Dencker*, JZ 1973, 144, 149 f.; *Schmidhäuser*, JZ 1973, 529, 533 f.

358 *Saliger*, GA 2005, 155, 165, 167 f.

359 Vgl. oben Teil 1, 1 Das Sanktionensystem.

360 *Meier*, 2009, 16.

361 BVerfGE 22, 49, 73 ff.; BT-Drucks. 7/1261, 28.

362 *Beulke*, in LR-StPO § 153a, Rdnr. 9.

Insgesamt handelt es sich bei den Auflagen und Weisungen des § 153a StPO daher nicht um Strafen im materiellrechtlichen Sinne oder strafähnliche Sanktionen[363]. Die Anwendung des § 153a StPO stellt damit keine rechtsprechende Gewalt dar[364]. Stattdessen regelt § 153a StPO ein Beendigungsverfahren mit Selbstunterwerfung, dessen Auflagen und Weisungen den Charakter nichtstrafrechtlicher Sanktionen haben, sondern Leistungen des Beschuldigten darstellen, die der Befriedigung für das begangene Unrecht dienen[365].

Diese Feststellungen müssen zwangsläufig in gleicher Weise für das Strafgeld gelten, wenn es im Rahmen einer Auflage des § 153a StPO durch die Polizei auferlegt werden soll. Damit steht dessen Anwendung der Richtervorbehalt des Art. 92 GG einschließlich des Prinzips der Gewaltenteilung nicht entgegen.

1.3.1.1.2 Unschuldsvermutung des Art. 6 Abs. 2 EMRK

Darüber hinaus könnte ein Verstoß gegen die Unschuldsvermutung des Art. 6 Abs. 2 EMRK vorliegen, da die Schuld des Täters eine wesentliche Voraussetzung für die Verhängung einer Strafe oder strafähnlichen Sanktion darstellt[366].

Allerdings fehlt es – ebenso wie für den Richtervorbehalt des Art. 92 GG – für die Unschuldsvermutung des Art. 6 Abs. 2 EMRK bei der Strafgeldverhängung im Rahmen einer Auflage des § 153a StPO an einer Strafe oder strafähnlichen Sanktion.

Darüber hinaus bleibt im Einstellungsverfahren des § 153a StPO die Schuldfrage letztlich offen[367]. Die Unschuldsvermutung gilt selbst nach Erfüllung der Auflagen und Weisungen durch den Beschuldigten weiter und auch eine Eintragung ins Bundeszentralregister unterbleibt[368]. Damit verstößt das prozessuale Strafgeldverfahren nicht gegen die Unschuldsvermutung des Art. 6 Abs. 2 EMRK[369].

1.3.1.2 Kriminalpolitische Bedenken

Zusätzlich wird aus kriminalpolitischer Sicht für bedenklich erachtet, dass der Beschuldigte im prozessrechtlichen Ansatz eine Zustimmungserklärung vor Ort abgibt[370]. Es sei dem Verdächtigen aber nicht zuzumuten, eine derart wesentliche Entscheidung für den Verlauf des weiteren Verfahrens im Rahmen des ersten Zugriffs durch die Polizei vor Ort abzugeben.

Richtig an dieser Befürchtung ist allein, dass die vom Beschuldigten getroffene Entscheidung weichenstellend für das weitere Verfahren ist. Diese Bedenken greifen aber nur dann, wenn dem Verdächtigen lediglich sofort vor Ort die Möglichkeiten er-

---

363 BGHSt 28, 174, 176; *Beulke*, in LR-StPO § 153a, Rdnr. 8; BT-Drucks. 7/1261, 28; *Saliger*, GA 2005, 155, 168; *Schulenberg*, JuS 2004, 765, 767; *Montenbruck/Kuhlmey/Enderlein*, JuS 1987, 967.

364 BVerfG NStZ 2002, 211.

365 *Beulke*, in LR-StPO, § 153a, Rdnr. 9; *Meyer-Goßner*, StPO, § 153a Rdnr. 12.

366 Vgl. *Kühl*, 1983, 12 ff.; *Sauter*, RuP 1999, 21; *Weßlau*, StV 1999, 278, 286.

367 *Siegismund/Wickern*, wistra 1993, 85 f.

368 *Priebe*, 2005, 133; *Siegismund/Wickern*, wistra 1993, 85 f.

369 BVerfG, MDR 1991, 891 f.; OLG Frankfurt a.M., NJW 1996, 3353, 3354.

370 *Weßlau*, StV 1999, 225, 287.

öffnet würde, das Strafgeld durch dessen Zahlung anzuerkennen oder es abzulehnen. Da diese Verfahrensweise bereits aus praktischer Sicht undurchführbar erscheint, gehen derartige Bedenken fehl. So scheitert eine solche Vorgehensweise einerseits daran, dass der Ladendieb oder der Leistungserschleicher vor Ort oft nicht über genügend Finanzmittel verfügen dürfte, um das Strafgeld in Höhe des dreifachen Wertes des von ihm verursachten Schadens aufbringen zu können. Zum anderen würde eine derartige Anwendung des Strafgelds eine deutliche Benachteiligung schwächer situierter oder mittelloser Täter darstellen, da ihnen mit der Voraussetzung einer sofortigen Strafgeldzahlung die Möglichkeit einer polizeilichen Verfahrenserledigung von vornherein verwehrt würde.

Aus diesem Grund kann dem Verdächtigen vor Ort eine Entscheidung über die sofortige Zahlung des Strafgeldes lediglich ermöglicht, aber keinesfalls abverlangt werden. Denkbar wäre es allenfalls, dem Beschuldigten, der nicht willens oder in der Lage ist, das Strafgeld vor Ort aufzubringen, eine angemessene Frist von beispielsweise zwei Wochen einzuräumen, innerhalb derer er das Strafgeld erbringen kann, um der Verfahrensvorlage bei der Staatsanwaltschaft zu entgehen. Leistet der Verdächtige die Zahlung des Strafgeldes innerhalb der vorgegeben Frist, wäre das Verfahren damit beendet, andernfalls wird das Ermittlungsverfahren durch die Abgabe an die Staatsanwaltschaft fortgesetzt. Somit würde ihm bei angemessener Zahlungsfrist die Möglichkeit einer reiflichen Überlegung seiner Handlungsweise sowie zur vorherigen Konsultation eines Rechtsanwaltes eingeräumt werden.

1.3.1.3 Verstoß gegen das Legalitätsprinzip

Aber auch wenn die kriminalpolitischen Zweifel nicht greifen, könnte die Einführung eines Strafgeldes durch die Polizei im Rahmen der prozessrechtlichen Lösung des § 153 a StPO am Verstoß gegen den Legalitätsgrundsatz aus § 152 StPO scheitern. Danach besteht für die Staatsanwaltschaft der Zwang zur Strafverfolgung und – bei Vorliegen der Voraussetzungen – zur Anklage jedes Verdächtigen[371]. Dieser den Strafprozess prägende Grundsatz beinhaltet, dass die Staatsanwaltschaft als Herrin des Ermittlungsverfahrens für alle Entscheidungen und die Einhaltung aller grundlegenden Prinzipien in diesem Verfahrensabschnitt verantwortlich ist und jedes Verfahren durch eine förmliche Abschlussentscheidung zu beenden hat[372]. Somit soll es allein in der Hand der Staatsanwaltschaft liegen, ob das jeweilige Strafverfahren eingestellt oder eine Anklage vor Gericht erhoben wird.

Eine der Staatsanwaltschaft entsprechende umfassende Verfahrensverantwortlichkeit mit eigenen Sanktionierungs- und Einstellungskompetenzen besitzt die Polizei lediglich in dem unterhalb des Strafrechts angesiedelten Bereich des Ordnungswidrigkeitenrechts.

Im Strafverfahren gilt das Legalitätsprinzip zwar gemäß § 163 Abs. 1 Satz 1 StPO auch für die Polizei[373]. Eine vergleichbare Rechtstellung wie die Staatsanwaltschaft besitzt sie jedoch nicht. So wird dieser Grundsatz für die Polizei durch § 163 Abs. 2

371 BVerfG, NStZ 1982, 430; BGHSt 15, 155, 158 ff.; *Meyer-Goßner*, StPO, § 152 Rdnr. 2.

372 *Heghmanns*, ZRP 2001, 554, *Weßlau*, DRiZ 1999, 225, 228.

373 *Hellmann*, StPO, Rdnr. 55, 141; *Geppert*, Jura 1982, 139, 140 f.

Satz 1 StPO auf den ersten Zugriff beschränkt, da sie ihre Ermittlungsergebnisse unverzüglich an die Staatsanwaltschaft weiterzuleiten hat. Dieser Abgabezwang, mit dem noch einmal die Verfahrensherrschaft der Staatsanwaltschaft im laufenden Strafverfahren bestätigt wird, verlangt demzufolge die staatsanwaltschaftliche Kontrolle in jedem strafrechtlichen Ermittlungsverfahren. Eine nachträgliche Kontrolle der Staatsanwaltschaft im Rahmen ihrer Fachaufsicht gegenüber der Polizei genügt dafür nicht. Deshalb kann der Vorlagepflicht gegenüber der Staatsanwaltschaft weder durch eine Verpflichtung der Polizei zur detaillierte Erfassung der von ihr vorgenommener Einstellungen noch durch die zusätzlich Auflegung einer periodischen Berichtspflicht, anhand derer die Staatsanwaltschaft nachträglich die tatsächliche Ingebrauchnahme der polizeilichen Einstellungsbefugnis überprüfen könnte, entsprochen werden[374].

Bei der prozessualen Lösung im Rahmen des § 153a StPO besteht die Gefahr einer Verwischung dieser klar abgegrenzten Kompetenzen von Staatsanwaltschaft und Polizei[375]. Indem die Polizei in einem Strafverfahren auf bestimmte, strafrechtlich relevante Verhalten im Bagatellbereich mit einer eigenen Sanktionierung reagieren könnte, käme es mit einer Zustimmung und Strafgeldzahlung durch den Beschuldigten zum Abschluss des Ermittlungsverfahrens. Die Polizei hätte damit die Möglichkeit, eigenverantwortlich über den weiteren Verlauf des Verfahrens zu entscheiden und Straftaten dem weiteren prozessualen Procedere zu entziehen. Der Staatsanwaltschaft würde dabei in bestimmten Bereichen die Verfahrensherrschaft durch die Polizei genommen werden. Dies wäre allerdings nicht mit dem Anklagemonopol der Staatsanwaltschaft als strafprozessualen Grundpfeiler vereinbar. Gerade die Entscheidung über die Anklage durch eine von polizeilichen Interessen unbelastete Behörde stellt eine essentielle rechtstaatliche Verfahrenssicherung dar, auf die selbst bei den Bagatelldelikten nicht verzichtet werden darf[376]. Dem widerspräche ebenso die Schaffung einer Ermessensvorschrift, die der Staatsanwaltschaft erlaubt, ihre Einstellungsbefugnis aus § 153a I Nr. 2 StPO unter bestimmten Voraussetzungen – allgemein oder in einzelnen Bereichen – auf die Polizei übertragen zu können[377].

Damit stellt der Verstoß gegen den Legalitätsgrundsatz aus § 152 StPO letztlich eine unüberwindbare Hürde der prozessrechtlichen Strafgeldlösung dar.

1.3.2 Der materiellrechtliche Ansatz

Vorgeschlagen wurde aber zudem ein materiellrechtlicher Ansatz. Dabei werden bestimmte gesetzeswidrige Verhaltensweisen im Bagatellbereich aus den Straftatbeständen der Kriminalstrafen herausgenommen und neue Strafgeldtatbestände geschaffen. Im Ergebnis entstünde eine unterhalb der Kriminalstrafe anzusiedelnde Rechtsfolge Strafgeld für bestimmte, tatbestandlich zu umschreibende Verhaltensweisen[378]. Um diese Strafgeldtatbestände durch die Polizei hoheitlich sanktionieren und zwangsweise vollstrecken zu können, bedarf es zudem eines eigenständigen, von den Regelungen

374 So aber der Vorschlag von *Elsner*, 2008, 203.

375 Vgl. *Streng*, ZStW 1999, 827, 856; *ders.*, in: Jehle (Hrsg.), 2000, 207, 230.

376 *Heghmanns*, ZRP 2001, 554.

377 So aber der Vorschlag von *Elsner*, 2008, 202 f.

378 Vgl. *Weßlau*, DRiZ 1999, 225, 231 ff.

der StPO unabhängigen Verfahrens. Im Unterschied zum prozessualen Ansatz ist hierbei für die Auferlegung des Strafgeldes durch die Polizei ein freiwilliger Unterwerfungsakt durch den Beschuldigten nicht erforderlich.

Dieses Verfahren erinnert stark an einen Rechtszustand, wie er bereits vor 1975 existierte. Die damalige Kategorie der Übertretungen war als dritte Deliktsform unterhalb der Vergehen und Verbrechen angesiedelt und wurde gemäß § 413 StPO a.F. auch anders behandelt als diese. So besaß die Polizei bei den Übertretungen eine eigene Ahndungskompetenz[379]. Sie konnte beispielsweise bei Verkehrsübertretungen gebührenpflichtig verwarnen oder aber bei der Staatsanwaltschaft Anzeige erstatten und damit deren Entscheidung herbeiführen. Eine durch die Polizei ausgesprochene Verwarnung führte dann zu einem Verfahrenshindernis für die Verfolgung der Tat als Übertretung. Diese Deliktsform wurde mit der Streichung des 29. Abschnitts des Zweiten Teils des StGB mit Wirkung zum 1.10.1973 gestrichen[380]. Auch der Mundraub (§ 370 I Nr. 5 StGB a.F.), der im Bereich der einfachen Ladendiebstähle große praktische Bedeutung hatte, wurde hierdurch von einer Übertretung in einen normalen Diebstahlstatbestand umgewandelt und damit zu einem Vergehen aufgewertet[381].

Bereits aus dieser Parallele Kritik gegen die Einführung eines Strafgeldes im Rahmen der materiellrechtlichen Lösung abzuleiten[382], ist im Rahmen der Anpassung an die gewandelten kriminalpolitischen und finanziellen Bedürfnisse unangebracht[383]. Nur eine Kriminalpolitik, die sich dem Wandel dieser Bedürfnisse und sozialpolitischer Werte anpasst, ist in der Lage, in der Bevölkerung auf Verständnis und Akzeptanz zu stoßen.

1.3.2.1 Verfassungsrechtliche Schranken

Im Rahmen der materiellrechtlichen Lösung ergeben sich wiederum verfassungsrechtliche Schwierigkeiten, wobei aus tatbestandlicher Sicht insbesondere der Richtervorbehalt des Art. 92 GG und die Rechtsweggarantie des Art. 19 Abs. 4 GG bedeutsam sind.

1.3.2.1.1 Richtervorbehalt des Art. 92 GG

Da durch eine bloße Änderung des materiellen Rechts in Form der Schaffung neuer strafrechtlich relevanter Strafgeldtatbestände eine Kompetenzverlagerung auf die Polizei nicht möglich wäre, muss gleichzeitig eine Entkriminalisierung im Bereich der Bagatelldelikte vorgenommen werden. Andernfalls verbliebe es bei einem tatbestandlichen Kriminalunrecht, dem zwangsläufig auch nur Kriminalstrafe folgen könnte, für welche der Richtervorbehalt des Art. 92 GG gilt.

Wenn der Gesetzgeber zur Umgehung des Richtermonopols auf der Tatbestandsseite eine Entkriminalisierung vornehmen will, so hat er die vom Bundesverfassungs-

379 Vgl. hierzu Schwarz/*Kleinknecht*-StPO, 28. Auflage 1969 § 153, 1) C.

380 2. StrRG vom 04.07.1969, BGBl. I S. 717.

381 *Hirsch*, 1986, 133, 140.

382 So scheinbar *Heghmanns*, ZRP 2001, 554; *Weßlau*, DRiZ 1999, 225, 228 f.

383 Vgl. oben Teil 3, 1.1 Kriminalpolitische Aspekte.

gericht aufgestellten Schranken zu berücksichtigen. Insbesondere steht ihm nicht das Recht zu, beliebig über die Grenzen der Strafbarkeit zu verfügen. Stattdessen muss im Strafrecht ein Kernbereich bestehen, in welchem eine Entkriminalisierung und damit eine Herausgabe aus der Zuständigkeit der Strafgerichte unzulässig sind[384]. Dieser Argumentation folgend, wird in der Literatur zum Teil die erforderliche Entkriminalisierung durch den Gesetzgeber abgelehnt[385].

Diese Sichtweise greift aber zu kurz, da diese verfassungsrechtliche Schranke durch das Bundesverfassungsgericht abgeschwächt wird, indem es die Festlegung der dafür erforderlichen Grenzlinie gleichzeitig in die Hände des Gesetzgebers legt[386]. Wenn im Rahmen der Vorgaben des Bundesverfassungsgerichts ein bestimmtes Verhalten materiellrechtlich entkriminalisiert werden soll, sind folglich der betroffene Kriminalitätsbereich und seine Grenzen zu untersuchen. Es ist zu fragen, ob es sich um einen abgrenzbaren strafrechtlichen Kernbereich handelt, in den generell nicht eingegriffen werden darf. Die Strafgelddiskussion befasst sich dabei mit Deliktsfeldern der unteren Kriminalität, deren strafrechtliche Reaktion sich in der Nichtverfolgung im Rahmen des § 153 StPO erschöpft. Im Falle einer Entkriminalisierung läge daher keinesfalls ein Eingriff in den strafrechtlichen Kernbereich vor, sondern lediglich in einem weit darunter liegendem Sektor, in welchem strafrechtliche Sanktionierungen regelmäßig unterbleiben[387]. Darüber hinaus stellt der aktuelle Einstellungsbereich des § 153 StPO in tatsächlicher Hinsicht bereits eine wesentlich weitergehende „Entkriminalisierung" als die Schaffung von Strafgeldtatbeständen dar[388].

Damit wäre die Schaffung von Strafgeldtatbeständen mit einer zwangsläufig einhergehenden Entkriminalisierung ohne Verstoß gegen den Richtervorbehalt aus Art. 92 GG durchaus möglich.

1.3.2.1.2 Rechtsweggarantie des Art. 19 Abs. 4 GG

Eine weitere verfassungsrechtliche Schranke ergibt sich aus der Rechtsweggarantie des Art. 19 Abs. 4 GG, nach dem Eingriffe der öffentlichen Gewalt einer richterlichen Kontrolle unterliegen.

Legt die Polizei hoheitlich ein Strafgeld auf, kann dies bei der materiellrechtlichen Lösung nur im Rahmen eines eigenständigen Verwaltungsverfahrens erfolgen. Dies ergibt sich bereits aus dem Richtermonopol gem. Art. 92 GG im Strafverfahren[389]. Dabei müsste zwingend eine gerichtliche Anfechtbarkeit des Verfahrens gewährleistet werden. Dem Beschuldigten ist bereits vor Ort durch die Polizei die Möglichkeit zu eröffnen – entweder automatisch mit dem Verstreichenlassen der Zahlungsfrist des Strafgeldes oder der Einlegung eines Rechtsbehelfs gegen die Strafgeldverhängung – das Verwaltungsverfahren durch ein Gericht überprüfen zu lassen. Denkbar wäre der Strafrichter im Amtsgericht.

384 BVerfGE 22, 49, 80; 27, 18, 28.
385 *Schäfer*, NJW 1999 543 f.
386 BVerfGE 27, 18, 29 ff.
387 Ähnlich *Jasch*, NK 4/1999, 8.
388 *Weßlau*, DRiZ 1999, 225, 231.
389 Vgl. oben Teil 3, 1.3.2 Der materiellrechtliche Ansatz.

Andernfalls verstieße bereits der Vorabverzicht eines Beschuldigten bei der Polizei auf seinen gerichtlichen Rechtsschutz im Sinne eines „Unterwerfungsaktes“ gegen die Rechtsweggarantie des Art. 19 Abs. 4 GG[390]. Insoweit stellt das Bundesverfassungsgericht klar, dass eine „Unterwerfung“, die im Interesse einer Verfahrensvereinfachung auf den Ausschluss des gerichtlichen Rechtsschutzes abzielt, dem Rechtschutzgedanken des Art. 19 Abs. 4 GG zuwiderliefe[391].

1.3.2.2 Systematische Bedenken

Über die bislang aufgezeigten Schwierigkeiten hinaus eröffnen sich bei der Umsetzung einer materiellrechtlichen Strafgeldlösung auch Probleme bei der Gesetzessystematik.

1.3.2.2.1 Entkriminalisierungsansätze

Zunächst stellt sich bei der materiellrechtlichen Lösung die Frage, in welchem Umfang die Herausnahme bestimmter Verhaltensweisen aus den Strafrechtstatbeständen durch eine Entkriminalisierung erfolgen sollte.

Nicht zu empfehlen wäre die Herauslösung vollständiger Tatbestände aus den Strafgesetzen, um sie einem untergeordneten selbständigen Verfahren zuzuführen. So sind die Straftatbestände einerseits als abstrakt-generelle Normen zu weit gefasst. Beispielsweise beinhalten § 248a StGB oder § 265a StGB neben den einfachen Ladendiebstählen und Schwarzfahrten auch andere, weitaus komplexere Diebstahls- oder Leistungserschleichungskonstellationen mit deren Feststellungen die Polizei vor Ort überfordert wäre. Darüber hinaus würde eine solche Vorgehensweise, ähnlich wie eine Herabstufung bestimmter Straftatbestände zu Ordnungswidrigkeiten auch ein falsches kriminalpolitisches Signal darstellen.

Deshalb bieten sich als Anknüpfungspunkte die einzelnen Verhaltensweisen der jeweiligen Massendelinquenz an, die einer Entkriminalisierung unterzogen werden sollen. Sinnvoll erscheint es, einfache Strafgeldtatbestände wie bspw. Ladendiebstahl, Schwarzfahren, Zech- oder Tankbetrug zu schaffen, die den abstrakt generellen Tatbeständen vorgingen. Zwar liegt die Masse derartiger Verhaltensweisen rechtlich nicht so kompliziert, dass nur Volljuristen deren Tatbestandsverwirklichung begründen können[392], dennoch kann es auch innerhalb dieser Deliktsgruppen zu rechtlich oder tatsächlich schwierigen Fällen kommen, zu deren Beurteilung die Polizei vor Ort nicht in der Lage wäre. Aus diesem Grund müsste ihr jederzeit die Möglichkeit eingeräumt werden, das Verfahren an die Staatsanwaltschaft abzugeben. Eine Grenzziehung, wann dies tatsächlich der Fall wäre, scheint allerdings schwierig. So soll die Einführung des Strafgeldverfahrens die Polizei nicht als umfassende Ermittlungsbehörde für Strafgeldverfahren überlastet werden. Andererseits lässt es sich gerade nicht als bürokratiearm bezeichnen, wenn die Polizei jedes Verfahren bei geringsten Zweifeln oder Unsicherheiten an die Staatsanwaltschaft abzugeben hätte.

---

390 *Weßlau*, DRiZ 1999, 225, 232.
391 BVerfGE 22, 49 ff., 81.
392 Vgl. *Jasch*, NK 4/1999, 8.

Im Rahmen der Gleichbehandlung der ermittelten Täter wäre es zudem erforderlich, dass die Staatsanwaltschaft in einem Verfahren, dass ihr von der Polizei aufgrund tatsächlicher oder rechtlicher Schwierigkeiten zugeleitet wurde, in gleicher Weise wie die Ausgangsbehörde von der Verhängung eines Strafgeldes Gebrauch machen kann.

Darüber hinaus bietet sich bei den Strafgeldtatbeständen auch eine Vereinfachung des materiellen Rechts an. Haben etwa mehrere Personen gemeinsam gehandelt, können schnell Schwierigkeiten im Bereich der Täterschaft und deren Abgrenzung zur Teilnahme auftreten, mit deren Beurteilung die Polizei vor Ort überfordert wäre. Um derartige Probleme weitgehend zu vermeiden und damit auch in derartigen Fällen ein bürokratiearmes Verfahren zu ermöglichen, sollten im Strafgeldverfahren die gegenwärtig bereits im Ordnungswidrigkeitenrecht angewandten Regelungen des Einheitstäterprinzips angewendet werden[393]. Demnach entfiele die Unterscheidung von Täterschaft und Teilnahme. Anstifter und Gehilfe eines Strafgeldtatbestandes kämen als Täter in Betracht, womit gegenüber jedem Beteiligten ein eigenständiges Strafgeld – unabhängig vom Grad der jeweiligen Beteiligung – zu verhängen wäre. Ebenso wie im Ordnungswidrigkeitenrecht käme es damit auch im Strafgeldverfahren zu einer Erleichterung und letztlich einer Vereinfachung der Rechtsanwendung[394].

1.3.2.2.2 Sanktionierungswidersprüche

Widersprüche können bei der materiellrechtlichen Strafgeldlösung entstehen, wenn die Reaktionen von Polizei, Staatsanwaltschaft und Gericht in verschiedene Richtungen tendieren und dadurch eine nicht nachvollziehbare Sanktionierungsverzerrung entsteht.

Schwierig gestalten sich derartige Widersprüche etwa in einer folgender Konstellation[395]: Während die Polizei auf ein geringfügiges, unterhalb der gezogenen Wertgrenze liegendes Delikt regelmäßig mit einem Strafgeld reagiert, kommt es bei einem höheren Schaden zu einem gewöhnlichen Strafverfahren. In diesem stehen der Staatsanwaltschaft die Alternativen einer Einstellung ohne Reaktion oder gegen Auflagen oder Weisungen sowie eine Anklageerhebung zur Verfügung, wobei das Gericht mit Zustimmung der Staatsanwaltschaft das Verfahren ebenfalls bedingungslos oder gegen Auflagen oder Weisungen einstellen könnte[396]. Damit wird deutlich, dass es bei einem über der gezogenen Strafgeldwertgrenze geführten Verfahren im Bereich der unteren Kriminalität sowohl durch die Staatsanwaltschaft als auch durch das Gericht gerade bei Ersttätern zu einer folgenlosen Einstellung nach § 153 StPO kommen kann.

Denkbar wäre in diesem Fall eine mit der Einführung eines Strafgeldverfahrens einhergehende, gesetzgeberische Lösung. So könnte der gesamte Anwendungsbereich der §§ 153 ff. StPO generell und unabhängig von der festgelegten Wertgrenze für Verhaltensweisen der Strafgeldtatbestände ausgeschlossen werden. Dabei läge allerdings mit einer derartigen Vorgehensweise ein Eingriff in ein herkömmliches Strafverfahren außerhalb des Geldstrafenbereiches vor. Genauer gesagt würde ein Eingriff in die der-

393 Vgl. § 14 OWiG – Beteiligung.

394 Vgl. zum OWiG die Begründung zu § 9 RegE OWiG, BT-Drucks. 5/1269.

395 Vgl. hierzu *Weßlau*, DRiZ 1999, 225, 232.

396 Vgl. zu den einzelnen Alternativen oben Teil 1, 1.6 Die Einstellungsmöglichkeiten der §§ 153 ff. StPO.

zeit bestehenden „prozessualen Entkriminalisierungsregelungen" der §§ 153 ff. StPO erfolgen. Insoweit stellen sie ein vereinfachtes Erledigungsverfahren mit Beschleunigungs- und Belastungseffekt im Bereich der gesamten unteren und mittleren Kriminalität dar[397]. Diesem weiten kriminalpolitischen Regelungsgehalt der §§ 153 ff. StPO widerspräche es aber, wenn bestimmte Deliktsgruppen vollständig aus diesen Materien herausgenommen würden. Eine Kompromisslösung läge aber z.B. darin, in derartigen Fällen die Regelungen der §§ 153 ff. StPO nicht pauschal entfallen zu lassen, sondern lediglich die folgenlose Verfahrensbeendigung des § 153 StPO. Damit kämen für die Staatsanwaltschaft und das Gericht weiterhin die Einstellungen gegen Auflagen und Weisungen des § 153a StPO in Betracht.

Auch der Einwand, der Gesetzgeber habe das gesamte Regelungsmodell der §§ 153 ff. StPO in die Hände der Exekutive geben wollen und würde nunmehr die Sachentscheidung durch die Herausnahme einzelner Fallgruppen zumindest teilweise vorgeben[398], greift nicht. Zunächst einmal erfolgt lediglich eine Aussonderung bestimmter Verhaltensweisen oberhalb der Strafgeldwertgrenze aus dem Bereich der folgenlosen Einstellung gem. § 153 StPO. Die Wertgrenze des Strafgeldes könnte wie vorgeschlagen mit 100,00 Euro festgelegt werden[399]. Dagegen obliegt die alleinige Einstellungsentscheidung der Staatsanwaltschaft gemäß § 153 Abs. 1 Satz 2 StPO nur, wenn die verursachten Folgen als gering einzuschätzen sind, wobei diese Grenze gegenwärtig überwiegend bei 50,00 Euro gezogen wird[400]. Gleichzeitig sind für eine generelle Anwendung des § 153 StPO in den meisten Bundesländern allgemeine Regelungen in Form von Erlassen und Rundverfügungen vorhanden, die Wertegrenzen von höchstens 50,00 Euro festlegen[401]. Wenn die Strafgeldwertgrenze aber lediglich mit 100,00 Euro festgelegt wird[402], liegt sie damit bereits doppelt so hoch und wird regelmäßig weder mit der alleinigen Einstellungskompetenz der Staatsanwaltschaften noch mit der generellen Anwendung des § 153 StPO kollidieren.

Ähnliche Sanktionierungswidersprüche könnten weiterhin in der Konstellation auftreten, in der die Polizei ein Strafgeld verhängt und – nachdem der Täter aber von seinem Rechtsmittel Gebrauch gemacht hat – das Verfahren zur Überprüfung dem zuständigen Strafgericht weitergeleitet wird. Das Gericht könnte nun – etwa bedingt durch seine Arbeitsüberlastung – entgegen der Ansicht der Polizei mit einer bedingungslosen Einstellung des Verfahrens gemäß § 153 Abs. 2 StPO reagieren.

Um solchen Widersprüchen bei Strafgeldverfahren zuvorzukommen, müsste durch den Gesetzgeber der §§ 153 Abs. 2 StPO im Rechtsmittelverfahren von Strafgeldaussprüchen ausgeschlossen werden. Auf diese Weise würde der spätere Rückgriff auf eine bedingungslose Einstellung durch den Richter verhindert werden. Als Alternativen blieben ihm im Rechtsmittelverfahren die Bestätigung des polizeilichen Strafgeldes oder eine Verfahrenseinstellung mangels hinreichendem Tatverdacht gem. § 170 Abs. 2 StPO.

---

397 *Beulke*, LR-StPO, § 153a Rdnr. 3, *Meyer-Goßner*, StPO, § 153a, Rdnr. 2.
398 *Weßlau*, DRiZ 1999, 225, 233.
399 Vgl. oben Teil 3, 1 Das „Strafgeld" als Antwort auf die kleine Kriminalität.
400 Vgl. oben Teil 1, 1.6.1 Einstellung wegen geringer Schuld.
401 Vgl. den Überblick bei Bendel, Abschlussbericht 2000, 9.1.1.
402 Vgl. oben Teil 3, 1 Das „Strafgeld" als Antwort auf die kleine Kriminalität.

1.3.2.2.3 Gegensätzliche Bestrebungen in der Rechtswissenschaft

Zudem werden gegen die Strafgeldidee die gegensätzlichen Anstrengungen in der Rechtswissenschaft zur Entwicklung eines Bagatellprinzip ins Feld geführt. Demnach soll selbst die staatsanwaltliche Zuständigkeit für die Verhängung informeller Sanktionen des § 153a StPO zurückdrängt und stattdessen verstärkt auf ein gerichtliches Verfahren gesetzt werden[403].

Diese Kritik scheint allerdings bereits im Ansatz verfehlt, denn die Diskussion der materiellrechtlichen Strafgeldidee dreht sich keinesfalls um den weiteren Ausbau exekutiver Rechte im Rahmen der Auflagen und Weisungen des § 153a StPO und sie kommt demnach mit derartigen Bestrebungen nicht in Konflikt. Vielmehr geht es lediglich um eine materiellrechtliche Entkriminalisierung im Bereich der gegenwärtigen folgenlosen Verfahrenseinstellung des § 153 StPO. Die Regelungen des § 153a StPO bleiben dagegen außerhalb des Strafgeldverfahrens, das sich außerhalb des Strafrechts befinden soll, völlig unberührt. So können in allen Strafverfahren sowohl die Staatsanwaltschaft als auch das Gericht in herkömmlicher Weise von den Auflagen und Weisungen Gebrauch machen. Dies gilt neben den herkömmlichen Strafverfahren auch für erfüllte Strafgeldtatbestände oberhalb der Wertgrenze. Lediglich innerhalb des Strafgeldverfahrens sollte deren Anwendung durch die Staatsanwaltschaft bei einer Abgabe der Polizei in schwierigen Fällen sowie durch das Gericht bei einer Rechtsmitteleinlegung des Beschuldigten ausgeschlossen werden, um Widersprüche bei der Strafgeldsanktionierung zu verhindern. Dieser Ausschluss des § 153a StPO ist letztlich nur die konsequente Folge einer Entkriminalisierung im Rahmen eines außerhalb der StPO geregelten Strafgeldverfahrens.

1.3.2.3 Kriminalpolitische und praktische Bedenken

Als kriminalpolitisch bedenklich wird beim materiellrechtlichen Ansatz erachtet, dass bestimmte Verhaltensweisen – die aus den Straftatbeständen herausgenommen neue Strafgeldbestände bilden würden – zwangsläufig unterhalb des Strafrechts, aber oberhalb des Ordnungswidrigkeitenrechts als dritte Verfahrensart angesiedelt werden müssten[404]. Damit könnten diese neuen Delikte in der öffentlichen Meinung durch die materiellrechtliche Abstufung in die Nähe von Ordnungswidrigkeiten gerückt werden, was den verschiedenen Präventionsgedanken des Strafrechts zuwider liefe.

Eine solche Gefahr besteht jedoch nicht, da mit der Umstufung – etwa von Ladendiebstählen oder Schwarzfahrten – zu Strafgeldtatbeständen deutlich gemacht würde, dass nunmehr ausnahmslos jeder Täter einer solchen Tat sanktioniert wird, was bislang an den Einstellungsregelungen des § 153 StPO scheitert und bei den Geschädigten regelmäßig auf Unverständnis stößt[405]. Das Gegenteil wäre der Fall, denn mit einer schnellen und spürbaren Sanktionierung vor Ort käme es zu einer Steigerung des allgemeinen Wertebewusstseins, indiziert durch eine effiziente Sanktionierung im Bereich der Alltagskriminalität. Dies würde letztlich unzweifelhaft eine Stärkung der des

403 *Sauter*, RuP 1999, 19 ff.; *Schäfer*, NJW 1999, 543; *Streng*, ZStW 1999, 827, 856 f.; *ders*, in: Jehle (Hrsg.), 2000, 207, 231; vgl. zu den einzelnen Vorschlägen *Fezer*, ZStW 1994, 1, 49 ff.

404 Vgl. Abschlussbericht 2000, 9.2.

405 Vgl. oben Teil 3, 1.1 Kriminalpolitische Aspekte.

Rechtsbewusstseins und des Vertrauens der Allgemeinheit in die Rechtsordnung i.S. einer positiven Generalprävention zur Folge haben. Da in weiten Bevölkerungsteilen eine latente Gefahr zur Begehung von Alltagskriminalität vorhanden ist, kann mit dem Strafgeld potentiellen Tätern im Rahmen der negativen Generalprävention deutlich vor Augen geführt werden, dass regelwidriges Verhalten keinesfalls ohne Rechtsfolgen bleiben wird. Ob darüber hinaus zugleich jeder Täter von der Begehung weiterer Taten sofort Abstand nehmen wird, dürfte zwar zu bezweifeln sein. Allerdings ist es wichtig, bereits dem Ersttäter unmissverständlich deutlich zu machen, dass sein Verhalten nicht von der Gesellschaft akzeptiert wird. Eine Anregung zum Nachdenken über sein Handeln und den damit verbundenen Rechtsfolgen dürfte aber in jedem Fall vorliegen, womit im Strafgeld ein erster wirksamer Schritt zur Besserung des Täters i.S. der positiven Spezialprävention zu sehen wäre.

Teilweise werden Abgrenzungsprobleme zwischen einem Strafgeldtatbestand und einer Straftat befürchtet, die auf Grund von Preisunterschieden entstehen könnten[406]. So wäre bspw. denkbar, dass der Preis einer gestohlenen Sache in einem Kaufhaus mit 100,- Euro einen Strafgeldtatbestand und in einem anderem mit 101,- Euro einem Straftatbestand unterfallen könnte. Hieraus jedoch Abgrenzungsschwierigkeiten herzuleiten, ist aber unbegründet. So ist bei Ladendiebstählen eine Orientierung an die – in Rechtsprechung und Literatur anerkannten – Regelungen zur Geringwertigkeit des § 248a StGB nicht nur möglich, sondern zur Vereinheitlichung der Rechtsordnung durch die Vermeidung von Wertungswidersprüchen sogar zwingend erforderlich. Ausschlaggebend ist demnach der objektiv zu beurteilende Verkehrswert der gestohlenen Sache[407]. Besitzt eine Sache demnach einen Verkehrswert, ist allein auf diesen abzustellen[408]. Bei Waren, die in einem Geschäft zum Verkauf angeboten werden, lässt sich dessen Höhe am jeweiligen Verkaufspreis erkennen. Damit beziffert der jeweilige Verkaufswert den Verkehrswert der Sache und schafft zugleich eine klare Abgrenzung zwischen Strafgeld und Strafverfahren. Eine andere Vorgehensweise widerspräche zudem bereits der gegenwärtigen strafrechtlichen Praxis zu § 248a StGB, da sowohl die Staatsanwaltschaft als auch das zuständige Gericht bei der Wertbeurteilung im Rahmen eines Ladendiebstahls regelmäßig auf die jeweilige Auspreisung der Ware abstellen[409].

1.4 Das Sächsische Verfahrensmodell

Auf Grund der erheblichen Zweifel und der Kritik, welche die Strafgeldidee erfahren musste, entwickelte eine interministerielle Arbeitsgruppe des Freistaates Sachsen bereits im Sommer 1999 ein „Verfahrensmodell zur verbesserten Verfolgung des Ladendiebstahls", das am 01. Oktober 1999 landesweit probeweise eingeführt wurde[410] und

406 Vgl. Abschlussbericht 2000, 9.2.

407 BGH, NStZ 1981 62 f.; OLG Düsseldorf, NJW 1987, 1958; Krey/*Hellmann*, Strafrecht BT 2, Rn. 143; Wessels/*Hillenkamp*, Strafrecht BT 2, Rn. 242; *Fischer*, StGB, § 248a, Rdnr. 3.; *Eser/Bosch*, in Sch/Sch-StGB, § 248 a Rdnr. 7.

408 Vgl. *Mitsch*, Strafrecht BT 2, § 1 Rn. 214.

409 Vgl. nur *Fischer*, StGB, § 248a Rdnr. 3.

410 Vgl. auch zu Folgendem *Sprenger/Fischer*, DRiZ 2000, 111 ff.; dies., ZRP 2001, 241 ff.

auch derzeit noch Anwendung findet[411]. Im Unterschied zu den bisherigen Strafgeldansätzen kommt dieses Modell auf der Grundlage des geltenden Rechts und damit ohne Gesetzesänderung aus. Insbesondere liegt auch hier das Ziel in der Reduzierung sanktionsloser Verfahrenseinstellungen anhand eines beschleunigten und vereinfachten Verfahrens.

1.4.1 Landesinterne Umsetzung

Die Umsetzung des Modells basiert auf einer vereinfachten Verfahrensbehandlung des § 153a StPO und beschränkt sich auf den Ladendiebstahl durch Ersttäter im Warenwert von 5,00 bis zu 50,00 Euro[412].

Bereits mit der Ladung zur polizeilichen Vernehmung oder im Rahmen der durchgeführten Beschuldigtenvernehmung wird dem Täter angeboten, eine Verfahrenseinstellung gegen Zahlung einer Geldauflage gegenüber der Staatsanwaltschaft anzuregen und den Geldbetrag entweder sofort in bar oder innerhalb einer festgesetzten Frist zu zahlen. Die Festlegung der Höhe des jeweiligen Geldbetrages erfolgte in einer Rundverfügung des Generalstaatsanwalts, wonach ein Betrag in doppelter Schadenshöhe aber mindestens 25,00 Euro erforderlich sind. Schon in der schriftlichen Ladung wird der Beschuldigte informiert, dass die Staatsanwaltschaft höchstwahrscheinlich dieser Verfahrensweise entsprechen werde. Gleichzeitig wird er darüber belehrt, dass dem Vorschlag eine Ersttäterschaft zu Grunde liegen muss, die abschließende Entscheidung allein durch die Staatsanwaltschaft ergeht und ein bereits geleisteter Geldbetrag im Falle einer anderweitigen Entscheidung – etwa Einstellung nach § 170 Abs. 2 StPO, Strafbefehlsantrag oder Anklage – entweder erstattet oder mit einer Geldstrafe verrechnet wird. In einem Formblatt erklärt der Beschuldigte seine Zustimmung durch die Anregung zur Verfahrenseinstellung gegen Zahlung der Geldauflage gegenüber der Staatsanwaltschaft und zusätzlich, dass er den Geldbetrag entweder sofort in bar bei der Polizei oder spätestens zu einem bereit festgelegten Zeitpunkt überweisen wird, wobei der Beschuldigten für diesen Zweck einen bereits ausgefüllten Überweisungsträger erhält.

Für die Weiterleitung der Akte legt die Polizei einen Vorlagetermin bei der Staatsanwaltschaft fest, der sich am Zahlungseingang oder dem Fristablauf orientiert. Erhält die Staatsanwaltschaft in der Folge die Akte, prüft sie die formellen und materiellen Voraussetzungen der Einstellung gemäß § 153a StPO sowie die bereits erfolgte Auflagenerfüllung. Bei Vorliegen sämtlicher Erfordernisse stellt sie dann nach eigenem Ermessen regelmäßig das Strafverfahren ein und bestimmt, ob der Geldbetrag der Staatskasse oder einer gemeinnützigen Einrichtung zufließen soll. Der Beschuldigte erhält dabei die Möglichkeit, eine bestimmte gemeinnützige Einrichtung vorzuschlagen, an die die Staatsanwaltschaft aber keinesfalls gebunden ist.

---

411 Vgl. hierzu die aktuellen Anmerkungen in der Polizeilichen Kriminalstatistik des Landes Sachsen 2009, 197, Internetpublikation, abrufbar unter www.polizei.sachsen.de/lka/dokumente/1A4 07X093087921875.pdf.

412 Vgl. zum gesamten Verfahrensablauf *Sprenger/Fischer*, DRiZ 2000, 111 ff.; *dies.*, ZRP 2001, 241 f.

1.4.2 Sanktionierungskompetenzen

Kernpunkt der Kritik an dieser Vorgehensweise ist – ähnlich wie bei den vorangegangenen Strafgeldvorschlägen – die Verlagerung der Sanktionskompetenzen auf die Polizei[413]. In diesem Zusammenhang wird dem Modell vorgehalten, dass sowohl die Zustimmungserklärung des Beschuldigten als auch die Geldzahlung durch die Polizei anstelle der Staatsanwaltschaft veranlasst wird[414]. Eine nicht mit dem Staatsanwalt abgestimmte Zahlung des Geldbetrages durch den Beschuldigten wird als bedenklich erachtet, da sie eine faktische Präjudizwirkung habe und deshalb die Verfahrensherrschaft der Staatsanwaltschaft unterlaufe[415]. In der zuvor erfolgten Zahlung könnte eine psychologische Hürde für den Staatsanwalt gesehen werden, in anderer Weise als mit einer Einstellung gegen Auflagen übereinzukommen, etwa mit einer angemesseneren Klageerhebung oder der Festsetzung eines geringeren als dem bereits geleistete Betrag zu reagieren[416]. Insoweit wird teilweise befürchtet, dass bereits die hohe Zahl der erfolgten Einstellungen erkennen lasse, dass sich die Beteiligung der Staatsanwalt im Ergebnis regelmäßig im Abnicken der Geldauflage erschöpfe und die Polizei deshalb in Wahrheit beim sächsischen Alternativmodell Geldbußen verhänge, auch wenn diese unter dem Vorbehalt einer Einstellung gem. § 170 Abs. 2 StPO stünden[417].

Zunächst ist es bereits im Ansatz verfehlt, derartige Sanktionierungskompetenzen aus der Anzahl der Verfahrensverkürzungen abzuleiten[418]. Insofern beruhen die Verfahrensverkürzungen als angestrebtes Ziel dieses Modells gerade nicht auf einer bloßen formellen Zustimmung der Staatsanwaltschaft, sondern stellt das Ergebnis einer effizienteren Zusammenarbeit zwischen Polizei und Staatsanwaltschaft dar. Diese beginnt bereits bei der Einleitung des Ermittlungsverfahrens und macht den Verfahrensabschnitt zwischen der vorläufigen und der endgültigen Einstellung im Rahmen des § 153a StPO – der dem Beschuldigten lediglich die Erfüllung der jeweiligen Auflage ermöglichen soll – entbehrlich. Dabei ist dem Strafrecht der Verzicht auf die vorläufige Einstellung im Rahmen des § 153a StPO nicht unbekannt, da bereits bei der herkömmlichen Anwendung des § 153a StPO beide Verfahrensabschnitte zusammenfallen können. So wird aus Gründen der Praktikabilität auf die förmliche vorläufige Einstellung teilweise verzichtet, indem an die Zustimmungsanfrage bereits eine kurze Auflagenerfüllungsfrist gesetzt wird[419]. Darüber hinaus lässt sich ein Anspruch des Beschuldigten auf eine frühe vorläufige Einstellung weder aus dem Opportunitätsprinzip noch aus dem Beschleunigungsgebot herleiten[420]. Das mit der Abschlussentscheidung des Staatsanwaltes gleichzeitig eine endgültige Verfahrenseinstellung erfolgt,

413 Vgl. *Priebe*, 2005, 229 f.; *Scheffler*, Gedächtnisschrift-Meurer 2002, 437, 447; *Heghmanns*, ZRP 2001, 554, 557; *Weßlau*, DRiZ 2000, 118 f.

414 *Weßlau*, DRiZ 2000, 118, 119.

415 *Heghmanns*, ZRP 2001, 554, 557; zustimmend *Scheffler*, Gedächtnisschrift-Meurer 2002, 437, 447.

416 *Heghmanns*, ZRP 2001, 554, 557.

417 *Priebe*, 2005, 229 f.

418 So scheinbar *Priebe*, 2005, 230.

419 Vgl. *Beulke*, LR-StPO, § 153a, Rdnr. 6 f., 92.

420 *Sprenger/Fischer*, ZRP 2001, 241, 243.

stellt den Beschuldigten rechtlich sogar besser, da ab diesem Zeitpunkt ein endgültiges Verfahrenshindernis vorliegt.

Zwar liegt unstreitig in der Zustimmung des Beschuldigten zur Verfahrenseinstellung gemäß § 153a StPO gegenüber der Polizei zumindest eine faktische Stärkung der Polizei[421]. Hieraus kann aber keine eigenständige Sanktionierungskompetenz der Polizei abgeleitet werden[422]. So prüft der jeweilige Verantwortliche bei der Polizei lediglich, ob die formalen Voraussetzungen des Einstellungsverfahrens vorliegen. Ein Ermessen bei der Auswahl der Fälle besitzt er dagegen nicht. Zudem werden sowohl die Beurteilung der Tatumstände des Einzelfalls als auch die Festlegung der Sanktionshöhe weiterhin von der Staatsanwaltschaft bewertet und bestimmt. Hierbei lässt die pauschale Bemessung des Geldbetrages im Rahmen eines Runderlasses der Generalstaatsanwaltschaft keine andere Wertung zu. Insbesondere erscheint es im Hinblick auf die negative Generalprävention im unteren Bereich der Massenkriminalität geradezu sachgerecht, durch eine Gleichbehandlung die zu erwartenden Rechtsfolgen für jeden potenziellen Täter durch deren Vorhersehbarkeit deutlich zu machen. Deshalb verstößt der Verzicht auf aufwendige Wertungen der Strafzumessungserwägungen auch nicht gegen den Grundsatz der Verhältnismäßigkeit[423]. Zudem liegt damit trotz einer pauschalisierten Sanktionierung die Herbeiführung einer einzelfallbezogenen Abschlussentscheidung im Rahmen eines herkömmlichen Ermittlungsverfahrens weiterhin in der Hand des Beschuldigten.

Auch die Zahlung eines Geldbetrages vor der Verfahrenseinstellung durch die Staatsanwaltschaft führt hinsichtlich der im Vorfeld ergangenen Informationen und Belehrungen sowie der Einverständniserklärung des Beschuldigten zu keiner anderen rechtlichen Betrachtungsweise. Er ist sich damit bei der Verfahrenszustimmung der verschiedenen Ausgangsmöglichkeiten des Verfahrens bewusst und auch die Rückzahlung oder Anrechnung des gezahlten Geldbetrages bei einer anderweitigen Entscheidung werden sichergestellt.

Schließlich ist auch der Vorwurf unberechtigt, dass das Modell nur funktioniere, wenn sich der Beschuldigte dem Verfahren füge[424]. In einen Fall, in dem der Beschuldigte dem Einstellungsverfahren nicht zustimmt, den festgelegten Geldbetrag nicht rechtzeitig zahlt oder etwaige vorangegangene Ladendiebstähle verschweigt, wechselt die Bearbeitung in ein herkömmliches Ermittlungsverfahren mit einer Einzelfallentscheidung der Staatsanwaltschaft[425].

1.4.3 Verfahrensverkürzungen

Das sächsische Alternativmodell ist in der Lage, eine – auf einem bürokratiearmen Verfahren basierende – erhebliche Verfahrensverkürzung und damit zeitnahe Erledigung der Ermittlungsverfahren im Bereich des Ladendiebstahls herbeizuführen[426].

---

421 *Sprenger/Fischer*, ZRP 2001, 241, 243.

422 So aber *Weßlau*, DRiZ 2000, 118.

423 Ebenso *Sprenger/Fischer*, ZRP 2001, 241, 244.

424 *Weßlau*, DRiZ 2000, 118, 120.

425 *Sprenger/Fischer*, ZRP 2001, 241, 244.

426 Vgl. auch zum Folgenden *Sprenger/Fischer*, ZRP 2001, 241, 242.

Demnach konnte bereits kurze Zeit nach der Aufnahme des Modells die durchschnittliche Verfahrensdauer vom Eingang der Akte bei der Staatsanwaltschaft bis zur endgültigen Einstellung von 65,5 auf 16,5 Tage verkürzt werden. Während zuvor nur bei ca. 7% der Fälle lediglich 30 Tage zwischen Akteneingang bei der Staatsanwaltschaft und endgültiger Einstellung vergingen, waren es im Rahmen des Alternativmodells 90% der Fälle. Insgesamt konnte der durchschnittliche Zeitraum zwischen Tatbegehung und Verfahrensende von 105,1 auf 67,01 Tage reduziert werden.

Bedingt durch die Verfahrensverkürzung kommt es zu einem weiteren positiven Aspekt dieser Regelung: der positiven Resonanz aller an diesem Verfahren Beteiligten[427]. Die befürchtete anfallende Mehrarbeit[428] bei den Polizeibeamten beschränkt sich im Wesentlichen auf die Informations- und Belehrungspflichten im Rahmen der Ladung zur polizeilichen Vernehmung oder während selbiger. Im Gegenzug wird den Bearbeitern bei der Polizei durch das Verfahren deutlich gemacht, dass ihre Ermittlungsarbeit – die sich je nach Einzelfall mehr oder minder umfangreich gestaltet – nicht mehr in einer bürokratischen Maschinerie mit einer folgenlosen Einstellung gem. § 153 StPO endet. Hier ist sogar eine Motivationssteigerung der handelnden Polizeibeamten zu prognostizieren, wenn sie erkennen, dass ihre Arbeit nicht fruchtlos bleibt. Auch bei der Staatsanwaltschaft findet das Verfahren Zustimmung. Durch die vollständige Aktenvorlage nach Zahlungseingang oder Fristablauf ist die Staatsanwaltschaft in der Lage, sich sofort ein umfassendes Bild über die Tat zu machen und ihre Abschlussentscheidung zu treffen. Damit wird ihr ermöglicht, sich stattdessen auf andere, erheblichere Kriminalitätsbereiche konzentrieren zu können.

Den größten Zuspruch erhält das Verfahren aber von den Geschädigten, da ihnen gleichfalls verdeutlicht wird, dass ihre Strafanzeigen nicht mehr folgenlos bleiben und nun stattdessen eine schnelle Reaktion der Strafverfolgungsbehörden nach sich ziehen. Damit verbessert sich auch die Einstellung der Geschädigten gegenüber den Strafverfolgungsbehörden. Zudem wirkt das Modell dem Verfall des Wertebewußtseins entgegen und führt wiederum zu einer größeren Anzeigenbereitschaft und damit einhergehend zu einem erhöhten Verfolgungsinteresse von Ladendiebstählen auf Seiten der Kaufhäuser und Einzelhändler. Letztlich lässt sich bereits anhand der hohen Zahl der Einstellungsanregungen durch die Beschuldigten erkennen, dass dieses Verfahren auch von ihnen positiv aufgenommen wird[429].

1.4.4 Modellerweiterungen

Vielversprechend an diesem Verfahrensmodell ist zudem, dass es nicht auf den Ladendiebstahl beschränkt werden muss, sondern auch die Möglichkeit einer Ausdehnung auf andere Bereiche der Massenkriminalität besteht. Insbesondere bei Beförderungserschleichungen bietet sich diese Vorgehensweise an, da nahezu 95% aller Leistungserschleichungen nur einen Schadensbereich von bis zu 50,00 Euro herbeiführen[430]. Zudem dürfte sich in der Regel auch die überschaubare Sach- und Rechtslage

427 So auch *Sprenger/Fischer*, ZRP 2001, 241, 242.
428 Vgl. oben Teil 3, 1.2 Finanzielle Aspekte.
429 *Sprenger/Fischer*, ZRP 2001, 241, 242.
430 Vgl. oben Teil 3, 1.2 Finanzielle Aspekte.

eines bei einer Schwarzfahrt angetroffenen Täters für eine zügige Verfahrensvereinfachung sprechen. Zu denken wäre zwar auch an die grundsätzlich Einbeziehung leichterer Sachbeschädigungen, Zech- oder Tankbetrügen. Allerdings könnten dabei regelmäßig Beweisschwierigkeiten im subjektiven Tatbestand auftreten, die eine vereinfachte Verfahrensdurchführung erschweren und letzten Endes eine Hauptverhandlung erforderlich machen. Dennoch bietet es sich durchaus an, einfach gelagerte Fälle dieser Bereiche mit in das vereinfachte Verfahren aufzunehmen.

Einen weitergehenden Erfolg verspricht das sächsische Alternativmodells durch seine mögliche Erweiterung auf Diebstahlschäden über 50,00 Euro[431]. So könnte dieses Modell für Schäden von bis zu 100,00 Euro ausgedehnt und damit letztlich die von der damaligen Bundesregierung gewünschte Schadensobergrenze ermöglicht werden. Zu berücksichtigen wäre dann jedoch das richterliche Zustimmungserfordernis für eine Einstellung gem. § 153a StPO, wenn die durch die Tat verursachten Folgen nicht mehr als gering einzustufen sind[432]. Ausschlaggebend ist dafür bei Eigentums- und Vermögensdelikten grundsätzlich der entstandene Schaden, wobei die Grenze gegenwärtig bei etwa 50,00 Euro einzuordnen ist[433]. Allerdings wird der Richter in der Praxis das Einstellungsbegehren der Staatsanwaltschaft im Bereich der Massenkriminalität im Regelfall annehmen und auch die – bis zu dessen Zustimmung – geringfügig verlängerte Zeitspanne scheint in Anbetracht der Verfahrenserleichterung hinnehmbar. Das dennoch bestehende Risiko einer richterlichen Ablehnung mit der Folge eines herkömmlichen Strafverfahrens trägt wie zuvor allein der Beschuldigte, weshalb er hierüber ebenfalls im Vorfeld seiner Anregung zur Einstellung zu informieren und zu belehren ist. Er muss sich bewusst sein, dass das Risiko einer Verweigerung durch den Richter mit steigender Höhe des eingetretenen Schadens wächst. Die möglicherweise mit der geringeren Verlässlichkeit einer Einstellungsprognose einhergehende reduzierte Bereitschaft der Beschuldigten, in Fällen über 50,00 Euro dieses Verfahren anzuregen, stellt die Praktikabilität des Modells aber nicht in Frage. So liegt der Schwerpunkt sämtlicher Ladendiebstähle bundesweit mit 76,7%[434] unterhalb dieses Schadensbereiches, womit ohnehin nur eine sehr geringe Zahl der Taten für dieses Modell in Betracht käme. Darüber hinaus erscheint es zweifelhaft, ob es sich auch in der Schadenskategorie über 50,00 Euro um die, hier in Frage kommenden Ersttäter handelt. Im Bereich der Ladendiebstähle unterhalb der 5,00 Euro-Grenze kann aber auch ohne einschlägige Zahlen von einem höheren Ersttäteraufkommen ausgegangen werden, womit sich ebenfalls die Frage nach einer Sanktionierung eröffnet. Derartige Taten grundsätzlich folgenlos zu lassen, lässt sich weder aus dem Verhältnismäßigkeitsgrundsatz noch einem fehlenden gesellschaftlichen Strafbedürfnis ableiten[435]. Tatsächlich spricht für ein solches Vorhaben nicht zuletzt die bundesweite Tendenz die folgenlosen Einstellungen des § 153 StPO zurückzudrängen[436].

---

431 Vgl. hierzu *Sprenger/Fischer*, ZRP 2001, 241, 244.

432 §§ 153a Abs. 1 S. 7 i.V.m. 153 Abs. 1 S. 2 StPO.

433 OLG Zweibrücken, NStZ 2000, 536; OLG Hamm, StV 2003, 672; *Meyer-Goßner*, StPO, § 153, Rdnr. 17.

434 PKS 2009, 161, Tab. 135.

435 Vgl. oben Teil 3, 1.1 Kriminalpolitische Aspekte.

436 *Sprenger/Fischer*, ZRP 2001, 241, 244.

1.4.5 Bundesweite Umsetzung

Im Gegensatz zur materiellrechtlichen Strafgeldlösung würde sich eine bundesweite Implementierung dieses Modells in das Strafverfahrensrecht wesentlich überschaubarer gestalten. Während die materiellrechtlichen Regelungen des Strafrechts gänzlich unberührt blieben, würde eine Ermessensvorschrift in Gestalt einer bundesgesetzlichen Ermächtigungsnorm zum Erlass von Rechtsverordnungen eine flexible Lösung ermöglichen. Bedingt durch die föderalen Strukturen Deutschlands läge es dann in der Hand jeder einzelnen Landesregierung, ob sie ein landesbezogenes Interesse daran sieht, von dieser Ermächtigung Gebrauch machen oder nicht. Letztlich bliebe das Bundesgesetz von verfahrensrechtlichen Einzelregelungen verschont und es könnte eine schnellere Anpassung einzelner Modellregelungen an landesbezogene Veränderungen erfolgen.

1.5 Zusammenfassung

Zunächst wurde deutlich, dass sowohl seitens der Bevölkerung als auch des Staates ein erhebliches Interesse an einer Einschränkung der sanktionslosen Einstellungen des § 153 StPO besteht[437]. Während mit der Strafgeldlösung zum einen dem sinkendenden Wertebewusstsein in der Bevölkerung im Sinne einer positiven Generalprävention entgegengewirkt werden kann, ermöglicht sie zum anderen aus spezialpräventiver Sicht die Einwirkung auf den Täter zu intensivieren. Interessant aus staatlicher Sicht sind zum einen die mit der Einführung des Strafgeldes verbundenen Mehreinnahmen, die an die Stelle der sanktionslosen Verfahrenseinstellungen des § 153 StPO im Bereich der unteren Massenkriminalität treten. Zudem kann aus Sicht der Strafverfolgungsbehörden eine erhebliche Arbeitsentlastung der Staatsanwaltschaften erreicht werden, der auf Seiten der Polizei nur ein verhältnismäßig geringer Mehraufwand gegenübersteht.

Allerdings zeigte sich, dass zwischen den verschiedenen Lösungsansätzen erhebliche Unterschiede bei der Umsetzung vorliegen. Die Übertragung einzelner Einstellungskompetenzen der Staatsanwaltschaft auf die Polizei im Rahmen der prozessualen Lösung erwies sich als nicht durchsetzbar[438]. Zwar konnten die verfassungsrechtlichen Bedenken im Hinblick auf den Richtervorbehalt von Kriminalstrafen gemäß Art. 92 GG und die Unschuldsvermutung des Art. 6 Abs. 2 EMRK zerstreut werden. So handelt es sich bei der Strafgeldverhängung im Rahmen einer Auflage des § 153a StPO weder um eine Strafe noch strafähnliche Sanktion und außerdem bleibt die Schuldfrage im Einstellungsverfahren des § 153a StPO auch nach Auflagenerfüllung offen. Selbst wenn die kriminalpolitischen Zweifel im Hinblick auf die Zumutbarkeit einer Zustimmung des Beschuldigten vor Ort anhand einer praxisorientierten Anwendung beseitigt werden können, scheitert die Einführung eines Strafgeldes durch die Polizei im Rahmen der prozessrechtlichen Lösung des § 153a StPO an dem damit einhergehenden Verstoß gegen das Anklagemonopol der Staatsanwaltschaft als Grundpfeiler des nationalen Strafprozesses und somit dem Legalitätsgrundsatz aus § 152 StPO.

437 Vgl. oben Teil 3, 1.1 Kriminalpolitische Aspekte, 1.2 Finanzielle Aspekte.

438 Vgl. oben Teil 3, 1.3.1 Der prozessuale Ansatz.

Dagegen ist die Schaffung eigenständiger, unterhalb der Kriminalstrafe angesiedelter Strafgeldtatbestände mit dem materiellrechtlichen Lösungsansatz durchaus realisierbar[439]. Die damit einhergehende Entkriminalisierung durch den Gesetzgeber stellt keinen rechtswidrigen Eingriff in die Zuständigkeit der Strafgerichte und somit dem Richtervorbehalt des Art. 92 GG dar, da kein strafrechtlicher Kernbereich betroffen ist und gegenwärtig bei den jeweiligen Verhaltensweisen von Ersttätern strafrechtliche Sanktionierungen entfallen. Die Rechtsweggarantie des Art. 19 Abs. 4 GG könnte durch die Möglichkeit einer gerichtlichen Überprüfung des Strafgeldverfahrens gewahrt werden. Bei der Ausgestaltung der einzelnen Strafgeldbestände wird eine Herausnahme vollständiger Tatbestände aus dem StGB abgelehnt und stattdessen eine Orientierung sich an bestimmten Verhaltensweisen der Massendelinquenz empfohlen. Eine Anwendungserleichterung der Strafgeldtatbestände kann durch Wahl der einheitstäterschaftlichen Begehungsform erreicht werden. Bei schwierigeren Sachverhalten sollte aber die jederzeitige Abgabe des Verfahrens an die Staatsanwaltschaft gewährleistet sein, die dann ebenfalls mit einem Strafgeld reagieren können muss.

Denkbare Sanktionierungswidersprüche zur Polizei ließen sich durch eine gesetzgeberische Untersagung bedingungsloser Einstellungen bei erfüllten Strafgeldtatbeständen durch die Staatsanwaltschaft auflösen. Wird nach der Verhängung des Strafgeldes ein Rechtsmittel eingelegt, sollte zur Vermeidung von Sanktionierungswidersprüchen der verschiedenen Instanzen durch den Gesetzgeber die richterliche Einstellungsmöglichkeit des § 153 Abs. 2 StPO im Rahmen eines Rechtsmittelverfahrens ebenfalls ausgeschlossen werden. In der Praxis würden derartige Kollisionen von Strafgeld und bedingungsloser Einstellung gem. § 153 StPO aber aufgrund der in den Bundesländern festgelegten Anwendungsgrenzen nur eine untergeordnete Rolle spielen. Ferner käme es zu keiner Erweiterung staatsanwaltschaftlicher Zuständigkeiten im informellen Bereich, sondern zu einer materiellrechtlichen Entkriminalisierung an Stelle des § 153 StPO, weshalb die Regelungen des § 153a StPO im Strafverfahren unberührt blieben. Des Weiteren besteht nicht die Gefahr, dass eine Entkriminalisierung die jeweiligen Verhaltensweisen in der öffentlichen Meinung in die Nähe von Ordnungswidrigkeiten rücken könnten. Stattdessen käme es durch eine zeitnahe und spürbare Sanktionierung zu einer Stärkung der Generalprävention und Spezialprävention in den unteren Kriminalitätsbereichen. Letztlich ließen sich durch eine Schadensfeststellung anhand des jeweiligen Verkaufspreises auch befürchtete Abgrenzungsprobleme von Strafgeld- und Straftatbestand durch Preisunterschiede in den Warenhäusern vermeiden.

Einen dritten Weg beschreitet das in Sachsen im Rahmen landesinterner Verfahrensregelungen bezüglich der Anwendung des § 153a StPO bereits eingeführte „Verfahrensmodell zur verbesserten Verfolgung des Ladendiebstahls", wobei der Polizei lediglich die Befugnis verliehen wird, die Einstellung des Strafverfahrens bei Erfüllung der Geldauflage vorbehaltlich der staatsanwaltschaftlichen Zustimmung anzubieten[440]. Im Gegensatz zum prozessrechtlichen Lösungsansatz bleibt die abschließende und damit verfahrensbeendende Entscheidung bei der Staatsanwaltschaft. Damit erfolgt keine Kompetenzverlagerung auf die Polizei, womit die Staatsanwaltschaft folg-

439 Vgl. oben Teil 3, 1.3.2 Der materiellrechtliche Ansatz.

440 Vgl. oben Teil 3, 1.4 Das Sächsische Verfahrensmodell.

lich ihre Verfahrensherrschaft beibehält. Erreicht wurde eine Verdrängung der folgenlosen Einstellung des § 153 StPO sowie die erhebliche Verkürzung der Verfahrensdauer von Bagatellverfahren, womit das Modell als solches bei allen Beteiligten auf Zustimmung stieß. Positiv an diesem Modell ist auch die mögliche Anwendung auf andere Bereiche der unteren Massenkriminalität sowie auf Schäden von bis zu 100,00 Euro.

Gegenüber der ebenfalls in Betracht kommenden materiellrechtlichen Strafgeldlösung ist dem Alternativmodell letztlich der Vorrang einzuräumen, da eine bundesweite gesetzliche Normierung mit nur geringfügigen Veränderungen durch den Gesetzgeber erfolgen könnte. So wäre eine Einführung ohne jegliche Änderungen des materiellen Rechts und nur begrenzten Neuerungen im Strafprozessrecht möglich. Eine solche Regelung könnte etwa in Form einer Ermächtigungsgrundlage zum Erlass von Rechtsverordnungen zugunsten der Bundesländer erfolgen, in denen sie das Alternativmodell ihren eigenen Landesinteressen anpassen können.

Damit wird bei genauerer Betrachtung deutlich, dass der Strafgeldidee daher zu Unrecht nur ein konzeptionsloses Nebeneinander verschiedener Reaktionsformen im Umgang mit Bagatellkriminalität vorgeworfen wurde[441]. Stattdessen ermöglicht das sächsische Alternativmodell mit verhältnismäßig geringem Aufwand eine sinnvolle, angemessene Sanktionierung im unteren Kriminalitätsbereich.

2 Bewährungssanktionen im Geldstrafenbereich

Anders als in Deutschland besteht in einigen europäischen Ländern die Möglichkeit, Bewährungsgeldstrafen auszusprechen. Beispielsweise kann das Gericht im österreichischen und im liechtensteinischen Strafrecht bei einer Geldstrafenverurteilung diese unter Festsetzung einer Probezeit bedingt aussetzen. Wird also jemand zu einer Geldstrafe verurteilt, so hat ihm das Gericht die Strafe unter Bestimmung einer Probezeit von einem bis zu drei Jahren bedingt nachzusehen, wenn bereits entweder die Androhung der Vollziehung allein oder in Verbindung mit anderen Maßnahmen genügen werde, ihn von weiteren strafbaren Handlungen abzuhalten, und eine Strafvollstreckung nicht erforderlich ist, um der Begehung strafbarer Handlungen durch andere entgegenzuwirken[442]. Darüber hinaus führten beide Länder nachträglich auch eine Regelung ein, die zusätzlich eine Teilaussetzung der Geldstrafe ermöglicht, wenn die zuvor genannten Voraussetzungen Aussetzungsvoraussetzungen auf einen Teil der Strafe zutreffen[443].

In ähnlicher Weise hat das Gericht im schweizerischen Strafrecht die Möglichkeit, den Vollzug einer Geldstrafe unter bestimmten Voraussetzungen ganz oder teilweise auszusetzen. Demnach schiebt es den Vollzug einer Geldstrafe in der Regel auf, wenn eine unbedingte Strafe nicht notwendig erscheint, den Täter von der Begehung weite-

---

441 So *Weßlau*, DRiZ 1999, 233.

442 § 43 Abs. 1 öStGB; § 43 Abs. 1 liechtStGB.

443 § 43 a Abs. 1 öStGB, eingefügt durch BGBl 605/1987; § 43a Abs. 1 liechtStGB, eingefügt durch LGBl. 2006 Nr. 100.

rer Straftaten abzuhalten[444]. Darüber hinaus kann durch das Gericht eine teilweise Aufschiebung des Geldstrafenvollzuges erfolgen, wenn dies notwendig ist, um dem Verschulden des Täters genügend Rechnung zu tragen[445].

In Deutschland wird dagegen – insbesondere im Bereich der kleinen und mittleren Vermögens- und Eigentumskriminalität – nicht selten, auch bei Zweit- und Dritttätern, das Verfahren gemäß §§ 153, 153a StPO eingestellt und dann in einem weiteren Fall eine unbedingte Geldstrafe verhängt.

Allerdings ist auch dem gegenwärtigen deutschen Strafrecht eine Art Strafaussetzung einer Geldstrafe zur Bewährung nicht gänzlich unbekannt. So wird der Verwarnung mit Strafvorbehalt gemäß § 59 StGB der Sache nach eine solche Funktion zugesprochen[446]. Leider ist die Resonanz der Gerichte als äußerst gering einzuschätzen, da der Anteil von Verwarnungen mit Strafvorbehalt neben den beiden Hauptstrafen in den vergangenen Jahren gerade einen Prozent betrug. So wurden im Jahr 2009 lediglich 1,08% der Verurteilungen nach allgemeinem Strafrecht durch Verwarnungen mit Strafvorbehalt abgeschlossen[447].

Da es den Gerichten deshalb hierzulande an Alternativen zur Geldstrafe mangelt, ist es durchaus überlegenswert, ob das hiesige Sanktionensystem durch die Möglichkeit einer Geldstrafenaussetzung zur Bewährung um eine echte Sanktion bereichert werden sollte, um die beschriebenen Defizite der unbedingten Geldstrafe zu beseitigen[448]. Dabei sollte sowohl an eine vollständige als auch die teilweise Aussetzung der Geldstrafe gedacht werden.

2.1 Vorteile der Geldstrafenaussetzung

Äußerst weitreichend sind die mit der Einführung einer Geldstrafenaussetzung zu Bewährung erhofften positiven Änderungen. Zunächst wird dabei das kriminalpolitische Ziel angestrebt, im unteren Anwendungsbereich der Geldstrafe die Ablösung der „ungenutzten" Verwarnung mit Strafvorbehalt zu erreichen[449]. So fristet die Verwarnung mit Strafvorbehalt aufgrund ihrer geringen Anwendung seit ihrer Einführung noch immer ein Schattendasein. Allerdings lässt sich gleichzeitig ein Anstieg ihrer Anwendung von 1980 bis 2009 um mehr als das Sechsfache beobachten[450]. An dieser kontinuierlichen Zunahme von Verwarnungen lässt sich das steigende Bedürfnis der Gerichte nach Alternativen zur unbedingten Geldstrafe im unteren Kriminalitätsbereich erkennen. Hier handelt es sich regelmäßig um Fallkonstellationen, bei denen einerseits die informellen Sanktionierungen des § 153a StPO als unzureichend erachtet werden und andererseits die unbedingte Geldstrafe eine zu belastende Sanktionierung darstellt. Zu denken wäre bspw. an fahrlässige Körperverletzungen im Rahmen von Straßenver-

---

444 Art. 42 Abs. 1 schweizStGB.

445 Art. 43 Abs. 1 schweizStGB.

446 Vgl. etwa *Kropp*, JA 1999, 500, 504.

447 Vgl. oben Teil 1, 2.3 Verwarnung mit Strafvorbehalt / Absehen von Strafe.

448 Vgl. auch *Horn*, ZRP 1990, 81 f.; *Kintzi*, DRiZ 2001, 198, 203; *Walther*, ZStW 1999, 123, 141; *Zipf*, Festschrift-Jescheck 1985, 977 ff.; sowie oben, Teil 1, 3.1 Probleme bei der Geldstrafe.

449 *Zipf*, Festschrift-Jescheck 1985, 977, 982 ff.

450 Vgl. oben Teil 1, 2.3 Verwarnung mit Strafvorbehalt / Absehen von Strafe.

kehrsunfällen. Oft scheitert in diesem Zusammenhang einerseits eine Einstellung gegen Auflagen an den erheblichen Verletzungen des Opfers. Dagegen erscheint eine unbedingte Geldstrafenverhängung aufgrund des geringen Verschuldens oder des um das Opfer bemühten Nachtatverhaltens unangebracht.

Zudem ist es nicht nachvollziehbar, warum sich der zu einer Freiheitstrafe verurteilte Täter im Rahmen einer Strafaussetzung bewähren darf, um eine Strafvollstreckung zu vermeiden, wogegen der zu einer niedriger angesiedelten Geldstrafe Verurteilte unter zusätzlicher Androhung von Ersatzfreiheitsstrafe in jedem Fall die Vollstreckung über sich ergehen lassen muss[451]. An Schärfe gewinnt dieser Vergleich insbesondere, wenn man sich die den Verurteilungen zugrunde liegenden unterschiedlichen Kriminalitätsniveaus vor Augen führt. So kann bei Straftaten mit höherem Unrechtsgehalt eine Aussetzung zur Bewährung gewährt werden, während eine solche bei leichteren – mit Geldstrafe geahndeten Delikten – nicht in Betracht kommt[452]. Dieser Widerspruch kann daneben in Konstellationen mehrerer gleich handelnder Täter auftreten, wobei der als Wiederholungstäter Handelnde mit einer zur Bewährung ausgesetzten Freiheitsstrafe sanktioniert wird, während der Ersttäter eine unbedingte Geldstrafe ohne Rücksicht auf eine zukünftige Legalbewährung zu zahlen hat[453].

Durch die Aussetzung der Strafvollstreckung zur Bewährung würde gleichzeitig die Chance eröffnet werden, das Wohlverhalten des Täters mit Appellcharakter an seinen „good will" zu prämieren[454]. So gibt es zweifellos Straftäter, deren Resozialisierung gefördert werden könnte, indem ihnen – in einer Art Appell oder Vertrauensbeweis – die Gelegenheit gegeben würde, sich Straffreiheit zu verdienen. Für diese Täter könnte hierin durchaus eine Motivation gesehen werden, keine weiteren Straftaten zu begehen. Dabei darf zudem nicht die beachtliche Wirkung der Androhung der Geldstrafenvollstreckung für den Fall eines Bewährungswiderrufs unberücksichtigt bleiben, die wie ein Damoklesschwert über dem Verurteilten hängt[455].

Weitere erhoffte Vorteile einer Bewährungsgeldstrafe liegen in der möglichen Verknüpfung der Geldstrafenaussetzung mit verschiedenen Auflagen und Weisungen. Neben der bereits angesprochenen Beseitigung der Nachteile unbedingter Geldstrafen[456] könnte – aus spezialpräventiver Sicht – in gezielter Weise auf den Täter eingewirkt werden[457]. Eine derartige präventive Wirkung wäre insbesondere im Bereich der Straßenverkehrsdelikte wünschenswert, da sich diese dort im Wesentlichen in der Entziehung der Fahrerlaubnis und der Verhängung eines Fahrverbotes erschöpft. Durch die Einbeziehung von Auflagen und Weisungen in das Strafverfahren würde sich ein weites Feld zusätzlicher Einwirkungsmöglichkeiten eröffnen. Bei einem besonders rücksichtslosen und uneinsichtigen Täter wäre an die Auflagen, den verursachten

451 Ähnlich *Caesar*, Deutscher Juristentag 1992, Sitzungsberichte, O 66; zustimmend *Meyer*, a.a.O. O 73. *Kintzi*, DRiZ 2001, 198, 203.

452 Vgl. *Kintzi*, DRiZ 2001, 198, 203, ebenso *Caesar*, Deutscher Juristentag 1992, Sitzungsberichte, O 66; *Meyer*, Deutscher Juristentag 1992, Sitzungsberichte, O 73.

453 Bsp. aus BT-Drucks. 12/6141, 9 u. 13/4462, 8.

454 So *Kintzi*, Abschlussbericht 2000, 5.1.1.

455 *Weigend*, GA 1992, 345, 355.

456 Vgl. oben Teil 1, 3.1 Probleme bei der Geldstrafe.

457 *Zipf*, Festschrift-Jescheck 1985, 977, 980; *Dölling*, ZStW 1992, 259, 275; *Kintzi*, DRiZ 2001, 198, 203.

Schaden wiedergutzumachen oder durch die Erbringung gemeinnütziger Arbeit, etwa in einem Opferhilfswerk, zu denken, um ihm das von ihm begangene Unrecht direkt vor Augen zu führen. Darüber hinaus böte sich bei rücksichtslosen Tätern die Möglichkeit der Auferlegung der Teilnahme an einem Verkehrsunterricht an. Wenn die Tat gleichzeitig unter Alkohol- oder Drogeneinfluss begangen wurde, kämen als Weisungen die Anordnung der Teilnahme an einem Seminar zum Umgang mit Drogen und Alkohol sowie an einer entsprechenden Entziehungskur in Betracht. Vor dem Hintergrund, dass die Begehung von Straftaten häufig aus Hilflosigkeit oder fehlender sozialer Handlungskompetenz heraus erfolgt, empfiehlt sich zudem der Einsatz einer Betreuungsweisung[458]. Da der zu einer Bewährungsstrafe Verurteilte ohnehin einer Bewährungshilfe unterstellt wird, müsste diese Weisung noch über deren Aufgaben hinausgehen, die sich bei einer Geldstrafenaussetzung regelmäßig in der Überwachung der Auflagen und Weisungen erschöpfen würde. Insofern könnte dem Täter im Rahmen der Bewährung ein Betreuer beigeordnet werden, der darüber hinaus Hilfestellung in Alltagsfragen leistet und durch Krisenintervention zur Entschärfung kriminogener Gefährdungslagen beiträgt. Zudem könnte die richterliche Anordnung zur Teilnahme an einem sozialen Trainingskurs oder zur Schadenersatzleistung diese Betreuungsanweisung in sinnvoller Weise flankieren. Letztlich wäre damit eine Vielzahl weiterer, individuell angepasster ambulanter Therapiemaßnahmen durchführbar, wobei die ausgesetzte Geldstrafe wie ein Damoklesschwert über ihm schweben würde. Käme der Verurteilte einer Weisung oder Auflage nicht nach, hätte dies die Vollstreckung der ausgesetzten Sanktionierung zur Folge.

Darüber hinaus dürfte sich auch im oberen Geldstrafenbereich der Einsatz einer Bewährungsgeldstrafe als nützlich erweisen, indem dieser Sektor durch eine Teilaussetzung von Geldstrafen erschlossenen werden könnte[459]. So erlaubt das StGB zwar die Verhängung einer Geldstrafe von bis zu 360 Tagessätzen und bei einer Gesamtgeldstrafenbildung sogar bis zu siebenhundertzwanzig Tagessätzen[460]. Allerdings bleibt bei der Strafzumessung der Bereich von mehr als 180 Tagessätzen mit lediglich 0,6% aller verhängten Geldstrafen gegenwärtig weitgehend unberücksichtigt[461]. Stattdessen greifen die Gerichte jenseits der „magischen Grenze“[462] von 90 Tagessätzen mangels anderer Alternativen frühzeitig auf die Freiheitstrafe zurück, wobei diese dann regelmäßig zunächst zur Bewährung ausgesetzt wird. Es entsteht der Eindruck, als bestehe eine gewisse Scheu seitens der Richter davor, höhere Geldstrafen zu verhängen. Diese Vermutung findet ihren Ursprung einerseits in der Tatsache, dass sich aus der hohen Anzahl der Tagessätze regelmäßig eine beträchtliche Geldsumme ergibt und mit deren steigendender Höhe gleichzeitig die Befürchtung der Uneinbringlichkeit wächst. Dies kommt weiterhin darin zum Ausdruck, dass die Rechtsprechung bei einer Geldstrafe von mehr als neunzig Tagessätzen regelmäßig eine Absenkung der Tages-

458 Vgl. *Streng*, in: Jehle (Hrsg.), 2000, 207, 220 f. sowie ZStW 1999, 827, 843, der diese Regelung im Rahmen des § 59a StGB und der Teilaussetzung anwenden will. Ebenfalls für die Regelung in § 59a StGB, BT-Drucks. 13/4462, 9; *Schöch*, Deutscher Juristentag 1992, C 106 ff.

459 *Zipf*, Festschrift-Jescheck 1985, 977, 984 ff.; zustimmend *Dölling*, ZStW 1992, 259, 275.

460 Vgl. oben Teil 1, 1.1.1 Geldstrafe.

461 Vgl. oben Teil 1, 2.1 Die Geldstrafe.

462 So *Weigend*, GA 1992, 345, 355.

satzhöhe in Betracht zieht, um einer progressiven Steigerung des Strafübels entgegenzuwirken[463]. Derartige Ängste könnten jedoch mit der Aussetzung eines Teils der Geldstrafe zur Bewährung weitestgehend verworfen werden, da die Teilaussetzung gleichzeitig dazu beitragen würde, die Gefahr uneinbringlicher Geldstrafen zu reduzieren.

In Anbetracht der Zeiten von Wirtschafts- und Finanzkrisen mit einhergehender wachsender Arbeitslosigkeit sowie steigenden wirtschaftlichen Engpässen und sozialen Nöten muss zwei weiteren Aspekten ein besonderes Gewicht zugeteilt werden. Zum einen würde die Einführung der Geldstrafe zur Bewährung sowohl im Rahmen einer vollständigen als auch teilweisen Aussetzung unzweifelhaft die gegenwärtig steigende Gefahr uneinbringlicher Geldstrafen reduzieren und damit zur Vermeidung von Ersatzfreiheitsstrafen mit deren erheblichen Nachteilen beitragen[464]. Darüber hinaus kämen derartige Regelungen auch den regelmäßig zu beklagenden Opferinteressen zu Gute, indem gleichzeitig deren Aussichten auf die Befriedigung ihrer Schadensersatzforderungen verbessert würden. Dies sah bereits der 59. Deutsche Juristentag und befürwortete die Aussetzung der Geldstrafe zur Bewährung für den Fall, dass diese die Sicherung von Verletztenansprüchen bewirkt und die Möglichkeiten der Verwarnung mit Strafvorbehalt nicht ausreichen[465]. Die Relevanz der beiden letztgenannten Gesichtspunkte erhöht sich weiterhin, wenn man in die Überlegungen mit einbezieht, dass eine finanzielle Schieflage beim Täter auch nachträglich – d.h. nach der Verurteilung zu einer Geldstrafe – eintreten kann. Dann stünde mit der Geldstrafenaussetzung geeignetes Mittel zur Verfügung, bereits im Vorfeld nachträglicher Zahlungserleichterungen aus § 42 StGB, sowohl den Täter als auch das Opfer mit seinen Ansprüchen vor den Folgen derartiger finanzieller Engpässe zu schützen.

Letztlich spricht auch die bereits angedeutete sinkende Rückfallrate bei abnehmender Sanktionsschwere für die Einführung einer Geldstrafenaussetzung[466]. Gerade bei der Geldstrafenaussetzung konnte deren positive Wirkung in Österreich bestätigt werden[467]. Über einen Beobachtungszeitraum von fünf bis sechs Jahren zeigte sich, dass dort rund 79% der zu einer bedingten Geldstrafe Verurteilten straffrei blieben, während es bei den zu einer unbedingten Geldstrafe Verurteilten nur ca. 68% waren[468].

Damit wird erkennbar, dass mit der Aussetzung von Geldstrafen zur Bewährung die problematische Lücke zwischen der Verwarnung mit Strafvorbehalt und der Freiheitsstrafe zur Bewährung geschlossen werden könnte.

---

463 Vgl. nur OLG Stuttgart, StV 2009, 131; *Fischer*, StGB, § 40 Rdnr. 24.

464 So bereits BT-Drucks. 12/6141, 9 u. 13/4462, 8; *Zipf*, Festschrift-Jescheck 1985, 977, 984 ff.; zu den Nachteilen vgl. oben, 3.2 Probleme bei der Freiheitsstrafe.

465 Deutscher Juristentag 1992, Sitzungsberichte, O 169, O 187.

466 *Krainz*, Deutscher Juristentag 1992, Sitzungsberichte, O 60, O 63; vgl. auch oben, Teil 1, 3.5.1.3 Bessere Wirkung.

467 *Pilgram*, ÖJZ 1991, 577 ff.

468 *Pilgram*, ÖJZ 1991, 577, 579.

2.2 Die Umsetzung

Um die zuvor genannten Verbesserungsmöglichkeiten zu erreichen, stellt sich die Frage nach einer realistischen Umsetzungsmöglichkeit der Geldstrafenaussetzung zur Bewährung, die sämtlichen Anforderungen an eine strafrechtlich eigenständige Sanktion entspricht. Dabei muss sie sowohl den verfassungsrechtlichen Vorgaben als auch den kriminalpolitischen Zielsetzungen entsprechen und gleichzeitig in praktischer und finanzieller Hinsicht realisierbar sein.

2.2.1 Bewährungsstrafe als eigenständige Sanktion

Die erste Möglichkeit, eine Bewährungsgeldstrafe zu schaffen, basiert auf einem wiederholt vorgeschlagenen Ansatz, der über die eigentliche Geldstrafenaussetzung erheblich hinausgeht[469]. Darin wird die Einführung einer von anderen Sanktionsarten unabhängigen und rechtlich gleichwertigen „Bewährungsstrafe" in das deutsche Strafrecht befürwortet. Dieser Vorschlag ist vergleichbar mit der amerikanischen „Probation"[470] oder der damaligen „Verurteilung auf Bewährung" im Strafrecht der DDR[471]. Insoweit handelt es sich um eine selbständig ausgestaltete Strafart, die den Verurteilten anhand von Bewährungsleistungen dazu anhalten soll, sich in der Gesellschaft zu bewähren. Der Schwerpunkt dieser Sanktionierung liegt nicht in der Strafverschonung, sondern in den beigefügten Auflagen und Weisungen als positive Pflichten des Verurteilten[472]. Damit rücken die Entscheidungen über die Art und Umfang von Auflagen und Weisungen in den Mittelpunkt der Urteilsbegründung. Dagegen finden sie gegenwärtig ihren Eingang lediglich im Bewährungsbeschluss gemäß. § 268a StPO ohne nähere Begründung.

Im Rahmen der Umsetzung dieses Vorschlages kam es zu unterschiedlichen Ansätzen. Zum einen wurde die Idee aufgeworfen, bereits mit dem Urteilsspruch eine Sanktion für den Fall des Bewährungsversagens festzulegen[473]. Zwar könnten auf diese Weise unstreitig die positiven Effekte einer Bewährungsstrafe voll ausgekostet und für die gegenwärtigen Regelungen der §§ 56 ff. und 59 ff. StGB eine einheitliche Lösung geschaffen werden, was möglicherweise sogar zu einer Vereinfachung des Strafrechts führen würde. Allerdings wären die mit einem solchen Vorgehen einhergehenden kriminalpolitischen Auswirkungen allenfalls als marginal einzuschätzen, da es –

---

469 *Dünkel/Spiess*, 1983, 503, 510; *dies.*, BewHi, 1992, 117 ff.; *Horn*, ZStW 1977, 547, 568; *ders.*, ZRP 1990, 81 f.; *ders.*, JZ 1992, 828 ff.; *Jescheck*, ZStW 1979, 1037, 1061 f.; *Sagel-Grande*, MschrKrim 1992, 53, 58; *Weigend*, GA 1992, 345, 357 f., 361 f.; *Walther*, ZStW 1999, 123, 134 ff.

470 Vgl. New Jersey Criminal Justice Code §§ 2C:45-1 – 2C:45-4; New York Criminal Procedure Law §§ 410.10 – 410.92; Ohio Criminal Code §§ 2951.01 – 2951.13; *Johnson*, in Dünkel/Spiess (Hrsg.) 1983, 267 ff.

471 §§ 33-35 StGB-DDR; vgl. MdJ, StGB-DDR 1987, §§ 33-35; *Sagel-Grande*, MschrKrim 1992, 53, 55 ff.

472 *Dünkel/Spiess*, in Dünkel/Spiess (Hrsg.) 1983, 503, 510; *Horn*, ZStW 1977, 547, 568; *ders.*, ZRP 1990 81 f.; *Weigend*, GA 1992, 345, 357 f., 361f.

473 *Horn*, ZRP 1990 81, 82.

verglichen mit den gegenwärtigen Regelungen der §§ 56 ff. und 59 ff. StGB – lediglich zu einer Modifikation im Rahmen der Urteilsgestaltung käme[474].

Um eine deutlichere Abgrenzung der zukünftigen Bewährungsstrafe von den bestehenden Bewährungsregelungen zu erreichen, wurde ein weiterer Vorschlag unterbreitet[475]. Die Festlegung des im Falle eines Bewährungsversagens eintretenden Sanktionsmittels sollte im Urteil zunächst offen gelassen und erst bei dessen tatsächlichen Eintritt festgesetzt werden. Zwar lägen hierbei ebenfalls die Vorteile von Bewährungsstrafen und eine Vereinheitlichung der Bewährungsregelungen auf der Hand. Zusätzlich könnte mit dieser Lösung eine flexiblere Sanktionierung von Bewährungsversagen erreicht werden.

Zweifelhaft ist allerdings, inwieweit der Einsatz eines derart unbestimmt ausgestalteten Sanktionsmittels als sinnvolle Alternative im deutschen Strafrechts tatsächlich in Betracht käme. Vor diesem Hintergrund wurde zu Recht die, mit einer solchen Vorgehensweise verbundene, mangelnde Rechtsicherheit kritisiert[476]. Der Täter würde demnach lediglich zu einer zeitlich befristeten Bewährungsstrafe mit entsprechenden Auflagen und/oder Weisungen verurteilt. Welche Reaktion er im Falle eines Bewährungsversagens von staatlicher Seite zu erwarten hätte, bliebe dagegen offen. Die dadurch entstehende Ungewissheit des Täters begründet zudem eine nicht zu unterschätzende Gefahr dieser Ansicht. Bereits die ökonomische Theorie der Kriminalität besagt, dass ein Anstieg der erwarteten Strafe als Produkt von Strafwahrscheinlichkeit und Strafmaß eine Reduktion der Kriminalität bewirke[477]. Diese Überlegung lässt sich ebenso auf den Fall der Bewährungsstrafe übertragen. Wenn dem Täter die Konsequenzen seines möglichen Bewährungsversagens nicht deutlich vor Augen geführt werden, fehlt es unter Umständen zugleich an einer ausreichenden Motivation den Anforderungen an die Bewährungszeit und den damit verbundenen Verpflichtungen zu entsprechen. Damit erscheint die im Voraus festgesetzte Sanktionierung als Druckmittel für den Erfolg der Bewährung unverzichtbar. Dem lässt sich nur schwerlich die Überlegung entgegenhalten, es komme bei Präventionswirkung nicht auf die genaue Kenntnis des Verurteilten über Art und Umfang einer möglichen Sanktionierung an. Stattdessen könne vielmehr bereits das Wissen des Verurteilten, dass ein Bewährungsversagen in jedem Fall eine Sanktionierung nach sich zöge, zur Abschreckung genügen[478]. Dies mag zwar im Einzelfall zutreffend sein. Denkbar wäre dies etwa bei fest sozial integrierten Tätern, etwa in den Bereichen der Wirtschafts- oder Steuerkriminalität. Bei dem Großteil der Bewährungsverbüßer aus den Bereichen der Eigentums-, Vermögens- oder Gewaltdelikte wird mit einer derart unbestimmten Bewährungsstrafe eher der Irrglaube gestärkt, sie seien ohne Strafe davongekommen, da das tatsächlich über ihnen schwebende Damoklesschwert für sie nicht wahrnehmbar oder zumindest konturlos bleibt. Damit schwindet aber gleichzeitig die Effizienz der Spezialprävention von Bewährungsstrafen.

---

474 Vgl. *Weigend*, GA 1992, 345, 357.

475 *Weigend*, GA 1992, 345, 357.

476 Vgl. *Streng*, ZStW 1999, 827, 845; *ders*,. in Jehle (Hrsg.) 2000, 207, 222.

477 Ausführlich über die generalpräventive Wirkung erwarteter Strafe im Sinne der klassischen ökonomischen Kriminalitätstheorie *Entdorf/Spengler*, MschrKrim 2005, 313 ff.

478 *Weigend*, GA 1992, 345, 358.

Letztlich überzeugt auch der Einwand[479], mit einer unbestimmten Bewährungsstrafe flexibler auf Bewährungsverstöße reagieren zu können, nicht vollends. Zuzugeben ist dieser Überlegung, dass die zwei gegenwärtig bestehenden Alternativen bei einem geringfügigen Bewährungsverstoß – die Vollstreckung der Freiheitsstrafe oder die Nichtsanktionierung des Verstoßes – zu unbilligen Ergebnissen führen können. Allerdings verliert dieser Einwand schon bereits dadurch an Schärfe, dass im Rahmen der hiesigen Überlegungen die Vollstreckung einer ausgesetzten Geldstrafe als dritte, vermittelnde Alternative ebenfalls in die Beurteilung eines Bewährungsverstoßes einfließen könnte. Das sich im Weiteren bei dem hier diskutierten Vorgehen gleichzeitig der Anwendungsschwerpunkt auf die geforderten Bewährungsleistungen verschieben würde, erscheint für diese Lösung nur konsequent. Allerdings gerät mit der Zunahme dieses Schwergewichts auf den jeweiligen Bewährungsverstoß die ursprünglich zur Verurteilung geführte Straftat mehr und mehr in den Hintergrund. Insbesondere mit dem Verstreichen der Bewährungszeiten würde sich die Sanktionierung des Bewährungsversagens zunehmend von der ursprünglichen Verurteilung lösen, bis letztlich eine reine Verfolgung von Bewährungsverstößen übrig bliebe. Damit würde sich aber die Verantwortung des Täters lediglich auf die Bewährungsverstöße beschränken, was im Ergebnis einer bloßen Sanktionierung von Auflagen- oder Weisungsverstößen gleichkäme. Gleichzeitig liefe aber das Ziel der Bewährungsstrafe leer, dem Verurteilten für den gesamten Bewährungszeitraum seine ursprüngliche Straftat zum Anstoß zu geben, sich zukünftig in der Gesellschaft beweisen zu können.

Aus diesen Gründen ist die Einführung einer eigenständigen Bewährungsstrafe in das deutsche Strafrecht bereits aus kriminalpolitischer Sicht abzulehnen.

2.2.2 Anlehnung an bestehende Sanktionen

Im Rahmen der Einführung einer Geldstrafenaussetzung zur Bewährung ist zudem eine Orientierung an den gegenwärtig bestehenden materiellrechtlichen und prozessualen Regelungen der Verwarnung mit Strafvorbehalt gem. §§ 59 ff. StGB denkbar[480]. Wobei ebenfalls einige Ausnahmeänderungen erforderlich wären[481]. So müsste etwa das einschränkende Merkmal der Verteidigung der Rechtsordnung in § 59 Abs. 1 Nr. 3 StGB für eine Geldstrafenaussetzung gestrichen werden. Andernfalls würde ein Spannungsverhältnis zum § 56 Abs. 3 StGB entstehen, nach dem die Vollstreckung einer mindestens sechs monatigen Freiheitsstrafe nicht ausgesetzt werden darf, wenn die Verteidigung der Rechtsordnung sie gebietet. Dagegen können Freiheitsstrafen unterhalb dieser Grenze ohne Rücksicht auf diesen generalpräventiven Ausschlussgrund ausgesetzt werden. Andererseits sollte das Bestreben vorangetrieben werden, die Eigenständigkeit der Verwarnung mit Strafvorbehalt beizubehalten und gleichzeitig deren Ausbau zu fördern. Möglicherweise könnte in der Anpassung an die Regelungen der derzeit beinahe ungenutzten §§ 59 ff. StGB ein falsches Signal für die Geldstrafenaussetzung zur Bewährung gesetzt werden. Als Folge wäre dann die Gefahr einer ähnlichen Zurückhaltung der Gerichte bei deren Anwendung wie bei der gegenwärtigen

---

479 Vgl. *Weigend*, GA 1992, 345, 358.

480 *Caesar*, Deutscher Juristentag 1992, Sitzungsberichte, O 66.

481 So *Zipf*, Festschrift-Jescheck 1985, 977, 983 f.

Verwarnung mit Strafvorbehalt zu befürchten, was der Idee einer Erweiterung des Sanktionensystems unzweifelhaft zuwider liefe.

Besser geeignet scheint daher eine grundsätzliche Orientierung an der gegenwärtigen Aussetzungsmöglichkeit von Freiheitsstrafen zur Bewährung der §§ 56 ff. StGB[482]. Diese Regelungen könnten im Wesentlichen auch für Geldstrafenaussetzungen zum Einsatz kommen, wobei ebenfalls geringfügige Besonderheiten für Geldstrafen im Allgemeinen und deren teilweise Aussetzung im Besonderen zu berücksichtigen wären.

Dabei stellt sich zunächst beim Strafrahmen die Frage, ob – parallel zur Freiheitsstrafe – bei der Geldstrafe eine Obergrenze für eine in Betracht kommende Aussetzung erforderlich wäre. Die bisherigen Gesetzesvorschläge zogen diese Grenze in § 40a Abs. 1, 2 E-StGB zunächst bei einhundertachtzig Tagessätzen, ließen aber auch eine Aussetzung bis zu dreihundertsechzig Tagessätzen zu, wenn die Gesamtwürdigung von Tat und Täter besondere Umstände vorlägen[483]. Naheliegender wäre jedoch die Übertragung der für Freiheitsstrafen bei zwei Jahren liegenden Schranke auf die Geldstrafe. Bei dem gegenwärtigen Umrechnungsmaßstab von einem Tagessatz zu einem Tag Freiheitsstrafe entspräche diese dann im Geldstrafenbereich insgesamt siebenhundertzwanzig Tagessätzen. Gleichzeitig handelt es sich hierbei um die Höchstgrenze einer Geldstrafe im Rahmen einer Gesamtstrafenbildung gem. § 54 Abs. 2 StGB. Da folglich Geldstrafen grenzenlos einer Aussetzung zur Bewährung zugänglich wären, wurden siebenhundertzwanzig Tagessätze als Obergrenze in den bisherigen Gesetzesentwürfen für Geldstrafenaussetzungen abgelehnt[484].

Eine damit entstehende unterschiedliche Grenzziehung für die Bewährungsaussetzung von Geldstrafen einerseits und Freiheitsstrafen andererseits lässt sich jedoch weder auf eine gesetzliche Grundlage noch auf kriminalpolitische Gesichtspunkte zurückführen. Um eine Gleichbehandlung von Freiheits- und Geldstrafen zu erreichen, ist eine derartige Unterscheidung jedenfalls nicht erforderlich. So entstünde kein Missverhältnis zwischen einer in jeder Höhe aussetzungsfähigen Geldstrafe und der Freiheitsstrafe mit ihrer Zweijahresgrenze. Bereits ein derartiger Sanktionenvergleich erscheint unangebracht, da Geld- und Freiheitstrafe jeweils selbständige Hauptstrafen darstellen, die grundsätzlich unabhängig voneinander zu beurteilen und anzuwenden sind. Auch wenn sie unstrittig in einer Art Stufenverhältnis stehen, richtet sich die Verurteilung zur einen oder anderen Sanktion ausschließlich nach dem Strafrahmen des erfüllten Tatbestandes sowie den jeweiligen Strafzumessungsgesichtspunkten. Dass dabei die Aussetzung einer Freiheitsstrafe zur Bewährung eine Obergrenze erfordert, lässt sich allein auf ihren Anwendungsbereich zurückführen. Nach der Strafzumessungspraxis der Gerichte ist davon auszugehen, dass einer Verurteilung zu einer Freiheitsstrafe von mehr als zwei Jahren regelmäßig die Verwirklichung eines ganz erheblichen kriminellen Unrechts zugrunde liegt, wie etwa Verbrechenstatbestände oder unbelehrbare Wiederholungstäter. Eine Strafaussetzung in solchen Fällen würde in der Bevölkerung auf beträchtliches Unverständnis stoßen und ihr ohnehin bereits

482 Vgl. hierzu oben Teil 1, 1.1.2.1.1. Aussetzung der Freiheitsstrafe zur Bewährung.

483 BT-Drucks. 12/6141, 4 u. 13/4462, 4.

484 BT-Drucks. 13/4462, 8.

gestörtes Sicherheitsempfinden[485] weiter schwächen. Warum darüber hinaus zusätzlich eine zweite – in den darunter liegenden Kriminalitätsbereichen festgesetzte – Grenze der Strafaussetzung erforderlich sein soll, ist nicht nachvollziehbar. Insbesondere sind keine anderweitigen Kriterien ersichtlich, nach denen eine solche gezogen werden könnte.

Aus kriminalpolitischer Sicht empfiehlt es sich daher nur, eine absolute Grenze im Strafrecht festzusetzen, ab der eine Strafaussetzung zur Bewährung – unabhängig von der Art der Sanktionierung – nicht mehr in Betracht kommt. Bleibt die gegenwärtige Zweijahresgrenze als Obergrenze für Strafaussetzungen bestehen, wird der Bereich, in dem der erhebliche Unrechtsgehalt eine Strafaussetzung verhindert, von der Geldstrafe nicht tangiert. Vielmehr umfasst sie als mildere Sanktionsart die darunter liegenden unteren und mittleren Kriminalitätsbereiche und sollte demnach auch in jeder Höhe aussetzungsfähig sein. Zudem entspräche eine einheitliche Obergrenze der Vollstreckungsaussetzung für alle Sanktionsarten unzweifelhaft einer Vereinfachung des Strafrechts.

Bei den Tatbestandsvoraussetzungen einer Geldstrafenaussetzung ist ebenfalls eine Anlehnung an § 56 Abs. 1 StGB empfehlenswert. Entsprechend der Freiheitsstrafe wäre demnach das Vorliegen einer positiven Legal- oder Kriminalprognose für die Aussetzung erforderlich aber auch ausreichend.

Darüber hinaus sollte an den Regelungen zur Bewährungszeit des § 56a Abs. 1 StGB festgehalten werden. Damit läge für auszusetzende Geldstrafen die vom Gericht bestimmbare Obergrenze der Bewährungszeit bei fünf und die Untergrenze bei zwei Jahren. Auf diese Weise wäre eine klare Abgrenzung zur Verwarnung mit Strafvorbehalt möglich, dessen Bewährungsdauer gemäß § 59a Abs. 1 StGB gerichtlich zwischen einem und zwei Jahren festgelegt werden kann. Die Aussetzung der Geldstrafe zur Bewährung würde deutlich von den Regelungen des § 59 ff. StGB abgegrenzt und die befürchtete Negativwirkung bliebe aus.

Bei der Anwendung der §§ 56 ff. StGB könnte gleichzeitig zur besseren Einwirkung auf den Täter die Einbeziehung von Auflagen und Weisungen zurückgegriffen werden. Allerdings stellt sich dabei die Frage, inwieweit die dort genannten Alternativen auf eine zur Bewährung ausgesetzten Geldstrafe einbezogen werden sollten. In diesem Zusammenhang lehnte der zweite Gesetzesentwurf bei den beizufügenden Auflagen die Zahlung einer Geldbuße ab und begründete dies mit der ansonsten weiterhin bestehenden Gefahr der Aufrechterhaltung finanzieller Belastungen[486]. Zuzugeben ist dieser Auffassung, dass die zusätzlichen Auflagen nicht genutzt werden dürften, eine Umgehung der jeweiligen Strafaussetzung herbeizuführen. Diese Sichtweise greift insgesamt allerdings etwas zu kurz, denn die Strafaussetzung einer Geldstrafe zur Bewährung und die Auflage zur Zahlung einer Geldbuße müssen sich nicht zwingend ausschließen. So kann durch eine Gelauflage unzweifelhaft eine Genugtuung für das begangene Unrecht, also dem repressiven Charakter von Auflagen erreicht werden. Zugleich würde dem Verurteilten auf diese Weise die mögliche Illusion genommen, er wäre ohne Sanktionierung davongekommen. Die Ableistung einer geeigneten Geldzahlungsauflage stellt darüber hinaus ein geeignetes Mittel dar, um dem Täter vor Au-

485 Vgl. hierzu oben, Teil 1, 3.5.2
486 BT-Drucks. 13/4462, 8.

gen zu führen, was es heißt, sich wirtschaftlich einschränken zu müssen. Er kann sich gleichzeitig ein Bild davon machen, welche Auswirkungen die Vollstreckung der wesentlich umfangreicheren Geldstrafe auf ihn hätte. Um dabei ein auf den konkreten Einzelfall angepasstes Ergebnis zu erreichen, sollte sowohl die Beurteilung der Höhe als auch des Zeitrahmens der Ableistung der Geldbuße in die Verantwortung der Strafgerichte gegeben werden. Dabei ist es zwingend erforderlich, Geldauflage und Geldstrafenaussetzung in ein angemessenes Verhältnis zueinander zu stellen. Der Verurteilte sollte nicht bereits mit der Geldauflage finanziell überfordert werden, da deren Nichtleistung als Verstoß gegen die Bewährungsauflagen den Widerruf der Vollstreckungsaussetzung und letztlich die gesamte Geldstrafenzahlung nach sich zöge.

2.2.3 Teilweise Strafaussetzung

Weitet man die Umsetzungsüberlegungen auf die teilweise Strafaussetzung von Geldstrafen aus, so drängt sich zunächst die Frage auf, ob und wann deren Einsatz überhaupt in Betracht käme. Wie zuvor angedeutet, soll ihre Hauptaufgabe darin liegen, den oberen Geldstrafenbereich gangbar zu machen, indem der Täter zu einer Geldstrafe verurteilt wird, bei der ein Teil für sofort vollstreckbar erklärt und der andere zur Bewährung ausgesetzt wird[487]. Zu denken wäre an Konstellationen, in denen eine Verhängung im unteren und mittleren Geldstrafenbereich das vom Täter begangene Unrecht nicht zu neutralisieren vermag oder damit die Präventionswirkung nicht erreicht werden kann. Aufgrund der gegenwärtig praktizierten Unangetastetheit hoher Geldstrafen bliebe dem Gericht als Alternative nur die zur Bewährung ausgesetzte Freiheitsstrafe. Dagegen könnte mit einer Teilaussetzung an die Stelle einer bspw. neunmonatigen Freiheitsstrafe auf Bewährung eine Geldstrafe in Höhe von 270 Tagessätzen verhängt werden, bei der die Vollstreckung von 90 Tagessätzen sofort erfolgen soll, während die übrigen 180 Tagessätze von einer dreijährigen Bewährungszeit abhängig gemacht werden. Eine solche Sanktionierung ist gleichzeitig unzweifelhaft geeignet, dem Täter die Sanktionswirkung von Geldstrafen zu verdeutlichen. Mit der Ableistung eines Teiles der Geldstrafe wird dem Täter vor Augen geführt, wie ihn die Geldstrafe in Gänze treffen würde. Die spezialpräventive Denkzettelwirkung von Geldstrafen käme somit in besonderem Maße zur Geltung, weshalb diesem Aspekt bei der Teilaussetzung ein erhebliches Schwergewicht beizumessen wäre. Zudem ist anzumerken, dass letztere Wirkung ebenso im unteren und mittleren Geldstrafenbereich zum Tragen käme, womit auch dort der Einsatz von Geldstrafenteilaussetzungen sehr gut vorstellbar wäre.

Da sich die Einsatzmöglichkeiten dieser Sanktion somit über den gesamten Geldstrafenbereich erstrecken, ihr Schwerpunkt aber im oberen Sektor läge, ist in diesem Zusammenhang noch einmal der bereits erläuterte Verzicht auf eine Aussetzungsobergrenze zu betonen. Nur auf diese Weise kann eine umfassende Nutzung der Teilaussetzung durch die Strafgerichte garantiert werden.

Darüber hinaus ist zu überlegen, in welcher Weise die Höhe des jeweiligen Teilaussetzungsbetrages geregelt werden könnte. Dabei eröffnen sich verschiedene Möglichkeiten. Zunächst ist eine vollständige gesetzliche Vorgabe denkbar, indem ein fixer

487 So auch *Zipf*, Festschrift-Jescheck 1985, 977, 984 ff.

zu erbringender Wert normiert wird. Wenn demnach ein Viertel oder die Hälfte der Gesamtgeldstrafe durch den Gesetzgeber festgeschrieben wären, läge der Vorteil in einer vereinheitlichten und damit unkomplizierten Anwendung. Da gleichzeitig die jeweiligen konkreten Umstände für die Festlegung des zu erbringenden Geldsummenteils unbeachtet blieben, ginge ein derart schematisches Vorgehen allerdings deutlich zu Lasten der Einzelfallgerechtigkeit. Eine flexiblere Lösung wäre zu erreichen, wenn die jeweilige Höhe des zu erbringenden Betrages allein in das Ermessen des Gerichts gelegt wird[488]. Auf diese Weise ermöglicht man dem zu entscheidenden Gericht, unter genauer Abstimmung von Tagessatzanzahl und Einkommensverhältnissen eine, auf den jeweiligen Einzelfall angepasste Sanktionierung zu ermitteln. Ein Mittelweg dieser Alternativen wäre eine Ermessensausübung der Gerichte im Rahmen gesetzlich vorgeschriebener Grenzen. So könnte der Gesetzgeber einen Aussetzungsbereich von bspw. einem Viertel bis zu drei Vierteln schaffen, innerhalb dessen die Gerichte nach eigenem Ermessen agieren können. Den Gerichten sollte jedoch einen weitestgehender Spielraum überlassen werden, um auch außerhalb der sonst bestehenden Grenzbereiche vernünftige Ergebnisse erzielen zu können. Daher sollte von der Rahmenlösung Abstand genommen und den Gerichten ein umfangreiches Ermessen zugesprochen werden.

2.3 Umsetzungsprobleme

Gegen die Idee, Geldstrafen zur Bewährung auszusetzen, lassen sich durchaus auch einige Einwände erheben. Diese reichen von der Praktikabilität einer solchen Sanktion über zusätzliche justizielle und finanzielle Belastungen, entstehende Missverhältnisse zu anderen Sanktionen bis hin zu kriminalpolitischen Zweifeln. Ob derartige Besorgnisse tatsächlich geeignet sind, die Einführung von Bewährungsgeldstrafen zu verhindern, soll im Folgenden näher betrachtet werden.

2.3.1 Günstige Sozialprognose

Zunächst wird der Einführung einer Geldstrafenaussetzung zur Bewährung entgegengehalten, dass ihre Anwendung zwangsläufig den überwiegenden Teil des gesamten Geldstrafenbereiches erfassen würde[489]. Diese Bedenken beruhen auf der Tatsache, dass für jede Verhängung einer Bewährungsstrafe eine günstige Sozialprognose erforderlich ist, da andernfalls diese Sanktionierungsform für den jeweiligen Täter ungeeignet wäre. In der hier bevorzugten Umsetzungsvariante durch die Anlehnung an die bestehenden Bewährungsregelungen der Freiheitsstrafe ergäbe sich diese grundsätzliche Voraussetzung bereits aus § 56 Abs. 1 StGB. Insbesondere wird damit argumentiert, dass bei der Verhängung von Geldstrafen eine günstige Sozialprognose bereits regelmäßig vorhanden sei, da Geldstrafen zumeist gegen weitgehend sozialisierte und integrierte Täter verhängt werden. Dies hätte zur Folge, dass eine weit ausgedehnte

488 Vgl. *Zipf*, Festschrift-Jescheck 1985, 977, 984 f.

489 *Kintzi*, DRiZ 2001, 198, 203; *ders.*, Abschlussbericht 2000, 5.1.1.

Anwendung der Geldstrafenaussetzung zur Bewährung zu erwarten sei[490]. Darüber hinaus wurden damit einhergehende, nur schwierig zu erstellende Abgrenzungskriterien zwischen Aussetzung und Nichtaussetzung von Geldstrafen angeführt[491].

Den Kritikern ist zunächst entgegenzuhalten, dass keine Erfahrungswerte existieren, in wie vielen Fällen von Geldstrafenverurteilungen gleichzeitig positive Sozialprognosen vorliegen. Insbesondere handelt es sich dabei nicht um eine Voraussetzung zur Verhängung von Geldstrafen. Eine entsprechende Schlussfolgerung könnte möglicherweise aus dem Umstand resultieren, dass Geldstrafen als grundsätzlich mildere Maßnahmen gegenüber Freiheitsstrafen im unteren und mittleren Kriminalitätsbereich Anwendung finden. Allerdings kann allein hieraus nur schwerlich auf regelmäßig bestehende, günstige Sozialprognosen geschlossen werden. Ein deutliches Indiz für eine Überbewertung derartiger Rückschlüsse ist die Tatsache, dass es sich bei Verurteilten zu einer Geldstrafe größtenteils nicht um Erst-, sondern um Wiederholungstäter handelt. Dafür spricht einerseits die derzeit umfangreiche staatsanwaltschaftliche und gerichtliche Praxis bei der Anwendung der §§ 153 ff. StPO[492] mit der daraus zwangsläufig resultierenden Folge, dass einem nicht unerheblichen Teil von Geldstrafenverurteilungen bereits strafrechtliche Einstellungsverfahren vorausgegangen sein dürften. Darüber hinaus liegt in diesen Kriminalitätsbereichen bei einer hohen Zahl der zu Geldstrafe Verurteilten schon eine frühere strafrechtliche Verurteilung vor. In den dort typischen Deliktsarten ist nahezu bei jeder zweiten Geldstrafenverurteilung bereits eine Vorstrafe vorhanden (vgl. Tabelle 4). Diese Tatsache lässt sich vor allem den Verurteilungs- und Vorstrafenzahlen der einzelnen Deliktsbereiche in der Strafverfolgungsstatistik entnehmen[493]. So kann eine gewisse Vorstellung vom Anteil der Geldstrafenverurteilungen mit vorangegangenen Vorstrafen gewonnen werden, indem von der Gesamtzahl der bekannten Verurteilungen mit Vorstrafen sämtliche Verurteilungen zu Freiheitsstrafen abgezogen werden. Da aber nicht davon auszugehen ist, dass ausnahmslos jeder Freiheitsstrafenverurteilung bereits eine Vorstrafe vorausging und damit abzuziehen war, wurde mit dieser Vorgehensweise zugunsten der Kritiker die maximale Zahl von Verurteilungen mit Vorstrafen in Abzug gebracht. Tatsächlich fällt die Zahl der Geldstrafenverurteilungen mit Vorstrafen deshalb sogar etwas höher aus.

490 *Kintzi*, Abschlussbericht 2000, 5.1.1; ebenso die damalige Kommission, Abschlussbericht 2000, 5.2.

491 BT-Drucks. 10/5828, 4.

492 Vgl. oben Teil 1, 2.5 Einstellungen nach §§ 153, 153a StPO.

493 Vgl. Statistisches Bundesamt, Strafverfolgung 2009, Fachserie 10, Reihe 3, Tab. 2.3., 7.1.

Art der Straftat	Verurteilungen insgesamt		Verurteilungen insgesamt mit früherer Strafe oder Maßnahme		
	zu Geldstrafe	zu Freiheitsstrafe	insgesamt	**bei Geldstrafen** insgesamt	**Vorstrafenanteil**[494]
Beleidigung (§§ 185-200 StGB)	19.845	1.013	12.186	11.173	**56,3%**
Körperverletzung (§ 223 StGB)	29.777	8.131	23.390	15.259	**51,2%**
Diebstahl (§ 242 StGB)	76.213	17.673	60.426	42.753	**56,1%**
Unterschlagung (§ 246 StGB)	5.604	846	3.447	2.601	**46,4%**
Betrug (§§ 263 – 266b StGB)	142.541	21.477	90.821	69.344	**48,6%**
Sachbeschädigung (§§ 303 – 305a StGB)	11.464	851	7.576	6.725	**58,7%**
Fahren ohne Fahrerlaubnis (§ 21 Abs. 1 Nr. 1 StVG)	27.826	5.202	21.634	16.432	**59,1%**

Tabelle 4[495]*: Deliktstypische Verurteilungen mit vorausgegangenen Vorstrafen im unteren und mittleren Kriminalitätsbereich im Jahr 2009*

Im Ergebnis handelt demnach ein weiter Teil der zu einer Geldstrafe Verurteilten als Wiederholungstäter, die schuldhaft eine Straftat begehen, obwohl im Vorfeld gegen sie schon mindestens einmal eine strafrechtliche Sanktionierung in Form einer Auflage oder Weisung, einer Geld- oder Freiheitsstrafe verhängt wurde. In solchen Fällen, kann aber nicht ohne weiteres davon ausgegangen werden, dass sich der Täter bereits die bloße (erneute) Verurteilung zu einer Geldstrafe zur Warnung dienen lässt, künftig keine Straftaten mehr zu begehen. Zusammenfassend wird daher für den überwiegenden Teil von Wiederholungstätern eine positive Sozialprognose im Hinblick eine Geldstrafenaussetzung bereits von vornherein auszuschließen sein.

Vor diesem Hintergrund wurde die Idee aufgeworfen, durch die Schaffung gesetzlich normierter Ausschlusskriterien den Anwendungsbereich von Geldstrafenaussetzungen einzuengen[496]. Es wurde vorgeschlagen, die Verhängung von Bewährungen bei Geldstrafen von vornherein ausscheiden zu lassen, wenn bei dem Täter in den vorausgegangenen Jahren bereits eine strafrechtliche Sanktionierung erfolgte. Empfohlen wurde der Ausschluss bei einer Freiheitsstrafe in den letzten fünf Jahren sowie bei einer Geldstrafe von mehr als neunzig Tagessätzen in den letzten drei, vier oder fünf

494 Der Prozentsatz bezieht sich auf sämtliche Geldstrafenverurteilungen im jeweiligen Deliktsbereich.

495 Vgl. Statistisches Bundesamt, Strafverfolgung 2009, Fachserie 10, Reihe 3, Tab. 2.3., 7.1.

496 Vgl. *Meyer*, Abschlussbericht 2000, 5.1.2.

Jahren. Auf den ersten Blick scheint dieser Vorschlag mit den vorangegangenen Erläuterungen einherzugehen.

Allerdings begegnet der pauschale, gesetzliche Ausschluss sämtlicher Wiederholungstäter von der Bewährungsgeldstrafe erheblichen Bedenken. Durch eine Regelung mit derart starren Grenzen käme es zwar einerseits zu einer Vereinfachung der bemängelten Abgrenzungskriterien zwischen Aussetzung und Vollstreckung. Dieser Vorteil könnte aber nur zu Lasten der notwendigen Einzelfallgerechtigkeit erfolgen, da unbillige Ergebnisse damit vorprogrammiert wären. Hat sich bspw. ein schuldeinsichtiger und um Wiedergutmachung bemühter Täter erstmalig zu einem Diebstahl hinreißen lassen, käme grundsätzlich eine Aussetzung in Betracht. Anders wäre die Situation möglicherweise bei einem Wiederholungstäter zu beurteilen. Kommt im hiesigen Fall lediglich eine frühere Verurteilung wegen eines fahrlässigen verkehrsrechtlichen Fehlverhaltens in Betracht, liegt auf der Hand, dass die frühere Verurteilung keinen entscheidenden Einfluss auf die Beurteilung einer möglichen Bewährungsstrafe haben kann.

Darüber hinaus bestünde bei einer strengen Eingrenzung dieser Sanktion die Gefahr der gerichtlichen Nichtanwendung wie bei der gegenwärtigen Verwarnung mit Strafvorbehalt. Deshalb sollte den Gerichten bei der Verhängung von Bewährungsgeldstrafen ein möglichst weiter Beurteilungsspielraum eingeräumt und damit der Rechtsprechung deren genauere Ausformung überlassen werden.

Dass Einschränkungen jeglicher Art entbehrlich sind, verdeutlicht letztlich auch der Blick über die Grenzen der Bundesrepublik hinaus. So zeigt sich in Österreich mit einem, dem deutschen vergleichbaren Strafensystem, dass durch die Aussetzungsmöglichkeit von Geldstrafen keine derartige Expansion zu Lasten unbedingter Geldstrafen eingetreten muss. Stattdessen besteht dort auch ohne eingrenzende Regelungen über deren Anwendungsbereich ein ausgewogenes Verhältnis zwischen den einzelnen Sanktionen. Hierbei trägt die unbedingte Geldstrafe weiterhin mit 70,9% den Bärenanteil, während lediglich 23,7% der Geldstrafen bedingt und 5,4% teilbedingt ausgesprochen werden[497].

Mindestens ebenso wenig überzeugt die in diesem Zusammenhang befürchtete Abgrenzungsproblematik zwischen Aussetzung und Nichtaussetzung von Geldstrafen[498]. Zwar läge nach den bisherigen Ausführungen die Entscheidung, ob eine Geldstrafe zur Bewährung ausgesetzt werden kann, wie bei der Freiheitsstrafe im Wesentlichen in der richterlichen Beurteilung einer positiven Sozialprognose. Die dabei vorzunehmenden einzelnen Abgrenzungskriterien würden sich jedoch von denen bei Freiheitsstrafenaussetzungen nur unwesentlich unterscheiden, da auch bei der Geldstrafenaussetzung damit die täter- und tatbezogenen Merkmale und Umstände sowie die für den Täter zu erwartenden Wirkungen zu der Aussetzung des § 56 Abs. 1 Satz 2 StGB zu berücksichtigen wären. So entfiele sie in gleicher Weise wie bei den Freiheitsstrafen etwa bei Tätern, denen die Unrechtseinsicht ihres Verhaltens fehlt und die erkennen lassen, dass sie sich in einer ähnlichen Situation genauso verhalten würden.

---

497 STATISTIC AUSTRIA, Gerichtliche Kriminalstatistik 2008, Verurteilungen nach Deliktsgruppen und Strafen, Internetpublikation, abrufbar unter www.statistik.at.

498 BT-Drucks. 10/5828, 4.; *Schöch*, Deutscher Juristentag 1992, C 84.

Lediglich beim letzten Aspekt, den zu erwartenden Aussetzungswirkungen, ergäbe sich im Rahmen der Beurteilung der Legalbewährung eine geringfügige Abweichung. So kommt für die Prüfung, ob eine Aussetzung gewährt werden kann, der Geldstrafe an sich als verhängter Sanktionsart eine entscheidende Bedeutung zu. Unzweifelhaft ist die rückfallhemmende Wirkung einer, für den Fall eines Bewährungsversagens angedrohten Geldstrafenvollstreckung grundsätzlich schwächer zu bewerten als die Wirkung einer in Aussicht gestellten Freiheitsstrafe. Um unter Beachtung eines geringerem staatlichen Drucks die zukünftige Straffreiheit eines Täters prognostizieren zu können, müssen überzeugendere Hinweise als bei einer Freiheitsstrafenaussetzung vorliegen, die auf eine positive Prognose schließen lassen. Damit befinden sich zwangsläufig die an den Täter gerichteten Anforderungen für eine Geldstrafenaussetzung auf einem hohen Niveau. Werden allerdings die Erwartungen für die Verhängung von Bewährungsgeldstrafen hoch angesetzt, verringert sich nicht nur die Zahl potenzieller Bewährungskandidaten, sondern es tritt gleichzeitig eine Erleichterung für die Abgrenzung zur unbedingten Geldstrafe ein.

Jedoch nicht nur der Einfluss der verhängten Geldstrafe als solche fließt in die Beurteilung der Sozialprognose ein, sondern ebenso deren jeweiliger Umfang. So geht mit sinkender oder steigender Höhe der jeweiligen Geldstrafe regelmäßig auch eine signifikante Veränderung des, auf den Täter einwirkenden Drucks einher. Unter diesem Aspekt ließe sich vorbringen, dass sich bei geringen Geldstrafen eine spezialpräventive Wirkung nur durch deren Zahlung als unbedingte Geldstrafen erreichen ließe. Um bei den Aussetzungsüberlegungen eine Gleichbehandlung von Geld- und Freiheitsstrafen zu erreichen, wäre einer solchen Argumentation jedoch zu entgegnen, dass als Druckmittel nicht die Gesamthöhe der Geldstrafe, sondern allein die Tagessatzzahl ausschlaggebend sein kann, da sich nur aus ihr die Schuld des Täters ergibt. Die dagegen auf den Einkommensverhältnissen des Täters beruhende Tagessatzhöhe[499] soll lediglich bei gleichem Schuldgehalt eine Opfergleichheit gewährleisten[500] und muss daher bei der Berücksichtigung ausscheiden. Eine so bemessene Geldstrafe muss im Ergebnis aber ebenso wie die Freiheitsstrafe in jeder Höhe zur Bewährung aussetzbar sein. Andererseits käme es zu unsozialen und ungerechtfertigten Ergebnissen, da Geldstrafen bei minderbemittelten Tätern stets zu vollziehen wären und bei finanziell besser gestellten Rechtsbrechern mit entsprechend hoch festgesetzten Tagessätzen käme dagegen eine Aussetzung in Betracht. Insbesondere vor dem Hintergrund, das Geldstrafen bei finanziell schwächeren Tätern und deren sozialen Umfeld oftmals wesentlich schwerwiegender ins Gewicht fallen als bei gut situierten Tätern, bei denen teilweise nicht mal der Denkzettelcharakter erreicht wird[501], scheint das Ergebnis einer solchen Vorgehensweise nahezu paradox.

Letztlich ist zu überlegen, inwieweit sich eine Bewährungsgeldstrafe auch im Strafbefehlsverfahren verhängen ließe. So werden in diesem Verfahren ebenfalls regelmäßig Geldstrafen verhängt. Indem bei dieser Verfahrensart grundsätzlich keine Hauptverhandlung durchgeführt wird, könnten insbesondere im Hinblick auf die für

---

499 Vgl. hierzu oben Teil 1,1.1.1.1 Geldstrafenbemessung.

500 Zu den auftreten Problemen hierbei oben Teil 1, 3.1.3 Die „Leidensungleichheit".

501 Vgl. hierzu oben Teil 1, 3.1 Probleme bei der Geldstrafe.

eine Aussetzung erforderliche Sozialprognose Zweifel aufkommen[502]. Aber auch hier zeigt ein genauer Blick, dass Geldstrafenaussetzungen ebenso möglich wären, wie in jedem anderen Strafverfahren. Den Großteil der Entscheidungen für Geldstrafen in einem Strafbefehlsverfahren bliebe zwar der unbedingten Geldstrafe vorbehalten. Allerdings könnte durch die Möglichkeit der Geldstrafenaussetzung ohne Hauptverhandlung ein zusätzlicher Anreiz für den Täter geschaffen werden, zur Tataufklärung beizutragen. Besondere Bemühungen des Täters, die zur Beschleunigung des Verfahrens beitragen, wie etwa ein frühzeitiges Geständnis oder die sonstige Hilfe bei der Tataufklärung würden in die Beurteilung der positiven Sozialprognose einfließen. Auf diesem Weg käme es gleichfalls zu einer Honorierung der im Ermittlungsverfahren bekannt gewordenen Einsicht und Reumütigkeit des Täters. Auch ein frühzeitiges Bemühen, den von ihm verursachten Schaden wiedergutzumachen, könnte damit erreicht werden, was zusätzlich den Opferinteressen zu Gute käme. Dass im Strafbefehlsverfahren eine Beurteilung der Sozialprognose möglich ist, lässt sich ferner durch die gegenwärtige Strafverfahrenspraxis bestätigen. So werden bereits heute im Strafbefehlsverfahren Freiheitsstrafen zur Bewährung ausgesetzt[503].

Damit wird erkennbar, dass die pauschalen Befürchtungen einer zu ausgedehnten Aussetzung von Geldstrafen und die befürchteten Abgrenzungs- und Anwendungsproblematiken unbegründet sind und letztlich als Argumente gegen ein solches Vorhaben nicht überzeugen können.

2.3.2 Justizielle Mehrbelastungen

Als weiterer Kritikpunkt ließe sich die erhebliche Mehrbelastung der Justiz durch den steigenden Umfang von Bewährungsaufsichten anbringen, der sich durch die gleichzeitige Verpflichtung zur Auflagenerfüllung verstärken würde[504].

Dabei stellt sich zunächst die grundsätzliche Frage, inwieweit ein derartiges Vorbringen überhaupt als Argument gegen einen Ausbau des Sanktionensystems gelten kann. So sollte sich die Ausgestaltung des Strafensystems im Wesentlichen an der Stellung des Strafrechts in der Gesellschaft zur kontrollierten Wiederherstellung und Sicherung der durch die Tat gestörten sozialen Ordnung orientieren. Unmittelbar einfließen müssen die damit verbundenen Strafzwecke, die sich je nach Gewichtung an gesellschaftlichen oder täterorientierten Gesichtspunkten anlehnen. Demnach sind bei Überlegungen, inwiefern das aktuelle Sanktionensystem ausbaufähig ist, diese Aspekte ausschlaggebend. Beließe man es dabei, würden darüber hinausgehende staatliche Gesichtspunkte, wie etwa der etwaige justizielle Mehraufwand, als Argument von vornherein ausscheiden[505].

Andererseits muss auch die (zu erwartende) Effizienz der einzelnen Sanktionen bei derartigen Überlegungen mit einbezogen werden. Von einer wirkungsvollen Sanktion kann nämlich nur die Rede sein, wenn der Staat – also die zuständige Behörde –

502 So *Kintzi*, Abschlussbericht 2000, 5.1.1.
503 Ebenso *Meyer*, Abschlussbericht 2000, 5.1.2.
504 *Kintzi*, Abschlussbericht 2000, 5.1.1; *ders.*, DRiZ 2001, 198, 203 f.; ebenso die damalige Kommission, Abschlussbericht 2000, 5.2.
505 So etwa *Baumann*, Strafrecht AT, 8. Auflage 1977, 725.

auch in der Lage ist, die ausgeurteilte Sanktionierung in entsprechender Weise zu vollstrecken. Aus diesem Grund sind nicht nur die Berücksichtigung praktischer und kriminalpolitischer Belange sondern auch Überlegungen zu personellen und finanziellem Grenzen und Möglichkeiten unentbehrlich. Allerdings hat deren Einfluss jedoch in einem angemessenen Rahmen in die Überlegungen der zu beurteilenden Sanktionsart einzufließen. Deshalb ist es auch in der hiesigen Diskussion erforderlich, die Gewichtung einer möglicherweise aufkommenden justiziellen Mehrarbeit bei der Vollstreckung von Bewährungsgeldstrafen zu durchleuchten. Hierbei ist zu klären, welcher Umfang an Mehrbelastungen bei der Justiz zu erwarten sei. Deutlich wird zunächst, dass es sich dabei für die Justiz nicht um ein neues oder erheblich verändertes Bewährungsverfahren, sondern nur um eine Ausweitung der von der Freiheitsstrafe bekannten Verfahrensweise, handelt. Somit würde sich die Mehrbelastung lediglich in einer Steigerung der Fallzahlen erschöpfen. In diesem Zusammenhang wird zum Teil davon ausgegangen, dass die Hälfte aller verhängten Geldstrafen auszusetzten wäre[506]. Nach den vorangegangenen Ausführungen ist jedoch davon auszugehen, dass die Aussetzungen aufgrund der hohen Hürden für Bewährungsgeldstrafen nur bis zu ca. einem Drittel der Geldstrafen erfassen könnten. Damit wären gegenwärtig rund 200.000 Fälle von Geldstrafenaussetzungen nach allgemeinem Strafrecht betroffen[507]. Da momentan rund 100.000 Freiheitsstrafen zur Bewährung ausgesetzt werden[508], würde sich die Zahl der Bewährungsfälle verdreifachen. Allerdings ist dabei anzumerken, dass die erforderliche Überwachung der Bewährung einer Geldstrafe im Rahmen der Anforderungen des § 453b StPO regelmäßig hinter dem gegenwärtigen Aufwand von Freiheitsstrafenaussetzungen zurückbliebe. So liegt der Verurteilung zu einer Geldstrafe grundsätzlich ein wesentlich geringeres Kriminalitätspotential als bei einer Freiheitsstrafe zu Grunde. Deshalb wäre die hier diskutierte Bewährungsüberwachung wesentlich einfacher zu organisieren und dürfte sie sich häufig in der Überprüfung der Erfüllung von Auflagen und Weisungen sowie letztlich der Straffreiheit erschöpfen. Da die Justiz dennoch den personellen und sachlichen Bewährungshilfebereich vor dem Hintergrund der Steigerung beträchtlich ausbauen müsste, wäre die justizielle Mehrbelastung letztlich mehr als nur unerheblich einzustufen.

Allerdings müssen sich die Kritiker der Bewährungsgeldstrafe deren positiven Auswirkungen entgegenhalten lassen. Insbesondere hätte die Einführung dieser Sanktion zunächst eine Zurückdrängung der Ersatzfreiheitsstrafen zur Folge, was wiederum zu einer Reduzierung der zuvor prognostizierten Mehrbelastung führen würde[509]. Zwar lassen sich dabei über den tatsächlichen Umfang, in dem die Bewährungsaussetzung von Geldstrafen eine Vollstreckung von Ersatzfreiheitsstrafen verhindern könnte, ebenfalls keine genauen Aussagen treffen. Zudem liegt es in diesem Zusammenhang nahe, dass es sich bei einem Teil der Verbüßer von Ersatzfreiheitsstrafen um Täter mit einer fehlenden sozialen Integration handelt. Für einen erheblichen Teil dieser Täter

506 *Kintzi*, DRiZ 2001, 198, 203.

507 Vgl. oben Teil 1, 2.1 Die Geldstrafe.

508 Vgl. oben Teil 1, 2.2 Die Freiheitsstrafe.

509 So BT-Drucks. 12/6141/3, 13/4462, 3; *Meyer*, Abschlussbericht 2000, 5.1.2; *Zipf*, Festschrift-*Jescheck* 1985, 977, 985, der davon ausgeht, dass damit der zusätzliche Arbeitsaufwand überkompensiert würde.

dürfte damit eine Aussetzung der Geldstrafe zur Bewährung ohnehin nicht in Betracht kommen. Beim Schwergewicht der Verbüßer von Ersatzfreiheitsstrafen liegt das Problem der Nichtzahlung der Geldstrafe hingegen in den vorhandenen geringen finanziellen Mitteln[510]. Da Armut wiederum keineswegs mit fehlender sozialer Integration gleichgesetzt werden darf, ist sie auch für die Beurteilung einer positiven Sozialprognose für die Aussetzung irrelevant. Stattdessen kann die, bei Ersatzfreiheitsstrafenverbüßern regelmäßig anzutreffende, typische Armut ebenso gut ein Hinweis für die Aussetzung der jeweiligen Geldstrafe sein. Auf diese Weise könnte die Gefahr des Vollzuges einer Ersatzfreiheitsstrafe aufgrund der Nichtleistung der aufzubringenden Geldstrafe häufig durch eine besser auf den Täter zugeschnittene strafrechtliche Sanktionierung gebannt werden. Konsequenz dessen wäre ein nicht unerheblicher Zurückgang von Ersatzfreiheitsstrafen, der sich nach einer vorsichtigen Schätzung auf ca. ein Drittel belaufen könnte. Somit könnten gegenwärtig rund 20.000 Ersatzfreiheitsstrafen durch den Einsatz von Bewährungsgeldstrafen vermieden werden[511]. Rein rechnerisch würde damit durch jeden zehnten Bewährungsfall eine Ersatzfreiheitsstrafe verhindert werden. Auch ein essentieller Teil der Bemühungen zur Zahlungsvollstreckung und letztlich der Erzwingung der Haft wären damit obsolet. Zweifellos wäre der entstehende justizielle Mehraufwand einer Einführung von Geldstrafenaussetzungen zur Bewährung damit nicht in vollem Umfang aufzuwiegen[512]. Dies sollte aber einer Umsetzung dieser Idee nicht generell in den Weg gestellt werden, da es in jeder Hinsicht wesentlich sinnvoller sein dürfte, die justizielle Mehrarbeit in die zukünftige Straflosigkeit straffällig gewordener Personen zu investieren, als die Bemühungen lediglich in der Eintreibung von Geldstrafen und der Vollstreckung von Ersatzfreiheitsstrafen erschöpfen zu lassen[513].

2.3.3 Kriminalpolitische Kritik

Weiterhin ließen sich der Einführung einer Bewährungsgeldstrafe gegebenenfalls kriminalpolitische Einwände entgegenhalten. So wird der Aussetzungsmöglichkeit von Geldstrafen zunächst vorgehalten, dass viele Straftäter eine derartige Verurteilung als Straflosigkeit missverstehen würden, wie es gegenwärtig bereits teilweise bei der Freiheitsstrafenaussetzung der Fall ist[514]. Dem kann zunächst entgegengehalten werden, dass dieses Problem in ähnlicher Weise bei unbedingten Geldstrafen auftreten kann, wenn sie von Dritten übernommen werden oder wirtschaftlich bessergestellte Täter treffen, da in solchen Fällen ebenfalls oftmals die Strafwirkung verfehlt wird[515]. Im Rahmen der Bewährung kann dagegen die für den Täter fühlbare Sanktionierungswirkung gezielt durch den Einsatz von Auflagen bzw. Weisungen verstärkt werden. Außerdem findet dieser Vorhalt seine Grenzen erneut in der Strafzumessung. So würde der Richter von einer bloßen Geldstrafenaussetzung regelmäßig Abstand nehmen,

---

510 Vgl. hierzu *Matt*, MschrKrim 2005, 339, 347.

511 Vgl. zum Gesamtaufkommen von Ersatzfreiheitsstrafen oben, Teil1, 3.2.2.1 Vollstreckungszahl.

512 Daher ablehnend zur Aussetzung *Robra*, Deutscher Juristentag 1992, Sitzungsberichte, O 15.

513 Ebenso *Meyer*, Abschlussbericht 2000, 5.1.2.

514 *Kintzi*, DRiZ 2001, 198, 203.

515 Vgl. oben Teil 1, 3.1.1 Der Denkzettelcharakter.

wenn bei ihm im Strafverfahren, speziell in der Hauptverhandlung, Zweifel beim Verständnis des Täters für eine Bewährungssanktion und damit deren Effektivität aufkämen. Darüber hinaus könnte das Problem der missverstandenen Straflosigkeit durch einen gezielten Einsatz der Teilaussetzung von Geldstrafen umgangen werden. Bei einer derartigen Sanktionierung würde kein Verurteilter auf die Idee kommen, ohne Strafe davongekommen zu sein, da ihn entweder die Geldstrafenzahlung oder die mit Auflagen bzw. Weisungen versehende Bewährung fühlbar einschränken dürfte. Stattdessen käme es durch die Erschließung der oberen Geldstrafenbereiche mit einer Teilaussetzung sogar zur Erfassung eines Großteils der Täter, die gegenwärtig nur für eine „gefühlt straffreie" Freiheitsstrafe auf Bewährung in Betracht kämen.

Darüber hinaus wird die Geldstrafenaussetzung mit dem Argument kritisiert, dass damit die Geldstrafe als tragende Säule des Sanktionensystems tangiert werde[516]. Grundsätzlich ist dieser Prognose durchaus zuzustimmen, wenn wie hier davon ausgegangen wird, dass von ihrer Aussetzungsmöglichkeit bis zu einem Drittel der unbedingten Geldstrafen betroffen sein könnte. Aber selbst wenn sich die Geldstrafe im Großen und Ganzen bewährt hat, handelt es sich bei deren Ausbau keinesfalls um eine nachteilige Veränderung des Sanktionensystems, sondern vielmehr um eine erforderliche Neuerung. Diese soll insbesondere dazu beitragen, die Ungleichheiten, Probleme und Nachteile aus dem Bereich der Geldstrafe zu beseitigen[517], was zwangsläufig nur durch einen Eingriff in diese Sanktionsform zu erreichen ist. Vor diesem Hintergrund stellt die mit der Aussetzungsmöglichkeit einhergehende Zurückdrängung unbedingter Geldstrafen nicht nur einen unerwünschten Reflex, sondern eines der angestrebten Ziele des Sanktionenausbaus dar. Darüber hinaus dürfte bei dem derzeitigen Umfang der Geldstrafe im Sanktionensystem von mehr als 80%, bezweifelt werden, ob diese Veränderung tatsächlich in der Lage wäre, ihre tragende Rolle zu beeinträchtigen. So stellt sich dabei zunächst die grundsätzliche Frage, wie lange die Geldstrafe in ihrer jetzigen Form ihre „marktbeherrschende" Stellung noch beibehalten kann oder ob nicht bereits ohnehin die aufgeführten gesellschaftliche Entwicklungen und Tendenzen einen neuen Handlungsbedarf in ihrer aktuellen Ausgestaltung erfordern. Insofern sei nur angemerkt, dass ein wachsender Teil von zu Geldstrafe Verurteilten nicht gerissen oder böswillig, sondern einfach nur arm ist[518]. Darüber hinaus ist eine befürchtete Aufweichung des Sanktionierungsniveaus im Strafrecht durch eine Geldstrafenaussetzung jedenfalls nicht zu erwarten[519]. Bei näherer Betrachtung wird stattdessen eine zukünftige Anhebung dieses Niveaus durch eine höhere Einzelfallgerechtigkeit deutlich. So werden dem Richter mehr Möglichkeiten an die Hand gegeben, den Täter in einer für ihn angemessenen, empfindlichen Art und Weise zu verurteilen. Schwinden wird damit künftig das Bild des wohlhabenden oder von einem Dritten „subventionierten" Täters, der nach der Verurteilung zu einer Geldstrafe unbeeindruckt den Gerichtsaal verlässt, wenn stattdessen auf eine Bewährungsstrafe etwa mit der Auflage gemeinnützige Arbeit zu erbringen erkannt wird. In gleicher Weise dürfte die Teilaussetzung jedem Verurteilten klar vor Augen führen, dass eine Aussetzung zur Bewährung nicht

516 *Kintzi*, DRiZ 2001, 198, 203, *Schöch*, Deutscher Juristentag 1992, C 84.
517 Hierzu oben Teil 1, 3.1 Probleme bei der Geldstrafe.
518 *Schüler-Springorum*, Roxin-Festschrift 2001, 1021, 1042.
519 So aber BT-Drucks 10/5828, 4.

mit Straflosigkeit gleichzusetzen ist. Ebenso enthält der wirtschaftlich schwache Täter, für den bei einer Geldstrafe an die Stelle der Denkzettelfunktion eher die Existenzangst tritt, hierdurch die Möglichkeit einer für die Tat angemessenen Sanktionierung.

2.3.4 Systematische Fragen

In systematischer Hinsicht sind bei der Geldstrafenaussetzung neben einigen Fragen zur Verträglichkeit mit anderen Sanktionen auch etwaige einhergehende Sanktionierungswidersprüche zu untersuchen. Vor diesem Hintergrund wird der Aussetzung vorgeworfen, das sich Ersttäter einer Bewährungszeit zu unterwerfen hätten, während Mehrfachtäter, für die eine solche Bewährungsaufsicht eher erforderlich wäre, eine Geldstrafe ohne Bewährung erhalten würden[520]. Diese Behauptung ist jedoch nicht nur unbegründet, sondern auch unzutreffend. Da im Strafrecht stets eine einzelfallabhängige, auf den jeweiligen Strafzumessungspunkten basierende, Entscheidung zu treffen ist, geht bereits ein derart pauschaler Vergleich von Erst- und Mehrfachtätern fehl. Zudem liegt damit auf der Hand, dass bei einem Ersttäter die Anordnung einer Bewährungszeit ebenso erforderlich, wie sie im Gegenzug für einen Wiederholungstäter entbehrlich sein kann. Letztlich entsteht der Widerspruch wohl eher in umgekehrter Weise, indem das Gericht gegenwärtig die Freiheitsstrafe als schwerere Sanktion zur Bewährung aussetzen, während es Geldstrafen nur unbedingt verhängen kann[521].

Weiterhin ist bei Ausbauüberlegungen stets darauf zu achten, dass undurchsichtige und unnötig komplizierte Regelungen vermieden werden. In diesem Zusammenhang wurde als Argument gegen eine Erweiterung der Geldstrafe deren bisherige einfache Handhabung als Hauptsanktion aufgeworfen[522]. Allerdings brächte der vorliegende Ausbau des Geldstrafenbereiches durch deren Aussetzungsmöglichkeit keine erheblichen Veränderungen an deren Handhabung mit sich. Die gegenwärtig zweistufige Geldstrafenverhängung – Bemessung von Tagessatzzahl und Tagessatzhöhe – würde mit der Frage nach einer möglichen Bewährungsaussetzung lediglich um eine Stufe erweitert werden. Aber auch die im Falle einer in Frage kommenden Bewährung durchzuführende Überwachung dergleichen, stellt für die Justiz aufgrund der gegenwärtig bestehenden Freiheitsstrafenaussetzung keine erhebliche Neuerung dar, zumal der Überwachungsaufwand einer Geldstrafenaussetzung noch hinter diesen zurück bliebe[523].

Darüber hinaus stellt sich die Frage, ob die Geldstrafenaussetzung in Konkurrenz zu den Einstellungsregelungen des § 153a StPO treten und so zu einer Verkürzung des Anwendungsbereiches informeller Sanktionierungen führen würde. Hiergegen spricht bereits die grundsätzliche Überlegung, dass schon bei den Überlegungen zu neuen strafrechtlichen Sanktionen Abgrenzungskriterien entwickelt werden, die eine Abstimmung staatlicher Reaktionsformen untereinander zum Ziel haben und daher einem späteren Konkurrenzverhältnis entgegenwirken[524]. Vor diesem Hintergrund kann für

520 *Kintzi*, Abschlussbericht 2000, 5.1.1.
521 Vgl. hierzu oben Teil 3, 2 Bewährungssanktionen im Geldstrafenbereich.
522 So aber *Robra*, Deutscher Juristentag 1992, Sitzungsberichte, O 15.
523 Vgl. oben Teil 3, 2.3.2 Justizielle Mehrbelastungen.
524 Ähnlich *Schoreit*, Deutscher Juristentag 1992, Sitzungsberichte, O 77.

die hier in Rede stehenden Sanktionierungsformen festgestellt werden, dass sie sich mehrfach voneinander abgrenzen würden. So unterscheiden sie sich zunächst in Ihren Voraussetzungen, da die informellen Regelungen des § 153a StPO stets eine Zustimmung des Täters und der Staatsanwaltschaft verlangen, während dieses Erfordernis bei einer gerichtlichen Verurteilung zu einer Geldstrafe auf Bewährung entfiele[525]. Während also bei der Verfahrensbeendigung nach § 153a StPO die Auflagen und Weisungen noch auf der Freiwilligkeit des Täters beruhen, kann das Gericht sie im Rahmen einer Bewährung auch gegen dessen Willen auferlegen. Darüber hinaus treten beide Sanktionierungsformen schwerpunktmäßig in verschiedenen Verfahrensabschnitten auf. So liegt der Hauptanwendungsfall der Verfahrensbeendigungen nach § 153a Abs. 1 StPO im Ermittlungsverfahren[526], während die Verurteilung einer ausgesetzten Geldstrafe als gerichtliche Entscheidung ihr Schwergewicht im Hauptverfahren finden dürfte. Damit wäre letztlich ein Konkurrenzverhältnis allenfalls dort denkbar, wo der Staatsanwalt in einem der beiden Verfahrensabschnitte von einer Opportunitätseinstellung Abstand nimmt, weil er eine Bewährungsunterwerfung des Täters für erforderlich hält. Diese Konstellation dürfte aber im Ermittlungsverfahren eher einen Ausnahmefall darstellen, da dort regelmäßig nur sehr wenige Informationen bekannt werden, die auf die spätere gerichtliche Aussetzungsentscheidung schließen lassen. Eher denkbar wäre ein derartiges staatsanwaltschaftliches Einstellungsveto in der Hauptverhandlung, nachdem sich der Staatsanwalt dort ein persönliches Bild vom Täter machen konnte. Da sich in einem solchen Fall auch der Richter den Täter kennengelernt hat, dürfte eine vorläufige Verfahrensbeendigung dann bereits an dessen fehlendem Einstellungsinteresse scheitern.

Zu Unrecht wird zudem ein entstehendes Spannungsverhältnis der Geldstrafenaussetzung zur Verhängung von Ordnungswidrigkeiten befürchtet[527]. Bereits auf den ersten Blick lässt sich erkennen, dass eine entsprechende Aussetzung im Ordnungswidrigkeitenverfahren weder erforderlich noch sinnvoll und umsetzbar ist. Denn zum einen käme eine Aussetzung im Ordnungswidrigkeitenverfahren aufgrund der erheblichen Verfahrenszahlen bereits aus praktischer Sicht nicht in Betracht. Zudem besteht auch kein kriminalpolitisches Aussetzungsbedürfnis, da es sich um ein, unterhalb des Strafrechts angesiedeltes, geringeres Unrecht mit entsprechendem niedrigeren Sanktionierungsniveau handelt. Dass die Höhe der Geldbuße insbesondere in wirtschaftsrechtlichen Ordnungswidrigkeitenverfahren unter Umständen sehr hoch ausfallen kann, steht dem nicht entgegen, da dort regelmäßig Unternehmen sanktioniert werden, für die eine derartige Sozialprognose ohnehin nicht erstellbar wäre. Wenn letztlich eine Bewährungsaussetzung der Sanktionen aber im Ordnungswidrigkeitenverfahren aber ohnehin indiskutabel ist, können auch keine Spannungen zu einem strafrechtlichen Aussetzungsverfahren entstehen. Im Übrigen bestünde dann erst recht ein derartiges Spannungsverhältnis zur gegenwärtigen Freiheitsstrafenaussetzung.

525 *Caesar*, Deutscher Juristentag 1992, Sitzungsberichte, O 63, O 66.

526 Vgl. oben Teil 1, 2.5 Einstellungen nach §§ 153, 153a StPO.

527 BT-Drucks. 10/5828, 5; *Kintzi*, DRiZ 2001, 198, 199; *Schöch*, Deutscher Juristentag 1992, C 84.

2.3.5 Finanzielle Aspekte

Eine große Hürde für die Umsetzung der Aussetzungsmöglichkeit von Geldstrafen dürfte gegenwärtig die Frage ihrer Finanzierung darstellen. In einer Zeit, in der die Grenzen der ökonomischen Belastbarkeit des Staates immer deutlicher werden, kann daher der Kostenaspekt der Bewährung nicht außer Betracht bleiben. Insbesondere wird den mit der Vollziehung betroffenen Bundesländern der mit einer justiziellen Mehrbelastung einhergehende, finanzielle Mehraufwand ein Dorn im Auge sein. In Anbetracht der leeren Länderkassen und aktuellen wirtschaftlichen Schwankungen verwundert es nicht, wenn hier um jeden Euro gerungen wird[528].

Da die Bewährungsaussetzung von Geldstrafen zur Entlastung der vollstreckten Ersatzfreiheitsstrafe erfolgen soll, liegt insoweit ein vorsichtiger Kostenvergleich nahe.

So wird bei den ausgesetzten Freiheitsstrafen in der Literatur teilweise von einem durchschnittlich etwa fünf bis sechs Mal höheren Kostenaufwand bei einem Strafgefangenen als bei einem Bewährungsprobanden ausgegangen[529].

Im Folgenden wird dabei anhand der zuvor erarbeiteten möglichen Folgen einer Einführung dieser Sanktionsart zunächst untersucht, inwieweit tatsächlich für die Bewährungsgeldstrafen Kosten entstehen könnten. Im Anschluss daran folgen einige Überlegungen, inwieweit gleichzeitig finanzielle Erleichterungen erwartet werden können, die dem entgegenzuhalten wären. Dabei fließen nicht nur die jeweiligen Aufwendungen für Schreib- und Verwaltungskräfte ein. Zu berücksichtigen ist ferner die etwas höhere Besoldung bei Bewährungshelfern als beim durchschnittlichen Vollzugspersonal. Außerdem kommen für den Strafvollzug noch Kosten für die Unterbringung der Gefangenen und Bau- und Unterhaltung der Vollzugsanstalten hinzu. Dabei ist bekanntermaßen von starken regionalen Unterschieden sowohl bei den Bewährungs- und Haftkosten als auch den jeweiligen Fallzahlen auszugehen, weshalb den folgenden bundesweiten Hochrechnungen nur eine bedingte Aussagekraft zukommt. Deshalb sollen exemplarisch einige Bundesländer herangezogen werden. So belaufen sich bspw. in Brandenburg, ebenso wie im Bundesdurchschnitt, die gegenwärtigen Personal- und Sachmittelkosten für einen Bewährungshilfeprobanden an einem Tag auf ca. 2,50 Euro[530]. Mit der hier vorgeschlagenen Anlehnung der Bewährungsgeldstrafen an die Freiheitsstrafenregelungen wäre auch im Geldstrafenbereich mit einer durchschnittlichen Dauer der Bewährungsaufsicht von drei Jahren zu rechnen. Dies ergäbe letztlich einen Gesamtaufwand für einen durchschnittlichen Bewährungsfall von rund 2.737,50 Euro. Ergänzend ist dabei anzumerken, dass die tatsächlichen Kosten von Geldstrafenbewährungen noch erheblich niedriger einzustufen wären[531].

Diesen Ausgaben für Mehraufwendungen könnten zunächst die Einsparungen durch die, mit der Einführung von Bewährungsgeldstrafen verbundene, einhergehende Zurückdrängung von Ersatzfreiheitsstrafen entgegengehalten werden. Geht man bei der Vollstreckung einer durchschnittlichen Ersatzfreiheitsstrafe von einer Dauer von

528 Vgl. hierzu auch oben Teil 1, 3.5.3 Politischer Widerstand.
529 *Schöch*, Vortrag vom 07.04.2003, 8 f.
530 Vgl. Arbeitsgemeinschaft deutscher Bewährungshelferinnen und Bewährungshelfer e.V., Internetpublikation abrufbar unter www.bewaehrungshelfer-online.de.
531 Ebenso BT-Drucks. 13/4462, 3; vgl. auch oben Teil 3, 2.3.2 Justizielle Mehrbelastungen.

30 Tagen und Kosten eines Haftplatzes im bundesweiten Trend von gegenwärtig 88,00 Euro aus, käme es mit jeder verhinderten Ersatzfreiheitsstrafe zu einer Einsparung von rund 2.640,00 Euro[532]. Wesentlich höher würden derartige Einsparungen in Bundesländern ausfallen, die sehr hohe Haftplatzkosten oder längere durchschnittliche Ersatzfreiheitsstrafen aufweisen. Mit einem Personal- und Sachmittelaufwand von ca. 125,00 Euro pro Tag und Gefangenen in Hamburg[533] ließen sich dort bereits 3.750,00 Euro für jede weggefallene Ersatzfreiheitsstrafe einsparen. In Mecklenburg Vorpommern mit durchschnittlich 54 Tagen Ersatzfreiheitsstrafendauer zu je 75,00 Euro käme man sogar auf einen einzusparenden Betrag von rund 4.050,00 Euro[534].

Insbesondere im Hinblick auf die von den Bewährungsunterstellten zu erfüllenden Auflagen könnten zudem auch die Kommunen aus den Bewährungsgeldstrafen wesentliche Vorteile von Geldstrafenaussetzungen erlangen. Demnach ließen sich als weitere „Aufrechnungsposten" die in den Kommunen eingesparten Kosten durch den dortigen Einsatz von zu Geldstrafe Verurteilten im Rahmen der Auflagenerfüllung anführen, die sie für eine entgeltliche Entrichtung solcher Tätigkeiten hätten aufbringen müssen. In welcher Höhe hier mit Einsparungen im Einzelnen zu rechnen ist, lässt sich jedoch nicht ohne weiteres prognostizieren, da hier eine Vielzahl von Faktoren einfließen. So hängt eine derartige Vorhersage u.a. von Art und Umfang der durchzuführenden Tätigkeit sowie Selbständigkeit oder Unselbständigkeit der jeweiligen Arbeitskraft ab. Auf jeden Fall könnten die Kommunen dabei aber erhebliche Summen durch eine sinnvolle Nutzung der steigenden Bewährungsfälle einsparen.

In diesem Zusammenhang lässt sich ebenso die Zahlung eines Geldbetrages an die Staatskasse oder eine gemeinnützige Einrichtung in Form einer Auflage anführen[535]. Hierdurch erlangen die einzelnen Institutionen Finanzmittel, die ansonsten ausblieben oder anderweitig beschafft werden müssten. Allerdings darf die Gesamthöhe dieser Einnahmen und damit ihr gesamtes Gewicht aber nicht überbewertet werden. So ist zu berücksichtigen, dass der jeweiligen Geldauflage gerade keine Ersatzfunktion für die zunächst entfallene Geldstrafeneinnahme zukommen soll. Stattdessen hat sie vielmehr die Aufgabe, in präventiver Weise auf den Täter einzuwirken. Um den Verurteilten vor einer finanziellen Überlastung zu bewahren, dürfte die jeweilige Auflagenhöhe allenfalls moderat ausfallen. Der Umfang, mit dem diese Auflage deshalb gerichtliche Anwendung finden wird, ist daher eher als gering einzuschätzen.

Da die Geldstrafe dem Staat zu nicht unbeträchtlichen Einnahmen verhilft, dürfte ein weiteres wesentliches Argument der Länder gegen die Aussetzung von Geldstrafen der gleichzeitige Rückgang der Geldstrafeneinnahmen sein. So fließen die Einnahmen von Geldstrafen nicht etwa in die Verbesserung der Strafrechtspflege, sondern direkt in die jeweiligen Länderhaushalte, wo sie als feste Einnahmequelle in die Haushaltsplanung jedes Landes einbezogen werden. Das rein fiskalpolitische Interesse der Länder dürfte deshalb eher dahin gehen, die Geldstrafe weiter auszudehnen, um damit auch zukünftig die Löcher in den öffentlichen Kassen zu stopfen. Dabei ist aber zu-

532 Vgl. zu den Haftkosten auch oben Teil 1, 3.3 Finanzmittel des Staates.

533 Statistisches Bundesamt, Justiz auf einen Blick, 2011, 57 f.

534 Vgl. zu Haftdauer und -Kosten in Mecklenburg Vorpommern, *Dünkel/Scheel,* 2006, 170, sowie Statistisches Bundesamt, Justiz auf einen Blick, 2008, 58 f.

535 Vgl. BT-Drucks. 13/4462, 3.

nächst festzuhalten, dass es keinen staatlichen Anspruch auf Geldstrafeneinnahmen gibt. Insbesondere soll die Geldstrafe das Vermögen des Bestraften mindern und nicht der Vermehrung der Staatseinnahmen dienen. Die bei der Strafzumessung eingeräumten Ermessensspielräume sollen den Besonderheiten des Einzelfalles gerecht werden. Keinesfalls darf ihre Entscheidung im Interesse der Staatskasse getroffen werden. Diese elementaren Grundgedanken der Strafzumessung lassen sich zugleich auf die Überlegungen zum Ausbau des Sanktionensystems übertragen. Auch dort handelt es sich bei dem fiskalpolitischen Interesse an der Geldstrafeneinnahme um ein „sachfremdes Kriterium", denn hierdurch wird letztlich nur die Gefahr geschaffen, dass der Ausbau und die Erweiterung der Geldstrafe als kriminalpolitische Instrumente hinter dem finanzpolitischen Gedanken zurücktreten würden. Daher ist es bedauerlich, dass sich das Kriterium der fehlenden Geldstrafeneinnahmen in Anbetracht leerer Kassen dennoch nicht ohne weiteres aus den fiskalischen Überlegungen der Länder verdrängen lässt.

Vor diesem Hintergrund kann davon ausgegangen werden, dass den Teilaussetzungen von Geldstrafen dagegen wesentlich freundlicher entgegengesehen wird. Dies mag zum einen daran liegen, dass dort die Geldstrafe als Einnahmequelle nicht vollständig entfällt, da ein Teil für sofort vollstreckbar erklärt wird. Damit bliebe den Ländern zumindest ein Teil der Einnahmen von ausgesetzten Geldstrafen erhalten. Zudem dürfte der mit einer Teilaussetzung beabsichtigte Anwendungsbereich gleich mit mehreren finanziellen Vorteilen für die Länder verbunden sein. Zum einen lässt das Eindringen in höhere Geldstrafenbereiche gleichzeitig einen Rückgang kurzer Freiheitsstrafen erwarten. Davon wären vornehmlich solche Täter betroffen, gegen die bislang mangels Alternativen eine Freiheitsstrafe zur Bewährung verhängt wurde, die lediglich als Folge der Überschreitung der „magischen Grenze" von neunzig Tagessätzen erging. So könnte bspw. an die Stelle eine achtmonatige Freiheitstrafe in eine teilausgesetzte Geldstrafe in Höhe von zweihundertvierzig Tagessätzen ergehen. Auch wenn hier scheinbar nur eine Bewährungsstrafe gegen eine andere ausgetauscht werden soll, liegen die Vorteile einer Teilaussetzung auf der Hand. So könnte bei der zuvor bezeichneten Geldstrafe ein Drittel, mithin achtzig Tagessätze, unbedingt und zwei Drittel, also zweihundertvierzig Tagessätze bedingt ausgesprochen werden. Zunächst wird nunmehr durch den unbedingten Teil der Geldstrafe eine zusätzliche Einnahmequelle erschlossen, an deren Stelle sich bislang die angedrohte Freiheitstrafe befindet. Ein weiterer erheblicher Unterschied beider Sanktionsformen ergibt sich bei einem Bewährungsversagen. Während es gegenwärtig beim Widerruf der Bewährung regelmäßig zu einer teuren Verbüßung der Freiheitsstrafe kommt, könnte sich zukünftig für den Staat die zweite Einnahmequelle in Form der angedrohten (Rest-)Geldstrafe erschließen.

2.4 Das Geldstrafen-Ersetzungsmodell

Einen anderen Weg schlug die Mehrheit der von der Bundesregierung eingesetzten Kommission zur Reform des strafrechtlichen Sanktionensystems vor[536]. Sie erarbeitete

536 Abschlussbericht 2000, 5.2.2; zusammenfassend: *Kintzi*, DRiZ 2001, 204 f.; *Schüler-Springorum*, Festschrift-Roxin 2001, 1021, 1027 ff.

ein „Geldstrafen-Ersetzungsmodell", bei dem das Gericht dem Verurteilten im Erkenntnis- oder Vollstreckungsverfahren gestatten kann, eine Geldstrafe ganz oder nur teilweise durch Ersatzsanktionen zu tilgen. Im Gegensatz zur Aussetzung der Geldstrafe zur Bewährung knüpft es nicht an prognostische Erwägungen, sondern lediglich an die tatsächliche Erbringung der Ersatzleistung an. Ziel dieses Modells ist es, die positiven Ansätze der Aussetzung einer Geldstrafe zur Bewährung zu nutzen und die von der Kommission befürchteten Nachteile zu vermeiden[537].

Der Vorschlag sieht vor, dem Täter im Urteil oder durch Beschluss eine angemessene Frist für die Erbringung und den von ihm zu führenden Nachweis der Ersatzleistung zu setzen. Dabei kämen als denkbare Alternativen die gemeinnützige Arbeit oder die Wiedergutmachungsleistung an das Opfer in Betracht. Ambulante Therapiemaßnahmen wurden dagegen als Ersatzleistung abgelehnt, da sie nicht mit dem Charakter von Geldstrafen als Denkzettel zur Normverdeutlichung in ihrer Zielsetzung übereinstimmen. Problematisch ist zudem, in wieweit Schadenswiedergutmachung als Ersetzung für eine strafrechtliche Sanktionierung in Betracht kommt. Da grundsätzlich jeder Täter zu Wiedergutmachung in Form von Schadenersatz verpflichtet ist, könnte diese Regelung zu einer Ungleichbehandlung führen, die auf den finanziellen Mittel des Täters beruht[538]. Demnach käme nur der in schwachen wirtschaftlichen Lage befindliche Täter, dessen finanziellen Mitteln entweder nur zur Erfüllung des Opferersatzanspruch oder des Strafanspruchs ausreichen, in den Genuss dieser Regelung. Dagegen müsste der finanzstarke Täter beide Ansprüche erfüllen, ebenso wie der mittellose Täter, der schlimmstenfalls zunächst die Ersatzfreiheitsstrafe zu verbüßen hätte und dann für dreißig Jahre mit dem Schadenersatzanspruch belastet wäre. Als verfassungsrechtlich rechtfertigenden, sachlichen Grund für diese „Besserstellung" eines Verurteilten mit geringen wirtschaftlichen Mitteln lässt sich jedoch der effektive Schutz von Opferinteressen anführen[539]. So soll der Strafanspruch des Staates ausnahmsweise dann zurücktreten, wenn seine Durchsetzung die Verwirklichung des Wiedergutmachungsanspruchs des Opfers gefährdet. Dies kann wiederum nur dann der Fall sein, wenn der Verurteilte ohnehin nur einen der beiden Ansprüche befriedigen könnte. Zudem wird in der Ersetzungsalternative der Wiedergutmachung auch eine Parallele zu § 46a StGB erkennbar, nach welchem die Strafe gemildert oder von ihr abgesehen werden kann, wenn die geleistete Wiedergutmachung „erhebliche persönliche Leistungen oder persönlichen Verzicht erfordert hat", womit auch hier derjenige entfällt, der die Entschädigung sozusagen „aus der Westentasche" bezahlen kann.

Darüber hinaus ermöglicht die Anwendung des Ersetzungsmodells im anschließenden Vollstreckungsverfahren auch eine Einbeziehung des Täters, der bewusst das Verfahren des § 46a StGB im Erkenntnisverfahren abgelehnt hat, weil seine Verteidigung auf einen Freispruch abgezielte.

Um bei der Umsetzung des Modells die Mehrbelastung der Justiz möglichst gering zu halten, soll die vom Verurteilten zu erbringende Ersatzleistung als „Bringschuld" ausgestaltet werden. Zwar müsste er sich damit um die Ersatzleistung und den Nachweis der Erbringung kümmern, allerdings war eine Hilfestellung durch die Voll-

537 *Kintzi*, DRiZ 2001, 204 f.
538 Vgl. Abschlussbericht 2000, 5.2.2.3.
539 Vgl. auch zum Folgenden Abschlussbericht 5.2.2.3.

streckungsbehörden, der Gerichtshilfe oder den sozialen Diensten angedacht. Im Falle der Nichterbringung der Ersatzleistung sollte die Geldstrafe unabhängig vom Verschulden oder Nichtverschulden des Verurteilten vollstreckt werden.

Insgesamt unterscheidet sich das Geldstrafen-Ersetzungsmodell im Kern in zwei wesentlichen Punkten von der Geldstrafenaussetzung. Zum einen entfiele die Bewährungszeit mitsamt einer hierfür erforderlichen positiven Sozialprognose. Durch die Ausgestaltung der Ersetzungsmöglichkeit als „Bringschuld" wird sie vollständig in die Verantwortung des Verurteilten gegeben. Damit läge der Vorteil dieses Modells in einem weitaus geringeren justiziellen und finanziellen Mehraufwand. Leider beschränkt sich dieser Vorschlag jedoch ausschließlich auf die Ersetzung der Geldstrafe als Denkzettel zur Normverdeutlichung. Dagegen entfällt die häufig erforderliche spezialpräventive Wirkung vollends. Ein zentraler Schwerpunkt der Geldstrafenaussetzung, auf den Straftäter in geeigneter Weise durch Auflagen und Weisungen sowie die Straffreiheit in der Bewährungszeit einzuwirken, um auch künftig ein straffreies Leben zu führen, bleibt damit vollständig unbeachtet.

Um dennoch die Vorteile beider Vorschläge nutzen zu können, wäre es durchaus überlegenswert, ob sie auch nebeneinander Anwendung finden könnten. So weisen sie verschiedene Anwendungsbereiche auf, bei dem jener des Geldstrafen-Ersatzmodells erheblich weiter reicht. Der Einsatz des Geldstrafen-Ersetzungsmodells könnte neben der Aussetzung von Geldstrafen zur Bewährung eine zusätzliche Vollstreckungsalternative für wirtschaftlich schwächer gestellte Straftäter schaffen, bei denen eine Bewährungsaussetzung aufgrund einer negativen Sozialprognose abzulehnen wäre. Damit ließe sich gleichzeitig die Gefahr, die Geldstrafe in Form einer Ersatzfreiheitsstrafe verbüßen zu müssen, auch für diese Tätergruppe verringern.

Einer parallelen Anwendung steht auch nicht der scheinbare Widerspruch entgegen, dass sich Täter mit einer positiven Sozialprognose einer Bewährung zu unterwerfen hätten, während dies bei denen mit einer negativen Prognose nicht der Fall wäre. So entfällt bei der Geldstrafenaussetzung die zuvor verhängte Geldstrafe ganz oder teilweise mit der erfolgreichen Beendigung der Bewährungszeit. Dagegen verbleibt es beim Geldstrafen-Ersetzungsmodells bei der Sanktionierung in voller Höhe. Der Begünstigte müsste hier in jedem Fall seine Strafe vollumfänglich ableisten, wobei ihm lediglich die Möglichkeit eröffnet wird, diese ganz oder zum Teil in Form des jeweils angeordneten Ersatzes zu erbringen. Zwar können dem zu einer Bewährung Verurteilten ebenfalls Auflagen und Weisungen auferlegt werden. Deren Eingriffsintensität bleibt jedoch regelmäßig weit hinter einer „echten" Ersatzsanktion zurück.

2.5 Zusammenfassung

Zunächst wurde deutlich, dass die Aussetzungsalternative von Geldstrafen als Möglichkeit zur Lösung einer Vielzahl von Problemen der Geldstrafe und deren Vollzug in Betracht käme[540]. Während im unteren Kriminalitätsbereich die Lücke zwischen der derzeit eher selten genutzten Verwarnung mit Strafvorbehalt und der unbedingten Geldstrafe geschlossen werden könnte, brächte die Teilaussetzung von Geldstrafen im

540 Vgl. oben Teil 3, 2.1 Vorteile der Geldstrafenaussetzung.

mittleren Kriminalitätsbereich die Erschließung des oberen Geldstrafenbereiches mit sich. Die Verknüpfung der Aussetzung mit verschiedenen, auf den Täter angepassten, Auflagen und Weisungen würde einen wertvollen spezialpräventiven Einfluss erlauben, was insbesondere im Bereich der Straßenverkehrsdelikte erforderlich wäre. Zudem käme es durch die, mit der Aussetzung einhergehende, vermehrte Befriedigung von Schadensersatzforderungen zu einer Stärkung der Opferinteressen. Letztlich ginge mit der Reduzierung der derzeit steigenden Gefahr uneinbringlicher Geldstrafen die gleichzeitige Vermeidung von Ersatzfreiheitsstrafen einher.

Bei der Umsetzung sollte jedoch von der Schaffung einer eigenständigen Bewährungsstrafe Abstand genommen werden[541]. So würde einerseits die schon im Urteil festgesetzte Sanktionierung lediglich zu einer unwesentlichen Urteilsmodifikation der bestehenden Bewährungsregelungen führen, wogegen die, erst im Falle eines Bewährungswiderrufs festzusetzende Strafe, neben einer erheblichen Rechtsunsicherheit und sinkenden Spezialprävention auch die im Laufe der Bewährungszeit steigende Gefahr der Sanktionierungsbeschränkung auf den jeweiligen Bewährungsverstoß zur Folge hätte. Ebenso bietet sich eine Anlehnung der Geldstrafenaussetzung an die bestehende Verwarnung mit Strafvorbehalt nicht an, da eine Zurückhaltung der Gerichte zu befürchten ist, wie sie bei der gegenwärtigen Verwarnung mit Strafvorbehalt der Fall ist[542]. Zu empfehlen ist für die Bewährungsgeldstrafe stattdessen eine Anlehnung an die bestehenden Regelungen der §§ 56 ff. StGB, wobei bei den Rahmenbedingungen ein weitestgehender Gleichlauf zwischen Geld- und Freiheitstrafen angestrebt werden sollte. Um zunächst vor diesem Hintergrund eine einheitliche Grenzziehung bei der Bewährungsaussetzung zu erreichen, könnte die Zweijahresgrenze des § 56 Abs. 2 StGB auch auf Geldstrafenaussetzungen übertragen werden, was deren Aussetzungsmöglichkeit in jeder Höhe erlauben würde. Indem für die Aussetzung einer Geldstrafe das Vorliegen einer positiven Legal- oder Kriminalprognose gem. § 56 Abs. 1 StGB verlangt wird, könnte ein weiter Parallelismus mit den Freiheitsstrafen erreicht werden. Ergänzend sollte die Bewährungszeit des § 56a Abs. 1 StGB von zwei bis fünf Jahren auch für Geldstrafen übernommen und bei den Auflagen und Weisungen nicht generell auf die Auflage die Zahlung einer Geldbuße verzichtet werden.

Der spezialpräventive Denkzettelcharakter von Geldstrafen könnte durch den Einsatz von Teilaussetzungen im gesamten Geldstrafenbereich besonders unterstrichen werden. Um den Gerichten auch bei den Teilaussetzungen einen größtmöglichen Spielraum zu lassen, sollte dabei auf gesetzlich vorgegebenen Rahmenbedingungen über die Aussetzungs- und Vollstreckungshöhe verzichtet werden.

Weiterhin wird deutlich, dass die im Zusammenhang mit der Geldstrafenaussetzung aufgeworfenen Zweifel nicht vollends überzeugen. So ist die befürchtete weite Ausdehnung von Aussetzungen unbegründet, da die hierfür erforderliche positive Sozialprognose bei Verurteilten zu Geldstrafen aufgrund der umfangreichen staatsanwaltschaftlichen und gerichtlichen Einstellungspraxis der §§ 153 ff. StPO sowie der Tatsache, dass in den einschlägigen Deliktsarten nahezu jeder zweiten Geldstrafenverurteilung bereits eine Vorstrafe vorausgeht, gerade nicht regelmäßig angenommen

541 Vgl. oben Teil 3, 2.2.1 Bewährungsstrafe als eigenständige Sanktion.
542 Vgl. hierzu und zum Folgenden oben Teil 3, 2.2.2 Anlehnung an bestehende Sanktionen.

werden kann[543]. Um bei der Geldstrafenaussetzung eine weitestgehende Einzelfallgerechtigkeit und einen weiten gerichtlichen Beurteilungsspielraum zu gewährleisten, sollte jedoch von einem pauschalen, gesetzlich geregelten Ausschluss sämtlicher Wiederholungstäter von der Bewährungsgeldstrafe abgesehen werden. Da mit der im Einzelfall sinkenden rückfallhemmenden Wirkung der angedrohten Geldstrafe die Anforderungen an den Täter für eine positive Sozialprognose signifikant steigen, bestünden zudem keine Abgrenzungsschwierigkeiten zwischen Aussetzung und Nichtaussetzung von Geldstrafen. Schließlich zeigt bereits die heutige Sanktionierungspraxis im Bereich der Freiheitsstrafenaussetzung, dass das Erfordernis einer positiven Sozialprognose nicht zwangsläufig deren Anwendung im Strafbefehlsverfahren ausschließt.

Die voranstehend prognostizierten rund 200.000 zusätzlichen Bewährungsfälle jährlich zögen zwar unstreitig einen justiziellen Mehraufwand nach sich[544]. Diesem wäre aber nicht nur der teilweise Ausgleich durch einen geringeren Überwachungsaufwand bei ausgesetzten Geldstrafen und dem gleichzeitigen Rückgang von Ersatzfreiheitsstrafen entgegen zu halten, sondern auch die damit einhergehenden, begrüßenswerten Investitionen in die zukünftige Straflosigkeit straffällig gewordener Personen.

Weiterhin geht der Geldstrafe durch ihre Aussetzung auch keine Strafwirkung verloren[545]. Der Gefahr, dass viele Straftäter diese Verurteilung als Straflosigkeit missverstehen könnten, kann durch die Verhängung von Auflagen oder Weisungen und insbesondere den Einsatz der Teilaussetzung entgegnet werden. Damit käme es anstatt einer befürchteten Aufweichung des Strafniveaus sogar zu dessen Anhebung durch eine bessere, täterorientierte Sanktionierungsmöglichkeit der Gerichte, die darüber hinaus auch die befürchteten Sanktionierungswidersprüche zwischen Erst- und Mehrfachtätern verhindern würde. In diesem Zusammenhang sind die Befürchtungen eines etwaigen Konkurrenzverhältnisses der Aussetzung von Geldstrafen zu den Einstellungen des § 153a StPO ebenso wenig begründet wie jene eines entstehenden Spannungsverhältnisses zum Ordnungswidrigkeitenverfahren[546]. Aus finanzieller Sicht sind die fehlenden Geldstrafeneinnahmen als Gegenargument grundsätzlich nur von untergeordneter Rolle bzw. außer Betracht zu lassen, da es einen staatlichen Anspruch hierauf gerade nicht gibt. Zudem können den finanziell notwendigen Mehrbelastungen erhebliche Einsparungen durch die Minderung von Ersatzfreiheitsstrafen sowie kommunale Einsparungen bei der gemeinnützigen Arbeit und letztlich in geringem Umfang auch die Geldauflageeinnahmen entgegengehalten werden[547].

Damit wird insgesamt deutlich, dass die Einführung einer Gesamt- und Teilaussetzung von Geldstrafen zur Bewährung als neue ambulante Sanktion nicht nur umsetzbar wäre, sondern zugleich eine sinnvolle Ergänzung des Sanktionensystems zur Vermeidung von Ersatzfreiheitsstrafen im unteren und mittleren Kriminalitätsbereich darstellen würde.

---

543 Vgl. auch zum Folgenden oben Teil 3, 2.3.1 Günstige Sozialprognose.

544 Vgl. auch zum Folgenden oben Teil 3, 2.3.2 Justizielle Mehrbelastungen.

545 Hierzu oben Teil 3, 2.3.3 Kriminalpolitische Kritik.

546 Vgl. auch zum Folgenden oben Teil 3, 2.3.4 Systematische Fragen.

547 Vgl. oben Teil 3, 2.3.5 Finanzielle Aspekte.

Schließlich käme es darüber hinaus durch den parallelen Einsatz des Geldstrafen-Ersetzungsmodells zu einer zusätzlichen Vermeidung von Ersatzfreiheitsstrafen bei Tätern, die für eine Aussetzung der Geldstrafe aufgrund einer fehlenden positiven Sozialprognose ausscheiden würden[548].

3 Auflagen und Weisungen ohne Bewährungsaussetzung

Trotz ihrer dominierenden Stellung im deutschen Strafensystem beinhaltet die gegenwärtige Geldstrafe durch ihre Austauschbarkeit und Unpersönlichkeit Probleme, unter denen ihre spezialpräventive Wirkung leidet und zuweilen sogar vollends entfallen kann. Daneben läuft sie in der aktuellen Ausgestaltung noch immer in unbefriedigender Weise den Opferinteressen zuwider[549].

Deshalb gibt es auch Überlegungen, inwieweit diese Schwierigkeiten durch eine zusätzliche Erweiterung der Geldstrafe mit Auflagen und Weisungen verringert werden könnten, ohne zugleich eine Bewährungszeit anordnen zu müssen[550].

3.1 Möglichkeiten und Vorteile

Um den spezialpräventiven Einfluss der Geldstrafe auf den Verurteilten zu verstärken, kam es zu Empfehlungen verschiedener Möglichkeiten[551]. Angelehnt an die §§ 56b, 59a StGB, § 153a StPO wurden Auflagen, wie die Zahlung eines Geldbetrages an eine gemeinnützige Einrichtung oder die Erbringung einer gemeinnützigen Leistung vorgeschlagen. Als mögliche Weisungen wurden zudem die Unterziehung einer ambulanten Heilbehandlung oder Entziehungskur sowie die Teilnahme an einem Verkehrsunterricht genannt. Ebenso wie bei den Bewährungsstrafen erscheinen derartige Begleitsanktionen auch im Rahmen einer Geldstrafe ohne Bewährung durchaus zweckmäßig, um in entsprechender Weise auf den Täter einzuwirken. Dies wird regelmäßig der Fall sein, wenn das Gericht im Rahmen seiner Strafzumessungserwägungen zu dem Ergebnis kommt, dass lediglich Raum für eine Geldstrafe vorhanden ist und daher eine ausgesetzte Freiheitsstrafe ausscheidet, gleichzeitig aber erkennt, dass diese Rechtsfolge den Angeklagten offensichtlich unberührt lassen wird[552]. Während im gegenwärtigen Strafrecht hier nur die – für das Gericht unbefriedigende – Verhängung einer unbedingten Geldstrafe bliebe, hätte es bei einer Erweiterung mit Auflagen und Weisungen die Möglichkeit, darüber hinaus eine gemeinnützige Arbeitsauflage zu verhängen und somit den Täter auch unter spezialpräventiven Gesichtspunkten zu erreichen. Ähnliches gilt für die Fälle von Eigentums- oder Vermögensdelikten, die offensichtlich zur Beschaffungskriminalität von Alkohol- oder Drogenabhängigen gehören. Hier wäre es dem Gericht ebenfalls eher möglich, die Weisung zur Durchführung einer Entziehungskur zu nutzen und nicht erst die dritte oder vierte Tat abwarten zu müssen, um

548 Vgl. oben Teil 3, 2.4 Das Geldstrafen-Ersetzungsmodell.

549 Vgl. oben Teil 1, 3.1 Probleme bei der Geldstrafe.

550 Vgl. *Kintzi*, in: Abschlussbericht 2000, 5.1.1; *ders.* DRiZ 2001, 202.

551 *Kintzi*, DRiZ 2001, 202.

552 Vgl. hierzu oben Teil 1, 3.1.1 Der Denkzettelcharakter.

im Rahmen einer bedingten Freiheitsstrafe mit Auflagen und Weisungen spezialpräventiv den Ursachen des kriminellen Verhaltens entgegentreten zu können. Zudem könnte bei Delikten im Zusammenhang mit dem Straßenverkehr die Weisung zur Teilnahmen an einem Verkehrsunterricht eine erhebliche Bedeutung erlangen.

Damit würde diese Sanktionierungsvariante den richterlichen Handlungsspielraum bei Geldstrafen erheblich erweitern. Hinsichtlich ihrer Eingriffsintensivität wäre sie dabei grundsätzlich zwischen der unbedingten Geldstrafe und der zur Bewährung ausgesetzten Freiheitsstrafe einzuordnen. Die zusätzliche Handhabe, unterhalb der Freiheitsstrafen spezialpräventiv auf einen Täter einwirken zu können, könnte möglicherweise gleichzeitig sogar zu einer Zurückdrängung bedingter Freiheitsstrafen und damit der Gefahr ihres Widerrufs führen.

Gleichzeitig wäre die Anwendung von Auflagen und Weisungen neben Geldstrafen geeignet, Opferinteressen zu stärken. Auch hier könnten parallel zu den §§ 56b, 59a StGB und § 153a StPO Auflagen, wie die Wiedergutmachung des durch die Tat verursachten Schadens oder die Weisung des Nachkommens von Unterhaltspflichten, zu einer Besserstellung des Opfers beitragen.

Ein ebenfalls nicht von der Hand zu weisender Vorteil gegenüber den zuvor erläuterten Auflagen und Weisungen bei Bewährungsgeldstrafen läge zudem in der Frage der Finanzierung, da insoweit die Bewährungskosten entfielen. Stattdessen würde sich die Kostenfrage – ähnlich wie bei den gegenwärtigen Einstellungen des § 153a StPO – auf die Organisation und Überwachung der Auflagen- und Weisungserfüllung beschränken und damit auch in Zeiten knapper Haushaltkassen akzeptabel sein. Letztlich könnte durch den möglichen Wegfall einiger ausgesetzter Bewährungsstrafen sogar eine Kostenersparnis oder zumindest ein -ausgleich eintreten.

3.2 Die Umsetzung

Im Hinblick auf die gegenwärtig bestehenden Möglichkeiten von Auflagen- und Weisungsverhängungen bietet es sich an, solche bei der Geldstrafe vergleichbar auszugestalten. Insbesondere sollte ein Anordnungskatalog erstellt werden, der auf diese Sanktionsform zugeschnitten ist. Dafür eignen sich nach dem Vorangegangenen insbesondere die Auflagen der Schadenswiedergutmachung und der Erbringung einer gemeinnützigen Leistung.

Entgegen der früheren Vorschläge[553] ist die Auflage zur Zahlung eines Geldbetrages zugunsten einer gemeinnützigen Einrichtung oder der Staatskasse neben einer Geldstrafe allerdings nicht zweckentsprechend, da die Sanktionswirkung einer Geldleistung bereits durch Hauptstrafe erlangt würde. Zudem ließe sich damit weder eine verbesserte spezialpräventive Wirkung beim Täter, noch eine Besserstellung des Opfers erreichen.

Weiterhin sollten in diesen Katalog die bereits angedeuteten Weisungen aufgenommen werden, den Unterhaltspflichten nachzukommen, sich einer ambulanten Heilbehandlung oder ambulanten Entziehungskur zu unterziehen und an einem Verkehrsunterricht teilzunehmen.

---

553 Vgl. *Kintzi*, DRiZ 2001, 202.

Letztlich sollte der Aufgaben- und Weisungskatalog nicht abschließend sein, um dem Gericht die Möglichkeit zu eröffnen, auf jede Besonderheit eines Falles entsprechend spezialpräventiv reagieren zu können.

Unproblematisch stellt sich die Umsetzung dar, solange der Verurteilte die Auflage oder Weisung in dem gerichtlich vorgegebenen Zeitraum erfüllt, anders dagegen, wenn die angeordnete Begleitsanktion vom Täter nicht befolgt wird. Für diesen Fall eröffnet sich nämlich ein erheblicher Unterschied zu den gegenwärtig bestehenden Konstellationen. Bei einer Verwarnung mit Strafvorbehalt droht dem Verwarnten gem. §§ 59b Abs. 1, 56f StGB die Verurteilung zur vorbehaltenen Strafe und bei einer Aussetzung der Freiheitsstrafe zur Bewährung wird auf die Nichterfüllung einer Auflage oder Weisung regelmäßig mit einem Widerruf der Aussetzung gem. § 56f StGB reagiert. Letztlich hat dies im Fall einer Verfahrenseinstellung gem. § 153a StPO stets die Erhebung der Anklage zur Folge, was dem Beschuldigten in der Entscheidung des Staatsanwalts oder des Gerichtes auch klar vor Augen geführt wird. In Kenntnis der Konsequenzen seines Verstoßes entsteht beim Täter damit ein mehr oder minder starker Druck, die angeordneten Auflagen oder Weisungen zu erfüllen.

Bei der Auflagen- und Weisungserteilung neben einer Geldstrafe gestaltet es sich dagegen schwierig, ähnlich geeignete Sanktionsmöglichkeiten für die Nichtbefolgung zu finden. Da die als Hauptstrafe ausgeurteilte Geldstrafe mit der Rechtskraft des Urteils unabänderlich wird und sich zudem mit ihrer Bezahlung erledigt, entfällt sie als Druckmittel für die jeweilige Begleitsanktionierung. Um dennoch Auflagen und Weisungen ohne gleichzeitige Bewährungszeit gangbar zu können, kämen in diesem Zusammenhang die nachfolgend näher beleuchteten Modelle in Betracht.

3.2.1 Das Aussetzungsmodell

Die erste Möglichkeit bestünde darin, die Zahlung eines Teils der Geldstrafe unter der Bedingung auszusetzen, die jeweilige Auflage oder Weisung zu erfüllen.

Bei dieser Alternative käme es zunächst zur Bestimmung der Gesamttagessatzzahl der Geldstrafe durch das Gericht, die es dann in einen unbedingten und einen bedingten Teil aufspaltet. Die unbedingt festgesetzte Tagessatzzahl hat der Verurteile zunächst in herkömmlicher Weise zu begleichen, während das Gericht den Rest der Geldstrafe unter die Bedingung stellt, die jeweilige Auflage oder Weisung zu erfüllen. Hierfür setzt es dem Verurteilten eine angemessene Frist, innerhalb derer er die Bedingung zu erfüllen hat. Geschieht dies rechtzeitig, wird die Vollstreckung der Zahlung des Restteils erlassen. Befolgt der Verurteilte die Begleitsanktion innerhalb der ihm zur Verfügung stehenden Zeitspanne nicht, hat er auch den bedingten Geldstrafenteil zu begleichen. Bei einer teilweisen Erfüllung der Auflage oder Weisung bestünde zudem die Anrechnungsmöglichkeit auf die Geldstrafe.

Diese, stark an die teilausgesetzte Bewährungsgeldstrafe angelehnte Idee, könnte somit deren Vorteil, höhere Geldstrafenbereiche zu erschließen, für sich in Anspruch nehmen[554]. Als zusätzlicher Pluspunkt gegenüber der Geldstrafenaussetzung zur Be-

554 Vgl. oben Teil 3, 2.1 Vorteile der Geldstrafenaussetzung.

währung wäre die entfallende Bewährungszeit einschließlich etwaiger dadurch entstehender Mehrkosten zu nennen[555].

3.2.1.1 Kriminalpolitische Akzeptanz

Kriminalpolitisch stellt sich jedoch die Frage, in wieweit dieses Vorgehen tatsächlich geeignet ist, den erforderlichen Druck bei einem Auflagen- und Weisungsunwilligen zu erzeugen.

Diese Wirkung dürfte bei den einzelnen Tätergruppen sehr unterschiedlich ausfallen. Wirtschaftlich und sozial schwächere Täter aus dem Bereich der Beschaffungskriminalität trifft eine Geldstrafe häufig überdurchschnittlich hart[556]. Für diese Tätergruppen scheint die Ermöglichung, einen Teil der Geldstrafenzahlung durch eine anderweitige Leistung abwenden zu können ideal sein. So trifft sie – ähnlich einer teilausgesetzten Bewährungsgeldstrafe – zunächst die Denkzettelwirkung der zu leistenden Zahlung ebenso wie die spezialpräventive Wirkung der Auflage oder Weisung unter einem entsprechenden Druck durch den bedingten Restbetrag.

Genau der umgekehrte Fall liegt dagegen bei denjenigen unwilligen Tätern vor, denen die Höhe der Geldstrafe gleichgültig ist[557]. Sie werden mit diesem Verfahren regelmäßig nicht zu erreichen sein, obwohl mit den Begleitsanktionen zur unbedingten Geldstrafe gerade bei ihnen eine spezialpräventive Wirkung angestrebt wird. So könnten sie unbeeindruckt von der angedrohten Zahlungsverpflichtung des Restbetrages die Frist verstreichen lassen, um dann anschließend den bedingten Teil zu begleichen. Damit würde es für diese Personen an der Akzeptanz der Auflagen und Weisungen fehlen, womit die Variante für eine wesentliche Tätergruppe ins Leere laufen und das angestrebte Ziel der verstärkten Spezialprävention bei Geldstrafen verfehlt werden würde.

Beim durchschnittlichen Täterkreis dürfte die Geldstrafe zwar grundsätzlich in der vom Gesetzgeber beabsichtigten empfindlichen Weise treffen, weshalb auch die Ankündigung der Zahlung der restlichen durchaus zur Erbringung der Auflage oder Weisung beisteuern würde. Allerdings wird der unwillige Täter hier regelmäßig eine Abwägung treffen, ob ihn der restliche Geldstrafenteil oder die Begleitsanktion weniger einschneidend belastet und sich im Zweifelsfall gegen Letztere entscheiden. Letztlich mangelt es dem Aussetzungsmodell damit auch bei dieser Tätergruppe an der Durchsetzbarkeit erforderlicher Auflagen oder Weisungen, womit es sich insgesamt bereits aus kriminalpolitscher Sicht wenig sinnvoll darstellt.

3.2.1.2 Wertungswidersprüche

Zusätzlich käme es auch in systematischer Hinsicht zu einigen Schwierigkeiten beim Aussetzungsmodell. Aufgrund ihrer großen Nähe zur teilausgesetzten Geldstrafe zur Bewährung könnte zur unbedingten Geldstrafe mit teilweisen Auflagen und Weisungsvorbehalt ein möglicher Wertungswiderspruch entstehen. Insofern haben beide

---

555 Vgl. oben Teil 3, 2.3.5 Finanzielle Aspekte.
556 Vgl. oben Teil 1, 3.1.3 Die „Leidensungleichheit".
557 Vgl. hierzu oben Teil 1, 3.1.1 Der Denkzettelcharakter.

Reaktionsformen gemeinsam, dass ein Teil der Hauptsanktionierung ausgesetzt wird und der Verurteilte durch die Ableistung von Auflagen und Weisungen die Möglichkeit einer anderweitigen Ableistung erhält. Der wesentliche Unterschied läge in der zusätzlichen Bewährungsunterstellung bei der Bewährungsgeldstrafe, wobei eine solche Bewährungszeit stets eine positive Sozialprognose voraussetzt[558]. Beim Aussetzungsmodell käme es dagegen unabhängig von einer positiven Sozialprognose zu einer Teilaussetzung der Geldstrafe, da das spezialpräventive Ziel allein mit den Auflagen und Weisungen erreicht werden soll. In der Folge müssten sich Täter mit einer positiven Sozialprognose im Rahmen einer Bewährungsgeldstrafe neben Auflagen und Weisungen einer zusätzlichen Bewährungszeit unterwerfen, während für solche ohne positive Sozialprognose mit dem Aussetzungsmodell die Auflagen und Weisungen allein Anwendung finden würden.

Ein derartiger Widerspruch wäre zudem geeignet, in der Praxis eine gerichtliche Unsicherheit bei der Entscheidung für oder gegen die jeweilige Sanktionsart hervorrufen. Im Zweifel dürfte die Wahl regelmäßig auf das Aussetzungsmodell und nicht die Bewährungsgeldstrafe fallen, da Ersteres zunächst stets anwendbar wäre und es zudem zur Einsparung von Mehraufwand und den damit verbundenen Kosten einer Bewährungsphase käme. Dies liefe der Anwendung von teilausgesetzten Bewährungsgeldstrafen mit ihren vielseitigen Möglichkeiten und Vorteilen zweifellos zuwider und würde sie in der Praxis erheblich einschränken.

Letztlich könnten derartige Wertungswidersprüche auch zu einer ausufernden Meidung der neuen Reaktionsmöglichkeiten in diesem Bereich führen. Dadurch bestünde die Gefahr, dass die Gerichte gänzlich auf Begleitsanktionen bei Geldstrafen sowohl mit als auch ohne Bewährungszeit verzichten.

Insgesamt wird deutlich, dass die zu erwartenden Wertungswidersprüche ebenso wie damit einhergehende Unsicherheiten in der Praxis dieses Modell als ungeeignet erscheinen lassen, Auflagen und Weisungen außerhalb einer Bewährungsgeldstrafe zu verhängen.

3.2.2 Das Auflagenmodell

Als weitere Alternative wäre für den Fall der Nichtbefolgung der Begleitsanktion eine Erhöhung der bereits ausgesprochenen Auflage oder die Anordnung einer weiteren zusätzlichen Auflage denkbar[559].

Bereits mit dem Urteilsspruch könnte durch das Gericht für den Fall einer Nicht- oder Schlechtleistung eine empfindliche Erhöhung etwaiger abzuleistender gemeinnütziger Arbeitsstunden sowie im Falle einer Weisung eine spürbare Geld- oder Arbeitsauflage angekündigt werden.

Zwar mögen derartige Aussichten durchaus geeignet sein, die Mehrzahl der Verurteilten zur Erfüllung ihrer jeweiligen Auflage oder Weisung zu bewegen. Wenn sich ein Verurteilter von der angedrohten verschärften Auflage allerdings nicht beeindrucken lässt, stößt diese Idee jedoch schnell an ihre Grenzen, da hier nur eine noch weitergehende Auflagenverschärfung in Betracht käme. Damit wird deutlich, dass man-

558 Vgl. hierzu oben Teil 3, 2.3.1 Günstige Sozialprognose.
559 Vgl. auch *Kintzi*, DRiZ 2001, 198, 202.

gels erzwingbarer Durchsetzungsmöglichkeiten bei einer wiederholten Nichtbefolgung der Begleitsanktion jede weitere Auflagenverschärfung schnell an Wirkung verlieren würde. Hierunter dürfte nicht nur die Glaubwürdigkeit dieser Variante sondern auch deren gesamte Akzeptanz leiden[560].

Daher ist diese Konstellation ebenfalls bereits aus kriminalpolitischer Sicht abzulehnen.

3.2.3 Das Strafbarkeitsmodell

Als letzte Möglichkeit bliebe damit nur noch die Sanktionierung eines Auflagen- oder Weisungsverstoßes bei einer unbedingten Geldstrafe als selbständigen Straftatbestand.

Hierbei ist zu berücksichtigen, dass eine solche Vorgehensweise dem gegenwärtigen Strafrecht nicht völlig unbekannt ist. Im Bereich des Maßregelrechts stellt § 145a StGB den Verstoß gegen eine Weisung des § 68b Abs. 1 StGB während der Führungsaufsicht unter Strafe, wenn dadurch gleichzeitig der Zweck der Maßregel gefährdet wird und ein Antrag der Aufsichtsstelle vorliegt. Damals war die Einführung dieser Norm notwendig, da ansonsten die Verletzung der für die Führungsaufsicht erforderlichen Weisungen sanktionslos bliebe, was die Maßregel selbst entwerten würde[561]. Gleichzeitig wird damit die hohe Relevanz der Weisungen im Rahmen der Führungsaufsicht besonders betont. Aus diesem Grund ist es durchaus überlegenswert, inwieweit eine entsprechende Anwendung dieser Norm bei unbedingten Geldstrafen sinnvoll wäre[562].

Stellt man zunächst auf den Sanktionscharakter ab, wäre eine grundsätzliche Strafandrohung bei Nichtbefolgung der jeweiligen Auflage oder Weisung zweifelsfrei geeignet, zu deren Erfüllung beizutragen. Im Gegensatz zu den vorherigen Vorschlägen, käme es daher mit einer möglichen Verfolgung des Auflagen- oder Weisungsverstoßes als Vergehen nicht zum Verlust der Glaubwürdigkeit und Akzeptanz der Auflagen- oder Weisungsverhängung. Dies gilt insbesondere dann, wenn vom Gericht bei der Urteilsverkündung auf diese mögliche Rechtsfolge hingewiesen würde. Damit liegt der Vorteil zu den vorherigen Alternativen gerade in der dort fehlenden Möglichkeit, bei etwaigen „Hardlinern“ unter den Auflagen- oder Weisungsverweigerern entsprechend konsequent und spürbar reagieren zu können.

Ergänzend könnte mit einem solchen Vorgehen der Gewichtung von Weisungen und Auflagen als Begleitsanktion neben der Geldstrafe besonderer Nachdruck verliehen werden.

3.2.3.1 Pönalisierung bloßen Ungehorsams

Unstrittig dürfte zunächst sein, dass nicht mit jedem Auflagen- oder Weisungsverstoß die Gefahr der Strafbarkeit einhergehen kann, sondern erst eine gewisse „Strafbarkeitshürde“ überschritten sein muss. Insoweit erfordert der, aus dem Rechtstaatsprinzip abgeleitete Verhältnismäßigkeitsgrundsatz, dass die Normierung eines Verhaltens

560 Ebenso *Kintzi*, DRiZ 2001, 198, 202.

561 BT-Drucks. 7/550 sowie 16/4740, 20; *Sternberg-Lieben*, in Sch/Sch-StGB, § 145a Rdnr. 1.

562 Vgl. *Kintzi*, in: Abschlussbericht 2000, 5.1.1; *ders.*, DRiZ 2001, 198, 202.

als Strafgesetz nur erfolgen kann, wenn es sich um ein – als strafwürdiges und strafbedürftiges Unrecht zu qualifizierendes – Kriminalunrecht, handelt[563].

Als strafwürdig lässt sich zunächst ein sozialwidriges Verhalten bezeichnen, das geeignet ist, die sozialen Beziehungen in der Rechtsgesellschaft erheblich zu gefährden oder zu schädigen, wobei es sich um eine gravierende Rechtsgutbeeinträchtigung handeln muss und lediglich lästige oder unerwünschte Verhaltensweisen nicht genügen[564]. Die Beurteilung, welche Verhaltensweisen im Einzelnen hierunter fallen, orientiert sich an den Schutzbedürfnissen und den Wertvorstellungen der jeweiligen Gesellschaft, um ein soziales Zusammenleben zu sichern[565].

Beim Strafbarkeitsmodell würden demnach Verstöße von Weisungen und Auflagen unter Strafe gestellt, die dem Verurteilten gerade helfen sollen, zukünftig ein straffreies Leben zu führen. Dies führt zu der durchaus berechtigten Frage, in wieweit sich das Strafbarkeitsmodell mit diesen Grundsätzen vereinbaren ließe. Es könnte geltend gemacht werden, dass es sich bei Zuwiderhandlungen gegen Weisungen und Auflagen nicht um entsprechendes Kriminalunrecht, sondern lediglich um bloßen Verwaltungsungehorsam handelt, der damit strafrechtlich sanktioniert würde.

Im Rahmen der Führungsaufsicht lässt sich diese Problematik bei § 145a StGB über den gesetzlich vorausgesetzten Zweck der Gefährdung der Maßregel lösen[566]. Der wird gegenwärtig angenommen, wenn durch einen Weisungsverstoß von erheblichem Gewicht oder in häufiger Wiederholung die Gefahr einer erneuten Straftat gesteigert wird[567]. Insoweit handelt der, einen zweckgefährdenden Weisungsverstoß begehende, nicht nur ungehorsam, sondern stellt sich darüber hinaus den Bemühungen entgegen, ihn vor der Begehung neuen Straftaten zu bewahren[568]. Dabei stellt der Verstoß zugleich eine Gefährdung der – durch die Weisungen geschützten – Rechtsgüter Dritter und beiliegend ein für die Allgemeinheit gefahrenträchtiges Verhalten dar[569].

Diese verfassungsrechtliche Legitimation des § 145a StGB kann jedoch nicht ohne Abstriche auf eine entsprechende Anwendung bei den Begleitsanktionen von Geldstrafen übertragen werden. Im Unterschied zur bestehenden Norm entfiele bei den hier vorgeschlagenen Auflagen und Weisungen ein solcher unmittelbarer Drittschutz. Während im gegenwärtigen § 145a StGB durch die Verhaltenssteuerung des § 68b Abs.1 StGB, bspw. dem Verbot des Betretens strafbarkeitsgefährdender Orte (Nr. 2), vergleichbare erneute Straftaten unterbunden werden sollen, verlangen die Begleitsanktionen, wie etwa das Ableisten gemeinnütziger Arbeit oder die Teilnahme an einem Verkehrsunterricht, vom Verurteilten ein aktives Tätigwerden, das nicht dem unmittelbaren Schutz fremder Rechtsgüter dient, sondern schwerpunktmäßig auf die Behandlung der rechtsfeindliche Gesinnung des Verurteilten gerichtet ist. Als Legitimati-

---

563 Lackner/*Kühl*, StGB, Vor § 13 Rdnr. 3; *Jescheck/Weigend*, 1996, 50 f.; *Otto*, 2004, § 1 Rdnr. 48; *Weber*, in Baumann/Weber/Mitsch, § 3 Rdnr. 10 ff., 19; *Groth*, NJW 1979, 743, 746.

564 *Otto*, 2004, § 1, Rdnr. 49.

565 *Otto*, 2004, § 1 Rdnr. 48; *Weber*, in Baumann/Weber/Mitsch, § 3 Rdnr. 19; *Groth*, NJW 1979, 743, 746.

566 Vgl. hierzu *Groth*, NJW 1979, 743, 746 f.

567 *Fischer*, StGB, § 145a Rdnr. 8; Lackner/*Kühl*, StGB, Vor § 145a Rdnr. 3; *Sternberg-Lieben*, in Sch/Sch-StGB, § 145a Rdnr. 7.

568 *Sternberg-Lieben*, in Sch/Sch-StGB, § 145a Rdnr. 2.

569 *Sternberg-Lieben*, in Sch/Sch-StGB, § 145a Rdnr. 2; *Groth*, NJW 1979, 743, 746.

on für das Strafbarkeitsmodell dürfte sich ein entsprechender Drittschutz allenfalls stark abgeschwächt als mittelbarer Schutz von Rechtsgütern Dritter bei erneuter Straffälligkeit herleiten lassen.

Allerdings bestünde ein weiterer entscheidender Unterschied zum gegenwärtigen § 145a StGB in der Rechtsnatur der Begleitsanktionen neben der unbedingten Geldstrafe. Während sich die Weisungen des § 68 Abs. 1 StGB in Anordnungen an die zukünftige Lebensführung des unter Führungsaufsicht Gestellten erschöpfen, handelt es sich bei den empfohlenen Auflagen und Weisungen um sanktionsähnliche Reaktionsformen[570] und zeichnen sich als solche durch ihre besonderen kriminalpolitischen Gewichtungen aus. Insoweit liegen ihre Schwerpunkte vollständig oder vermischt in der spezialpräventiven Einwirkung auf den Täter, der Genugtuung für das begangenen Unrecht oder friedensstiftenden Ausgleichmaßnahmen. In jedem Fall tritt dabei der Sanktionscharakter deutlich in den Vordergrund, da dem Verurteilten ein zusätzliches empfindliches Verhalten neben der verhängten Geldstrafe auferlegt würde. Wenn es sich aber um eine strafrechtliche Sanktionierung handelt, erschöpfen sich deren Zuwiderhandlungen gerade nicht allein in bloßem Ungehorsam, sondern sie liefen dem strafrechtlichen Verfahren in erheblicher Weise zuwider, was als neues – von der abgeurteilten Tat losgelöstes – kriminalpolitisches Unrecht zu qualifizieren ist. Insoweit ergäbe sich die Legitimation einer Strafandrohung erheblicher Auflagen und Weisungsverstöße aus der hierfür erforderlichen Durchsetzungsfähigkeit einer erforderlichen Sanktionierung und dadurch der Effektivität und Durchsetzungsfähigkeit der Strafrechtspflege. Andernfalls würde Letztere bei erheblichen Verstößen ohne entsprechende Reaktionsmittel zur Farce werden.

Zudem wäre die Sanktionierung der Auflagen- und Weisungsverstöße zugleich auch strafbedürftig. Die Strafe muss das unerlässliche Mittel zum Schutze der Gesellschaft vor strafwürdigen Rechtsbedrohungen oder -verletzungen sein und somit der Bewährung der Rechtsordnung dienen[571]. Insoweit darf nach dem allgemeingültigen „ultima ratio“ Prinzip die strafrechtliche Sanktionierung eines Verhaltens wegen dessen besonders einschneidender Rechtsfolgen stets nur als letztes Mittel zur gesellschaftlichen Steuerung in Erwägung gezogen werden[572]. Als Konsequenz dieser strafrechtlichen Subsidiarität fehlt es am Strafbedürfnis regelmäßig, wenn mildere staatliche Mittel einen ebenso hinreichenden Rechtsgüterschutz gewährleisten würden[573]. Andere Alternativen, wie das Aussetzungs- oder Auflagenmodell erweisen sich mangels Durchsetzungsfähigkeit und damit einhergehender fehlender kriminalpolitischer Akzeptanz als ungeeignet, auf Auflagen- und Weisungsverstöße zu reagieren. Deshalb kann ein Scheitern der spezialpräventiven Einwirkung einschließlich der damit einhergehenden Gefährdung von Rechtsgütern Dritter nur durch eine Strafandrohung für die Verletzung der hierfür bedeutungsvollen Auflagen und Weisungen vermieden werden.

---

570 So bereits für die Auflagen und Weisungen im Rahmen des § 153a StPO: *Wagner*, ZStW 1997, 545, 559; *Weigend*, ZStW 1997, 103, 106; *Fezer*, ZStW 1994, 1, 32 f.; *Sieg*, MDR 1981, 200; *Montenbruck/Kuhlmey/Enderlein*, JuS 1987, 967.

571 *Otto*, 2004, § 1, Rdnr. 50.

572 BVerfGE 39, 1, 47; 57, 250, 270; 73, 206, 253.

573 *Weber*, in Baumann/Weber/Mitsch, § 3 Rdnr. 19; *Otto*, 2004, § 1 Rdnr. 50; sowie die Entscheidungen in Fn. 572

Letztlich lassen sich dem Vorangegangenen für die Umsetzung der Auflagen- und Weisungsverhängung neben einer Geldstrafe mit dem Strafbarkeitsmodell zwei wesentliche Eckpunkte entnehmen.

Zum einen muss tatbestandlich deutlich werden, dass nicht jeder Verstoß strafrechtlich verfolgungsfähig sein kann. Zwar entfielen bereits alle fahrlässigen Verstöße. Zur besonderen Verdeutlichung der erforderlichen Erheblichkeitsschwelle böte es sich darüber hinaus an, den Tatbestand auf „grobe oder beharrliche" Auflagen- und Weisungsverstöße zu beschränken. Diese Vorgehensweise würde aufzeigen, dass der jeweilige Verstoß für eine mögliche Strafbarkeit ein Mindestmaß an Intensität erreichen muss, während eine einmalige, unwesentliche Zuwiderhandlung hierfür gerade nicht genügen soll.

Zudem ließe sich eine weitere rechtstaatliche Kontrollinstanz in das Strafbarkeitsmodell involvieren, indem die jeweilige Strafverfolgung auf eine entsprechende Antragsbefugnis der zuständigen Vollstreckungsstelle beschränkt werden würde. Auf diese Weise könnte der zuständigen Vollstreckungsstelle ein gewisser Beurteilungsspielraum eingeräumt werden, indem ihr zwar ein entsprechendes Druckmittel an die Hand gegeben würde, über deren Gebrauch sie aber selbst entscheiden könnte.

3.2.3.2 Bestimmtheitsgebot der Art. 103 Abs. 2, 104 Abs. 1 GG

Verfassungsrechtliche Bedenken beim Strafbarkeitsmodell könnten auftreten, weil bereits der bestehende § 145a StGB in der Literatur zum Teil unter dem Aspekt der Bestimmtheit kritisiert wird[574].

Insoweit verlangt das aus Art. 103 Abs. 2 GG und – soweit eine Freiheitsstrafe angedroht wird – Art. 104 Abs. 1 GG folgende verfassungsrechtliche Bestimmtheitsgebot, dass ein Straftatbestand durch seine Ausgestaltung für jeden Bürger erkennen lassen muss, welches Handeln erlaubt ist und wo der strafbare Bereich beginnt, damit er sein Verhalten dementsprechend einrichten kann[575].

Gestützt wird die Kritik am Bestimmtheitserfordernis des § 145a StGB auf dessen Ausgestaltung als Blankettnorm[576]. Charakteristisch für derartige Normen ist, dass sie die Rechtsfolge enthalten, während ihr Tatbestand durch ergänzende Vorschriften wie Gesetze oder Rechtsverordnungen näher ausgestaltet wird, weshalb die Ausfüllungsvorschrift und die Blankettnorm zusammen die Vollvorschrift ergeben[577]. Insoweit wird zum Teil beanstandet, dass die Ausfüllung des Tatbestandes von § 145a StGB nicht durch geschriebenes Recht, sondern erst die jeweilige richterliche Weisung vorgenommen werde[578].

Diese Kritik ist jedoch unbegründet. Zunächst ist für den erforderlichen Tatbestand auf die Ausfüllungsnorm des § 68b Abs. 1 StGB abzustellen. Mit ihrem ab-

574 *Schild*, in NK-StGB, § 145a Rdnr. 8.

575 BVerfGE, 25, 269, 285; 26, 41, 42; 37, 201, 206; 41, 291, 319; *Fischer*, StGB, § 1 Rdnr. 2; *Schild*, in NK-StGB, § 145a Rdnr. 8; *Eser/Hecker*, in Sch/Sch-StGB, § 1 Rdnr. 16.

576 *Preiser*, ZStW 1969, 249, 258; *Schild*, in NK-StGB, § 145a Rdnr. 8.

577 BVerfGE 37, 201, 208, *Eser/Hecker*, in Sch/Sch-StGB, Vorbem. § 1 Rdnr. 3; *Fischer*, StGB, § 1 Rdnr. 5a.

578 *Preiser*, ZStW 1969, 249, 258; *Schild*, in NK-StGB, § 145a Rdnr. 8.

schließenden Katalog von Weisungen erfolgt bereits eine hinreichende Konkretisierung durch ein formales Gesetz[579].

Dies wird einerseits darin deutlich, dass die Verweisung des § 145a StGB lediglich auf den Weisungskatalog des § 68b Abs. 1 StGB beschränkt wird. Zur Gewährleistung der Bestimmtheitsanforderungen wurden die weiteren Weisungsmöglichkeiten des § 68b Abs. 2 dagegen explizit vom Gesetzgeber ausgeschlossen und fallen deshalb nicht unter die Strafbewährung des § 145a StGB[580].

Des Weiteren ist für das Bestimmtheitserfordernis notwendig aber auch ausreichend, dass sich der jeweiligen Weisung des § 68b Abs. 1 StGB der wesentliche Inhalt und Umfang entnehmen lässt[581]. Dass die jeweilige Weisung ihre letzte Ausformung erst durch das Gericht erhält, steht dem verfassungsrechtlichen Bestimmtheitsgrundsatz ebenfalls nicht entgegen. So ist dennoch eine zuverlässige Auslegung und Anwendung des § 145a StGB möglich, da der Proband sowohl erkennen kann, was er im Einzelnen zu tun und zu lassen hat als auch die staatlichen Reaktionen auf eine Zuwiderhandlung vorhersehen kann.

Dabei geht § 145a StGB durch seinen Wortlaut hinsichtlich des Bestimmtheitsgrundsatzes sogar über die Anforderungen an eine Strafvorschrift hinaus. Indem nur Verstöße gegen „bestimmte" Weisungen sanktioniert werden dürfen, ordnet er zusätzlich an, dass die richterlich erteilten Weisungen ihrerseits ebenfalls hinreichend bestimmt sein müssen[582].

Ebenso hinaus teilt auch der Gesetzgeber die vorgebrachten Bestimmtheitsbedenken bei § 145a StGB nicht. Er hält die Norm stattdessen für sachgerecht und erweiterte zur Abschreckung und als deutliches Zeichen gegen beharrliche Weisungsverstöße durch Gesetz vom 13.04.2007 – der teilweisen Literaturkritik ungeachtet – den Strafrahmen des § 145a StGB von einem auf drei Jahre Freiheitsstrafe[583].

Für das Strafbarkeitsmodell lässt sich den vorangegangenen Gesichtspunkten aber zugleich entnehmen, dass bei einer entsprechenden Anwendung des § 145a StGB auf Auflagen und Weisungen neben Geldstrafen ein besonderes Augenmerk auf deren Bestimmtheit bei der Ausgestaltung des Kataloges zu legen ist. Zudem ist bei der Gestaltung eines offenen Kataloges zu bedenken, dass eine Strafandrohung nur für die jeweiligen Katalogsanktionen greifen würde, wogegen darüber hinausgehende Auflagen oder Weisungen ausschieden.

3.2.3.3 Die gegenwärtige Praxisrelevanz des § 145a StGB

Als weiterer Kritikpunkt wird zudem teilweise angeführt, dass § 145a StGB schon zum gegenwärtigen Zeitpunkt nur in seltenen Fällen zur Anwendung kommt und daher als Reaktionsform auf Auflagen und Weisungsverstöße ungeeignet sei[584].

579 *Groth*, NJW 1979, 743, 748; *Sternberg-Lieben*, in Sch/Sch-StGB, § 145a Rdnr. 3.

580 Vgl. BT-Drucks. 4/650, 614.

581 Ähnlich *Sternberg-Lieben*, in Sch/Sch-StGB, § 145a Rdnr. 5.

582 *Groth*, NJW 1979, 743, 748.

583 BGBl. 2007 I S. 513, 517; BT-Drucks. 16/4740, 20, 21.

584 Vgl. *Kintzi*, in: Abschlussbericht 2000, 5.1.1; *ders.*, DRiZ 2001, 202.

Zwar gab es zuletzt 2009 lediglich 266 Aburteilungen wegen eines Verstoßes gegen Weisungen während der Führungsaufsicht[585]. Bereits aus der geringen Praxisrelevanz im Rahmen der Führungsaufsicht die Ungeeignetheit einer entsprechenden Anwendung im Strafrecht herzuleiten, ist jedoch nicht überzeugend.

Zunächst lässt sich in den vergangenen Jahren eine stetige Zunahme der Aburteilungen beobachten (2003: 67; 2004: 72; 2005: 88; 2006: 128; 2007: 162; 2008: 213, 2009: 266)[586], woran zugleich das steigende Bedürfnis dieser staatlichen Reaktionsform deutlich wird.

Zudem lässt sich ebenso gut damit argumentieren, dass die geringe Zahl der Aburteilungen gerade das Ergebnis einer hinreichenden Abschreckungswirkung durch die Strafandrohung sei. Zwar machen die Führungsaufsichtsstellen bei Weisungsverstößen von ihrem Antragsrecht offensichtlich nur selten Gebrauch, weshalb ein erheblicher Teil der Verstöße nicht zur Strafverfolgung führt[587]. Insoweit stellt die Sanktionierung nach § 145a StGB bei gegenwärtig geschätzten 15.000 bis 20.000 Führungsaufsichten lediglich eine Ausnahme dar[588]. Wenn es aber letztendlich um die Weisungsdurchsetzung geht, steht der Führungsaufsichtsstelle ein adäquates Mittel zur Seite, diese in entsprechender Form erzwingen.

Bei einer parallelen Anwendung auf die unbedingte Geldstrafe wäre es sogar sehr erfolgversprechend, wenn es dort ebenfalls bei Ausnahmefällen bliebe, was sich allerdings nur schwer prognostizieren lässt.

3.2.3.4 Sanktionierungsunterschiede bei Auflagen und Weisungen

Als weitere Hürde kämen mögliche Wertungswidersprüche zu den bestehenden Auflagen und Weisungserteilungen im Einstellungsverfahren, bei der Verwarnung mit Strafvorbehalt und der Freiheitsstrafenaussetzung sowie der vorgeschlagenen Bewährungsgeldstrafe in Betracht. Insbesondere haben sämtliche Konstellationen gemeinsam, dass durch die jeweils mögliche Reaktionsform Druck zur Erfüllung der Auflage oder Weisung ausgeübt wird.

Daher stellt sich die Frage, warum einerseits auf die Nichterfüllung der Auflagen und Weisungen mit Anklageerhebung, Verurteilung zur vorbehaltenen Strafe oder Bewährungswiderruf reagiert werden soll, während bei einer bloßen Begleitsanktionierung zur Geldstrafe ein weiteres selbständiges Strafverfahren droht.

Ausschlaggebend für die unterschiedlichen Reaktionen sind sowohl der jeweilige Anwendungsbereich, als auch Sinn und Zweck der einzelnen Verfahren. Dem Vorangegangenen ist zunächst zu entnehmen, dass bei der Begleitsanktionierung zur unbedingten Geldstrafe durch die Zahlung der Hauptstrafe das begangene Unrecht im Kern bereits gesühnt wird und die zusätzliche Verhängung einer Auflage oder Weisung als weitere Maßnahme erforderlich ist, um den Täter unter spezialpräventiven Gesichts-

---

585 Vgl. Statistisches Bundesamt, Strafverfolgung 2009, Fachserie 10, Reihe 3, Tab. 2.1.

586 Vgl. die jeweiligen Jahrgänge Bundesamt, Strafverfolgung, Fachserie 10, Reihe 3, Tab. 2.1.

587 *Neubacher*, ZStW 2006, 855, 874.

588 BT-Drucks. 16/1993, 11.

punkten zu erreichen. Dabei stellt deren Nichtbefolgung ein neues – von der abgeurteilten Tat losgelöstes – kriminalpolitisches Unrecht dar[589].

Im Gegensatz dazu dienen die Reaktionsmöglichkeiten des § 153a StPO in erster Linie der Kompensation des zunächst bestehenden öffentlichen Interesses an der Strafverfolgung[590]. Die Spezialprävention der Auflagen und Weisungen spielt dagegen lediglich eine untergeordnete Rolle, was vor allem in der Praxis des § 153a StPO sichtbar wird. Dort nimmt die unpersönliche und austauschbare Geldauflage des Abs. 1 Satz 2 Nr. 2 StPO eine dominierende Stellung ein. So wurden 2009, ähnlich wie in den Vorjahren, bei den staatsanwaltschaftlichen Einstellungen nach § 153a StPO deutschlandweit 84,3% durch eine Geldzahlung zugunsten einer gemeinnützigen Einrichtung oder der Staatskasse beendet[591]. Da der Beschuldigte bei § 153a StPO häufig erstmalig strafrechtlich in Erscheinung getreten ist und über die Kompensation hinaus keiner zusätzlichen Maßnahmen bedarf, ist ein weitergehendes spezialpräventives Sanktionierungsbedürfnis entbehrlich. In diesem Zusammenhang erscheint für den Fall der Nichterfüllung von Auflagen oder Weisungen die Fortsetzung des Strafverfahrens als ausreichend und ein stärker wirkendes Druckmittel – etwa eine zusätzliche Strafandrohung – als unangebracht.

Die Auflagen- und Weisungsverhängungen neben einer Verwarnung mit Strafvorbehalt, der ausgesetzten Geld- und Freiheitsstrafe dienen dagegen zwar vorrangig ebenfalls der spezialpräventiven Einwirkung auf den Täter. Der wesentliche Unterschied dieser Verfahren zur unbedingten Geldstrafe liegt jedoch in der Vollstreckung der Hauptstrafe, die vollständig oder zumindest teilweise ausgesetzt ist und bereits als Druckmittel für die Nichtbefolgung dient. Zudem lässt sich auch der parallelen Bewährungszeit eine weitere Belastung, die über die jeweilige Auflage oder Weisung hinausgeht, nicht absprechen. Das damit über den Verurteilten schwebende Damoklesschwert der jeweiligen angedrohten Hauptsanktion ist demzufolge unter spezialpräventiven Aspekten als ausreichend zu betrachten. Einer Verschärfung der Rechtsfolgen bei Nichtbefolgung der Auflagen oder Weisungen in diesen Verfahren bedarf es ebenfalls nicht.

Damit wird deutlich, dass die einzelnen Verfahrenskonstellationen durch ihre verschiedenen Anwendungsfelder und Zielsetzungen auch unterschiedliche Behandlungen erfordern – zugleich aber auch genügen lassen – sodass ein etwaiger Widerspruch zum Strafbarkeitsmodell ausscheidet.

3.2.4 Justizieller Mehraufwand

Als weiterer Kritikpunkt gegen die Verhängung von Auflagen und Weisungen neben einer unbedingten Geldstrafe wird ein damit einhergehender justizieller Mehraufwand vorgebracht[592]. Zuzugeben ist zunächst, dass deren Einführung unweigerlich zu einem erhöhten personellen Einsatz im Bereich der jeweiligen Begleitsanktion gegenüber einer herkömmlichen Geldstrafe erfordern würde.

589 Vgl. auch oben Teil 3, 3.2.3.1 Pönalisierung bloßen Ungehorsams.
590 Vgl. oben Teil 1, 1.6.2 Einstellung mit Auflagen und Weisungen.
591 Statistisches Bundesamt, oben Fn. 105.
592 *Kintzi*, in: Abschlussbericht 2000, 5.1.1.

Dennoch greift dieses Argument in diesem Fall zu kurz. Vielmehr handelt es sich lediglich um ein pauschales Vorbringen, das in Anbetracht begrenzter Finanzhaushalte grundsätzlich gegen jede Neuerung vorgetragen werden kann. So ist nahezu jede Umstellung oder Erweiterung des Sanktionensystems mit mehr oder weniger Personal- und Sachmittelaufwand verbunden. Stattdessen ist es erforderlich, danach zu fragen, wie weit sich ein möglicher Mehraufwand tatsächlich prognostizieren lässt und ob die damit einhergehenden positiven Neuerungen einen solchen rechtfertigen. Nur durch eine entsprechende Abwägung kann letztlich ermittelt werden, ob sich diese sanktionenrechtliche Ergänzung auch unter diesem Aspekt als vorteilhaft darstellen lässt.

Zunächst ist bei der Ermittlung des Umfangs eines möglichen Mehraufwands festzuhalten, dass sich dieser im Regelfall auf die Überwachung der jeweiligen Begleitsanktion beschränken würde. Darüber hinaus dürften nur bei bestimmten Auflagen, wie etwa der gemeinnützigen Arbeit, die Auswahl einer geeigneten Stelle hinzutreten.

In wie vielen Fällen zukünftig eine Begleitsanktion neben einer Geldstrafe zur Anwendung kommen könnte, lässt sich allerdings nur schwer bestimmen und kann lediglich anhand einzelner Indizien vorsichtig prognostiziert werden. Wesentliche Faktoren sind dabei einerseits das gerichtliche Bedürfnis einer solchen Sanktionsform einschließlich der damit einhergehenden Akzeptanz und zum anderen das Verhältnis zu anderen spezialpräventiven Sanktionierungen.

Das gerichtliche Bedürfnis, eine Auflage oder Weisung zu verhängen, erschöpft sich in diesem Zusammenhang – unabhängig von der jeweiligen Hauptsanktionierung – entweder auf eine spezialpräventive Zielsetzung oder dem Schutz der Opferinteressen. Daher sind die Begleitsanktionen stets dann das Mittel der Wahl, wenn das Gericht die jeweils ausgewählte Hauptstrafe unter diesem Aspekt als nicht ausreichend erachtet. Die gegenwärtige Praxis der Geldstrafe zeigt aber, dass in der Regel die bloße Geldstrafe genügt, dem Täter das Unrecht vor Augen zu führen und ihn zugleich vor der Begehung weiterer Taten zu schützen. Dies belegen nicht zuletzt ihre gegenwärtigen niedrigen Rückfallraten mit nur 27,8%[593]. Hieran lässt sich bereits ablesen, dass der Bedarf, eine zusätzliche spezialpräventive Einwirkung zu verhängen, nur bei einem geringen Anteil der Geldstrafen besteht.

Zwar dürfte sich die Situation bei Delikten im Straßenverkehr etwas anders darstellen, da insbesondere die Weisung zur Teilnahme an einem Verkehrsunterricht bei rücksichtslosen Tätern eine erhebliche Bereicherung darstellen könnte. Allerdings würde sich der justizielle Mehraufwand auch lediglich auf die Kontrolle der Weisungserfüllung beschränken. Ein ebenfalls erhöhter Bedarf des Auflagen- und Weisungseinsatzes neben einer Geldstrafe dürfte sich grundsätzlich daneben im Bereich der Wiedergutmachung stellen. Da sich der sinnvolle Einsatz von Wiedergutmachungsleistungen jedoch nur bei einigen Delikten anbietet und zudem das richtige Zusammenspiel von Täter, Opfer und Schaden erfordert, würde sich auch hier die Erweiterung nur in einer geringen Zahl der Konstellationen anbieten.

Inwieweit der Anwendungsbereich der Auflagen- und Weisungsverhängung neben einer unbedingten Geldstrafe zusätzlich durch die anderen Möglichkeiten der Auflagen- und Weisungsverhängungen beeinflusst wird, ist insbesondere von den jeweiligen

593 *Jehle/Albrecht/Hohmann-Fricke/Tetal*, Rückfallstatistik 2010, 54; sowie im Vergleich oben Abbildung 6, 56.

Einsatzgebieten und der diesbezüglichen Abgrenzbarkeit abhängig. Insoweit kann nur durch ein ausgewogenes Verhältnis der Sanktionen untereinander eine erhebliche Mehr- oder Minderbelastung einzelner Reaktionsarten verhindert werden.

Betrachtet man dabei die einzelnen Sanktionsarten mit spezialpräventiver Ausrichtung ist zunächst festzustellen, dass sie einem fein abgrenzbaren und zugleich ineinandergreifenden Stufenverhältnis zueinander stehen würden. Auf unterster Stufe befände sich demnach die Verwarnung mit Strafvorbehalt für leichteste Vergehen. Danach käme die voll- oder teilausgesetzte Bewährungsgeldstrafe, an welche sich die Auflagen- und Weisungsverhängung neben einer unbedingten Geldstrafe anschließen würde. Da die Bewährungsgeldstrafe nur bei einer positiven Sozialprognose zum Einsatz käme, während die Begleitsanktionierung zur unbedingten Geldstrafe vor allem bei einer negativen Prognose Anwendung finden würde, entfallen derartige Abgrenzungsschwierigkeiten zwischen diesen beiden Sanktionen. Allerdings dürfte der mit der Auflagen- und Weisungsverhängung bei unbedingten Geldstrafen verbundene geringere Mehraufwand gegenüber der Bewährungsgeldstrafe zu einer vermehrten Anwendung führen, was wiederum nur den Entfall der Bewährungskosten zur Folge hätte. Auf letzter Stufe in diesem Zusammenhang stünde schließlich die ausgesetzte Freiheitsstrafe. Da die Begleitsanktionierung zur unbedingten Geldstrafe vorrangig im unteren und mittleren Kriminalitätsbereich einschlägig wäre, entstünde nur eine geringfügige Konkurrenz zur ausgesetzten Freiheitsstrafe. Eine vermehrte Anwendung könnte aber durch ihre Stellung als Zwischensanktion von Geldstrafe und Freiheitsstrafe hervorgerufen werden, da sie sich hierdurch zugleich zu einer Zurückdrängung ausgesetzter kurzer Freiheitsstrafen eignet. Realistisch betrachtet dürfte ein damit einhergehender vermehrter Einsatz aber insgesamt nicht als übermäßig einzuschätzen sein, da bereits in der gegenwärtigen Praxis erst bei mehrfachen Wiederholungstätern auf die Freiheitsstrafe zurückgegriffen wird. Aber selbst in den Fällen, in denen die Begleitsanktionierung neben der Geldstrafe an die Stelle der jeweiligen Bewährungsstrafen treten würde, hätte letztlich nur die Einsparung der jeweiligen Bewährungskosten zur Folge. Im Falle der ausgesetzten Freiheitsstrafe käme es parallel zur Verringerung möglicher Haftkosten durch die damit verbundene entfallende Widerrufsgefahr.

Insgesamt wäre damit der erwartete justizielle Mehraufwand unter Beachtung der positiven Neuerungen als gering einzuschätzen.

3.3 Zusammenfassung

Um im Einzelfall die Einwirkung auf den Täter unter spezialpräventiven Gesichtspunkten zu intensivieren sowie Opferinteressen zu stärken, bietet es sich neben der zuvor genannten Bewährungsgeldstrafe an, hierauf gerichtete Auflagen und Weisungen mit der Geldstrafe zu verknüpfen, ohne gleichzeitig eine Bewährungszeit festzulegen. Dieses Vorgehen würde den richterlichen Handlungsspielraum im unteren und mittleren Kriminalitätsbereich beträchtlich erweitern und hätte gegenüber der Bewährungsgeldstrafe den Vorteil, dass keine Bewährungskosten anfielen[594].

594 Vgl. oben Teil 3, 3.1 Möglichkeiten und Vorteile.

In Anlehnung an die bestehenden Regelungen der §§ 56b, 59a StGB und § 153a StPO sollte dabei ein offener Auflagen- und Weisungskatalog geschaffen werden. Als Regelbeispiele empfehlen sich dabei insbesondere die Auflagen der Wiedergutmachung des durch die Tat verursachten Schadens und die Erbringung einer gemeinnützigen Leistung sowie als Weisungen das Nachkommen von Unterhaltspflichten, die Unterziehung einer ambulanten Heilbehandlung- bzw. einer Entziehungskur und die Teilnahme an einem Verkehrsunterricht.

Die Problematik bei der Durchsetzung dieses Vorschlages, inwiefern bei einer Nichtbefolgung der Auflagen oder Weisungen im Unterschied zu den bestehenden Regelungen geeignete Sanktionsmöglichkeiten existieren, ist ebenfalls lösbar.

Zwar sind in diesem Zusammenhang das Aussetzungs- und das Auflagenmodell nicht zu empfehlen. So scheitert die Idee, bei einen Teil der Geldstrafe unter der Bedingung auszusetzen, die jeweilige Auflage oder Weisung zu erfüllen, zum einen an der fehlenden kriminalpolitischen Akzeptanz bei den Täterzielgruppen, die durch die Denkzettelfunktion der Geldstrafe und spezialpräventiven Aspekten nicht angemessen erreicht werden[595]. Insoweit würde die Verweigerung der Begleitsanktion lediglich zur Vollstreckung der Restgeldstrafe führen, was dem Interesse der Täter entspräche. Darüber hinaus käme es zu möglichen Wertungswidersprüchen mit der Bewährungsgeldstrafe was wiederum zu Unsicherheiten in der Praxis bei Auflagen und Weisungsverhängungen führen könnte. Gleichermaßen scheidet bei einer Begleitsanktion zur unbedingten Geldstrafe die Androhung einer Auflagenverschärfung oder weiteren Auflage aus, da deren Durchsetzungsmöglichkeiten im Falle einer erneuten Nichtbefolgung stark an Glaubwürdigkeit verlieren würden[596].

Dagegen stellt die Sanktionierung eines Auflagen- oder Weisungsverstoßes als Vergehen eine geeignete und umsetzbare Alternative dar[597]. In Anlehnung an den gegenwärtig bestehenden § 145a StGB wäre dieses Vorgehen durchaus im Stande, als Druckmittel deren Erfüllung zu sichern, ohne dass zugleich die Glaubwürdigkeit und die Akzeptanz der Begleitsanktionierung darunter leiden würde. Insbesondere teilweise hervorgebrachte verfassungsmäßige Bedenken am bestehenden § 145a StGB greifen nicht. Bei dieser Norm handelt es sich um ein dem Bestimmtheitsgrundsatz entsprechendes und geeignetes Mittel zur Verfolgung von Auflagen und Weisungsverstößen im Rahmen der Führungsaufsicht, die bei der unbedingten Geldstrafe zum Einsatz kommen kann. Da mit dem Strafbarkeitsmodell gleichfalls ein strafwürdiges und strafbedürftiges Kriminalunrecht sanktioniert würde, läge gerade keine mögliche Pönalisierung bloßen Verwaltungsungehorsams vor. Als Schranken empfehlen sich insoweit die Begrenzung auf „grobe oder beharrliche Verstöße“ sowie ein Strafantragsrecht der jeweiligen Vollstreckungsstelle.

Erfolgversprechend ist zudem die geringe Zahl der gegenwärtig erforderlichen Sanktionierungen gem. § 145a StGB im Bereich der Führungsaufsichten, insbesondere, wenn sie auch bei ihrer Übertragung auf die Geldstrafe diesen Ausnahmecharakter beibehalten würde.

---

595 Vgl. auch zum Folgenden oben Teil 3, 3.2.1 Das Aussetzungsmodell.

596 Vgl. oben Teil 3, 3.2.2 Das Auflagenmodell.

597 Vgl. auch zu den folgenden Ausführungen oben Teil 3, 3.2.3 Das Strafbarkeitsmodell.

Etwaige, zu befürchtende Wertungswidersprüche zu den Auflagen und Weisungserteilungen im Einstellungsverfahren, bei der Verwarnung mit Strafvorbehalt, der Freiheitsstrafenaussetzung oder der Bewährungsgeldstrafe entstünden nicht. Insoweit würden sich die unterschiedlichen Reaktionen auf die Nichterfüllung von Auflagen oder Weisungen sowohl in ihrem jeweiligen Anwendungsbereich als auch in den besonderen Zielsetzungen der einzelnen Verfahren rechtfertigen.

Letztlich ist der Kritikpunkt, dass der erwartete justizielle Mehraufwand gegen diese Sanktionenerweiterung spräche, unter Berücksichtigung der positiven Neuerungen als zu pauschales und unangebrachtes Vorbringen einzustufen[598]. Insoweit würde sich der Mehraufwand in der Überwachung der Begleitsanktion erschöpfen. Durch ein ausgewogenes Verhältnis zu den sonstigen spezialpräventiv ausgerichteten Sanktionierungen könnte es in einigen Bereichen durch den Wegfall der Bewährungszeit sogar zu einer möglichen Aufwands- und Kostenersparnis kommen.

4 Neuregelungen bei Uneinbringlichkeit von Geldstrafen

Nach bestehender Rechtslage hat ein Verurteilter an Stelle einer uneinbringlichen Geldstrafe gemäß § 43 StGB eine – regelmäßig kurze – Freiheitsstrafe abzuleisten[599]. Zur Vermeidung der damit einhergehenden, bereits erwähnten Belastungen und Nachteile für den Betroffenen[600], dem hochgradigem Missverhältnis zwischen verhängten Geldstrafenhöhen und Haftkosten einerseits sowie kurzen Vollzugszeiten und Aufwand von Aufnahme und Entlassungsverfahren andererseits, liegt ein wesentlicher Schwerpunkt derzeitiger Reformbestrebungen darin, die dennoch steigende Zahl der Ersatzfreiheitsstrafen weiter zurückzudrängen[601].

4.1 Abschaffung der Ersatzfreiheitsstrafe

Trotz dieser Diskrepanzen wird die Ersatzfreiheitsstrafe nach wie vor überwiegend für unentbehrlich gehalten[602]. Dagegen ordnet sie ein Teil der Literatur als verfassungsrechtlich bedenklich und überflüssig ein und fordert ihre Aufhebung[603]. Mit der aufgezeigten Zunahme ihrer negativen Begleiterscheinungen durch einen gesellschaftlichen Wandel stellen sich insoweit die Fragen der verfassungsrechtlichen Legitimität von Ersatzfreiheitsstrafen sowie die ihrer kriminalpolitischen Entbehrlichkeit im gegenwärtigen Sanktionensystem.

598 Vgl. oben Teil 3, 3.2.4 Justizieller Mehraufwand.

599 Hierzu oben Teil 1, 1.1.1.3 Geldstrafenvollstreckung.

600 Vgl. oben Teil 1, 3.2.1 Kurze Freiheitsstrafe.

601 Zu den Problemen im Einzelnen oben Teil 1, 3.2.2 Ersatzfreiheitsstrafe.

602 *Häger*, in LK-StGB § 43 Rdnr. 1; *Horn*, in SK-StGB, § 43 Rdnr. 2; *Radtke*, in MüKo-StGB, § 43 Rdnr. 2; *Stree/Kinzig*, in Sch/Sch-StGB § 43 Rdnr. 1; *Dölling*, ZStW 1992, 259, 275; *Tröndle*, ZStW 1974, 545, 571; *Schädler*, ZRP 1983, 5, 7.

603 *Grebing*, ZStW 1976, 1050, 1113.; *Köhler*, GA 1987, 149, 161; *Köhne*, JR 2004, 453, 455; *Schmidt*, NJW 1967, 1929, 1935 ff.

4.1.1 Richtervorbehalte gem. Art. 92, 104 Abs. 2 Satz 1 GG

Die Kritik gegenüber der Ersatzfreiheitsstrafe unter verfassungsrechtlichen Gesichtspunkten beschränkt sich auf den vollstreckungsrechtlichen Schwerpunkt bei der Verhängung, wobei insbesondere die Einhaltung der Richtervorbehalte aus Art. 92 GG für die Verhängung von Kriminalstrafen und Art. 104 Abs. 2 Satz 1 GG für die Zulässigkeit von Freiheitsstrafen bezweifelt werden[604]. Dabei wird vorgebracht, dass durch die Vollstreckungsbehörde eine ursprünglich richterlich ausgesprochene Geldstrafe im Falle der Uneinbringlichkeit in eine Freiheitsstrafe gewandelt werde, was im Ergebnis eine Freiheitsstrafe ohne Richterspruch darstelle.

Zuzugeben ist den Kritikern zunächst, dass es sich bei der Ersatzfreiheitsstrafe um eine echte freiheitsentziehende strafrechtliche Sanktion handelt[605], für welche zwangsläufig die Richtervorbehalte aus Art. 92 GG und Art. 104 Abs. 2 Satz 1 GG Anwendung finden. Demzufolge stellt sie ein zwangsweises Übel dar, dass dem Täter aufgrund des Tatvorwurfs von staatlicher Seite einseitig auferlegt wurde[606]. Dass die Verbüßung der Freiheitsstrafe dabei nur mittelbar als Ersatzübel auf den schuldhaften Tatvorwurf zurückgeführt werden kann, ist für ihre Qualifizierung als Kriminalstrafe irrelevant, denn sie tritt an die Stelle der zuvor verhängten, auf dem Schuldvorwurf basierenden, aber nicht vollstreckten Geldstrafe und schließt mit ihrer Verbüßung eine spätere Beitreibung aus[607].

Des Weiteren ergeht die tatsächliche Anordnung, ob letzten Endes eine Ersatzfreiheitsstrafe angetreten werden muss, auch durch die Vollstreckungsbehörde. Als solche ist die Staatsanwaltschaft gem. § 451 StPO für die Anordnung der Ersatzfreiheitsstrafenvollstreckung zuständig (§ 459e Abs. 1 StPO). Da gem. § 31 Abs. 2 Satz 1 RPflG die der Vollstreckungsbehörde in Strafsachen obliegenden Geschäfte dem Rechtspfleger übertragen werden, ergeht die Anordnung jedoch letztlich durch diesen[608].

Die Annahme eines Verstoßes gegen die verfassungsrechtlich gestützten Richtervorbehalte ist dennoch nicht haltbar. Entgegen der genannten Auffassung lässt sich durchaus jede Verhängung einer Ersatzfreiheitsstrafe auf einen Richterspruch zurückführen, da der Ausspruch zur Geldstrafe die Verhängung einer Ersatzfreiheitsstrafe für den Fall Nichteinbringlichkeit regelmäßig impliziert[609]. Bei der Verurteilung der jeweiligen Geldstrafe hat im Rahmen ihrer Strafzumessungserwägungen bei der entsprechenden Tagessatzzahlfestsetzung der mögliche spätere Einsatz einer Ersatzfreiheits-

---

604 Vgl. auch zum Folgenden *Köhne*, JR 2004, 453, 454; *Lüderssen*, Festschrift-Böhm 1999, 553, 561 ff.; *Seebode*, Festschrift-Böhm 1999, 519, 526 ff.

605 Vgl. BVerfG, NJW 2006, 3626, 3627; BGHSt 20, 13, 16; Lackner/*Kühl*, StGB, § 43 Rdnr. 1; *Stree/Kinzig*, in Sch/Sch-StGB, § 43 Rdnr. 2; *Radtke*, in MK-StGB, § 43 Rdnr. 3; *Schatz*, ZRP 2002, 439; a.A. *Seebode*, Festschrift-Böhm 1999, 519, 534.

606 Vgl. zum Begriff der Strafe oben Teil 1, 1 Das Sanktionensystem.

607 RGSt 45, 332, 333; Lackner/*Kühl*, StGB, § 43 Rdnr. 1; *Stree/Kinzig*, in Sch/Sch-StGB, § 43 Rdnr. 2.

608 *Radtke*, in MK-StGB, § 43 Rdnr. 8.

609 Ähnlich OLG Bremen, NJW 1975, 1524, 1525.

strafe mit einzufließen[610]. Dabei ist jedoch nicht erforderlich, dass vom Gericht – hypothetisch – festzulegen ist, in welcher Höhe eine entsprechende Freiheitsstrafe als tat- und schuldangemessen in Betracht käme und deren Höhe dann durch die entsprechende Tagessatzzahl ersetzt wird, was sich wiederum aus dem bestehenden festen Umrechnungsverhältnis von einem Tag Freiheitsstrafe zu einem Tagessatz Geldstrafe ergibt[611]. Vielmehr genügt es, wenn das Gericht bei der Festsetzung der Tagessatzzahl den möglichen Einsatz einer späteren Ersatzfreiheitsstrafe in Form einer Kontrollüberlegung unter den allgemeinen Strafzumessungsprinzipien des § 46 StGB – Schwere der Tat, Schuld des Täters, Wirkung der Strafe auf den Täter und Verteidigung der Rechtsordnung – unter Betrachtung des festen Umrechnungsmaßstabes mit einbezieht[612]. Hierbei darf die Tagessatzzahl im Ergebnis nicht über eine dem Schuldmaß entsprechende Freiheitsstrafe hinausgehen.

Dennoch stellt sich die Frage, inwieweit in diesem Zusammenhang ein argumentativer Rückgriff auf die vollstreckungsbehördliche Anordnung der Ersatzfreiheitsstrafe als „Umwandlungsakt der Geldstrafe in eine Freiheitsstrafe" denkbar ist[613]. Abgestellt auf die tatsächliche Anordnungsfolge – der Verbüßung einer Freiheitsstrafe – käme der Vollstreckungsbehörde durchaus ein erhebliches Gewicht zu, bei der sich das Problem der mangelnden Entscheidungskompetenz stelle könnte.

Dies würde allerdings voraussetzen, dass die Vollstreckungsbehörde insoweit eine selbständige sanktionierende Entscheidung trifft, indem ihr Handeln über die bloße Vollstreckung einer gerichtlich angeordneten Sanktionierung hinausgeht und dem richterlichen Tätigkeitsfeld die Entscheidung entzieht. Zwar urteilt das Gericht zunächst eine ursprüngliche Geldstrafe aus. Nach dem Vorangegangenen wurde aber bereits deutlich, dass die Geldstrafe auch an der Ersatzfreiheitsstrafe auszurichten ist, sodass sich beide Sanktionen bereits mit Beginn der Strafzumessung als Einheit bezeichnen lassen[614]. Das Gericht verhängt insoweit bewusst über § 43 StGB bereits mit der Geldsanktion eine ersatzweise Freiheitstrafe für den Fall deren Uneinbringlichkeit[615]. Dass dies in der Rechtsprechungspraxis regelmäßig weder im Tenor noch in den Urteilsgründen aufgenommen wird, ist wegen des klaren und unmissverständlichen Wortlauts des § 43 StGB, der bei Uneinbringlichkeit der Geldstrafe die Ersatzfreiheitstrafe einschließlich des unabänderlichen Umrechnungssatzes gesetzlich bestimmt, unschädlich und entbehrlich[616]. Insoweit tritt die Ersatzfreiheitsstrafe von Gesetzes wegen an die Stelle der Geldstrafe, womit es einem erneuten Richterspruch hierüber bereits an der rechtsgestaltenden Funktion fehlen würde[617]. Die Geldstrafe wandelt sich demnach nicht durch die Anordnung der Vollstreckungsbehörde. Diese vollstreckt le-

---

610 BGH 27, 70, 72; *Albrecht*, in NK-StGB, § 40 Rdnr. 16; *Fischer*, StGB, § 40 Rdnr. 5; *Horn/Wolters*, in SK-StGB, § 40 Rdnr. 4a; *Stree/Kinzig*, in Sch/Sch-StGB § 40 Rdnr. 4.

611 So *Horn*, JZ 1977, 828, 830; *Horn/Wolters*, in SK-StGB, § 40 Rdnr. 4a.; *Stree/Kinzig*, in Sch/Sch-StGB § 40 Rdnr. 2 ff.

612 BGHSt 27, 70, 72, *Schott*, JR 2003, 315, 315 f.

613 *Köhne*, JR 2004, 453, 454; ähnlich *Lüderssen*, Festschrift-Böhm 1999, 553, 561 ff.

614 *Horn/Wolters*, in SK-StGB, § 40 Rdnr. 4a; *Stree/Kinzig*, in Sch/Sch-StGB § 40 Rdnr. 4.

615 OLG Bremen, NJW 1975, 1524, 1525; OLG Koblenz, NStZ 1995, 254.

616 OLG Bremen, NJW 1975, 1524, 1525; OLG Koblenz, NStZ 1995, 254; *Häger*, in LK-StGB, § 43 Rdnr. 5; Lackner/*Kühl*, StGB, § 43 Rdnr. 2.

617 Ebenso *Wolters*, in SK-StGB, § 43 Rdnr. 2.

diglich die gleichzeitig ausgesprochene Forderung des ursprünglich ergangenen Richterspruchs – eine Ersatzfreiheitsstrafe bei Uneinbringlichkeit der Geldstrafe[618]. Hieran ändert auch die Tatsache nichts, dass die Vollstreckungsbehörde bei der Feststellung, wann die Geldstrafe als uneinbringlich anzusehen gilt, grundsätzlich einen eigenständigen Beurteilungsspielraum besitzt. Insoweit ist zu bedenken, dass die Feststellung der Uneinbringlichkeit lediglich eine verwaltungsinterne vollstreckungstechnische Beurteilung ohne Außenwirkung darstellt und nicht mit der eigentlichen Anordnung zur Vollstreckung der Ersatzfreiheitsstrafe gleichzustellen ist. Es handelt es sich um zwei selbständig vorzunehmende vollstreckungsrechtliche Handlungen, die regelmäßig aufeinander aufbauen, da die bloße – in der Regel aktenkundig zu machende – Feststellung der Uneinbringlichkeit nicht ohne weiteres zur Vollstreckung der Ersatzfreiheitsstrafe führt. Mit ihr wird lediglich eine notwendige Voraussetzung für die zuvor gerichtlich angeordnete Ersatzfreiheitsstrafe festgesetzt, für deren Vollstreckung es im weiteren Verlauf noch der gesonderten behördlichen Vollstreckungsanordnung gem. § 459e Abs. 1 StPO bedarf. Auch wenn beide Vorgänge in der Praxis zeitlich eng zusammenfallen können, bleibt die Uneinbringlichkeitsfeststellung daher lediglich eine selbständige verwaltungsinterne Vorentscheidung der folgenden tatsächlichen Anordnung einer Ersatzfreiheitsstrafenvollstreckung.

Damit ist die Anordnung der Ersatzfreiheitsstrafe nach erfolgter Feststellung der Uneinbringlichkeit nur als bloße Vollstreckungshandlung der gerichtlich (mit-) verhängten Ersatzfreiheitsstrafe zu qualifizieren. Nichts anderes ergibt sich im Übrigen aus § 459e Abs. 1 StPO, nach welchem die Ersatzfreiheitsstrafe auf Anordnung der Vollstreckungsbehörde „*vollstreckt*" wird.

Abschließend bleibt somit festzuhalten, dass, auch wenn der Strafausspruch zur Geldstrafe an sich noch nicht zu einer Freiheitsentziehung führt, dieser mit der ihm folgenden Strafvollstreckung einen Gesamtvorgang des Freiheitsentzuges darstellt, welcher der Wahrung des Richtervorbehalts entspricht[619].

4.1.2 Kriminalpolitische Entbehrlichkeit

Die teilweise geforderte Abschaffung der Ersatzfreiheitsstrafe setzt jedoch voraus, dass das strafrechtliche Sanktionensystem hierauf ohne wesentliche Einbußen verzichten kann. Vor diesem Hintergrund werden allerdings gewichtige Argumente für Unentbehrlichkeit der Ersatzfreiheitsstrafe vorgetragen, die nachfolgend näher untersucht werden sollen.

4.1.2.1 Druckmittel zur Geldstrafenbegleichung

Als tragendes Argument für die Beibehaltung der Ersatzfreiheitsstrafe lässt sich ihre erhebliche Wirkung als Druckmittel vorbringen. So motiviert bereits die Ankündigung, eine Freiheitsstrafe ableisten zu müssen, in einer Vielzahl der Täter letztendlich

618 Ebenso OLG Bremen, NJW 1975, 1524, 1525.
619 BVerfGE 14, 174, 186, NJW 1962, 1339.

noch zur Zahlung der Geldstrafe[620]. Erklären lässt sich dies durch den wesentlichen Unterschied zu einem herkömmlichen Geldschuldner. Während letzter seinen Gläubiger leer ausgehen lassen kann, indem er sich mit Einnahmen unterhalb der Pfändungsgrenze zufrieden gibt, muss der Geldstrafenschuldner sämtliche Möglichkeiten zu Geldbeschaffung nutzen, um eine Ersatzfreiheitsstrafe abzuwenden[621].

Kriminologischen Untersuchungen zufolge lässt sich entnehmen, dass mit der Ladung zum Strafantritt in bis zu 75% der Fälle Geldstrafen trotz zuvor gescheiterter Geldstrafenvollstreckung noch entrichtet werden, um der unmittelbar bevorstehenden Freiheitsstrafenverbüßung zu entgehen[622]. Darüber hinaus kommt es selbst nach Haftantritt in bis zu 50% der restlichen Fälle zu einer Verkürzung der Haftdauer durch die Zahlung der Geldstrafe oder deren Rests durch Dritte[623]. Der kriminalpolitische Schwerpunkt der Ersatzfreiheitsstrafe kann damit durchaus in ihrer Eigenschaft als Druckmittel gesehen werden kann, da sie mittelbar auf die Beitreibung der zuvor angeordneten Geldstrafe abzielt.

Dieser Wirkung als Druckmittel kann nur wenig entgegengesetzt werden. In Anbetracht der vorstehenden Zahlen, wäre es bereits im Ansatz verfehlt, die Unentbehrlichkeit der Ersatzfreiheitsstrafe anzuzweifeln, weil dem durchschnittlichen Verurteilten dieses Druckmittel gänzlich unbekannt sei und daher die überwiegende Zahl der Geldstrafen ohne Androhung der Freiheitsstrafe gezahlt werde[624]. Selbst wenn demnach für die Mehrzahl der Geldstrafenschuldner dieses Zwangsmittel als entbehrlich gelten kann, bleibt nach dem Vorangegangenen ein erheblicher Teil an verurteilten Personen, die allein in der Motivation, nicht einsitzen zu müssen, ihre Geldstrafe begleichen.

Einzuschränken ist allerdings, dass das Druckmittelargument dort nicht greifen kann, wo die zu einer Geldstrafe Verurteilten aufgrund ihrer schwachen wirtschaftlichen Lage nicht imstande sind, diese zu zahlen. Zuweilen kann eine aussichtslose sozialschwache Situation sogar eine gewisse Gleichgültigkeit gegenüber der drohenden Ersatzfreiheitsstrafe zur Folge haben[625]. Vorliegend kann in dieser unterschiedlichen Wirkungsweise eine nicht unerhebliche Ursache gesehen werden, warum diese Klientel sogar das Schwergewicht unter den tatsächlichen Verbüßern von Ersatzfreiheitsstrafen ausmacht[626].

Weiterhin könnte durchaus als bedenklich erachtet werden, welches Ausmaß der Druck, eine Freiheitsstrafe wegen Nichtzahlung einer Geldstrafe absitzen zu müssen, annehmen kann. Ohne Zweifel werden derartige Aussichten für einige wirtschaftlich schwache Täter einen erheblichen Anreiz zur Begehung von Beschaffungskriminalität bieten[627].

---

620 *Albrecht*, in NK-StGB § 43 Rdnr. 2; *Schatz*, ZRP 2002, 438, 439; *Schneider*, in Göppinger, Kriminologie, § 34 Rdnr. 25; *Schall*, NStZ 1985, 104, 107.

621 *Schneider*, in Göppinger, Kriminologie, § 34 Rdnr. 26.

622 *Albrecht*, 1980; *Feuerhelm*, 1991, 45, 71.

623 *Albrecht*, 1980; *Feuerhelm*, 1991, 45, 71; *Dolde*, Festschrift-Böhm 1999, 581, 588 f.

624 *Köhne*, JR 2004, 453, 455.

625 Vgl. *Dünkel/Grosser*, NK 1/1999, 28, 32; *Matt*, MschrKrim 2005, 339, 348.

626 *Dolde*, Festschrift-Böhm 1999, 581, 589 f.; *Matt*, MschrKrim 2005, 339, 347.

627 Vgl. hierzu oben, Teil 1, 3.1.4 Beschaffungskriminalität.

Dagegen kann dem Druckmittelargument nicht entgegengehalten werden, dass es bereits verfehlt sei hierauf abzustellen, weil in derartigen Fällen statt einer uneinbringlichen vielmehr eine einbringliche Geldstrafe vorläge, die gerade nicht unter den Anwendungsbereich von Ersatzfreiheitsstrafen falle[628]. Die Frage, wann eine Geldstrafe als uneinbringlich anzusehen ist, hat sich in einem Rechtstaat allein an den, ihm zur Verfügung stehenden Erfolgsaussichten der Eintreibung zu orientieren.

Ausgangspunkt ist dabei § 459e Abs. 2 Alt. 1 StPO, der für die Vollstreckungsanordnung die Nichteinbringlichkeit der jeweiligen Geldstrafe verlangt. Hieran sind strenge Anforderungen zu stellen. Unter Berücksichtigung der einschneidenden Wirkungen einer drohenden Ersatzfreiheitsstrafe ist dies nach heutiger Auffassung nur dann anzunehmen, wenn die Beitreibung des Geldes trotz ernsthafter und ggf. wiederholter Vollstreckungsversuche erfolglos geblieben ist[629]. Wann damit letztlich von einer uneinbringlichen Geldstrafe auszugehen ist, richtet sich im Einzelnen gem. § 6 JBeitrO i.V.m. den jeweiligen Normen der ZPO danach, ab welchem Zeitpunkt die Möglichkeiten der Zwangsvollstreckung wegen Geldforderungen in das bewegliche und unbewegliche Vermögen erschöpft sind[630]. Inwieweit der Täter darüber hinaus tatsächlich über entsprechende Barmittel verfügen kann oder über Dritte könnte, kann somit keine Beachtung finden, da der Staat hierauf keine Zugriffsmöglichkeiten hätte.

Darüber hinaus hat die Vollstreckungsbehörde gem. § 459e Abs. 2 Alt. 2 StPO i.V.m. § 459c Abs. 2 StPO auch dann von einer uneinbringlichen Geldstrafe auszugehen, wenn zu erwarten ist, dass eine Vollstreckung in absehbarer Zeit zu keinem Erfolg führen wird. Um einen erfolglosen und damit überflüssigen Verwaltungsaufwand zu vermeiden, können demnach aussichtslose Vollstreckungshandlungen, insbesondere bei bereits erfolglosen anderweitigen Beitreibungsversuchen, einer kürzlich abgegebenen eidesstattlichen Versicherung gem. § 807 ZPO oder einem laufenden Insolvenzverfahren unterbleiben[631]. Da bei dieser Uneinbringlichkeitsbeurteilung ebenfalls die erhebliche Wirkung der drohenden Freiheitstrafe zu berücksichtigen ist, darf eine nachdrückliche Beitreibung nicht unter etwaiger administrativer Bequemlichkeit leiden[632]. Dennoch scheitert die Einbringlichkeit der Geldstrafe auch in diesem Fall regelmäßig an den Grenzen des zivilprozessrechtlichen Instrumentariums zur Erlangung von Geldforderungen.

Deshalb ist nur von einer uneinbringlichen Geldstrafe auszugehen, wenn sich die staatlich betriebene Zwangsvollstreckung entweder als erfolgs- oder aussichtslos darstellt[633]. Ob der Täter selbst oder durch einen Dritten zu einem späteren Zeitpunkt Geld zur Abwendung der Ersatzfreiheitsstrafe beschaffen kann, ist unerheblich.

628 So *Köhne*, JR 2004, 453, 454; *Seebode*, Festschrift-Böhm 1999, 519, 531.
629 *Fischer*, StGB, § 43 Rdnr. 3; *Meyer-Goßner*, StPO, § 459e Rdnr. 3; *Stree/Kinzig*, in Sch/Sch-StGB § 43 Rdnr. 5.
630 Vgl. hierzu oben Teil 1, 1.1.1.3 Geldstrafenvollstreckung.
631 BVerfG NJW 2006, 3626 f.; *Meyer-Goßner*, StPO, § 459c Rdnr. 3.
632 *Albrecht*, in NK-StGB § 43 Rdnr. 5.
633 Ähnlich *Radtke*, in MK-StGB, § 43 Rdnr. 7.

4.1.2.2 Geldstrafenakzeptanz

Des Weiteren wird zugunsten der Ersatzfreiheitsstrafe angeführt, dass die Geldstrafe ist nur so wirkungsvoll sein könne wie die Möglichkeit ihrer zwangsweisen Durchsetzung[634]. Demnach wäre damit ein Absinken des Strafniveaus durch den Verlust der Anerkennung der Geldstrafe zu befürchten, weil die Nichtzahlung ohne wirksame Rechtsfolge bliebe.

Dem könnte entgegengehalten werden, dass in der breiten Öffentlichkeit die Geldstrafe als Sanktion sehr wohl akzeptiert wird und der durchschnittliche Täter sie auch ohne zwangsweise staatliche Beitreibungsversuche begleicht, sei es auch unter Anwendung der Zahlungserleichterungen des § 42 StGB[635]. Bei Tätern mit einer weniger ausgeprägten Zahlungsmoral dürfte dagegen bereits die Androhung der zwangsweisen Vollstreckung hinreichend motivierend zur Bezahlung der Geldstrafen wirken, da sich durch eine etwaige Lohnpfändung die damit verbundene Negativwirkung auf Arbeitgeber und Kollegen nicht mehr vermeiden ließe[636]. Auch in diesen Fällen fehlt der akzeptanzerhaltende Einfluss der Ersatzfreiheitsstrafe auf die Geldstrafe.

Die eigentlichen Tätergruppen, bei denen dieses Argument damit nur greifen kann, sind diejenigen, die tatsächlich in den Anwendungsbereich der Ersatzfreiheitsstrafe fallen, die Zahlungsunfähigen und die Zahlungsunwilligen.

Das Gros der Ersatzfreiheitsstrafenverbüßer bilden von Armut gekennzeichnete Täter, die mangels vorhandener Liquidität, fehlender sozialer Kompetenzen und gesellschaftlicher Integrität nicht in der Lage sind, die Geldstrafe zu zahlen[637]. Entgegen der vorangegangenen Druckmittelargumentation ist bei dieser Tätergruppe – trotz oder gerade wegen der regelmäßigen Mittellosigkeit – das Berufen auf eine möglicherweise ausbleibende Akzeptanz von Geldstrafen durchaus nachvollziehbar. Ohne Ersatzfreiheitsstrafe könnte sich der Täter auf den Erwerb unpfändbarer Mittel zu seinem Lebensunterhalt beschränken oder durch Schwarzarbeit seine Einnahmen verdecken, um sich der strafrechtlichen Folgen zu entziehen[638]. Wer auf ein kriminelles Verhalten trotz entsprechender Verurteilung aufgrund seiner Vermögenslosigkeit keine fühlbare staatliche Reaktion erfährt, wird regelmäßig davon ausgehen, dass ihm die Strafverfolgungsbehörden auch zukünftig nichts anhaben können. Neben dieser mangelnden spezialpräventiven Sanktionswirkung würde auch die Generalprävention schwinden, da die Weitergabe solcher persönlichen Erfahrungen mit der Staatsgewalt zwangsläufig in der entsprechenden sozialen Schicht zu einer allgemeinen „Man kann mir ja nichts!“ Mentalität führen dürfte.

Die zweite Gruppe von Ersatzfreiheitsstrafenverbüßern sind diejenigen, die bis zuletzt nicht willens sind, die Geldstrafe zu begleichen, wobei in der Praxis derartige Konstellationen weit weniger häufig vorkommen[639]. Da diese Täter mangels anderer geeigneter Mittel unerreichbar scheinen, stellt sich für diese Tätergruppe die Ersatz-

634 *Hamdorf/Wölber*, ZStW 1999, 929, 937.

635 *Köhne*, JR 2004, 453, 454 f.

636 Vgl. *Hamdorf/Wölber*, ZStW 1999, 929, 938.

637 Vgl. *Dolde*, Festschrift-Böhm 1999, 581, 589 f.; *Dünkel/Grosser*, NK 1/1999, 28, 32; *Matt*, MschrKrim 2005, 339, 347.

638 *Schneider*, in Göppinger, Kriminologie, § 34 Rdnr. 25.

639 Vgl. *Dolde*, Festschrift-Böhm 1999, 581, 589 f.

freiheitsstrafe als einziges wirkungsvolles Mittel, den Täter einer angemessenen Sanktionierung zuführen zu können. Würde den Strafverfolgungsorganen diese fühlbare Ersatzsanktionierung fehlen, müssten sie vor dem Verurteilten kapitulieren und wären weiterhin auf erfolg- und aussichtslose Zwangsvollstreckungsversuche verwiesen.

Gleichlaufend mit der vorangegangen Argumentation wird für die Ersatzfreiheitsstrafe zudem angeführt, dass sie zur Verhinderung geldstrafenimmuner Tätergruppen beiträgt, da es andernfalls oftmals an geeigneten Strafübel und Abschreckung fehlen würde[640]. Dem könnte allerdings entgegengehalten werden, dass eine gewisse Sanktionsresistenz auch beim Einsatz der Ersatzfreiheitsstrafe nicht ungewöhnlich ist, wenn der Täter auch eine Freiheitsstrafe gleichgültig gegenüber ist, da er nichts mehr verlieren zu können glaubt[641].

Für die Beibehaltung der Ersatzfreiheitsstrafe kann weiterhin vorgebracht werden, dass mit deren Abschaffung die Gefahr einer vermehrten Anwendung kurzer Freiheitsstrafen einherginge. Dies folgt einerseits aus ihrer Wirksamkeitsabsicherung der Geldstrafe und damit deren Erfolg bei der Zurückdrängung kurzer Freiheitstrafen[642].

Zum anderen fließt hier die Annahme ein, dass es den Gerichten ohne entsprechendem Ersatzübel an einer durchgreifenden und fühlbaren Sanktionsart fehlen könnte[643]. Abgestellt auf das gegenwärtige, lediglich Geld- oder Freiheitsstrafe zulassende Sanktionensystem, verbliebe dem Richter bei einer vorhersehbar uneinbringlichen Geldstrafe regelmäßig nur die alternative Verhängung einer kurzen Freiheitstrafe.

Diese Argumentation lässt sich aber auch mit der hier angestrebten Flexibilisierung staatlicher Reaktionsmöglichkeiten im unteren und mittleren Kriminalitätsbereich bei der Auferlegung von Geldstrafen lediglich abschwächen. Zu denken wäre insbesondere an die Verhängung einer Bewährungsgeldstrafe mit Auflagen oder Weisungen[644]. Stünden dem Gericht insoweit andere, den Täter ebenfalls empfindlich treffende Reaktionsmöglichkeiten zur Seite, könnte ein Rückgriff auf kurze Freiheitsstrafen zukünftig noch weiter verringert werden.

4.1.2.3 Systematische Bedenken

Da die Ersatzfreiheitsstrafen mit ihren durchschnittlich 30 Tagen[645] regelmäßig kurze Freiheitsstrafen darstellen, werden auch in systematischer Hinsicht einige Bedenken gegen sie vorgebracht.

Insoweit wird zunächst der scheinbar bestehende Widerspruch zu § 47 StGB beanstandet, nach welchen die Verhängung kurzer Freiheitsstrafen auf den Ausnahmefall zu beschränken ist[646]. Unabhängig davon, dass § 47 StGB bereits aus dem Gesetzeszusammenhang auf § 43 StGB keine Anwendung finden kann, müssen sich die Kritiker

640 *Hamdorf/Wölber*, ZStW 1999, 929, 937.

641 *Dünkel/Grosser*, NK 1/1999, 28, 33; *Matt*, MschrKrim 2005, 339, 348.

642 So auch *Seebode*, Festschrift-Böhm 1999, 519, 529.

643 Vgl. hierzu *Hamdorf/Wölber*, ZStW 1999, 929, 937.

644 Vgl. oben, Teil 3, 2 Bewährungssanktionen im Geldstrafenbereich.

645 *Albrecht*, in NK-StGB, § 43 Rdnr. 2; ders., Legalbewährung, 1982, 165; *Dolde*, Festschrift-Böhm 1999, 581, 588; *Eisenberg*, Kriminologie, § 33 Rdnr. 25; *Schneider*, in Göppinger, Kriminologie, § 34 Rdnr. 28; *Seebode*, Festschrift-Böhm 1999, 519, 530.

646 *Schmidt*, NJW 1967, 1929, 1938; *Seebode*, Festschrift-Böhm 1999, 519, 529.

entgegenhalten lassen, dass es sich auch bei der Ersatzfreiheitstrafe um keine Regelsanktionierung handelt. In Anbetracht ihrer Funktion als bloßes Ersatzübel für uneinbringliche Geldstrafen ist sie als ultima ratio – wenn auch leider mit steigender Anwendung[647] – als Ausnahmesanktion bei den Geldstrafenverhängungen zu qualifizieren.

Von eher untergeordneter Bedeutung dürften dagegen Bedenken sein, dass die Länge der Ersatzfreiheitsstrafe oftmals weniger als einen Monat beträgt, was bei der Verhängung einer primären Freiheitstrafe gem. § 38 Abs. 2, 2. Hs. StGB gesetzlich ausgeschlossen wird[648]. Neben dem ebenfalls fehlenden Gesetzeszusammenhang zur Ersatzfreiheitsstrafe ist dies zwangsläufig auf die Besonderheit ihres Einsatzes als Ersatzübel – soweit die Geldstrafe nicht beigetrieben werden konnte – zurückzuführen.

4.1.3 Die Notwendigkeit der Ersatzfreiheitsstrafe

Abschließend bleibt festhalten, dass – trotz ihrer vielschichtigen Probleme – im strafrechtlichen Sanktionensystem nicht auf die Ersatzfreiheitsstrafe als letzte Bastion der Geldstrafenvollstreckung verzichtet werden kann.

Zunächst stellt sie eine verfassungsrechtlich nicht zu beanstandende Sanktionsart dar[649]. Obwohl bei dieser echten freiheitsentziehenden Strafe die Anordnung der Ersatzfreiheitsstrafe in der Regel durch den Rechtspfleger erfolgt, ist hierin kein Verstoß gegen die Richtervorbehalte aus Art. 92 GG und Art. 104 Abs. 2 Satz 1 GG zu sehen. So schließt der richterliche Ausspruch zur Geldstrafe für den Fall ihrer Nichterbringlichkeit die mögliche spätere Verhängung einer Ersatzfreiheitsstrafe regelmäßig ein, welche dann gem. § 43 StGB von Gesetzes wegen an die Stelle der uneinbringlichen Geldstrafe tritt. Dagegen ist die vollstreckungsbehördliche Anordnung der Ersatzfreiheitsstrafe als bloße Vollstreckungshandlung zu qualifizieren.

Ihre beachtliche Wirkung als Druckmittel zur Geldstrafenzahlung trotz gescheiterter oder aussichtsloser zwangsweiser Beibringungsversuche und ihr Einfluss auf die Akzeptanz von Geldstrafen sowohl bei tatsächlich uneinbringlichen Geldstrafen als auch bei zahlungsunwilligen Tätergruppen machen sie zu einem unentbehrlichen Baustein im gegenwärtigen Sanktionenrecht[650].

Dies vermag allerdings nicht die, mit der Ersatzfreiheitsstrafe einhergehenden Nachteile zu rechtfertigen. Entsprechend der bisherigen kriminalpolitischen Bestrebungen ist stattdessen ihrer Funktion als ultima ratio der Geldstrafe mehr Geltung zu verschaffen, indem ihr Anwendungsbereich durch Neuerungen und Erweiterungen noch weiter auf notwendige Ausnahmefälle reduziert und ihre Dauer zugleich auf ein notwendiges Minimum gekürzt wird.

---

647 Vgl. hierzu oben, Teil 1, 3.2.2.1 Vollstreckungszahl.

648 *Albrecht*, in NK-StGB, § 43 Rdnr. 1, *Seebode*, Festschrift-Böhm 1999, 519, 530.

649 Vgl. zum Folgenden oben, Teil 3, 4.1.1 Richtervorbehalte gem. Art. 92, 104 Abs. 2 Satz 1 GG.

650 Vgl. oben Teil 3, 4.1.2 Kriminalpolitische Entbehrlichkeit.

4.2 Änderungen im Verhältnis von Geld- und Ersatzfreiheitsstrafe

Mit ihrem Umrechnungsmaßstab von einem Tagessatz Geldstrafe zu einem Tag Freiheitsstrafe besteht gegenwärtig unter dem Aspekt der Schuldangemessenheit starke Kritik an der Geldstrafe im Verhältnis zur Ersatzfreiheitsstrafe[651]. Dem liegen Überlegungen zu Grunde, dass die Belastungen und Folgelasten eines Freiheitsentzugs weit über den bloßen Verlust des über den gleichen Zeitraum verfügbaren Einkommens hinausgehen.

Dem entsprechend zielen Bestrebungen darauf ab, den richtigen Schnittpunkt für eine schuldangemessene Anpassung der beiden Sanktionsarten zu finden. Zur Schaffung einer entsprechenden Alternative wurde bereits frühzeitig die Idee aufgeworfen, den bestehenden Umrechnungsmaßstab in ein Verhältnis von drei Tagessätzen Geldstrafe zu einem Tag Ersatzfreiheitsstrafe zu wandeln[652]. Aktuell gehen die Bestrebungen allerdings in die Richtung eines Verhältnisses von zwei Tagessätzen zu einem Tag Freiheitsstrafe[653]. Schon auf den ersten Blick lassen sich für diese Vorschläge durchaus gewichtige Gründe zur Entschärfung des vorhandenen Ungleichgewichtes finden. Daher stellt sich die Frage, inwieweit ein geänderter Umrechnungsschlüssel in einer ausführbaren Weise zur Beseitigung der bestehenden Diskrepanzen beizutragen vermag.

4.2.1 Vorteile eines geänderten Umrechnungsmaßstabes

Zunächst würden beide Maßstäbe durch eine Annäherung der Sanktionen unter Strafzumessungsaspekten zu einem verbesserten Verhältnis von ursprünglicher Geld- und nachträglicher Ersatzfreiheitsstrafe führen. Die grundsätzlich an einen vollen Tag anknüpfende Freiheitsstrafe würde ihrer Funktion als Ersatzübel in akzeptabler Weise auf ein Maß herabgesetzt, welches mit der auf den (bloßen) Verzicht des Tageseinkommens gerichteten Geldstrafe wesentlich besser in Einklang gebracht werden kann als beim gegenwärtigen Verhältnis von 1:1, bei welchem sich die ursprünglich Tageseinkunft in einen ganzen Tag Freiheitsstrafe zuzüglich der parallel fehlenden Tageseinkünfte umwandelt. Damit läge ein wesentlicher Aspekt in der verbesserten Strafgerechtigkeit[654].

4.2.1.1 Ersatzfreiheitsstrafen nur im Mindestmaß

Diese Strafgerechtigkeit entstünde durch die beträchtliche Verkürzung der tatsächlichen Haftzeiten, die je nach Vorschlag auf die Hälfte bzw. ein Drittel der gegenwärtigen Dauer reduziert werden könnte. Erhebliches Gewicht gewinnt diese Argumentati-

---

651 Vgl. auch zum Folgenden oben Teil 1, 3.2.2.2 Vollzugsdauer.

652 So bereits *Tröndle*, ZStW 1974, 545, 575 ff, *Albrecht*, in NK-StGB § 43, Rdnr. 6.

653 BT-Drucks. 13/9612, 4, 5 f.; 14/761, 5; 14/9358, 14; 15/2725, 21 f.; BMJ, Eckpunktepapier 2003, 5 f.; *Hamdorf/Wölber*, ZStW 1999, 929, 948; *Kintzi*, DRiZ 2003, 325, 328; *Streng*, ZStW 1999, 827, 841; *Wilkitzki*, in Jehle (Hrsg.) 2000, 447, 452; *Wolters*, ZStW 2002, 63, 84 ff.

654 BT-Drucks. 13/9612, 5 f.; 14/761, 5 f.; 14/9358, 14, 15/2725, 21, 47; *Boll*, Abschlussbericht 2000, 3.1.1; ebenso die Kommission im Abschlussbericht 2000, 3.2.4.1.

on bereits dadurch, dass das Gericht durch den Ausspruch der Geldstrafe eine freiheitsentziehende Maßnahme ursprünglich gerade nicht beabsichtigt hat.

Eine vollständig nicht erbringliche Geldstrafe von 90 Tagessätzen hätte demnach anstelle der gegenwärtigen Verbüßung einer dreimonatigen Freiheitsstrafe entweder beim 2:1 Vorschlag eine 45-tägige oder beim 3:1 Verhältnis eine 30-tägige Ersatzfreiheitsstrafe zur Folge. Weil nahe liegt, dass in der Praxis häufig vor der Anordnung zur Ersatzfreiheitsstrafe durch vereinbarte Ratenzahlungen oder Ableistung gemeinnütziger Arbeit bereits ein Teil der Strafe beglichen werden, fallen die Berechnungsgrundlagen für die anschließende Ersatzfreiheitsstrafe zumeist noch viel niedriger aus.

Mit der Verkürzung der Ersatzfreiheitsstrafe ginge ein weiterer positiver Effekt dieser Modelle einher. Da bei der Berechnung des Freiheitsentzuges von einer vollen 7-Tage-Woche ausgegangen wird, würde die Vollzugsdauer einer Ersatzfreiheitsstrafe von 90 Tagessätzen bei einer durchschnittlichen 5-Tage-Arbeitswoche höchstens 22 bzw. 32 Werktage umfassen. Einem in Beschäftigung stehenden Täter wäre es bei einer Ersatzfreiheitsstrafe in dieser Höhe insofern möglich, durch die Verwendung von Urlaubsansprüchen oder Überstundenabbau, die sozialschädlichen Wirkungen kurzer Freiheitsstrafen erheblich zu mindern. Dadurch bliebe ihm das Beschäftigungsverhältnis samt Einnahmen und daran anknüpfend die familiäre Absicherung erhalten. Schwierigkeiten bestehen zwar regelmäßig dann, wenn zwischen dem Erhalt der Anordnung der Ersatzfreiheitsstrafe und dem angeordneten Haftantritt nur wenig Zeit liegt. Hier muss der Verurteilte selbst tätig werden und versuchen, gemeinsam mit der Vollstreckungsbehörde und/oder seinem Arbeitgeber eine gangbare Lösung zu finden. Im Unterschied zur aktuellen Gesetzeslage würde diese Aufgabe aber gerade durch die Abnahme der Dauer des bevorstehenden Freiheitsentzuges erheblich erleichtert werden.

Daneben käme es auch im Bereich des sonstigen sozialen Umfeldes zu einer möglichen Abmilderung der negativen Wirkungen einer Freiheitsstrafe, weil die Isolierung des Täters durch eine verringerte Inhaftierungszeit erheblich verkürzt würde. Zwar lassen sich bestimmte Probleme wie z.B. die mögliche Stigmatisierung des Täters durch eine verkürzte Haftzeit nicht vollends abwenden, da sie häufig bereits mit dem Haftantritt entstehen[655]. Dennoch kann einer sozialen Entfremdung des Täters durch die Beschränkung einer unvermeidbaren Ersatzfreiheitsstrafe auf nur wenige Wochen oder Tage erheblich entgegengewirkt werden.

Zwar wäre der Umrechnungsmaßstab 2:1 vor diesen Hintergründen mit einer angestrebten Halbierung der Haftdauer durchaus in der Lage, zu einer Entschärfung des gegenwärtigen Verhältnisses von Geld- und Ersatzfreiheitsstrafe beizutragen. Dem 3:1 Maßstab lässt sich allerdings durch seine darüber hinausgehende Begrenzung unvermeidbarer Ersatzfreiheitsstrafen auf ein absolutes Mindestmaß von einem Drittel, ein erheblicher Vorteil nicht absprechen[656].

---

655 Vgl. oben, Teil 1, 3.2.1.1 Berufliche, familiäre und soziale Bindungen.

656 *Tröndle*, ZStW 1974, 545, 578.

4.2.1.2 Vermeidung von Freiheitsstrafen

Als weitere Auswirkung der vorgeschlagenen Umrechnungsschlüssel wird die Vermeidung kurzer und mittelfristiger Freiheitsstrafen durch einen möglichen Einsatz höherer Geldstrafen angeführt[657]. Angesichts der gegenwärtigen Geldstrafenpraxis mit ihrer imaginären Grenze von 90 Tagessätzen wäre eine derartige Wirkung durchaus wünschenswert[658].

Dagegen sehen die Befürworter des bestehenden 1:1-Umrechnungsverhältnisses die mögliche Verhängung höherer Geldstrafen als negative Folge einer Umstellung an und lehnen jeglichen Änderungsbedarf mit einer gegenwärtig nicht vorhandenen Strafungerechtigkeit ab[659].

Ein solches Vorbringen vermag jedoch nicht zu überzeugen. Dass die tatsächlichen Wirkungen von Geld- und Ersatzfreiheitsstrafe sehr unterschiedlich intensiv ausfallen, wurde bereits ausführlich dargestellt[660]. Die bestehende Strafungerechtigkeit lässt sich auch nicht mit dem Argument verharmlosen, bei der richterlichen Strafzumessung werde im ersten Schritt die schuldangemessene Freiheitsstrafe bemessen und anschließend in die Geldstrafe umgerechnet, weshalb die Ersatzfreiheitsstrafe zwangsläufig stets schuldangemessen sei[661]. Insoweit wurde bereits erläutert, dass diese gerichtliche Vorgehensweise zwar gangbar, aber nicht erforderlich ist, weshalb sie auch in der Praxis eher unüblich ist und stattdessen die Möglichkeit einer späteren Ersatzfreiheitsstrafe bei der Zumessung der Geldstrafe lediglich unter Berücksichtigung des festen Umrechnungsmaßstabs mit einzufließen hat[662]. Damit stellt die Ersatzfreiheitsstrafe nicht die primär zugemessene Sanktion dar, sondern sie wird durch den gesetzlich festgeschriebenen, starren Maßstab des § 43 Satz 2 StGB lediglich sekundär mitentschieden, wobei sich das Gericht ihrer Wirkung bewusst zu sein hat.

Unter Berücksichtigung des aufgezeigten Einflusses erscheint ein zukünftiges Ansteigen der Geldstrafen gleichwohl wahrscheinlich[663]. Zieht das Gericht bei den Strafzumessungserwägungen für die Tageszahlhöhe die Wirkung einer möglichen Ersatzfreiheitsstrafe bereits mit ein, müsste mit der starken Verkürzung der Freiheitsstrafe bei einem geänderten Umrechnungsverhältnis unweigerlich eine Erhöhung der Tagessatzzahl einhergehen.

Dem kann auch nicht entgegengehalten werden, dass sich diese Erwartungen in der richterlichen Praxis nicht verwirklichen lassen würden, da die frühzeitige Einbeziehung der Ersatzfreiheitsstrafe in die Geldstrafenzumessung zweifelhaft sei und andernfalls die erhoffte Wirkung vollends entfiele. Da das Gesetz selbst bei der Geldstrafe keine ausdrücklichen richterlichen Zumessungserwägungen hinsichtlich des eventu-

657 *Tröndle*, ZStW 1974, 545, 578.

658 Hierzu oben Teil 1, 2.1 Die Geldstrafe.

659 Vgl. die Stellungnahme des Bundesrates zu einem entsprechenden Gesetzentwurf, BT-Drucks. 15/2725, 37; ähnlich *Schneider*, in Göppinger, Kriminologie, § 34 Rdnr. 24; *Streng*, ZStW 1999, 827, 842; *ders.* 2002 Rdnr. 797; *ders.* in: Jehle (Hrsg.), 2000, 207, 219; *Wolters*, in SK-StGB, § 43 Rdnr. 2.

660 Vgl. oben Teil 1, 3.2.2 Ersatzfreiheitsstrafe.

661 So der Bundesrat, in BT-Drucks. 15/2725, 37,

662 Vgl. oben Teil 3, 4.1.1 Richtervorbehalte gem. Art. 92, 104 Abs. 2 Satz 1 GG.

663 Ähnlich *Fischer*, StGB, § 43 Rdnr. 4.

ellen Ersatzübels vorsieht, wird bereits bei der gegenwärtigen Geldstrafenpraxis bezweifelt, ob entsprechende Überlegungen tatsächlich vorgenommen werden[664]. Zwar sind in der Rechtsprechung Hinweise auf eine solche Vorgehensweise eher selten zu finden[665]. Derartige Überlegungen werden aber einerseits aufgrund der bestehenden Richtervorbehalte für erforderlich erachtet und zum anderen regelmäßig auch ohne deren ausdrückliche Aufnahme in die Urteilsgründe vorgenommen[666].

Fraglich bleibt damit allein der Umfang der zu erwartenden Geldstrafenerhöhungen. Dieser wird sich in der Folge durch erst durch die Praxis auf einen status quo ante einpendeln[667]. Eine modellabhängige Ausschöpfung der Geldstrafenhöchstgenzen durch den veränderten Maßstab ist jedoch auszuschließen. Ebenso scheidet eine – allein auf die mögliche Ersatzfreiheitsstrafendauer abgestellte – Verdoppelung bzw. Verdreifachung der Tagessatzzahl aus[668], denn dabei spielt die Funktion der Ersatzfreiheitsstrafe als Surrogat der Geldstrafe eine entscheidende Rolle. Ausschlaggebend sind in diesem Zusammenhang daher nicht allein die mögliche Ersatzfreiheitsstrafendauer, sondern ein angemessenes Verhältnis der Strafübel von Geld- und Freiheitsstrafe und damit die Suche nach dem jeweils geeigneten Schnittpunkt beider Sanktionsarten. An dieser Stelle wird dem Richter ermöglicht, eine einzelfallabhängige Prognose über die Wirkung einer etwaigen Ersatzfreiheitsstrafe zu treffen. Sein Schwerpunkt liegt dabei nach wie vor auf der primär erwünschten Geldstrafe. Die Ersatzfreiheitsstrafe hat zwar in die Strafzumessungsüberlegungen mit einzufließen. Als Ersatzübel nimmt sie dabei aber lediglich eine untergeordnete Rolle ein, indem sie nicht völlig außer Verhältnis liegen darf.

Darüber hinaus wird sich das Gericht bei seinen Überlegungen über die wesentlichen vollstreckungsrechtlichen Unterschiede zwischen der Ersatzfreiheitsstrafe als bloßes Surrogat einer uneinbringlichen Geldstrafe und einer primären Freiheitsstrafe bewusst sein. Bereits nach aktuellem Recht wird eine Geldstrafe und damit im Falle ihrer Uneinbringlichkeit die jeweilige Ersatzfreiheitsstrafe stets in vollem Umfang vollstreckt[669]. Anders gestaltet sich dies dagegen bei einer primär verhängten Freiheitsstrafe. Hier stellt sich nach dem ersten Schritt der Strafzumessung die Frage, ob sie überhaupt vollstreckt werden muss oder eine Aussetzung zur Bewährung gem. § 56 StGB genügt. Zudem kann der tatsächliche Vollstreckungsumfang bei primären Freiheitsstrafen über § 57 StGB im Wege der Reststrafenaussetzung erheblich verkürzt werden. Diese Vergünstigung für Ersatzfreiheitsstrafen kennt das Gesetz ebenfalls nicht und auch eine analoge Anwendung wird von Rechtsprechung und Schrifttum abgelehnt[670]. Insoweit wird erkennbar, dass sich eine Geldstrafe, die als Ersatzfreiheitsstrafe vollstreckt wird, wesentlich einschneidender gestaltet als eine in gleicher Höhe bemessene primäre Freiheitsstrafe[671].

---

664 *Lüderssen*, Festschrift-Böhm 1999, 553, 562.
665 Etwa BGHSt 27, 70, 72; LG München 1, StV 2001, 409, 410.
666 Vgl. oben Teil 3, 4.1.1 Richtervorbehalte gem. Art. 92, 104 Abs. 2 Satz 1 GG.
667 *Schüler-Springorum*, Roxin-Festschrift 2001, 1021, 1032.
668 So aber die Argumentation des Bundesrates, BT-Drucks. 15/2725, 37.
669 Vgl. auch zum Folgenden *Wolters*, ZStW 2002, 63, 85 f.
670 Hierzu oben Teil 1, 3.2.2.3 Aussetzung des Strafrests zur Bewährung.
671 Ebenso *Wolters*, ZStW 2002, 63, 86.

Nicht zuletzt aufgrund des noch immer begrenzten Anteils der Ersatzfreiheitsstrafen in der gesamten Geldstrafenpraxis – und damit auch dessen praktischen Einfluss – dürfte somit die Erhöhung von Geldstrafen durch einen geänderten Umrechnungsmaßstab eher als geringfügig einzuschätzen sein[672]. Insgesamt wäre demzufolge unter Betrachtung des angestrebten Ausgleiches von Strafungerechtigkeiten zwischen Geld- und Ersatzfreiheitsstrafe ein Anstieg der Tagessatzzahlen von insgesamt mehr als einem Drittel nicht zu erwarten, womit sich die gegenwärtig anscheinende Praxisgrenze von 90 Tagessätzen auf höchstens 120 Tagessätze verschieben dürfte.

Hierbei ließen sich aber aus den verschiedenen Vorschlägen geringfügige Unterschiede erwarten. Insoweit dürfte der 3:1-Maßstab durch seine gravierendere Verkürzung der jeweiligen Ersatzfreiheitsstrafe zu durchschnittlich etwas höheren Tagessatzzahlen führen als die 2:1-Alternative.

Das Ziel, höhere Geldstrafen zur Verdrängung kurzer und mittlerer Freiheitsstrafen zu erreichen, könnte zudem durch die zuvor vorgeschlagene Bewährungsgeldstrafe mit ihrer Teilaussetzung unterstützt werden[673].

4.2.1.3 Justizieller Aufwand und Kosten

Besonders erfolgversprechend bei der Umgestaltung des Umrechnungsmaßstabes sind die damit einhergehenden Änderungen des justiziellen Aufwands und der erforderlichen Kosten im Rahmen des Strafvollzuges[674]. Durch eine Verkürzung der Ersatzfreiheitsstrafendauer käme es zu einer Reduzierung des Personal- und Sachmittelaufwands bei den tatsächlichen Ersatzfreiheitsstrafenverbüßern.

Inwieweit es hierbei zu Verbesserungen kommen könnte, ist abhängig von der tatsächlich eintretenden Reduzierung der durchschnittlichen Haftdauer bei den Ersatzfreiheitsstrafen. Dabei kann allerdings weder von einer Halbierung der gegenwärtigen durchschnittlichen Vollzugsdauer im 2:1-Maßstab noch von einem Absenken um zwei Drittel beim 3:1-Vorschlag erwartet werden. Statt einer isolierten Umrechnungsbeurteilung müssen bei diesen Überlegungen die zuvor angenommenen Erhöhungen von Geldstrafen mit einfließen[675]. Ausgangspunkt kann dabei nur die Schnittstelle des prognostizierten Anstiegs der Geldstrafen und der zukünftig eintretenden Verkürzung der Ersatzfreiheitsstrafen sein, womit die zukünftige Haftdauer von Ersatzfreiheitsstrafen das Ergebnis eines entsprechenden Angleichungsprozesses darstellen würde.

Zur Verdeutlichung tatsächlich möglicher Einsparungen soll dem folgenden Beispiel eine Tat zu Grunde gelegt werden, die der gegenwärtigen Strafzumessung einer Geldstrafe von 75 Tagessätzen entspricht und vollständig uneinbringlich ist. Beim aktuellen Umrechnungsmaßstab 1:1 ergeben sich hieraus 75 Tage zu verbüßender Ersatzfreiheitsstrafe. Bei einem durchschnittlichen Tageskostensatz eines Gefangenen für Personal- und Sachmittelaufwand von 88,00 Euro[676] lässt sich die gegenwärtige Ver-

---

672 Ähnlich *Boll*, Abschlussbericht 2000, 3.1.1.

673 Vgl. hierzu oben Teil 3, 2.2.3 Teilweise Strafaussetzung.

674 *Wilkitzki*, in Jehle (Hrsg.) 2000, 447, 452.

675 Hierzu oben Teil 3, 4.2.1.2 Vermeidung von Freiheitsstrafen.

676 Statistisches Bundesamt, Justiz auf einen Blick, 2011, 56 f.; sowie oben Teil 1, 3.3 Finanzmittel des Staates.

büßung der entsprechenden Ersatzfreiheitsstrafe mit rund 6.600 Euro beziffern. Dagegen wäre bei dem zuvor prognostizierten durchschnittlichen Anstieg der Tagessatzzahlen von bis maximal einem Drittel die Tat zukünftig mit einer Geldstrafe von höchstens 100 Tagessätzen zu verfolgen. Hieraus ergäben sich bei einem 2:1-Verhältnis 50 Hafttage und damit ein Kostenaufwand in Höhe von 4.400 Euro. Noch weitreichender wären die Einsparungen beim 3:1-Maßstab mit 33 Tagen Ersatzfreiheitsstrafe und lediglich 2.904 Euro Haftkosten.

Diese Überlegungen zeigen, dass je nach Umrechnungsmaßstab die Kürzung der entsprechenden Ersatzfreiheitsstrafendauer und damit einhergehende Aufwands- und Kostenersparnis von einem Drittel beim 2:1-Verhältnis bis zur Halbierung beim 3:1-Verhältnis nicht unwahrscheinlich sind. Sollte entgegen der hiesigen Annahme der prognostizierte Anstieg der Tagessatzzahlen zudem weniger als ein Drittel betragen, lägen die tatsächlichen Einsparungen sogar entsprechend höher.

Ein weiteres erhebliches Interesse an der Änderung des gegenwärtigen Umrechnungsmaßstabes dürften für die Bundesländer die mit der Erhöhung der Tagessatzzahlen einhergehenden nicht unerheblichen Mehreinnahmen bei Geldstrafen darstellen.

4.2.2 Kritik an einer Änderung des Umrechnungsmaßstabes

Neben den dargestellten Vorteilen werden einem geänderten Verhältnis von Geld- und Ersatzfreiheitsstrafe auch einige ungünstige Folgemöglichkeiten entgegenhalten.

4.2.2.1 Kriminalpolitische Akzeptanz

Zunächst ließe sich mit einer derartig starken Verkürzung der Ersatzfreiheitsstrafendauer ein paralleles Absinken ihrer kriminalpolitischen Akzeptanz befürchten. Diese Bedenken beruhen auf der Überlegung, dass mit der erheblichen Haftzeitverringerung gleichzeitig der erforderliche Anreiz für die Bezahlung der Geldstrafe entfallen könnte[677].

Zunächst kann den vorgeschlagenen Umrechnungsmaßstäben nicht entgegengehalten werden, dem Verurteilten wäre nun gar nicht mehr daran gelegen, die Geldstrafe zu zahlen, weil die halbierte bzw. gedrittelte Vollzugsdauer die Belastung der Freiheitsstrafe in gleicher Weise kürze. Der Verurteilte bemisst die Belastung der Freiheitsstrafe nicht vorrangig nach der Dauer, weil die belastenden Folgen der freiheitsentziehenden Sanktion – etwa der Verlust des Arbeitsplatzes oder die Stigmatisierung des Täters – schon mit ihrer Verhängung eintreten. Es dürfte also kaum zu erwarten sein, dass es zu einem Zustrom an Verbüßern von Ersatzfreiheitsstrafen bei einem gleichzeitigen Einbruch der Geldstrafenzahler käme[678].

Allerdings wird an dieser Stelle besonders deutlich, wie schmal der Grat zwischen einem schuldangemessen Verhältnis von Haupt- und Ersatzstrafe einerseits und der erforderlichen Druckmittelwirkung der Ersatzfreiheitsstrafe andererseits ist. Ob und vor allem wo tatsächlich eine entsprechende Grenze gezogen werden kann, lässt sich nicht mit hinreichender Sicherheit pauschalisieren. Vielmehr dominiert in diesem Be-

677 *König*, DRiZ 2003, 267, 271.
678 Ähnlich, *Hamdorf/Wölber*, ZStW 1999, 929, 948.

reich eine sehr starke Einzelfallabhängigkeit, die selbst eine sinnvolle Unterteilung in bestimmte Tätergruppen schwierig macht. Einen entscheidenden Einfluss auf eine entsprechende Sanktionswirkung haben insbesondere die wirtschaftliche Stellung, die familiäre und gesellschaftliche Integration sowie die persönlichen Bedürfnisse und Vorstellungen des Täters. Insoweit könnte bei einen mittellosen, sozial wenig integrierten Täter die Zwangswirkung der angedrohten Ersatzfreiheitsstrafe unabhängig von ihrer Dauer wesentlich niedriger ausfallen als bei einem lediglich wirtschaftlich schwachen Familienvater, für den bereits die Androhung einer Ersatzfreiheitsstrafe in sehr geringer Höhe einen ausreichenden Anreiz zur Begleichung der Hauptsanktion bieten dürfte. Dennoch lässt sich nicht von der Hand weisen, dass es zwischen diesen Extremen ebenso Täter geben wird, die sehr wohl im Rahmen einer Kosten-/Nutzenabwägung die für sie weniger einschneidende Sanktionsart wählen, wobei auch der Dauer der Freiheitsstrafe ein gewisses Gewicht zukommt und deren Verringerung zuungunsten der Geldstrafe wirken würde. Mit der weitergehenden Haftverkürzung des Umrechnungsmaßstabes 3:1 als beim 2:1-Vorschlag könnte die vorgetragene Kritik daher gerade bei dieser Tätergruppe an Schärfe gewinnen.

Derartige Wirkungsunterschiede wurden zwar von den Befürwortern der Umrechnungsvorschläge nicht ausdrücklich angenommen[679]. Im Rahmen des 3:1-Maßstabs schlugen sie dennoch mit dem Argument, dass bei dieser Umrechnung nach gegenwärtiger Rechtslage gem. § 38 Abs. 1 Satz 2 StGB mit einer Obergrenze der Geldstrafe von 360 Tagessätzen das Höchstmaß der Ersatzfreiheitstrafe bei 4 Monaten läge, eine Anhebung auf 720 Tagessätze vor, um damit Ersatzfreiheitsstrafen bis zu 8 Monaten verhängen zu können.

In Anbetracht der zuvor prognostizierten nicht übermäßigen Auswirkungen einer Veränderung des Verhältnisses der Geld- zur Ersatzfreiheitsstrafe auf die Höhe der einzelnen Tagessatzzahl[680] erscheint dieser ergänzende Vorschlag wenig überzeugend. Da bei der gegenwärtig bereits nicht ausgereizten Geldstrafe Verurteilungen von mehr als 120 Tagessätze mit weniger als 0,6% lediglich einen Ausnahmefall darstellen[681] und gleichzeitig eine drastische Erhöhung nicht zu erwarten wäre, bliebe eine solche Anhebung schlicht wirkungslos. Hieran ändert auch der mögliche Einsatz von teilausgesetzten Geldstrafen nichts[682], da auch insoweit die Verhängungen von Geldstrafen mit mehr als 360 Tagessätzen nicht zu erwarten wären. Stattdessen liefe die Erhöhung der Tagessatzobergrenze um das Doppelte lediglich auf eine Rechtfertigung der im Rahmen dieses Umrechnungsmaßstabes übrig bleibenden Ersatzfreiheitsstrafe hinaus.

4.2.2.2 Widerspruch zu den §§ 47 Abs. 2 Satz 2 und 51 Abs. 4 Satz 1 StGB

Mit dem Ziel, der Verhängung von Freiheitsstrafen unter sechs Monaten entgegenzuwirken, sollen diese gem. § 47 StGB nur in Ausnahmefällen verhängt werden[683]. Hier-

---

679 Vgl. auch zum folgenden etwa *Tröndle*, ZStW 1974, 545, 578 f.

680 Hierzu oben Teil 3, 4.2.1.2 Vermeidung von Freiheitsstrafen.

681 Vgl. oben Teil 1, 2.1 Die Geldstrafe.

682 Hierzu oben Teil 3, 2.2.3 Teilweise Strafaussetzung.

683 OLG Jena, NJW 2006, 3654, 3655; Lackner/*Kühl*, StGB, § 47 Rdnr. 1; *Stree/Kinzig*, in Sch/Sch-StGB § 47 Rdnr. 1; sowie oben Teil 1, 1.1.2.1 Primäre Freiheitsstrafe.

für enthält § 47 Abs. 2 StGB die Möglichkeit, eine Geldstrafe selbst dann zu verhängen, wenn der gesetzliche Tatbestand primär keine Geldstrafe, sondern nur eine Freiheitsstrafe androht. § 47 Abs. 2 Satz 2 StGB regelt die Konstellationen, in denen das Mindestmaß der angedrohten Freiheitsstrafe erhöht ist, also mehr als einen Monat, aber weniger als sechs Monate beträgt[684].

Dabei verlangt § 47 Abs. 2 Satz 2 StGB, dass sich die Mindestzahl der Tagessätze nach dem angedrohten Mindestmaß der Freiheitsstrafe richtet und bestimmt zudem im 2. Halbsatz, dass insoweit dreißig Tagessätze einem Monat Freiheitsstrafe zu entsprechen haben. Ziel dieser Regelung ist daher die Verhinderung einer entsprechenden Geldstrafe, die unterhalb der im Mindestmaß erhöhten Freiheitsstrafe läge[685].

Bei der Umgestaltung des Umrechnungsmaßstabes in § 43 Satz 2 StGB sollte es zu einer parallel einhergehenden Änderung des in § 47 Abs. 2 StGB niedergelegten Verhältnisses kommen, weil anderenfalls die Gefahr von Wertungswidersprüchen bestünde[686]. Ohne die Änderung des § 47 Abs. 2 Satz 2 StGB wäre eine Tat, die mit einer Mindeststrafe von drei Monaten Freiheitsstrafe bedroht ist, in der Regel über § 47 StGB in eine Geldstrafe von ca. 90 Tagessätze umzuwandeln. Bei Nichtzahlung und verweigerter Ableistung gemeinnütziger Arbeit hätte der Verurteilte über § 43 Satz 2 StGB bei einem 2:1 Verhältnis 45 Tage und bei einem 3:1-Maßstab lediglich 30 Tage Ersatzfreiheitsstrafe zu verbüßen. Dies würde allerdings der Intention des Gesetzgebers mit einer angedrohten Mindestfreiheitsstrafe von drei Monaten erheblich zuwider laufen.

Eine entsprechende Anpassung an § 43 Satz 2 StGB hätte dann zur Folge, dass je nach Umrechnungsmodell 60 oder 90 Tagessätze das Mindestmaß der Geldstrafe darstellen würden. Die gleichzeitige Änderung des § 47 Abs. 2 Satz 2 StGB ist zudem erforderlich, um im Strafrecht eine auf gleichen Strafzumessungserwägungen beruhende und damit konsequent nachvollziehbare Sanktionierung zu ermöglichen. Bliebe dagegen im § 47 Abs. 2 Satz 2 StGB das gegenwärtige 1:1 Verhältnis zwischen Geld- und Freiheitsstrafe bestehen, während jenes in § 43 Satz 2 StGB geändert würde, erschiene die jeweilige Sanktionierung willkürlich und nicht nachvollziehbar[687].

Dieser Angleichung könnte aber die Überlegung entgegengehalten werden, dass mit einer Verdoppelung bzw. Verdreifachung der Mindesttagessatzzahl der Geldstrafe, die gerade an die Stelle der abzuwendenden kurzen Freiheitsstrafe treten soll, das Risiko einer Ersatzfreiheitsstrafe erheblich ansteige, was sowohl der Intention des § 47 StGB als auch dem Umgestaltungsziel des § 43 StGB zuwider liefe[688].

Allerdings ist zunächst zu beachten, dass das in § 47 Abs. 2 Satz StGB niedergelegte Verhältnis zwischen der Geld- und der Freiheitsstrafe nur eine mittelbare Rolle

684 Dies betrifft neben den Fällen mit einem angedrohten dreimonatigen Mindestmaß solche, bei denen sich erst über § 49 Abs. 1 Nr. 3 StGB ein dreimonatiges Mindestmaß ergibt.

685 BT-Drucks. 14/9358, 14, 15/2725, 22; *Fischer*, StGB, § 47 Rdnr. 14.

686 Vgl. die Stellungnahmen zum Gesetzentwurf BT-Drucks. 15/2725, 66. Sitzungsprotokoll des Rechtsausschusses vom 1. Dezember 2004: *Poseck*, 81, 88, *Weber*, 102, 111.

687 Ähnlich der Bundesrat, BT-Drucks. 15/2725, 37.

688 Mit diesem Argument wurde bereits in den letzten Gesetzesentwürfen eine parallele Änderung des § 47 Abs. 2 Satz 2 StGB abgelehnt, vgl. BT-Drucks. 14/9358, 14, 15/2725, 22; ähnlich die Kommission im Abschlussbericht 2000, 3.2.4.1.

bei der Festsetzung der Geldstrafe spielt. § 47 Abs. 2 Satz StGB ordnet kein schematisches Umrechnungsverhältnis an, sondern richtet lediglich das Mindestmaß der Tagessatzzahl am Maßstab des gegenwärtigen § 43 Satz 2 StGB aus[689]. Die jeweilige Geldstrafe wird also nicht von einer hypothetisch ermittelten Freiheitsstrafe ausgehend errechnet. Stellt das Gericht fest, dass nur eine Freiheitsstrafe von weniger als sechs Monaten in Betracht kommt, die zudem nicht unerlässlich ist, verhängt es eine Geldstrafe unmittelbar, ohne zuvor eine exakte Freiheitsstrafe zu bestimmen[690]. Dass sich das Gericht trotzdem bei der Geldstrafenzumessung im Rahmen des § 47 Abs. 2 StGB des entsprechenden Verhältnisses zwischen der Geld- und der Freiheitsstrafe bewusst sein wird, ist nicht zu bestreiten und im Ergebnis nur konsequent. Denn allein auf diese Weise kann ein angemessener Austausch der verschiedenen Sanktionen unter Berücksichtigung ihrer unterschiedlichen Eingriffsintensitäten erreicht werden.

Zwar wäre insoweit auch ein Anstieg der Tagessatzzahlen bei der Anwendung des § 47 StGB zu erwarten, der zudem mit steigendem Umrechnungsfaktor an Schärfe gewinnen würde. Allerdings muss damit aber nicht zwangsläufig die erhöhte Gefahr einer Ersatzfreiheitsstrafe einhergehen, da an dieser Stelle der Einsatz einer voll- oder teilausgesetzten Geldstrafe zur Bewährung eine vielversprechende Alternative für den Ersatz kurzer Freiheitsstrafen darstellen könnte[691].

Allerdings lässt sich ein erheblicher Unterschied zwischen den Vorschlägen 2:1 und 3:1 bei der möglichen Obergrenze der Tagessatzzahl erkennen. Obwohl eine solche gegenwärtig vom Gesetz nicht ausdrücklich festgelegt wird, ergibt sie sich aus dem Regelungsgehalt des § 47 StGB. Da dieser nur Freiheitsstrafen von weniger als sechs Monaten erfasst, ist die gegenwärtige Geldstrafenobergrenze bei 180 Tagessätzen zu ziehen[692]. Bei einem zukünftigen Verhältnis von zwei Tagessätzen zu einem Tag Freiheitsstrafe ergäbe sich hieraus eine Geldstrafenobergrenze von 360 Tagessätzen, womit die gegenwärtig in § 38 Abs. 1 Satz 2 StGB geregelte Höchstgrenze bei Tagessatzzahlen voll ausgeschöpft würde. Dagegen käme es mit der 3:1-Alternative zu einer Obergrenze von 540 Tagessätzen und folglich zum Überschreiten der gegenwärtigen Höchstgrenze. Weil eine weitere Anhebung der gegenwärtig gesetzlich vorgeschriebenen Höchstgrenze des § 38 Abs. 1 Satz 2 StGB abzulehnen ist[693], verbliebe es bei der zweifelhaften Situation, dass die Freiheitsstrafen im Bereich von vier bis sechs Monaten an dieser Höchstgrenze einzuordnen wären, weshalb sich die Umsetzung des 3:1-Vorschlages an dieser Stelle als nicht realisierbar erweist.

Ähnliche Schwierigkeiten bei der Änderung des Umrechnungsmaßstabes zwischen Geld- und Ersatzfreiheitsstrafe würden sich bei § 51 StGB ergeben, der u.a. die Anrechnung der erlittenen Untersuchungshaft des Täters auf die verhängte Strafe regelt. Nach dessen Abs. 4 Satz 1 entspricht gegenwärtig – angepasst an § 43 Satz 2 StGB – ein Tag Freiheitsentziehung einem Tagessatz. Um die vorangegangenen Schwierigkeiten auch in dieser Norm lösen zu können, müsste auch das darin geregelte Verhältnis entsprechend angepasst werden.

---

689 *Fischer*, StGB, § 47 Rdnr. 14.

690 *Fischer*, StGB, § 47 Rdnr. 14; Lackner/*Kühl*, StGB, § 47 Rdnr. 8.

691 Vgl. dazu oben, Teil 3, 2 Bewährungssanktionen im Geldstrafenbereich.

692 *Fischer*, StGB, § 47 Rdnr. 14; *Stree/Kinzig*, in Sch/Sch-StGB, § 47 Rdnr. 9.

693 Vgl. dazu oben, Teil 3, 4.2.2.1 Kriminalpolitische Akzeptanz.

4.2.2.3 Die Hürde des § 32 Abs. 2 Nr. 5 BZRG

Beachtung bei der Veränderung des Umrechnungsmaßstabes zur Ersatzfreiheitstrafe muss auch die gegenwärtige Regelung des § 32 Abs. 2 Nr. 5 BZRG finden. Danach werden Verurteilungen, durch die auf eine Geldstrafe von nicht mehr als 90 Tagessätzen (Nr. 5a) oder eine Freiheitsstrafe oder Strafarrest von nicht mehr als drei Monaten (Nr. 5b) erkannt worden sind, nicht in das Führungszeugnis aufgenommen.

Bei Geldstrafenverhängungen spielt diese Grenze zur Nichtaufnahme von Bagatellverurteilungen bei der gerichtlichen Beurteilung des Unrechts- und Schuldgehalts der Tat und der präventiven Wirkungen der Geldstrafe eine entscheidende Rolle[694], was insbesondere durch die gegenwärtige Geldstrafenpraxis mit ihrer vermeintlichen 90-Tagessatzgrenze bestätigt wird[695]. Bereits auf den ersten Blick stellt sich damit die Frage, inwieweit diese Norm daher mit der angestrebten Änderung des Verhältnisses von Geld und Freiheitsstrafe in Einklang gebracht werden könnte.

Als schlüssiger Schritt wäre auch hier an eine parallele Anpassung des § 32 Abs. 2 Nr. 5a BZRG an die dreimonatige Freiheitsstrafe der Nr. 5b unter Berücksichtigung der neuen Umrechnungsmaßstäbe zu denken. Demnach könnte die Aufnahmegrenze für das Führungszeugnis entweder auf 180 (bei 2:1) oder sogar 270 (bei 3:1) Tagessätze hochgestuft werden. Mag eine solche Vorgehensweise zwar konsequent erscheinen, ist sie im Ergebnis dennoch abzulehnen. Zuerst wäre eine derartige Erhöhung zu weitreichend, da insoweit die überwiegende Zahl von Geldstrafenverurteilungen damit nicht mehr in das Führungszeugnis aufzunehmen wäre. Darüber hinaus würde die bereits angesprochene Gefahr einer Verdoppelung bzw. Verdreifachung der Tagessatzzahl erheblich intensiviert werden. Zudem ginge von einer dermaßen drastischen Anhebung der Eintragungsgrenze ins Führungszeugnis ein falsches Signal aus, weil damit gleichzeitig ein fragliches Absinken des gesamten Strafniveaus einherginge.

Daher sollte es trotz der Änderung des Umrechnungsmaßstabes in § 43 Satz 2 StGB bei der Grenze von 90 Tagessätzen in § 32 Abs. 2 Nr. 5a BZRG bleiben. Zwar würde sie aufgrund der gerichtlich bekannten weitreichenden Konsequenzen einer Eintragung einem extremen Anstieg der Tagessatzzahlen entgegenwirken. Allerdings wäre sie nicht in der Lage, die zuvor prognostizierte Erhöhung der Tagessatzzahlen bei einer Neugestaltung des § 43 Satz 2 StGB[696] vollständig zu verhindern. Eine steigende durchschnittliche Geldstrafenhöhe bei gleichbleibender Eintragungsgrenze hätte dann zwangsläufig häufigere Eintragungen in das Führungszeugnis zur Folge. Als begrüßenswerter Effekt wären die vermehrten Eintragungen zugleich in der Lage, eine größere Strafakzeptanz in der Bevölkerung herbeizuführen, weil sich die Abschreckungswirkung zur Begehung von Straftaten im Sinne einer negativen Generalprävention damit durchaus verstärken ließe.

Dem könnte auch kein anfallender Verwaltungsmehraufwand entgegengehalten werden, da bereits nach aktueller Rechtslage eine Information an das Bundeszentralregister gem. § 4 BZRG bei jeder rechtskräftigen Verurteilung zu einer Strafe – unabhängig von deren Eintragung ins Führungszeugnis – erfolgt.

---

694 Ebenso *Stree/Kinzig*, in Sch/Sch-StGB, § 40 Rdnr. 2.

695 Vgl. oben, Teil 1, 2.1 Die Geldstrafe.

696 Vgl. oben, Teil 3, Teil 3, 4.2.1.2 Vermeidung von Freiheitsstrafen.

Zwar entstünde mit dieser Vorgehensweise in § 32 Abs. 2 Nr. 5 BZRG ein Widerspruch zwischen den aufzunehmenden Geldstrafenverurteilungen von mehr als 90 Tagessätzen (Nr. 5a) und Freiheitsstrafen von mehr als drei Monaten (Nr. 5b). So wäre zukünftig eine dreimonatige Freiheitsstrafe nicht ins Führungszeugnis aufzunehmen, obwohl sie – je nach Umrechnungsmaßstab – mithin einem Unrecht von 180 bzw. 270 Tagessätzen entspräche, wogegen Geldstrafen von mehr als 90 Tagessätzen stets einzutragen wären.

Dieser weder kriminalpolitisch noch systematisch zu rechtfertigende Unterschied ließe sich aber ohne weiteres beseitigen, wenn zukünftig sämtliche Verurteilungen zu Freiheitsstrafen ins Führungszeugnis aufgenommen würden. Dieses Ergebnis wäre durch die Streichung des § 32 Abs. 2 Nr. 5b BZRG erreichen. Damit blieben gem. § 32 Abs. 2 Nr. 5 lediglich Geldstrafen bis zu 90 Tagessätzen von einer Aufnahme ins Führungszeugnis verschont.

Insgesamt wären die mit der Streichung des § 32 Abs. 2 Nr. 5b BZRG einhergehenden Veränderungen eher als marginal einzustufen, weil die in Frage kommenden Freiheitsstrafen bis einschließlich drei Monaten gegenwärtig dem § 47 StGB unterfallen. Demnach stellen diese kurzen Freiheitsstrafen bereits nach aktueller Rechtslage lediglich eine gerichtlich besonders zu begründende Ausnahme dar und werden stattdessen regelmäßig in eine Geldstrafe umgewandelt.

4.2.3 Der richtige Umrechnungsmaßstab

Nach dem Vorangegangenen wird deutlich, dass der gegenwärtig bestehende Umrechnungsmaßstab des § 43 Satz 2 StGB mit seinem einhergehenden Unannehmlichkeitsgefälle von Geldstrafe und Ersatzfreiheitsstrafe für das Prinzip der Strafgerechtigkeit[697] nicht mehr haltbar ist. Wenn bereits aktuell ein verhängter Tag primärer Freiheitsstrafe weniger als einem tatsächlich vollstreckten Tag Freiheitsstrafe entspricht[698], ist nicht nachvollziehbar, warum ein Tagessatz Geldstrafe noch einem vollen vollstreckten Tag Freiheitsstrafe zu entsprechen hat[699]. Dabei kann nicht mit einem befürchteten Abfall des Tilgungsdrucks zur Geldstrafenzahlung für die Beibehaltung des gegenwärtigen Verhältnisses argumentiert werden. In der Regel ist dieser nicht von der angedrohten Vollzugsdauer, sondern der generellen Vermeidung eines bevorstehenden Gefängnisaufenthaltes abhängig, womit die Verkürzung der Haftdauer nur einen sehr begrenzten Einfluss auf die kriminalpolitische Akzeptanz der Geldstrafe hätte[700].

Bei den vorgeschlagenen neuen Umrechnungsmaßstäben erweist sich das Verhältnis von drei Tagessätzen zu einem Tag Freiheitsstrafe zwar weitreichender, aber als nicht umsetzbar. So würden die angestrebten Verbesserungen freilich über den 2:1-Vorschlag hinausgehen[701]. Zunächst käme es bei der 3:1-Lösung zu einer drastischeren Kürzung der Haftdauer auf ein absolutes Mindestmaß, während hierbei gleichzeitig

697 Vgl. hierzu oben Teil 1, 3.2.2 Ersatzfreiheitsstrafe.

698 Vgl. oben Teil 3, 4.2.1.2 Vermeidung von Freiheitsstrafen.

699 Ebenso *Wolters*, ZStW 2002, 63, 86.

700 Vgl. hierzu oben Teil 3, 4.2.2.1 Kriminalpolitische Akzeptanz; ebenso *Boll*, Abschlussbericht 2000, 3.1.1 und auch die Kommission im Abschlussbericht 2000, 3.2.4.1.

701 Im Einzelnen dazu oben Teil 3, 4.2.1 Vorteile eines geänderten Umrechnungsmaßstabes.

etwas höhere Geldstrafen zu einer weiteren Verdrängung kurzer Freiheitsstrafen beitragen könnten. Insgesamt käme es mit der dem Umrechnungsmaßstab von 3:1 zu einer Aufwands- und Kostenersparnis im Ersatzstrafenvollzug von bis zu 50%.

Soweit man – entgegen der hiesigen Auffassung – das Argument, eine kürzere Ersatzfreiheitsstrafe führe zu einer sinkenden kriminalpolitischen Akzeptanz für einzelne Täter, zulassen wollte, läge in der weiterreichenden Verkürzung der Haftdauer beim 3:1-Verhältnis ein deutlicher Nachteil zum 2:1-Vorschlag[702].

Ein allerdings nicht überwindbarer Einwand gegenüber der 3:1-Lösung stellt sich beim Verhältnis zu § 47 StGB und der Tagessatzhöchstgrenze des § 38 Abs. 1 Satz 2 StGB[703]. Mit der zwangsläufig notwendigen Anpassung des Maßstabes in § 47 Abs. 2 Satz 2 StGB müssten die Mehrzahl der kurzen Freiheitsstrafen, die das Gericht in seiner ersten Überlegung zwischen vier und sechs Monaten einordnet, in Geldstrafen an der Höchstgrenze von 360 Tagessätzen umgewandelt werden, was wiederum zu erheblichen Ungerechtigkeiten in diesem Bereich führen dürfte.

Letztlich spricht gegen das 3:1-Verhälntnis die Gefahr der kriminalpolitisch zweifelhaften Konstellation, dass in Fällen mit einer von vornherein aussichtlosen Geldstrafe eine erheblich höhere Tagessatzzahl angeordnet werden könnte, um damit „wenigstens“ eine entsprechende Wirkung der Ersatzfreiheitsstrafe zu erreichen.

Dagegen stellt die Umstellung auf einen Maßstab von zwei Tagessätzen Geldstrafe zu einem Tag Ersatzfreiheitsstrafe ein gangbares und vielversprechendes Mittel dar. Hierdurch könnte das Verhältnis von der ursprünglich verhängten Geldstrafe und der im Falle der Nichteinbringlichkeit zu verbüßenden Ersatzfreiheitsstrafe durch eine Halbierung der Haftzeit schuldangemessener gestaltet werden. Die zuvor aufgezeigten positiven Auswirkungen würden im Wesentlichen dem 3:1-Verhältnis entsprechen. Bedingt durch die geringfügig längeren Haftzeiten, würden die Verbesserungen lediglich etwas niedriger ausfallen[704]. Insoweit ließe die Halbierung der Haftzeiten bei gleichzeitigem prognostizierten Anstieg der durchschnittlichen Tagessatzzahlen zu Einsparungen im Vollzug der Ersatzfreiheitsstrafen von bis zu einem Drittel erwarten[705].

Ein wesentlicher Vorteil gegenüber der 3:1-Lösung liegt in der parallelen Angleichungsmöglichkeit des § 47 Abs. 2 Satz 2 StGB bis zu dessen sechsmonatiger Obergrenze für Freiheitsstrafen. Diese läge hier bei der gegenwärtig zulässigen Höchstgrenze des § 38 Abs. 1 Satz 2 StGB von 360 Tagessätzen, womit sich die Umwandlung sämtlicher kurzer Freiheitsstrafen bis zu sechs Monaten gleichmäßig und nachvollziehbar über den gesamten Anwendungsbereich der Geldstrafe verteilen könnte.

Als letzter Punkt spricht für eine 2:1-Lösung, dass hierbei eine nicht wirklich schwierigere Berechnung als beim gegenwärtigen 1:1-Maßstab vorliegen würde. Dies betrifft neben der Ersatzfreiheitstrafenumrechnung und dem Ersatz kurzer Freiheitsstrafen durch Geldstrafen auch die Gesamtstrafenbildung des § 54 StGB sowie ihrer nachträglichen Möglichkeit durch § 55 StGB. Im Rahmen eines einheitlichen und nachvollziehbaren Sanktionensystems ist mit einer Umstellung des Verhältnisses zwi-

702 Vgl. oben Teil 3, 4.2.2.1 Kriminalpolitische Akzeptanz.
703 Vgl. oben, Teil 3, 4.2.2.2 Widerspruch zu den §§ 47 Abs. 2 Satz 2 und 51 Abs. 4 Satz 1 StGB.
704 Vgl. oben, Teil 3, 4.2.1 Vorteile eines geänderten Umrechnungsmaßstabes.
705 Vgl. oben, Teil 3, 4.2.1.3 Justizieller Aufwand und Kosten.

schen Geld- und Freiheitsstrafe in den §§ 43 Satz 2 und 47 Abs. 2 Satz 2 StGB auch die Gesamtstrafenbildung in entsprechender Weise anzugleichen. Deshalb ist. § 54 Abs. 3 StGB dergestalt zu ändern, dass insoweit ebenfalls künftig ein Tag Freiheitsstrafe zwei Tagessätzen Geldstrafe zu entsprechen hat.

4.3 Die Umrechnung zur gemeinnützigen Arbeit

Bei einer Veränderung des Verhältnisses von Tagessätzen Geldstrafe zu Tagen Freiheitsstrafe müssen, um ein stimmiges Ergebnis zu erlangen, auch die Umrechnungsmaßstäbe von Ersatzfreiheitsstrafe und Geldstrafe zur gemeinnützigen Arbeit in diese Neuordnung einfließen.

Derzeit praktizieren die meisten Bundesländer bei der Umsetzung des Art. 293 Abs. 1 EGStGB ein Verhältnis von sechs Arbeitsstunden zu einem Tag Ersatzfreiheitsstrafe[706]. Teilweise wird bereits ein Tag Ersatzfreiheitsstrafe durch vier Stunden gemeinnützige Arbeit ersetzt[707]. Darüber hinaus existieren in nahezu allen Bundesländern Härtefallregelungen, die in Ausnahmefällen eine Absenkung des Verhältnisses bis auf drei Arbeitsstunden je Ersatzfreiheitsstrafentag ermöglichen[708].

4.3.1 Der Ansatzpunkt für eine Umrechnung

Die hier befürwortete Halbierung der Dauer der Ersatzfreiheitsstrafe zu den Tagessätzen[709] würde sich zwangsläufig auch auf den jeweiligen Anrechnungsmaßstab der abzuleistenden Arbeitsstunden auswirken und hätte zur Folge, dass die gegenwärtig praktizierten sechs bzw. vier Stunden im Ergebnis zwei Tagessätze ersetzen, wobei dann grundsätzlich ein Tagessatz mit einem Arbeitspensum von lediglich drei bzw. zwei Stunden getilgt werden würde.

Für die Beurteilung eines angemessenen Umrechnungsmaßstabes ist vorab festzustellen, an welchen Umständen und Gegebenheiten die Arbeitszeiten der gemeinnützigen Arbeit als Ersetzungslösung bei uneinbringlichen Geldstrafen auszurichten sind.

---

706 Vgl. stellvertretend § 7 Abs. 1 Satz 1 der in Fn. 28 genannten sächsischen Verordnung; § 8 Abs. 1 Satz 1 der brandenburgischen „Verordnung über die Abwendung der Vollstreckung einer Ersatzfreiheitsstrafe durch freie Arbeit"; § 7 Abs. 1 Satz 1 der „Verordnung über die Abwendung der Vollstreckung einer Ersatzfreiheitsstrafe durch freie Arbeit" Mecklenburg-Vorpommerns; § 5 Abs. 1 Satz 1 der „Verordnung zur Änderung der Verordnung über die Abwendung der Vollstreckung von Ersatzfreiheitsstrafen durch freie Arbeit" in Berlin.

707 Vgl. § 7 Abs. 1 Satz 1 der baden-württembergischen „Verordnung des Justizministers über die Abwendung der Vollstreckung einer Ersatzfreiheitsstrafe durch freie Arbeit", ähnlich Bremen, wonach in § 4 der Geldstrafentilgungsverordnung bereits gegenwärtig zur Tilgung eines Tagessatzes vier Stunden freie Arbeit zu leisten sind.

708 Vgl. stellvertretend § 7 Abs. 1 Satz 2 der in Fn. 28 genannten sächsischen Verordnung, § 8 Abs. 1 Satz 2 der in Fn. 706 genannten brandenburgischen Verordnung sowie § 7 Abs. 1 Satz 2 der in Fn. 707 genannten baden-württembergischen Verordnung.

709 Vgl. oben Teil 3, 4.2.3 Der richtige Umrechnungsmaßstab.

4.3.1.1 Ersatzfreiheitsstrafe als Anknüpfungspunkt

Zunächst muss die Orientierung der gemeinnützigen Arbeit an der bei Uneinbringlichkeit der Geldstrafe drohenden Ersatzfreiheitsstrafe zwangsläufig ausscheiden.

Dem liegt einerseits zu Grunde, dass es sich bei der Ersatzfreiheitsstrafe ebenso wie bei der gemeinnützigen Arbeit lediglich um ein Surrogat der Geldstrafe handelt. Daran ändert auch nicht, dass nach aktueller Rechtslage gem. Art. 293 Abs. 1 EGStGB die Ableistung gemeinnützige Arbeit zur Abwendung der Vollstreckung einer Ersatzfreiheitsstrafe erfolgen soll. So entspricht es bereits der gegenwärtigen Praxis, dass die gemeinnützige Arbeit an der Geldstrafe orientiert wird, was insbesondere bei den Ländern deutlich wird, die diese Berechnungsmethode ausdrücklich in ihre Verordnungen aufgenommen haben[710].

Insbesondere im Hinblick auf die gegenwärtig praktizierte Vollstreckungsreihenfolge Geldstrafe, gemeinnützige Arbeit, Ersatzfreiheitsstrafe wäre es widersprüchlich, die Bemessung der „Zwischensanktion" an der eventuell folgenden „Ultima-Ratio-Sanktionierung auszurichten.

4.3.1.2 Ausrichtung am Tagessatzsystem

Stattdessen sollte sich für die Festsetzung gemeinnütziger Arbeit – ähnlich wie bei der Ersatzfreiheitsstrafe – an dem, der Geldstrafe zugrunde liegendem Tagessatzsystem als Ausgangspunkt orientiert werden[711]. Dieser Vorschlag basiert auf der Überlegung, dass die gemeinnützige Arbeit als Ersatzstrafe für Geldstrafe eingesetzt werden soll, womit sie den wirtschaftlich schwachen Geldstrafenschuldner nicht erheblich stärker oder weniger fühlbar erreichen sollte als die Primärsanktion.

Bei der Bemessung der Geldstrafe im Rahmen des § 40 Abs. 2 Satz 2 StGB wird darauf abgestellt wird, wie hoch die Einnahmen des Täters durchschnittlich an jedem Tag sind oder sein könnten, was dann einen Tagessatz entspricht. Daher ist es nur konsequent, bei der Berechnung der gemeinnützigen Arbeit als Ersatzsanktion für eine nicht einbringliche Geldstrafe danach zu fragen, wie viele Stunden Arbeit durchschnittlich für die Erbringung dieses einen Tagessatzes erforderlich wären[712].

Um dabei einen Gleichlauf mit dem 30-tägigen Zeitraum bei der Ermittlung der Tagessatzzahl gem. § 40 Abs. 2 Satz 2 StGB auch bei der Festsetzung der gemeinnützigen Arbeit zu erreichen, bietet es sich an, auf die durchschnittliche Arbeitszeit innerhalb dieses Zeitraumes abzustellen. In dem so erhaltenen Dreißigstel des monatlich notwendigen Arbeitspensums findet sich zugleich die aufzuwendende Arbeitskraft für einen Tagessatz.

Im Hinblick auf die unterschiedlichen Beschäftigungssituationen der Verurteilten dürfte es sich von selbst verstehen, dass dabei nicht auf die Person des Täters, sondern auf einen Durchschnittswert abgestellt werden muss. Dementsprechend betrug 2010

---

710 Z.B. § 4 der Bremer Geldstrafentilgungsverordnung; § 7 Abs. 1 Satz 1 der „Verordnung über die Abwendung der Vollstreckung einer Ersatzfreiheitsstrafe durch freie Arbeit" in Mecklenburg-Vorpommern.

711 Etwa BT-Drucks. 14/9358, 13; 15/2725, 21; *Schall*, NStZ 1985, 104, 110; *Schneider*, in Göppinger, Kriminologie, § 34 Rdnr. 30; *Zimmermann*, BewHi 1982, 113, 122.

712 *Schall*, NStZ 1985, 104, 110.

deutschlandweit die durchschnittliche Wochenarbeitszeit bei Vollzeitbeschäftigten 38,24 Stunden und lag damit auf einem ähnlichen Niveau wie in den Vorjahren[713].

Ausgehend von einer normalen Arbeitszeit in Deutschland von somit ca. 38 Stunden wöchentlich sind bei einer 5-Tage-Woche an jedem Arbeitstag 7,6 Stunden reine Arbeitszeit zu leisten. Wenn insoweit auf den 30-Tage-Zeitraum abgestellt werden soll ist, zu berücksichtigen, dass dieser – abzüglich aller Wochenend- und Feiertage – durchschnittlich 21 Arbeitstage beinhaltet, womit in dieser Zeitspanne durchschnittlich insgesamt 159,6 Arbeitsstunden anfallen. Die entsprechende Anwendung des § 40 Abs. 2 Satz 2 StGB hätte nun zur Folge, dass damit – projiziert auf 30 Tage – auf jeden einzelnen Tag durchschnittlich rund 5,32 Arbeitsstunden entfallen[714].

Zu einem ähnlichen Ergebnis führt auch die Ermittlung der durchschnittlichen Arbeitsleistung anhand einer Hochrechnung auf das gesamte Jahr[715]. Ausgehend von durchschnittlich 253 Arbeitstagen zu je 7,6 Stunden, entfallen – übertragen auf 365 Tage – rund 5,27 Arbeitsstunden auf jeden einzelnen Tag des Jahres.

Entgegen der teilweise vorgenommenen Berücksichtigung der durchschnittlichen Urlaubszeit[716], ist diese richtigerweise nicht einzubeziehen. So geht es bei den hiesigen Berechnungen nicht um tatsächlich erbrachte Arbeitszeit, sondern vielmehr um den grundsätzlichen Arbeitsanfall eines durchschnittlichen Beschäftigten. Andernfalls müssten in diese Überlegungen auch durchschnittlich anfallende Überstunden bzw. deren Ausgleich, Krankenzeiten, sonstige Freistellungen wie etwa Sonderurlaub, Mutterschutz oder Elternzeit sowie Schlechtwetter- oder Arbeitskampfeffekte einfließen, die in diesem Zusammenhang weder sinnvoll noch notwendig, ja sogar systematisch verfehlt erscheinen.

4.3.1.3 Orientierung am Freizeitwert

Andererseits könnte für die Bemessung der gemeinnützigen Arbeit auf deren Freizeitwert in Form der jeweiligen Freizeitbeschränkung abgestellt werden[717]. Gemeint ist damit die Bemessung der gemeinnützigen Arbeit an einer möglichen und sinnvollen Belastung des Verurteilten während der Freizeit[718].

Im Einzelnen wäre zu ermitteln, wie viel zusätzliche Arbeitszeit einem berufstätigen Täter zugemutet werden kann. Davon ausgehend, dürften einem in Beschäftigung stehendenden Verurteilten mit einer durchschnittlichen 38-Stunden-Woche zusätzlich zwei bis drei Stunden werktags und acht Arbeitsstunden am Wochenende – mithin 18 bis 23 Wochenstunden – zumutbar und möglich sein. Hieraus ließen sich durchschnitt-

---

713 Institut für Arbeitsmarkt- und Berufsforschung, Internetpublikation abrufbar unter: http://doku.iab.de/grauepap/2011/tab-az10.pdf.

714 Ähnlich *Schall*, NStZ 1985, 104, 110, mit pauschal 8 Arbeitsstunden pro Tag; wie auch *Zimmermann*, BewHi 1982, 113, 122 zudem mit 22 Arbeitstagen.

715 Etwa, *Schneider*, in Göppinger, Kriminologie, § 34 Rdnr. 30, der von 225 Arbeitstagen mit einer 8-stündigen Arbeitszeit ausgeht.

716 BT-Drucks. 14/9358, 13; 15/2725, 21;

717 *Jung*, 1992, 173 f.; *Pfohl*, 1983, 171; *Schöch*, Deutscher Juristentag 1992, C 87.

718 *Pfohl*, 1983, 171; *Schöch*, Deutscher Juristentag 1992, C 87.

lich drei Stunden täglich herleiten, die dann im Ergebnis einem Tagessatz entsprächen[719].

Diese Überlegungen vermögen aber weder in ihrer Grundidee, noch in ihrem Ergebnis überzeugen. Auch wenn bei der gemeinnützigen Arbeit der Wirkungsmittelpunkt in der Beschränkung der Freizeit liegt, muss dieser Gedankengang trotzdem ausscheiden, da sie nicht – wie bei der Verwarnung mit Strafvorbehalt, einer Strafaussetzung zur Bewährung oder einer Einstellungsauflage gem. § 153a StPO – als selbständige staatliche Reaktion verhängt wird. Vielmehr tritt die gemeinnützige Arbeit hier an die Stelle einer Geldstrafe. Sie hat sich also zwingend an dieser Primärsanktionierung zu orientieren und insoweit ein angemessenes „Ersatzübel" für eine uneinbringliche Geldstrafe darzustellen[720].

Genau darin liegt der zweite Kritikpunkt einer Ausrichtung am entsprechenden Freizeitwert gemeinnütziger Arbeit. Obwohl – wie ausgeführt – beim zahlenden Verurteilten der jeweilige Tagessatz auf mehr als fünf Stunden Arbeitszeit basiert, würden mit diesem Vorschlag lediglich drei Stunden genügen. Hier entstünde eine Schieflage zwischen Ersatzsanktion und Geldstrafe und damit einhergehend die Gefahr, dass nicht wenige wirtschaftlich schwache Geldstrafenschuldner dazu neigen könnten, ihre Strafe lieber abzuarbeiten als sie sich unter erheblichem Druck „vom Munde abzusparen".

Eine weitere Unzulänglichkeit dieser Vorgehensweise liegt in dem unterschiedlich ausfallenden und somit nicht einheitlich bestimmbaren persönlichen Wert einer freizeitbeschränkenden gemeinnützigen Tätigkeit. Während ein arbeitsloser Verurteilter genügend Zeit für Ableistung der gemeinnützigen Arbeit zur Verfügung hat, und ihm diese möglicherweise noch als willkommen Abwechslung auf dem Weg zurück ins Arbeitsleben erscheinen könnte, stellt bei einem berufstätigen Täter die Verrichtung von Arbeitsstunden eine zusätzliche, sehr viel stärker fühlbare Belastung dar[721]. Ähnliche Unterschiede gibt es zwischen alleinstehenden und familiär oder gesellschaftlich stark eingebundenen Verurteilten.

4.3.2 Mögliche Umrechnungsmaßstäbe

Unter Berücksichtigung der vorangegangenen Ausführungen lassen sich im Wesentlichen drei Umrechnungsmaßstäbe von gemeinnütziger Arbeit zur Geld- und damit mittelbar zur Ersatzfreiheitsstrafe als sinnvoll bezeichnen.

4.3.2.1 Das 1:3-Verhältnis

Vom Gesetzgeber und der Literatur werden bei einer Neuordnung des Verhältnisses von Geld- zur Ersatzfreiheitsstrafe die grundsätzliche Beibehaltung des gegenwärtigen Verhältnisses von sechs Arbeitsstunden pro Tag Ersatzfreiheitsstrafe mit einer entsprechenden Anpassung auf die Tagessatzzahl befürwortet[722]. Wenn also zukünftig ein

719 Ähnlich *Schöch*, Deutscher Juristentag 1992, C 87.

720 Ebenso *Schall*, NStZ 1985, 104, 110.

721 Ähnlich *Schneider*, in Göppinger, Kriminologie, § 34 Rdnr. 30.

722 Vgl. BT-Drucks. 14/9358, 3, 13; 15/2725, 7, 21; *Dünkel*, NK 2003, 123, 124; *Schöch*, Deutscher Juristentag 1992, C 87.

Tag Freiheitsentzug zwei Tagessätzen Geldstrafe entspräche, käme es demnach im Ergebnis zu drei Stunden gemeinnütziger Arbeit pro Tagessatz.

Insoweit liegen ernsthafte Überlegungen vor, den Umrechnungsmaßstab zwischen Tagessätzen und Arbeitsstunden auf ein 1:3-Verhältnis festzulegen[723]. Dieser günstige Umrechnungsmaßstab wird damit gerechtfertigt, dass die Ableistung gemeinnütziger Arbeit auch bei einer Absenkung der Arbeitszeit für einen Tagessatz, mit einer erheblichen Freiheitsbeschränkung gegenüber der Zahlung einer Geldstrafe einhergeht. So wäre es einem Geldstrafenzahler möglich, die Ableistung eines Tagessatzes durch bloßen Konsumverzicht zu erreichen. Dagegen müsste derjenige, dem die finanziellen Mittel zu Geldstrafenzahlung fehlen, dafür in seiner Freizeit fremdbestimmt arbeiten.

Es ist aber durchaus vorhersehbar, dass mit dieser Umrechnung die gemeinnützige Arbeit aus Sicht des Verurteilten zu einer unerwünschten und nicht bezweckten Popularität führt. Im Vergleich zur gegenwärtigen Rechtslage käme es damit zu einer Halbierung der erforderlichen Arbeitsstunden für einen Tagessatz, womit die gemeinnützige Arbeit erheblich an Attraktivität gewinnen würde. Dieser Anreiz würde aber zugleich die damit einhergehende Gefahr einer verringerten Bereitschaft, die Geldstrafe zu begleichen und stattdessen gemeinnützige Arbeit zu verrichten, zur Folge haben.

Eine solche Folge wäre nicht zuletzt auch deshalb problematisch, weil gemeinnützige Arbeit grundsätzlich einen nicht unerheblichen personellen Aufwand erfordert, der nur mit entsprechenden justiziellen Mehrbelastungen bewältigt werden könnte. Dem kann auch nicht entgegengehalten werden, dass sich damit zukünftig die jeweiligen Einsatzzeiten gemeinnütziger Arbeit entscheidend verkürzen würden, denn auf den erforderlichen justiziellen Arbeitsaufwand hätte dies keinen übermäßig entlastenden Einfluss. Stattdessen würden sich durch den erwarteten erheblichen Anstieg der Anzahl von Verurteilten, die lieber gemeinnützige Arbeit ableisten als zu zahlen, die Zahl der Überwachungen, Betreuungen und Einarbeitungen in die jeweiligen Stellen entsprechend summieren. An Schärfe gewinnt diese Argumentation insbesondere vor dem Hintergrund, dass es bereits gegenwärtig nur eine begrenzte Kapazität von Einsatzstellen vorhanden ist[724].

Zum anderen sollte bei einem derart attraktiven Verhältnis zur Geldstrafe zu bedacht werden, dass mit dem prognostizierten starken Zuwachs an Fallzahlen gemeinnütziger Arbeit ein paralleler Rückgang von Geldstrafenzahlern einherginge, die andernfalls von der Erbringung einer ersatzweisen Arbeitsleistung absehen und stattdessen mittels entsprechender Zahlungserleichterungen ihre Geldstrafenschuld begleichen würden.

Letztlich käme es bei einem 1:3-Verhältnis zu der bereits erwähnten Schieflage bei der aufzubringende Arbeitszeit zwischen einem gemeinnützig Arbeitenden und einem Geldstrafenzahler[725] und damit Sanktionierungsungerechtigkeiten zwischen Haupt- und Ersatzstrafenverbüßern, die sich nicht ausreichend rechtfertigen ließen.

Aus den vorgenannten Gründen bietet sich ein Verhältnis von drei Stunden gemeinnütziger Arbeit für einen Tagessatz nicht an.

723 Vgl. auch zu Folgendem: BT-Drucks. 14/9358, 3, 13; 15/2725, 7, 21.
724 *Matt*, MschrKrim 2005, 339, 347.
725 Vgl. oben, Teil 3, 4.3.1.3 Orientierung am Freizeitwert.

4.3.2.2 Das 1:5-Verhältnis

Bei einer Veränderung des Verhältnisses von Geld- zur Ersatzfreiheitsstrafe ließe sich mit einer strengen Ausrichtung an der für einen Tagessatz zu erbringenden Arbeitszeit von rund 5,3 Stunden auch ein Erfordernis fünf Stunden gemeinnütziger Arbeit pro Tagessatz für durchaus angemessen erachten[726]. Dies entspräche dann zukünftig bei einer entsprechenden Anpassung zehn Arbeitsstunden pro Tag Ersatzfreiheitsstrafe.

Beachtenswert ist diese Idee besonders unter dem Aspekt der gegenwärtigen angewandten Höhe der Arbeitsstunden. Die derzeit in den Bundesländern überwiegend angewandten sechs Stunden gemeinnütziger Arbeit je Ersatzfreiheitsstrafentag[727] entsprechen nach aktueller Rechtslage im Ergebnis auch denen eines Tagessatzes. Hieran lässt sich erkennen, dass sich die Länder bei der Bemessung der einzelnen Arbeitsstunden eher streng an dem für einen Tagessatz zu erbringenden Arbeitseinsatz eines Geldstrafenzahlers ausrichten.

Allerdings können in diesem Zusammenhang die Bezahlung einer Geldstrafe und die Erbringung gemeinnütziger Arbeit nur selten gleichgesetzt werden. Das ist etwa bei arbeitslosen Ableistenden gemeinnütziger Arbeit der Fall, da sich die faktisch zu erbringende Einbuße – ein Tag aufgewendeter Arbeitskraft – bei ihnen im gleichen Umfang stellt wie bei berufstätigen Geldstrafenzahlern.

Zwar ist grundsätzlich davon auszugehen, dass eine nicht unerhebliche Zahl der Verbüßer von Ersatzfreiheitsstrafen über kein festes Arbeitsverhältnis verfügt und damit dieser Gruppe von Verurteilten unterfällt. Dennoch sollte sich bei der Festlegung eines grundsätzlichen Bemessungsmaßstabes für gemeinnützige Arbeit an einem durchschnittlichen Verurteilten, also einem in Beschäftigung stehenden Geldstrafenzahler orientiert werden. Nur so ist es möglich, die Ersatzsanktionierung in einen größtmöglichen Anwendungsbereich in gerechter Weise anzupassen.

Gerade bei der berufstätigen Tätergruppe gilt aber zu beachten, dass die gemeinnützige Arbeit in der – erheblich verkürzten – Freizeit neben ihrer ausgeübten Beschäftigung und den familiären Verpflichtungen abzuleisten ist. Insoweit wird das fühlbare Schwergewicht der Ersatzsanktionierung gegenüber der Geldstrafe – die wesentlich stärkere Freizeitbeschränkung – besonders deutlich[728]. Während sich der durchschnittliche Geldstrafenzahler durch die Tilgung grundsätzlich auf Konsumverzicht des Erarbeiteten beschränkt, entsteht für den geringverdienenden oder überschuldeten Beschäftigten eine erhebliche Doppelbelastung, da er zusätzlich in seiner Freizeit fremdbestimmt arbeiten muss. Noch deutlicher wird diese Ungleichheit, wenn der Geldstrafenzahler etwa auf vorhandene Finanzmittel zurückgreifen kann und damit faktisch eben nicht einmal einen ganzen Tag aufopfern muss. Hier stellt sich die zu erbringende Einbuße für ihn als noch weniger belastend dar.

Diese weitergehende fühlbare Beeinträchtigung muss zwingend bei der Ersatzsanktionierung Beachtung finden, weshalb sie bei der Bemessung der gemeinnützigen

---

726 Ähnlich *Schall*, NStZ 1985, 104, 111.

727 Vgl. stellvertretend § 7 Abs. 1 Satz 1 der in Fn. 28 genannten sächsischen Verordnung; ebenso § 8 Abs. 1 Satz 1 der in Fn. 706 genannten brandenburgischen Verordnung.

728 Vgl. auch zu Folgendem: BT-Drucks. 14/9358, 13; 15/2725, 21.

Arbeit nicht in gleicher Höhe angesetzt werden kann, wie die primär zu erbringende Arbeitsleistung im Rahmen der Geldstrafenbemessung.

Insgesamt erweist sich damit auch ein zukünftiger Umrechnungsmaßstab von einem Tagessatz zu fünf Arbeitsstunden als unangebracht, weil er zu einer ungerechtfertigten unterschiedlich starken Sanktionierung zwischen Primär- und Ersatzstrafe zu Lasten Letzterer führen würde.

4.3.2.3 Das 1:4-Verhältnis

Deshalb ist der begrüßenswerteste Vorschlag die Anwendung von einem Tagessatz zu vier Stunden gemeinnütziger Arbeit[729]. Bei einem Verhältnis von einem Ersatzfreiheitsstrafentag zu zwei Tagessätzen Geldstrafe entsprächen damit acht Arbeitsstunden einem Tag Ersatzfreiheitsstrafe.

Gegenüber dem gegenwärtig überwiegend praktizierten faktischen Verhältnis von sechs Arbeitsstunden für einen Tagessatz käme es zugleich zu einer Verkürzung der Einsatzzeiten in einem Umfang, der zugleich geeignet ist, einem möglichen leichten Anstieg der Verbüßer gemeinnütziger Arbeit angemessen entgegenzutreten.

Mit diesem Vorschlag ist es möglich, sowohl die Strafungerechtigkeiten des 1:3-Maßstabes zu Gunsten der Ableistenden gemeinnütziger Arbeit[730] als auch deren Benachteiligung bei 1:5-Verhältnis[731] zu vermeiden. So wäre dieser Ansatz unter Beachtung des vorgenannten erheblicheren Übels beim Eingriff in die Freizeit durch gemeinnützige Arbeit mit dem wirtschaftlichen Leben am ehesten in Einklang zu bringen. Auf diese Weise würde die Umwandlung in ein direktes Verhältnis von vier Arbeitsstunden für einen Tagessatz die Funktion einer Ersatzstrafe sinnvoll unterstreichen und parallel unter dem Aspekt der weitestgehenden Gleichbehandlung von freier Arbeit und Zahlung der Geldstrafe tatsächlich ein ausgewogenes Verhältnis herstellen.

Mit vier abzuleistenden Arbeitsstunden je Tagessatz könnte dieses Verhältnis damit neben seiner systemimmanenten Glaubhaftigkeit eine vergleichbare kriminalpädagogische Wirkung bei Haupt- und Ersatzsanktion für sich in Anspruch nehmen.

Angepasst an die gegenwärtigen Regelungen der Länder im Rahmen des Art. 293 Abs. 1 EGStGB sollte die Vollstreckungsbehörde zusätzlich die Möglichkeit erhalten, in Ausnahmefällen den Anrechnungsmaßstab unter Berücksichtigung von Inhalt und Umständen der Tätigkeit oder der persönlichen Verhältnisse des Verurteilten bis auf drei Stunden herabsetzen zu können[732]. Auf diese Weise wäre ein einzelfallabhängiger und daran anknüpfend – mangels Überforderungsgefahr – durchaus erfolgversprechender Einsatz gemeinnütziger Arbeit auch in Grenzfällen gangbar. Derartige Ausnahmefälle werden bereits gegenwärtig angenommen, wenn es sich bei dem Verurteilten um einen anerkannten Schwerbeschädigten handelt, die gemeinnützige Arbeit auf

---

729 So *Boll*, Abschlussbericht 2000, 3.1.1; *Meyer*, in Abschlussbericht 2000, 3.1.2.

730 Vgl. hierzu oben Teil 3,4.3.2.1 Das 1:3-Verhältnis.

731 Vgl. hierzu oben Teil 3,4.3.2.2 Das 1:5-Verhältnis.

732 Stellvertretend § 7 Abs. 1 Satz 2 der in Fn. 28 genannten sächsischen Verordnung; § 8 Abs. 1 Satz 2 der in Fn. 706 genannten brandenburgischen Verordnung sowie § 7 Abs. 1 Satz 2 der in Fn. 707 genannten baden-württembergischen Verordnung.

Grund der Berufstätigkeit nur am Wochenende geleistet werden kann oder die zu erbringende Arbeitsleistung zur Nachtzeit erfolgen soll[733].

Nicht eingeführt werden sollte dagegen der gleichzeitige Versuch einer verschärfenden Ausnahmeregelung auf fünf Stunden je Tagessatz für Verurteilte, die zum Zeitpunkt der Verrichtung gemeinnütziger Arbeit in keinem festen Arbeitsverhältnis stehen, um auch bei ihnen die Erbringung gemeinnütziger Arbeit mit der Bezahlung einer Geldstrafe gleichzusetzen[734]. Zwar verbliebe damit wegen der faktisch milderen Einbuße Erwerbsloser eine geringfügige Besserstellung bei der Ableistung der Ersatzsanktion. Diese ist allerdings bereits aus vollstreckungstechnischer Sicht hinzunehmen, da hiermit erhebliche Unsicherheiten bei der Anrechnung der Arbeitsstunden vorprogrammiert wären, wenn es während der Ableistung der Arbeitsstunden zu einem Wechsel in die Arbeitslosigkeit hinein oder umgekehrt käme. Denn derartige Änderungen wären durch die Vollstreckungsbehörde nur mit einem erheblichen bürokratischen Aufwand nachvollziehbar, wenn eine entsprechende Meldung des Verurteilten bei der Vollstreckungsbehörde unterbleibt. Folglich dürfe damit die Anwendung einer solchen Ausnahmeregelung durch die Vollstreckungsbehörden ohnehin nur selten erfolgen oder letzten Endes sogar leerlaufen.

Insgesamt würde zukünftig mit einem Verhältnis von vier Stunden gemeinnütziger Arbeit für einen Tagessatz einschließlich der alternativen Härtefallabsenkung auf mindestens drei Stunden ein Arbeitspensum erreicht werden, das in einer angemessenen Weise zur Motivationssteuerung beitragen könnte, um einerseits die Geldstrafenzahlung nicht übermäßig zu verdrängen und andererseits eine Entlastung bei Ersatzfreiheitsstrafen zu erreichen.

4.4 Bundeseinheitliche Neuregelung bei Uneinbringlichkeit

Nach aktueller Rechtslage folgt aus § 43 StGB, das als Reaktion auf eine nicht erbringliche Geldstrafe grundsätzlich eine Ersatzfreiheitsstrafe zu folgen hat. Bei der Suche nach einer anderen, vergleichbar wirksamen aber weniger schädlichen Ersatzreaktion wird bereits gegenwärtig der gemeinnützigen Arbeit eine erfolgversprechende Rolle zugesagt[735]. Insoweit verrichtet bereits seit Jahren eine Vielzahl von Verurteilten, die mit der Geldstrafenzahlung trotz möglicher Zahlungserleichterungen überfordert sind, einfache gemeinnützige Tätigkeiten in Grünanlagen, Friedhöfen, Schwimmbädern, Sportplätzen, Tierheimen, Krankenhäusern, Alten- und Behinderteneinrichtungen oder ähnlichen Bereichen[736]

Dabei lassen sich die wesentlichen kriminalpolitischen und praxisrelevanten Vorteile gemeinnütziger Arbeit wie folgt zusammenfassen. Durch den Einfluss der gemeinnützigen Arbeit auf einen strukturierten Tagesablauf der – oftmals verunsicherten

---

733 Vgl. etwa § 7 Abs. 1 Satz 2 und 3 der in Fn. 710 genannten Verordnung Mecklenburg-Vorpommerns; § 5 Abs. 1 Satz 2 und 3 der in Fn. 706 genannten Verordnung in Berlin.

734 Vgl. hierzu oben Teil 3, 4.3.2.2 Das 1:5-Verhältnis.

735 *Dölling*, ZStW 1992, 259, 275 f.; *Heghmanns*, ZRP 1999, 297, 300; *Kawamura-Reindl/Reindl*, NK 2003, 49 ff.; *Schädler*, ZRP 1983, 5 ff.; *Schöch*, Deutscher Juristentag 1992, C 97; *Weigend*, GA 1992, 345, 359.

736 *Schädler*, ZRP 1983, 5, 9; *Schöch*, Deutscher Juristentag 1992, C 97.

und desorientierten – Verurteilten, ihrem Kontakt mit den an den Einsatzstellen als positive Rollenvorbilder haupt- oder ehrenamtlich tätigen Personen sowie der Übernahme von Verantwortung dient sie auch in erhöhtem Maße der positiven Spezialprävention[737]. Den Verurteilten wird zudem ermöglicht, ihr Selbstvertrauen zurückzugewinnen bzw. zu stabilisieren und durch eine realistische Selbsteinschätzung ihre eigene Persönlichkeit aufzuwerten[738].

Darüber hinaus handelt es sich bei der gemeinnützigen Arbeit um eine aktive Leistung des Täters die der Aussöhnung mit der Gesellschaft dient und gleichzeitig auch ein Strafübel durch die jeweilige Freiheitsbeschränkung während der Arbeitszeit beinhaltet[739].

Zudem kann die Erbringung gemeinnütziger Arbeit auch in der Bevölkerung eine hohe Akzeptanz als strafrechtliche Sanktionierung für sich in Anspruch nehmen[740]. So beinhaltet sie nicht nur eine symbolische Wiedergutmachung des begangenen Unrechts in der Gesellschaft, sondern bindet darüber hinaus auch die Gemeinschaft in die Sanktionierung ein, wenn bspw. Arbeitsstunden bei Kirchen oder Vereinen abgeleistet werden[741].

Weil die Arbeit außerdem unentgeltlich zu erfolgen hat[742], kann ihr Einsatz insbesondere bei Vereinen und caritativen Einrichtungen zu Kosteneinsparungen führen. Durch die zusätzliche personelle Verstärkung wird zudem auch die Verrichtung von Tätigkeiten ermöglicht, die ohne die freie Arbeit nicht oder nur mit erheblichem personellen Mehraufwand durchführbar wären.

Der anfangs noch mit einigen Anlaufschwierigkeiten behaftete[743], im Laufe der Jahre aber zunehmend verbesserte Einsatz der gemeinnützigen Arbeit[744] lässt sie deshalb mittlerweile als anerkannte und wirkungsvolle Alternative zur Ersatzfreiheitsstrafe erscheinen.

4.4.1 Erneuerungsbedarf

Aktuell existiert gemäß Art. 293 EGStGB in allen Bundesländern eine Verordnung, die dem Verurteilten die Abwendung der Ersatzfreiheitsstrafe durch gemeinnützige Arbeit gestattet[745]. Damit besteht zwar im Ergebnis bereits gegenwärtig die Möglichkeit, eine zuvor ausgeurteilte Geldstrafe – soweit sie uneinbringlich ist – durch freiwil-

737 BMJ, Eckpunktepapier 2003, 1; *Feuerhelm*, in Jehle (Hrsg.) 2000, 323, 335 f.; *Kintzi*, DRiZ 2003, 325, 327.

738 *Barth*, 66. Sitzungsprotokoll des Rechtsausschusses vom 1. Dezember 2004, 38, 39.

739 BMJ, Eckpunktepapier 2003, 1.

740 *Kintzi*, DRiZ 2003, 325, 327.

741 *Schneider*, MschrKrim 2001, 273, 276.

742 Vgl. Art. 293 Abs. 1 Satz 3 EGStGB; § 1 Abs. 2 Satz 1 der in Fn. 28 genannten sächsischen Verordnung.

743 Hierzu *Kintzi*, Deutscher Juristentag 1992, Sitzungsberichte, O 119 f.; *Schöch*, Deutscher Juristentag 1992, C 97.

744 Vgl. hierzu *Dünkel/Grosser*, NK 1/1999, 28, 29 ff; auch die Untersuchungen von *Lehnert*, 2006, *Schwarz, A.*, 2007.

745 Vgl. oben Teil 1, 1.1.1.3 Geldstrafenvollstreckung.

lige gemeinnützige Arbeit zu ersetzen. Allerdings tritt in dieser Konstellation die gemeinnützige Arbeit lediglich als „ultima ratio" an die Stelle der Ersatzfreiheitsstrafe.

In Anbetracht der vielfältigen Problemkreise kurzer (Ersatz-)Freiheitsstrafen[746] wird schnell deutlich, dass die gegenwärtige Ersatzstrafenregelung mit dieser Rangfolge bei uneinbringlichen Geldstrafen nicht den Bedürfnissen der aktuellen Kriminalpolitik entspricht und daher einer Neuregelung der Ersatzsanktionierung von Geldstrafen bedarf.

Ein weiteres Problemfeld stellen die gegenwärtig unterschiedlichen Arbeitsanforderungen der einzelnen Landesverordnungen für eine identische Geldstrafe dar[747]. Bei einer Änderung des Verhältnisses der Geldstrafe zur Ersatzfreiheitsstrafe würden diese Unstimmigkeiten noch deutlicher zu Tage treten.

An Schärfe gewinnen diese Differenzen, wenn man berücksichtigt, dass die gegenwärtig bestehenden Landesverordnungen neben ihren divergierenden Verhältnishöhen auch ihre Umrechnungsmaßstäbe sehr unterschiedlich ausrichten. Insoweit knüpfen sie dabei entweder an die primär zu ersetzende Geldstrafe oder die zu erbringende Ersatzfreiheitsstrafe an, womit sich bei einer Umgestaltung des Verhältnisses Geld- zu Ersatzfreiheitsstrafe die Schere unterschiedlichster Rechtsfolgen bei der gemeinnützigen Arbeit erheblich öffnen würde.

Setzt etwa eine Verordnung mit sechs Arbeitsstunden bereits jetzt an einen Tagessatz an[748], so verbliebe es auch nach der Einführung des 1:2-Verhältnisses von Geld- zu Ersatzfreiheitsstrafe bei einer Ableistung gemeinnütziger Arbeit in dieser Höhe. Geht die die Verordnung allerdings aktuell von vier Stunden Arbeit je Tag Ersatzfreiheitsstrafe aus[749], so würde sich zwangsläufig die zu erbringende Arbeitsleistung parallel auf zwei Stunden je Tagessatz halbieren. Zwischen diesen Extremen lägen bspw. die auf einen Tagessatz basierenden vier Arbeitsstunden[750], die in dieser Höhe weiterhin Bestand hätten und die auf einen Tag Ersatzfreiheitsstrafe bezogenen sechs Stunden[751] mit einer entsprechenden Halbierung auf drei Stunden.

Am eindrucksvollsten lassen sich diese Unterschiede an einem Beispiel veranschaulichen. Angenommen der Täter würde nach der Umsetzung des 2:1-Verhältnisses zwischen Geld- und Ersatzfreiheitsstrafe und ohne gleichzeitige bundesweite Festsetzung des jeweiligen Verhältnisses zur gemeinnützigen Arbeit zu einer Geldstrafe von 100 Tagessätzen verurteilt werden, die er nicht imstande zu zahlen ist. Dann hätte er in einem Bundesland lediglich 200 Arbeitsstunden zu erbringen, während er in anderen Ländern sogar bis zu 600 Stunden gemeinnütziger Arbeit – mithin dem Dreifachen – vorweisen müsste, um einer Ersatzfreiheitsstrafe von 50 Tagen zu entgehen.

746 Vgl. oben Teil 1, 3.2 Probleme bei der Freiheitsstrafe.

747 Vgl. oben, Teil 3, 4.3 Die Umrechnung zur gemeinnützigen Arbeit, ähnlich, *Boll*, in Abschlussbericht 2000, 3.1.1.

748 Etwa § 2 Abs. 4 Satz 1 der „Verordnung über die Tilgung uneinbringlicher Geldstrafen durch freie Arbeit" in Thüringen; § 8 Abs. 1 Satz 1 der brandenburgischen Verordnung in Fn. 706; § 7 Abs. 1 Satz 1 der Verordnung in Mecklenburg-Vorpommern aus Fn. 710.

749 So § 7 Abs. 1 der Verordnung in Baden-Württemberg, Fn. 707.

750 Vgl. § 4 der Bremer Geldstrafentilgungsverordnung.

751 Bspw. § 7 Abs. 1 Satz 1 der sächsischen Verordnung in Fn. 28; § 5 Abs. 1 Satz 1 der „Verordnung zur Änderung der Verordnung über die Abwendung der Vollstreckung von Ersatzfreiheitsstrafen durch freie Arbeit" in Berlin.

4.4.2 Umsetzung

Mit dem Ziel, die Verbüßung von Ersatzfreiheitsstrafen durch die Förderung gemeinnütziger Arbeit als alternative Sanktion weiter zurückzudrängen, gehen reformpolitische Bestrebungen daher auch in die Richtung, das grundsätzliche Gefüge der Ersatzsanktionierung bei Geldstrafen durch eine bundeseinheitliche Heraufstufung der gemeinnützigen Arbeit zur primär zu leistenden Ersatzstrafe anstelle einer uneinbringlichen Geldstrafe zu verändern[752]. Mit einem hohen symbolischen Wert könnte insoweit klargestellt werden, dass es sich bei der Freiheitsstrafe um die ultima ratio des deutschen Strafrechts handelt[753].

Eine solche bundesweite Aufstufung der gemeinnützigen Arbeit ist notwendig nur durch deren gesetzliche Legitimierung zu erreichen. Wenn dabei die gemeinnützige Arbeit zukünftig als primäre Ersatzsanktion an die gegenwärtige Stelle der Ersatzfreiheitsstrafe treten soll, bietet sich hier insbesondere die systemimmanente Änderung des aktuellen § 43 StGB einschließlich dessen Umrechnungsmaßstabs an.

4.4.2.1 Neuordnung des § 43 StGB

Insoweit wäre diese Norm zukünftig so zu gestalten, dass sie sowohl die gemeinnützige Arbeit als auch die Ersatzfreiheitsstrafe als alternative Ersatzsanktionierungen für den Fall einer uneinbringlichen Geldstrafe enthält. Zur Klarstellung bietet es sich deshalb geradezu an, deren gegenwärtige Überschrift „§ 43 Ersatzfreiheitsstrafe" in „§ 43 Ersatzstrafen" umzuwandeln[754]. Damit würde die neue Norm neben dem bereits bestehenden systematischen Zusammenhang zur Geldstrafe schon in ihrem Titel verdeutlichen, dass sie mehrere unterschiedliche Rechtsfolgen zu einer uneinbringlichen Geldstrafe beinhaltet.

Dabei ist zu beachten, dass der zukünftige § 43 StGB der Möglichkeit zur Ableistung gemeinnütziger Arbeit einen Vorrang gegenüber Ersatzfreiheitsstrafe einzuräumen hat. Auf diese Weise könnte das bestehende unbefriedigende Verhältnis von gemeinnütziger Arbeit und Ersatzfreiheitsstrafe in ein Stufenverhältnis gekehrt werden, nach welchem nunmehr Ersatzfreiheitsstrafe lediglich an die Stelle der gemeinnützigen Arbeit tritt. Diese Neuordnung der gemeinnützigen Arbeit als primäre Ersetzungssanktion einer uneinbringlichen Geldstrafe würde wiederum den gegenwärtig praktizierten Einsatz freier Arbeit widerspiegeln und damit zugleich aktuellen kriminalpolitischen Bedürfnissen entsprechen.

Gleichzeitig muss der zukünftige § 43 StGB aber unmissverständlich zum Ausdruck bringen, dass auf eine nicht oder nicht ordnungsgemäß erbrachte gemeinnützige Arbeit eine Ersatzfreiheitsstrafe folgt. Damit tritt an dieser Stelle die Wirkung der Ersatzfreiheitsstrafe als hinreichende Motivierung für die Ableistung gemeinnütziger Arbeit zu Tage[755]. Für einen Verurteilten, der sich zunächst für die Erbringung freier

---

752 BT-Drucks. 14/9358, 12; 15/2725, 19; *Blau*, Gedächtnisschrift-Kaufmann, 1986, 189, 200; *Dünkel*, NK 2003, 123, 124; *Dünkel/Morgenstern*, Juridica International VIII 2003, 24, 27; *Streng*, 2002, Rdnr. 784; *Wilkitzki*, in Jehle (Hrsg.) 2000, 447, 452; *Wolters*, ZStW 2002, 63, 84.

753 So *Prittwitz*, 66. Sitzungsprotokoll des Rechtsausschusses vom 1. Dezember 2004, 92, 95.

754 So bereits § 43 StGB-E in BT-Drucks. 14/9358, 3 und 15/2725, 7.

755 Ähnlich *Seebode*, Festschrift-Böhm 1999, 519, 539.

Arbeit entschieden hat, dürfte insoweit bereits das Damoklesschwert der bei Nicht- oder Schlechtleitung drohenden Ersatzfreiheitsstrafe ein geeignetes Druckmittel bei einem möglichen „Motivationstief" darstellen. Zudem bleibt durch diese Vorgehensweise auch der drohende Einsatz einer Ersatzfreiheitsstrafe als Druckmittel für einen Geldstrafenzahler vorbehalten. So würde denjenigen Verurteilten, der nicht zur Ableistung gemeinnütziger Arbeit bereit ist, bei einer Nichtzahlung der Geldstrafe unmittelbar die Ersatzfreiheitsstrafe treffen.

Um nicht mit dem Zwangsarbeitsverbot des Art. 12 GG zu kollidieren, muss die Norm dabei deutlich machen werden, dass die gemeinnützige Arbeit nicht gegen den Willen des Verurteilten, sondern nur mit dessen Zustimmung – mithin als freie Arbeit – angeordnet werden kann[756].

Letztlich ist in die Neufassung des § 43 StGB – entsprechend der aktuellen Norm – das Verhältnis der Geldstrafe zur Ersatzfreiheitsstrafe mit zwei Tagessätzen zu einem Hafttag aufzunehmen.

Parallel zu einer Änderung des § 43 StGB müssten auch in die Voraussetzungen für die Vollstreckung einer Ersatzfreiheitsstrafe gem. § 459e StPO die ihr künftig vorgeschaltete Erbringung gemeinnütziger Arbeit aufgenommen werden. So ist insbesondere festzusetzen, dass eine Ersatzfreiheitsstrafe nur in den Fällen angeordnet werden kann, wenn einerseits der Verurteilte selbst oder die Vollstreckungsbehörde die Alternative der gemeinnützigen Arbeit ablehnen oder zum anderen die Vollstreckungsbehörde die Ableistung der gemeinnützigen Arbeit widerruft oder beendet. Die entsprechenden Widerruf- oder die Beendigungsvoraussetzungen sollten dagegen nicht bundeseinheitlich festgelegt, sondern auch zukünftig über Art. 293 EGStGB durch die Bundesländer im Rahmen ihrer Verordnungen bestimmt werden[757]. So enthalten die einzelnen Länder bereits in ihren gegenwärtigen Verordnungen diesbezügliche Regelungen, die sich in ihrer jeweiligen Übung bereits landesintern etabliert haben[758]. Mit der Beibehaltung dieser Festsetzungsmöglichkeit können die Länder zukünftig auch bei einer Neuordnung der Vollstreckungsreihenfolge der Ersatzstrafen ihre bisherigen Widerrufs- und Beendigungspraktiken fortführen.

In gleicher Weise sollten die einzelnen Ausgestaltungen des Vollzuges der gemeinnützigen Arbeit im Kern auch zukünftig über Art. 293 EGStGB den Ländern überlassen werden, damit sie diese – angepasst an ihre personellen und fiskalischen Möglichkeiten und Bedürfnisse – selbständig und flexibel anpassen können. Dazu gehört insbesondere, keine gesetzliche Fristgrenze zur Erbringung der gemeinnützigen Arbeit zu normieren[759]. Entsprechend der aktuellen Rechtslage sollten die Vollstreckungsbehörden diese nach Zahl und Arbeitsumfang ihrer regionalen Einsatzstellen und damit ihrer vorhandenen Ableistungskapazitäten selbst bestimmen können[760].

---

756 *Blau*, Gedächtnisschrift-Kaufmann, 1986, 189, 205; *Seebode*, Festschrift-Böhm 1999, 519, 539; *Schall*, NStZ 1985, 104, 108; *Streng*, 2002, Rdnr. 795; kritisch *Köhler*, GA 1987, 145 ff.

757 Für eine bundesweite Umsetzung dagegen die Vorschläge in BT-Drucks. 14/ 9358, 5, 19; 15/2725, 11, 31.

758 Vgl. nur § 6 der sächsischen Verordnung in Fn. 28.

759 So aber BT-Drucks. 14/ 9358, 5; 15/2725, 11.

760 Vgl. nur § 7 Abs. 3 der sächsischen Verordnung in Fn. 28.

4.4.2.2 Bundeseinheitliche Festsetzung des Umrechnungsmaßstabes

Von dieser zuletzt angeregten Ausgestaltungsfreiheit der Länder bei der gemeinnützigen Arbeit sollte wiederum der zuvor befürwortete Umrechnungsvorschlag zur gemeinnützigen Arbeit[761] ausgenommen und stattdessen als bundesweit einheitlich geregelter Umrechnungsfaktor zwischen der Geldstrafe und ihrer primären Ersatzsanktionierung eingeführt werden[762].

Auch wenn die damalige Kommission zur Reform des strafrechtlichen Sanktionensystems eine bundesweite Regelung in Bezug auf die gemeinnützige Arbeit noch ablehnte[763], machen die mit der beschriebenen Änderung des Verhältnisses der Geldstrafe zur Ersatzfreiheitsstrafe einhergehenden stark abweichenden Rechtsfolgen der Länder[764], sowie die wiederkehrenden Bestrebungen des Gesetzgebers[765] deutlich, dass für ein bundeseinheitlicher Umrechnungsmaßstab erheblicher Bedarf besteht.

Sinnvoll erscheint es deshalb in diesem Zusammenhang, bei der Neuregelung des § 43 StGB neben der Verbesserung durch den 2:1-Umrechnungsmaßstab von Geld- zur Ersatzfreiheitsstrafe parallel auch das Verhältnis von einem Tagessatz zu grundsätzlich vier und ausnahmsweise drei Stunden freier Arbeit festzulegen[766]. Insoweit fänden sich beide, im strafrechtlichen Sanktionenrecht erforderlichen, Umrechnungsschlüssel in einem engen systematischen Zusammenhang wieder.

Denkbar wäre zudem die zusätzliche Festlegung des neuen Umrechnungsverhältnisses in Art. 293 EGStGB[767]. Neben der zuvor erläuterten Einfügung in § 43 StGB könnte diese Anpassung zusätzlich eine klarstellende Funktion für sich in Anspruch nehmen.

Überflüssig erscheint dagegen die gesetzliche Bestimmung des Verhältnisses zwischen gemeinnütziger Arbeit und der Ersatzfreiheitsstrafe, da sich dies zwangsläufig bereits aus den beiden festzusetzenden Maßstäben entnehmen lässt. Darüber hinaus wäre ein solches Verhältnis zumindest irreführend, da die Ersatzfreiheitsstrafe gerade nicht das Ersatzmittel für die nicht erbrachte gemeinnützige Arbeit, sondern nach wie vor für die uneinbringliche Geldstrafe darstellt, wobei sie der gemeinnützigen Arbeit von Gesetzes wegen nachgeordnet werden soll.

4.4.3 Kritik

Bei der vorgeschlagenen Neugliederung der Ersatzsanktionierungen könnten allerdings Zweifel im Hinblick auf möglicherweise zu erwartende Vollstreckungsverzögerungen durch eine erhöhte Missbrauchsgefahr und zusätzlich einhergehende erhöhte

761 Vgl. oben Teil 3, 4.3.2.3 Das 1:4-Verhältnis.

762 Ähnlich BT-Drucks. 13/4462, 5, 9 f.; *Blau*, Gedächtnisschrift-Kaufmann, 1986, 189, 209; sowie *Dölling*, ZStW 1992, 259, 276 für die Regelung des Art. 293 EGStGB.

763 Abschlussbericht, 3.2.5, der sich allerdings auf einen Anrechnungsmaßstab Arbeitsstunden zu Tagen Ersatzfreiheitsstrafe bezog.

764 Vgl. oben, Teil 3, 4.4.1 Erneuerungsbedarf.

765 BT-Drucks. 14, 9358, 3, 13; 15/2725, 7, 20 f.

766 Ebenso BT-Drucks. 14, 9358, 3, 13; 15/2725, 7, 20 f.; *Boll*, Abschlussbericht 2000, 3.1.1.

767 So bereits BT-Drucks. 13/4462, 5, 9 f. für das Verhältnis gemeinnütziger Arbeit zur Ersatzfreiheitsstrafe.

Anforderungen an die Justiz und die sonstigen Mitwirkenden gemeinnütziger Arbeit aufkommen.

4.4.3.1 Vollstreckungsdauer

Kritisiert wird insoweit die bei einer Neuausrichtung der Ersatzsanktionierung möglicherweise zu verstreichende Zeitspanne bis zur endgültigen Abgeltung der Geldstrafe[768]. Dem liegt die Überlegung zu Grunde, dass über eine – bereits durch die Zwischenschaltung der gemeinnützigen Arbeit – verlängerte Vollstreckungsdauer hinaus auch diverse Missbrauchsmöglichkeiten für weitere erhebliche zeitliche Verzögerungen bei der Vollstreckung sorgen könnten.

Diesen Bedenken ist zunächst entgegenzuhalten, dass es bereits in der aktuellen Vollstreckungspraxis zu derartigen Verzögerungen kommen kann. Solche basieren nicht auf dem bestehenden Verhältnis der Ersatzsanktionen zueinander, sondern auf der Tatsache, dass ein zu gemeinnütziger Arbeit verpflichteter Verurteilter dabei freiwillig mitwirken muss. Es liegt allein an ihm, wie schnell er die zu erbringende Schuld ableistet. Dabei ist die entsprechende Klientel leider nicht selten nur von wirtschaftlicher Not sondern auch von Desorganisation, Unselbständigkeit, fehlender sozialer Integration und Drogen- oder Alkoholabhängigkeit geprägt[769]. Dies muss aber nicht zwangsläufig zu verlängerten Vollstreckungszeiten führen, da es den Vollstreckungsbehörden durchaus möglich ist, drohenden Verzögerungen mit geeigneten Mitteln bereits frühzeitig entgegenzuwirken.

Ausgangspunkt in diesem Zusammenhang muss immer die Beachtung der Leistungsbereitschaft und -fähigkeit des Verurteilten sein. So ist ein besonderes Augenmerk darauf zu legen, dass bei der anstehenden Erfüllung dieser Ersatzsanktionierung keine unzumutbaren Anforderungen an seine persönlichen Grenzen gestellt werden. Hierauf wird aber schon zum gegenwärtigen Zeitpunkt bereits bei der Auswahl der Einsatzstelle und -zeit ein erhöhtes Augenmerk gelegt, weil es sich dabei um einen entscheidenden Indikator für den Erfolg oder Misserfolg dieser mitwirkungsbedürftigen Sanktionierungsform handelt[770].

Ein weiteres Instrument der Vollstreckungsbehörde dürfte die Setzung einer angemessenen Frist zur Erbringung der gemeinnützigen Arbeit sein. Hierbei sollte die Frist ebenfalls genau an den persönlichen und beruflichen Verhältnissen des Verurteilten sowie den Anforderungen der jeweiligen Einsatzstelle ausgerichtet werden. Es sollte von einer wöchentlich abzuleistenden Mindestarbeitszeit ausgegangen werden, die nach Möglichkeit mit dem Verurteilten gemeinsam erarbeitet wurde, indem sie ihn einerseits nicht vor unlösbare Probleme stellt und andererseits eine kontinuierlich zu erbringende Arbeitsleistung von ihm abverlangt.

Im Rahmen dieser Fristsetzung ist der Verurteilte ausdrücklich auf die Folgen der Nichterbringung – die sodann ergehende Ladung zum Haftantritt der Ersatzfreiheitsstrafe – hinzuweisen. Durch diesen gezielten Einsatz der Ersatzfreiheitsstrafe als

---

768 So die Stellungnahme des Bundesrates zu einem entsprechenden Gesetzentwurf, BT-Drucks. 15/2725, 37 f.

769 *Matt*, MschKrim 2005, 339, 347; *Schneider*, in Göppinger, Kriminologie, § 34 Rdnr. 31.

770 *Schneider*, MschrKrim 2001, 273, 384 f.

Druckmittel für die Ableistung gemeinnütziger Arbeit wird dem Verurteilten noch einmal klar vor Augen geführt, welche Konsequenzen seine Nicht- oder Schlechtleistung hat.

Ein Wechsel der Einsatzstelle sollte grundsätzlich nicht, sondern nur unter strengen Voraussetzungen auf eng begrenzte Ausnahmefälle beschränkt sein, worauf der Verurteilte ebenfalls eindringlich hinzuweisen ist. Eine Beendigung des Arbeitsverhältnisses durch die jeweilige Einsatzstelle, die auf ein widerrechtliches Verhalten des Verurteilten zurückzuführen ist, sollte – wie bereits nach aktueller Rechtslage – regelmäßig einen Widerruf der gemeinnützigen Arbeit mit der Konsequenz einer zu verbüßenden Ersatzfreiheitsstrafe zur Folge haben[771]. Nach einer zeitlich nah anzuberaumenden Anhörungsmöglichkeit des Verurteilten in einem solchen Fall sollte ihm unverzüglich eine Ladung zum Haftantritt zugestellt werden.

Zur Verhinderung von Vollstreckungsverzögerungen sollte der Raum für etwaige Ausnahmefälle und Sonderregelungen bewusst sehr gering gehalten werden. Auf diese Weise ist es möglich, auch in schwierigen Fällen eine angemessene erfolgreiche Arbeitsverrichtung zu erreichen, weil sich der Verurteilte stets bewusst ist, welche Folgen ein entsprechender Arbeitsverstoß nach sich ziehen wird.

4.4.3.2 Mehraufwand und -kosten

Die Herstellung und Durchsetzung der zuvor gezeigten Grenzen gemeinnütziger Arbeit erfordern insbesondere eine eng verzahnte Zusammenarbeit zwischen der Staatsanwaltschaft als Vollstreckungsbehörde, Sozialarbeitern, Straffälligenhilfe etc. und den Trägern der Einsatzstellen von der Entscheidung des Verurteilten zur gemeinnützigen Arbeit bis hin zur deren Beendigung. In dem dafür erforderlichen personellen Aufwand und den begrenzten Möglichkeiten zusätzliche Einsatzstellen zu schaffen werden weitere Problemfelder gesehen, welche die Länder vor erhebliche Schwierigkeiten beim Einsatz der neuen primären Ersatzstrafe stellen könnten[772].

Dieser befürchtete Mehraufwand ist zunächst überwiegend unbegründet, da im Ergebnis die mit diesem Vorschlag einhergehenden praktischen Veränderungen nicht so erheblich wären. So ist es mittlerweile gängige Praxis geworden, Geldstrafenschuldnern die Möglichkeit der Tilgung uneinbringlicher Geldstrafen durch gemeinnützige Arbeit zu ermöglichen[773].

Zudem führt bereits in der gegenwärtigen Rechtslage eine Vielzahl an Projekten erfolgreich zur Erweiterung der gemeinnützigen Arbeit als Alternative für die Ersatzfreiheitsstrafe. Zu nennen sind hier bspw. das Praxis- und Forschungsprojekt „Ausweg“ in Mecklenburg-Vorpommern[774] sowie das Konzept zur Vermeidung von Ersatzfreiheitsstrafen durch gemeinnützige Arbeit in Brandenburg[775] Daneben bestehen im Rahmen des bundesweit vertretenen Programms „Schwitzen statt Sitzen“ bereits zum

771 Vgl. nur § 6 Abs. 1 der sächsischen Verordnung in Fn. 28.

772 Vgl. die Stellungnahme des Bundesrates zum Gesetzentwurf, BT-Drucks. 15/2725, 38.

773 Hierzu *Block*, 1997, 121 ff.; *Schneider*, in Göppinger, Kriminologie, § 34 Rdnr. 30; *Wolters*, ZStW 2002, 63, 84.

774 Hierzu *Dünkel/Scheel*, 2006; *Dünkel/Grosser*, NK 1/1999, 28 ff.

775 *Cornel*, NK 3/1999, 8.

gegenwärtigen Zeitpunkt in vielen Ländern erhebliche Bestrebungen, einen Haftantritt zur Verbüßung einer Ersatzfreiheitsstrafe zu vermeiden. Neben einer zielgerichteten und ausgefeilten Zusammenarbeit der mitwirkenden Institutionen wird der Verurteilte unter anderem bereits jetzt regelmäßig schon mit Beginn der Geldstrafenvollstreckung auf die Alternative einer ersatzweisen Ableistung hingewiesen. Im Rahmen des „Fachstellenmodells" in Nordrhein-Westfahlen konnten durch die Einrichtung von fünf Vermittlungsstellen für gemeinnützige Arbeit bei freien Trägern sogar Entlastungen bei den Rechtspflegern und den ambulanten Sozialen Diensten der Justiz verzeichnet werden[776].

Insgesamt treten daher – durch einen immer professioneller werdenden Einsatz gemeinnütziger Arbeit – an die Stelle befürchteter personeller und sachlicher Mehraufwendungen erhebliche Entlastungen der Landeshaushalte[777]. Bspw. wurden 2009 in Sachsen durch die Verrichtung von gegenwärtig sechs Arbeitsstunden je Tag Ersatzfreiheitsstrafe insgesamt 124.293 Hafttage vermieden, was bei den dortigen durchschnittlichen Haftkosten von 84,33 Euro pro Tag einer Haftkosteneinsparung in Höhe von rund 10,48 Mio. Euro entspricht[778].

Letztlich stünden bei einer Neugestaltung des § 43 StGB den befürchteten Mehraufwendungen auch die verbesserten Umrechnungsmaßstäbe zwischen Geld-, Ersatzfreiheitsstrafe und gemeinnütziger Arbeit entgegen, da zukünftig jeder Tagessatz nur noch durch vier Stunden freie Arbeit zu ersetzen wäre[779]. Zwar kämen im Ergebnis auf einen Tag Ersatzfreiheitsstrafe nunmehr acht Stunden Arbeit. Allerdings ist dabei die künftige Halbierung der Ersatzstrafendauer zu berücksichtigen[780], womit eine entsprechende Haftstrafe wesentlich zügiger abgearbeitet werden könnte.

Demnach hätte eine verhängte, vollständig uneinbringliche Geldstrafe von 90 Tagessätzen nach aktueller Rechtslage 90 Tage Ersatzfreiheitsstrafe zur Folge, die durch 540 Stunden freier Arbeit ersetzt werden könnten. Mit den vorgeschlagenen Umrechnungsverhältnissen entsprächen 90 Tagessätze zukünftig 45 Tagen Ersatzhaft oder 360 Arbeitsstunden. Selbst wenn man den künftig möglichen Anstieg zu verhängender Tagessatzzahlen von höchstens einem Drittel[781] in voller Höhe berücksichtigt und anstelle der 90 nunmehr 120 Tagessätze stünden, würden diese lediglich 60 Tagen Ersatzfreiheitsstrafe oder 480 Stunden gemeinnütziger Arbeit entsprechen.

Die ebenfalls befürchtete Notwendigkeit zur Schaffung neuer Einsatzstellen wäre in diesem Zusammenhang allenfalls in einem geringen Umfang zu erwarten. So dürfte der Großteil der Geldstrafenschuldner auch zukünftig die Möglichkeiten der Zahlungserleichterungen über § 42 StGB in Form von Ratenzahlungen oder Stundungen einer Ableistung gemeinnütziger Arbeit vorziehen. Hier spielt wiederum das zukünftige Verhältnis von vier Stunden freier Arbeit zu einem Tagessatz eine entscheidende

---

776 *Kawamura-Reindl/Reindl*, NK 2003, 49 ff.

777 *Kawamura-Reindl/Reindl*, NK 2003, 49, 51; *Schneider*, in Göppinger, Kriminologie, § 34 Rdnr. 33.

778 Vgl. die Pressemeldung des sächsischen Staatsministeriums der Justiz und für Europa vom 21.05.2010 unter: www.justiz.sachsen.de/smj/content/1671.php.

779 Vgl. oben Teil 3, 4.3.2.3 Das 1:4-Verhältnis.

780 Vgl. oben Teil 3, 4.2.3 Der richtige Umrechnungsmaßstab.

781 Vgl. oben Teil 3, 4.2.1.2 Vermeidung von Freiheitsstrafen.

Rolle. Weil von diesem Verhältnis keine übermäßige Attraktivität der gemeinnützige Arbeit zulasten der Geldstrafenzahlung ausgeht[782], dürfte die Zahl derjenigen, die zukünftig anstelle der Zahlung einer Geldstrafe in ihrer Freizeit neben Beruf und Familie eher freie Arbeit verrichten wollen, durch diesen Maßstab nur unwesentlich tangiert werden. Zudem wird durch den gleichzeitigen Rückgang der erforderlichen Arbeitszeiten ein möglicher zukünftiger Mehrbedarf an Einsatzstellen erheblich abgefangen.

Damit würden insgesamt neben dem Absinken der erforderlichen Arbeitsstunden keine wesentliche Veränderungen in der Praxis der Geldstrafenvollstreckung eintreten, die einen erhöhten Mehrbedarf an Personal und Kosten oder die umfangreiche Schaffung neuer Einsatzstellen erwarten ließen.

4.5 Zusammenfassung

Die Untersuchung möglicher Neuregelungen bei der Uneinbringlichkeit von Geldstrafen machte zunächst deutlich, dass auf die Ersatzfreiheitsstrafe – trotz ihrer vielfältigen Probleme[783] – auch in einem zukünftigen strafrechtlichen Sanktionensystem nicht vollständig verzichtet werden kann[784]. Sie besitzt ein beachtliches Gewicht als Druckmittel zur späten Zahlung von Geldstrafen trotz zuvor gescheiterter oder aussichtsloser zwangsweiser Beibringungsversuche. Diese Wirkung und ihr Einfluss auf die Akzeptanz von Geldstrafen – sowohl bei tatsächlich uneinbringlichen Geldstrafen als auch bei zahlungsunwilligen Tätergruppen – machen die Ersatzfreiheitsstrafe zu einem unentbehrlichen Baustein im gegenwärtigen und auch im zukünftigen Sanktionenrecht.

Weil der derzeitige Umrechnungsmaßstab des § 43 Satz 2 StGB von einem Tagessatz Geldstrafe zu einem Tag Ersatzfreiheitsstrafe mangels Strafgerechtigkeit nicht mehr haltbar ist[785], sollte zukünftig das Verhältnis von zwei Tagessätzen zu einem Tag Freiheitsstrafe verwendet werden[786]. Dabei hätte eine derartige Verkürzung der Haftdauer nur einen unwesentlichen Einfluss auf die kriminalpolitische Akzeptanz der Geldstrafe und die damit eintretende Halbierung der Haftzeit würde zu einer verbesserten Schuldangemessenheit führen. Zudem wären Einsparungen im Vollzug der Ersatzfreiheitsstrafen von bis zu einem Drittel möglich[787]. Dieser Vorschlag erlaubt zugleich eine entsprechende Angleichung des Verhältnisses in § 47 Abs. 2 Satz 2 StGB ohne bei den Umwandlungen von Freiheitsstrafen von bis zu sechs Monaten die gegenwärtig zulässige Höchstgrenze des § 38 Abs. 1 Satz 2 StGB von 360 Tagessätzen zu überschreiten[788]. Zur Gewährleistung eines einheitlichen Strafensystems wären

782 Vgl. oben Teil 3, 4.3.2.3 Das 1:4-Verhältnis.

783 Vgl. oben Teil 1, 3.2.1 Kurze Freiheitsstrafe sowie oben Teil 1, 3.2.2 Ersatzfreiheitsstrafe.

784 Vgl. oben, Teil 3, 4.1 Abschaffung der Ersatzfreiheitsstrafe.

785 Hierzu oben Teil 1, 3.2.2 Ersatzfreiheitsstrafe sowie oben Teil 3, 4.2.3 Der richtige Umrechnungsmaßstab.

786 Vgl. hierzu oben Teil 3, 4.2.2.1 Kriminalpolitische Akzeptanz; ebenso Boll, Abschlussbericht 2000, 3.1.1 und auch die Kommission im Abschlussbericht 2000, 3.2.4.1.

787 Vgl. oben, Teil 3, 4.2.1.3 Justizieller Aufwand und Kosten.

788 Vgl. oben, Teil 3, 4.2.2.2 Widerspruch zu den §§ 47 Abs. 2 Satz 2 und 51 Abs. 4 Satz 1 StGB.

dann in konsequenter Weise auch die Gesamtstrafenbildung der §§ 54 ff. StGB über § 54 Abs. 3 StGB an das neue Verhältnis anzupassen[789].

Trotz dieser Neufassung des Umrechnungsmaßstabes in § 43 Satz 2 StGB sollte die Obergrenze von 90 Tagessätzen in § 32 Abs. 2 Nr. 5a BZRG bei der Nichtaufnahme ins Führungszeugnis unverändert bleiben. Hierdurch könnte einerseits ein außerordentlicher Anstieg der Tagessatzzahlen entgegenwirkt werden. Zum anderen dürfte durch eine zwangsläufig häufigere Zahl von Eintragungen in das Führungszeugnis eine größere Abschreckungswirkung in der Bevölkerung herbeigeführt werden[790]. Durch die gleichzeitige Streichung des § 32 Abs. 2 Nr. 5b BZRG wären zukünftig sämtliche Verurteilungen zu Freiheitsstrafen ins Führungszeugnis aufzunehmen, wodurch ein Gleichlauf zwischen einzutragenden Geld- und Freiheitsstrafen hergestellt würde.

Dagegen zeigt sich das grundsätzlich sogar weiterreichende Verhältnis von drei Tagessätzen Geldstrafe pro Tag Ersatzfreiheitsstrafe als nicht umsetzbar. Zwar gingen die prognostizierten Verbesserungen über den 2:1-Vorschlag hinaus[791], allerdings stößt diese Lösung bei der zwingenden Anpassung des Maßstabes in § 47 Abs. 2 Satz 2 StGB und der Überschreitung der Tagessatzhöchstgrenze des § 38 Abs. 1 Satz 2 StGB an seine Grenzen[792]. Im Hinblick auf die Ersatzfreiheitsstrafen ginge mit der 3:1-Lösung außerdem die Gefahr der Anordnung erheblich höherer Tagessatzzahlen einher[793].

Die Halbierung der Ersatzfreiheitsstrafendauer im Verhältnis zu den Tagessätzen erfordert gleichzeitig auch eine Anpassung der Umrechnungsmaßstäbe von Ersatzfreiheitsstrafe und Geldstrafe zur gemeinnützigen Arbeit.

Weil die gemeinnützige Arbeit dabei als Ersatzstrafe für Geldstrafe den Geldstrafenschuldner in ähnlicher Weise fühlbar erreichen soll wie die Primärsanktion, kommt als Ausgangspunkt einer richtigen Anpassung nur das Tagessatzsystem – und damit die Frage, wie viele Stunden Arbeit durchschnittlich für die Erbringung eines Tagessatzes erforderlich wären – in Betracht. Insoweit fallen im deutschlandweiten Durchschnitt dabei rund 5,32 Arbeitsstunden pro Tag (ausgehend von einem 30-Tage-Zeitraum) an[794].

Dagegen scheidet eine Orientierung an der Ersatzfreiheitsstrafe aus, da sie lediglich ein Surrogat der Geldstrafe und nicht der gemeinnützigen Arbeit darstellt[795]. Ebenso entfällt eine Ausrichtung am Freizeitwert gemeinnütziger Arbeit, weil insoweit ebenfalls der Bezug zur Geldstrafe als Primärsanktion fehlt[796]. Außerdem entstünde ein Ungleichgewicht zur aufgewandten Arbeitszeit eines Geldstrafenzahlers. Wegen der unterschiedlichen Wertschätzung von Freizeit ist ferner ein einheitlicher Freizeitwert nicht bestimmbar.

---

789 Vgl. oben, Teil 3, 4.2.3 Der richtige Umrechnungsmaßstab.

790 Vgl. auch zum Folgenden oben Teil 3, 4.2.2.3 Die Hürde des § 32 Abs. 2 Nr. 5 BZRG.

791 Im Einzelnen dazu oben Teil 3, 4.2.1 Vorteile eines geänderten Umrechnungsmaßstabes.

792 Im Einzelnen oben, Teil 3, 4.2.2.2 Widerspruch zu den §§ 47 Abs. 2 Satz 2 und 51 Abs. 4 Satz 1 StGB.

793 Vgl. oben Teil 3, 4.2.3 Der richtige Umrechnungsmaßstab.

794 Vgl. oben, Teil 3, 4.3.1.2 Ausrichtung am Tagessatzsystem.

795 Vgl. oben, Teil 3, 4.3.1.1 Ersatzfreiheitsstrafe als Anknüpfungspunkt.

796 Auch zum Folgenden, oben Teil 3, 4.3.1.3 Orientierung am Freizeitwert.

Von den verschiedenen Ideen zur Neuregelung der gemeinnützigen Arbeit ist zunächst der Vorschlag abzulehnen, nach welchem das derzeit überwiegend praktizierte Verhältnis von sechs Stunden gemeinnütziger Arbeit je Tagessatz Geldstrafe in ein 3:1-Verhältnis halbiert werden soll[797]. Dieser für den Verurteilten überaus attraktive Umrechnungsmaßstab könnte der gemeinnützigen Arbeit zu einer unerwünschten Popularität verhelfen, was wiederum einen erheblichen personellen Mehraufwand bei gleichzeitigem Rückgang von Geldstrafenzahlern zur Folge hätte. Daneben käme es zu Sanktionierungsungerechtigkeiten zwischen den Verbüßern von Haupt- und Ersatzstrafen zu Gunsten letzterer, da diese lediglich drei Arbeitsstunden pro Tagessatz zu erbringen hätten, während es beim Geldstrafenzahler mehr als fünf wären.

Ebenfalls abzulehnen ist die – streng an den gegenwärtigen Beschäftigungsverhältnissen orientierte – Idee, fünf Stunden gemeinnützige Arbeit pro Tagessatz anzusetzen[798]. Der auf den ersten Blick identische Arbeitsaufwand eines Geldstrafenzahlers und eines Erbringers gemeinnütziger Arbeit würde bei genauerer Betrachtung dennoch zu ungerechtfertigten unterschiedlich starken Sanktionierungen zu Lasten der gemeinnützigen Arbeit Verrichtenden führen. Denn während sich der durchschnittliche Geldstrafenzahler durch die Tilgung grundsätzlich auf Konsumverzicht des Erarbeiteten beschränkt, entstünde für den wirtschaftlich schwachen berufstätigen Verurteilten eine erhebliche Doppelbelastung, wenn er die gemeinnützige Arbeit in der – ohnehin eingeschränkten – Freizeit zusätzlich neben seiner ausgeübten Beschäftigung und den familiären Verpflichtungen abzuleisten hätte.

Der goldene Mittelweg ließe sich daher mit einem Umrechnungsmaßstab von einem Tagessatz zu vier Stunden gemeinnütziger Arbeit beschreiten, weil sich hiermit sowohl die Strafungerechtigkeiten des 1:3-Maßstabes zu Gunsten der Ableistenden gemeinnütziger Arbeit als auch deren Benachteiligung beim 1:5-Verhältnis vermeiden lassen[799]. Dieser Vorschlag wäre in der Lage, die Geldstrafenzahlung nicht übermäßig zu verdrängen und gleichzeitig eine Entlastung bei Ersatzfreiheitsstrafen zu erreichen. So ist die Verkürzung auf vier Stunden je Tagessatz zunächst geeignet, einem Anstieg der Attraktivität der gemeinnützigen Arbeit entgegenzuwirken und dabei zugleich eine vergleichbare kriminalpädagogische Wirkung bei Haupt- und Ersatzsanktion zu gewährleisten. Dieser Ansatz ist zudem in der Lage den Eingriff in die Freizeit durch gemeinnützige Arbeit mit dem wirtschaftlichen Leben am ehesten in Einklang zu bringen. Mit der Beibehaltung der gegenwärtig bestehenden Handhabe, den Anrechnungsmaßstab in Ausnahmefällen auf drei Stunden herabzusetzen, kann die erfolgreiche Durchführung gemeinnütziger Arbeit auch zukünftig in Grenzfällen gefördert werden.

Die nach aktueller Rechtslage über Art. 293 EGStGB durch die einzelnen Abwendungsverordnungen der Länder sehr unterschiedlichen Berechnungsmethoden für die Ableistung gemeinnütziger Arbeit sollten zukünftig durch einen bundeseinheitlichen Umrechnungsmaßstab ersetzt werden[800]. Hierfür bietet es sich an, die verschiedenen

---

797 Vgl. oben, Teil 3, 4.3.2.1 Das 1:3-Verhältnis.

798 Vgl. oben, Teil 3, 4.3.2.2 Das 1:5-Verhältnis.

799 Vgl. oben, Teil 3, 4.3.2.3 Das 1:4-Verhältnis.

800 Vgl. oben, Teil 3, 4.4.1 Erneuerungsbedarf, sowie oben Teil 3, 4.4.2.2 Bundeseinheitliche Festsetzung des Umrechnungsmaßstabes.

Ersatzstrafen in § 43 StGB neu auszugestalten und zugleich eine korrespondierende Anpassung des § 459e StPO vorzunehmen[801]. Einfließen müssen darin ferner die weiteren Neuregelungen bei uneinbringlichen Geldstrafen, wie bspw. die Änderung der Rangfolge der Ersatzstrafen. Die gemeinnützige Arbeit sollte hierbei als primäre Ersatzsanktion der Ersatzfreiheitsstrafe vorangestellt werden.

Durch die individuelle Anpassung der Arbeitsableistungen an den jeweiligen Verurteilten mit entsprechenden Erbringungsfristen und einer engen Begrenzung von Ausnahmefällen und Sonderregelungen ist dabei die befürchtete verlängerte Vollstreckungsdauer vermeiden[802]. Weil zudem gemeinnützige Arbeit schon gegenwärtig die gängige Praxis darstellt und durch eine Vielzahl von Forschungsprojekten optimiert wird, kann auch ein erheblicher Mehraufwand bzw. Mehrkosten durch diese bundeseinheitliche Neuregelung ausgeschlossen werden[803]. In diesem Zusammenhang dürfte insbesondere der neue Umrechnungsmaßstab zur gemeinnützigen Arbeit mit vier Arbeitsstunden je Tagessatz eine entscheidende Rolle spielen.

---

801 Vgl. auch zum Folgenden oben Teil 3, 4.4.2.1 Neuordnung des § 43 StGB.

802 Vgl. oben, Teil 3, 4.4.3.1 Vollstreckungsdauer.

803 Vgl. auch zum Folgenden oben Teil 3, 4.4.3.2 Mehraufwand und -kosten.

Teil 4: Resümee zum Geldstrafenausbau in einer Reform ambulanter Sanktionen

Die Geldstrafe, die mit mehr als 80% der Verurteilungen den überragenden Anteil der strafrechtlichen Verurteilungen ausmacht, ist mit einer Vielzahl von Problemen behaftet[804]. Obwohl der Grundgedanke der Geldstrafe im bloßen Konsumverzicht auf Zeit liegen soll, kann ihre Wirkung im Einzelfall äußerst unterschiedlich ausfallen und bisweilen zu unerträglichen Ergebnissen führen. So greift der – die Geldstrafe prägende – Denkzettelcharakter regelmäßig nicht, wo bei einem gut situierten Verurteilten die gezahlte Summe keine fühlbare Einbuße darstellt oder die tatsächliche Zahlung von einem Dritten übernommen wird. Dagegen erfasst die Konsumverzichtswirkung bei wirtschaftlich schwächeren Verurteilten unweigerlich auch die mit ihm in einer Konsumgesellschaft lebenden Personen wie Ehe- oder Lebenspartner und Kinder und damit im Ergebnis unbeteiligte Dritte. Daneben führt die Geldstrafe zu einer erheblichen Leidensungleichheit zwischen der Tätergruppe, die eine Geldstrafe „aus der Westentasche" begleicht und jener, bei der es durch die Erbringung sogar zu finanziellen Überlastungen kommen kann. Letztlich birgt die Geldstrafe die Gefahr der Beschaffungskriminalität, bei ihrer Erbringung.

Noch beträchtlicher sind die Probleme der Freiheitsstrafe als zweite Hauptstrafe[805]. Bereits mit dem Haftantritt verliert der Verurteilte seinen gesellschaftlichen und sozialen Status. Die beruflichen, familiären und sozialen Bindungen werden erheblich belastet oder können zerstört werden. Während der Verurteilte nun innerhalb der Gefängnisgesellschaft der Gefahr der kriminellen Ansteckung ausgesetzt wird, ist das Hauptziel des Strafvollzuges – die Resozialisierung – gerade bei den kurzen Freiheitsstrafen nicht realisierbar. Nach dem Haftende ist der Verurteilte einem erheblichen Stigmatisierungseffekt ausgesetzt, der es ihm erschwert, wieder in die Gesellschaft zurückzukehren und damit die Gefahr der erneuten Strafbarkeit verstärkt.

Von diesen Nachteilen sind zudem auch die Fälle uneinbringlicher Geldstrafen betroffen, die gemäß § 43 StGB eine Ersatzfreiheitsstrafe zu verbüßen haben. Besonders schwer wiegt dabei, dass gerade bei dieser Tätergruppe, die ursprünglich nur eine Geldzahlung zu leisten hatten, über die bereits angesprochenen Schwierigkeiten und Gefahren kurzer Freiheitsstrafen hinaus, weitere kriminalpolitische Probleme hinzutreten[806]. Insoweit wurde zunächst deutlich, dass – begründet durch eine negative Entwicklung der sozialen und wirtschaftlichen Verhältnisse in Deutschland – die Zahl der vollstreckten Ersatzfreiheitsstrafen stetig ansteigt. Ihr Anteil an den Geldstrafenverurteilungen verdoppelte sich in den letzten dreißig Jahren bereits von fünf auf über zehn Prozent. Bedenken unter Strafzumessungsgesichtpunkten begegnet auch der aktuelle Umrechnungsmaßstab von einem Tagessatz Geldstrafe zu einem Tag Ersatzfreiheitsstrafe, weil das Strafübel eines Tages Ersatzfreiheitstrafe weit über den Verlust eines Tageseinkommens der ursprünglichen Geldstrafe hinausgeht. Eine Aussetzung des Strafrests zur Bewährung kommt für Ersatzfreiheitsstrafen zudem in der Praxis wegen

804 Vgl. auch zum Folgenden oben Teil 1, 3.1 Probleme bei der Geldstrafe.
805 Vgl. auch zum Folgenden oben Teil 1, 3.2 Probleme bei der Freiheitsstrafe.
806 Vgl. auch zum Folgenden oben, Teil 1, 3.2.2 Ersatzfreiheitsstrafe.

ihrer Durchschnittsdauer von ca. 30 Tagen nicht in Betracht. Nicht zuletzt die steigende Zahl von Ersatzfreiheitsstrafen führt zudem gegenwärtig zu hohen Häftlingszahlen und damit weiteren Vollzugsproblemen wie Überbelegungen und teilweise menschenunwürdigen Unterbringungen in den Haftanstalten. In der Folge bringen die aktuellen hohen Inhaftierungszahlen zwangsläufig enorme Kosten beim Straf- und Maßregelvollzug mit sich[807].

Letztlich laufen sowohl die Geld- als auch die Freiheitsstrafe durch ihre potentielle Konkurrenz zwischen dem staatlichen Strafanspruch und einer möglichen Wiedergutmachungsverpflichtung den Opferinteressen zuwider[808].

Die Überwindung dieser Probleme ist nur mit der Schaffung eines flexibleren Strafensystems durch die Erweiterung und Anpassung ambulanter Sanktionen möglich. Bereits durch den Ausbau der Geldstrafe würde folgender Aufbau des Strafensystems den derzeitigen sanktionsrechtlichen Bedürfnisse gerecht werden.

1 Strafgeld

Zunächst wäre unterhalb der Hauptstrafen das sogenannte Strafgeld anzusiedeln[809]. Insoweit besteht sowohl seitens der Bevölkerung, insbesondere der Geschädigten von Eigentums- oder Vermögensdelikten als auch des Staates ein erhebliches Interesse an einer Einschränkung der sanktionslosen Einstellungen des § 153 StPO im unteren Kriminalitätsbereich. Die Strafgeldlösung ist dabei in der Lage, dem sinkendenden Wertebewusstsein in der Bevölkerung im Sinne einer positiven Generalprävention entgegenzuwirken. Durch eine zeitnahe Sanktionierung ermöglicht sie darüber hinaus aus spezialpräventiver Sicht eine intensivierte Einwirkung auf den Täter. Interessant aus staatlicher Sicht sind die mit einem Strafgeld verbundenen Mehreinnahmen, die an die Stelle der sanktionslosen Verfahrenseinstellungen des § 153 StPO im Bereich der unteren Massenkriminalität treten. Daneben wird eine erhebliche Arbeitsentlastung der Staatsanwaltschaften erreicht, der auf Seiten der Polizei nur ein verhältnismäßig geringer Mehraufwand gegenübersteht.

Im Einzelnen bietet es sich dabei an, dem in Sachsen bereits eingeführtem „Verfahrensmodell zur verbesserten Verfolgung des Ladendiebstahls“ zu folgen, mit dem dort eine Verdrängung der folgenlosen Einstellung des § 153 StPO sowie eine erhebliche Verkürzung der Verfahrensdauer von Bagatellverfahren erreicht wurde. Im Rahmen landesinterner Verfahrensregelungen bezüglich der Anwendung des § 153a StPO wird der Polizei dabei die Befugnis verliehen, bereits vor Ort die Einstellung des Strafverfahrens bei Erfüllung der Geldauflage vorbehaltlich der staatsanwaltschaftlichen Zustimmung anzubieten. Die abschließende und verfahrensbeendende Entscheidung verbleibt bei der Staatsanwaltschaft. Weil diese dadurch ihre Verfahrensherrschaft beibehält, erfolgt keine Kompetenzverlagerung auf die Polizei. Positiv an diesem Modell ist auch die mögliche Anwendung auf andere Bereiche der unteren Massenkriminalität sowie auf Schäden von bis zu 100,00 Euro.

---

807 Vgl. oben, Teil 1, 3.3 Finanzmittel des Staates.

808 Hierzu oben, Teil 1, 3.4 Opferinteressen.

809 Hierzu oben, Teil 3, 1 Das „Strafgeld“ als Antwort auf die kleine Kriminalität.

Eine entsprechende bundesweite gesetzliche Normierung wäre durch den Gesetzgeber mit nur geringfügigen Veränderungen im Strafprozessrecht möglich, etwa in Form einer Ermächtigungsgrundlage zum Erlass von Rechtsverordnungen zugunsten der Bundesländer, in denen sie das Alternativmodell ihren eigenen Landesinteressen anpassen können.

Dem auf der Ebene des § 153 StPO anzusiedelnden Strafgeld folgen dann die Verfahrensbeendigungen ohne gerichtliche Verurteilung gem. § 153a StPO durch die Erfüllung von Auflagen oder Weisungen. Im Bereich der gerichtlichen Entscheidungen stehen wie auch nach aktueller Rechtslage auf niedrigster Stufe das Absehen von Strafe gem. § 60 StGB und die Verwarnung mit Strafvorbehalt gem. §§ 59 ff StGB.

Diesen Reaktionsformen folgt neben der schärfsten Sanktionsform, der Freiheitsstrafe mit ihrer Aussetzungsalternative zur Bewährung die neu ausgestaltete Geldstrafe – als mildere Hauptstrafe – mit einem erheblich breiteren und individualisierbaren Anwendungsspielraum. Damit ist die Geldstrafe in der Lage, die Ungerechtigkeiten ihrer bisherigen Ausgestaltung weitestgehend zu beseitigen und gleichzeitig den problembehängten Anwendungsbereich der kurzen Freiheitsstrafe – sei es in Form der primären Verhängung als auch in Form der Ersatzfreiheitsstrafe – erheblich zurückzudrängen.

Dabei bildet die Grundform der Geldstrafe nach wie vor die unbedingte Sanktionierung zu einer Geldzahlung die am bestehenden Tagessatzsystem auszurichten ist.

2 Bewährungsgeldstrafe

Die erste Neuerung der Geldstrafe stellt ihre Aussetzung zur Bewährung dar, die sowohl als vollständige als auch als teilweise Aussetzung ermöglicht wird[810]. Im unteren Kriminalitätsbereich wird damit die Lücke zwischen der derzeit eher selten genutzten Verwarnung mit Strafvorbehalt und der unbedingten Geldstrafe geschlossen. Im mittleren Kriminalitätsbereich ermöglicht die Teilaussetzung von Geldstrafen daneben die Erschließung des oberen Geldstrafenrahmens. Die Verknüpfung der Aussetzung mit verschiedenen, auf den Täter angepassten, Auflagen und Weisungen erlaubt einen wertvollen spezialpräventiven Einfluss. Durch die Aussetzung der Zahlungspflicht wird eine bessere Befriedigung von Schadensersatzforderungen ermöglicht, was der Stärkung von Opferinteressen dient. Die Reduzierung der Gefahr uneinbringlicher Geldstrafen führt zudem zur gleichzeitigen Vermeidung von Ersatzfreiheitsstrafen.

Bei der Umsetzung empfiehlt sich für die Bewährungsgeldstrafe eine Anlehnung an die bestehenden Regelungen der §§ 56 ff. StGB mit einem weitestgehenden Gleichlauf zwischen Geld- und Freiheitstrafen. Um eine einheitliche Grenzziehung bei der Bewährungsaussetzung zu erreichen, wird die Zweijahresgrenze des § 56 Abs. 2 StGB auch auf Geldstrafenaussetzungen übertragen, was deren Aussetzungsmöglichkeit in jeder Höhe erlaubt. Ein weiter Gleichlauf mit den Freiheitsstrafen wird erreicht, wenn die Aussetzung das Vorliegen einer positiven Legal- oder Kriminalprognose erfordert und die Bewährungszeit des § 56a Abs. 1 StGB auch für Geldstrafen übernommen wird.

---

810 Hierzu oben, Teil 3, 2 Bewährungssanktionen im Geldstrafenbereich.

Durch den Einsatz von Teilaussetzungen zur Bewährung bei Geldstrafen ohne gesetzlich vorgegebenen Rahmenbedingungen über die Aussetzungs- und Vollstreckungshöhe wird der spezialpräventive Denkzettelcharakter von Geldstrafen in besonderer Weise intensiviert und höhere Geldstrafenbereiche erschlossen.

Die parallele Anwendung des, als Bringschuld ausgestalteten Geldstrafen-Ersetzungsmodells, führt schließlich zu einer weiteren Vermeidung von Ersatzfreiheitsstrafen bei Tätern, die für eine Aussetzung der Geldstrafe aufgrund einer fehlenden positiven Sozialprognose ausscheiden würden[811]. Auf diesem Wege könnten dann zusätzlich die Möglichkeiten gemeinnütziger Arbeit und Wiedergutmachung gezielt eingesetzt werden.

3 Auflagen und Weisungen ohne Bewährung

Um die Einwirkung auf den Täter im Einzelfall unter spezialpräventiven Gesichtspunkten zu intensivieren und Opferinteressen zu stärken, können künftig hierauf gerichtete Auflagen und Weisungen mit der Geldstrafe verbunden werden, ohne gleichzeitig eine Bewährungszeit festzulegen[812]. Diese Geldstrafenerweiterung verbreitert den richterlichen Handlungsspielraum im unteren und mittleren Kriminalitätsbereich erheblich und lässt gegenüber der Bewährungsgeldstrafe sogar die Bewährungskosten entfallen.

Dabei wird in Anlehnung an die bestehenden Regelungen der §§ 56b, 59a StGB und § 153a StPO ein offener Auflagen- und Weisungskatalog geschaffen, in dem sich als Regelbeispiele die Auflagen der Wiedergutmachung des durch die Tat verursachten Schadens und die Erbringung einer gemeinnützigen Leistung sowie als Weisungen das Nachkommen von Unterhaltspflichten, die Unterziehung einer ambulanten Heilbehandlung- bzw. einer Entziehungskur und die Teilnahme an einem Verkehrsunterricht empfehlen.

Die Sanktionierung eines Auflagen- oder Weisungsverstoßes erfolgt als selbständiges Vergehen[813]. In Anlehnung an den gegenwärtig bestehenden § 145a StGB auf dem Gebiet der Führungsaufsichten ist dieses Vorgehen durchaus im Stande, als Druckmittel deren Erfüllung zu sichern, ohne die Glaubwürdigkeit und die Akzeptanz der Begleitsanktionierung in Mitleidenschaft zu ziehen. Als Schranken empfehlen sich insoweit die Begrenzung auf „grobe oder beharrliche Verstöße" sowie ein Strafantragsrecht der jeweiligen Vollstreckungsstelle. Im Hinblick auf die geringe Zahl der in der gegenwärtigen Praxis erforderlichen Sanktionierungen gem. § 145a StGB ist zu erwarten, dass bei einer entsprechenden Übertragung auf die Geldstrafe deren derzeitige Ausnahmecharakter bestehen bleibt.

Durch ein ausgewogenes Verhältnis zwischen der Auflagen- und Weisungserteilung ohne Bewährungsaussetzung neben einer Geldstrafe und den übrigen spezialpräventiv ausgerichteten Sanktionierungen könnte die entfallene Bewährungszeit sogar zu einer möglichen Aufwands- und Kostenersparnis führen.

---

811 Vgl. oben, Teil 3, 2.4 Das Geldstrafen-Ersetzungsmodell.

812 Hierzu oben, Teil 3, 3.1 Möglichkeiten und Vorteile.

813 Vgl. auch zum Folgenden oben, Teil 3, 3.2 Die Umsetzung.

4 Neuerungen bei Uneinbringlichkeit

Weiterhin kommt es zu einer Vielzahl von Neuregelungen bei der Uneinbringlichkeit von Geldstrafen, wobei auf die Ersatzfreiheitsstrafe – trotz ihrer vielfältigen Probleme – auch in einem zukünftigen strafrechtlichen Sanktionensystem als Druckmittel zur späten Zahlung von Geldstrafen nicht vollständig verzichtet werden kann[814].

Der derzeitige Umrechnungsmaßstab des § 43 Satz 2 StGB von einem Tagessatz Geldstrafe zu einem Tag Ersatzfreiheitsstrafe ist zukünftig das Verhältnis von zwei Tagessätzen zu einem Tag Freiheitsstrafe verwendet umzuwandeln[815]. Die damit eintretende Halbierung der Haftzeit führt nicht nur zu einer verbesserten Schuldangemessenheit sondern ermöglicht auch Einsparungen im Vollzug der Ersatzfreiheitsstrafen von bis zu einem Drittel.

Mit einer entsprechenden Angleichung des Umrechnungsmaßstabes in § 47 Abs. 2 Satz 2 StGB wird bei den Umwandlungen von Freiheitsstrafen von bis zu sechs Monaten die gegenwärtig die zulässige Höchstgrenze des § 38 Abs. 1 Satz 2 StGB von 360 Tagessätzen eingehalten. Zur Gewährleistung eines einheitlichen Strafensystems ist parallel auch die Gesamtstrafenbildung der §§ 54 ff. StGB über § 54 Abs. 3 StGB an das neue Verhältnis anzupassen.

Dagegen bleibt die Obergrenze von neunzig Tagessätzen in § 32 Abs. 2 Nr. 5a BZRG bei der Nichtaufnahme ins Führungszeugnis als Gegengewicht einer erwarteten Erhöhung der Tagessatzzahlen und als Beitrag zur negativen Generalprävention unverändert. Mit der gleichzeitigen Streichung des § 32 Abs. 2 Nr. 5b BZRG wird ein Gleichlauf zwischen einzutragenden Geld- und Freiheitsstrafen erreicht, indem zukünftig sämtliche Verurteilungen zu Freiheitsstrafen ins Führungszeugnis aufzunehmen sind.

Mit der Veränderung des Umrechnungsmaßstabes von Ersatzfreiheitsstrafendauer zu den Tagessätzen Geldstrafe ist gleichzeitig auch eine Anpassung der Verhältnisse von Ersatzfreiheitsstrafe und Geldstrafe zur gemeinnützigen Arbeit vorzunehmen[816].

Angelehnt an das Tagessatzsystem – und damit der Frage, wie viele Stunden Arbeit durchschnittlich für die Erbringung eines Tagessatzes erforderlich wären – ist der Umrechnungsmaßstab von einem Tagessatz Geldstrafe zu vier Stunden gemeinnütziger Arbeit anzuwenden. Hiermit wird die Geldstrafenzahlung nicht übermäßig verdrängt und gleichzeitig eine weitere Entlastung bei den Ersatzfreiheitsstrafen erreicht. So ist dieses Verhältnis ist nicht nur geeignet, einem Anstieg der Attraktivität der gemeinnützigen Arbeit entgegenzuwirken und dabei zugleich eine vergleichbare kriminalpädagogische Wirkung bei Haupt- und Ersatzsanktion zu gewährleisten. Er bringt außerdem den Eingriff in die Freizeit des Verurteilten durch gemeinnützige Arbeit mit dem wirtschaftlichen Leben am ehesten in Einklang.

Die ergänzende Möglichkeit, den Anrechnungsmaßstab in Ausnahmefällen bis auf drei Arbeitsstunden je Tagessatz Geldstrafe herabzusetzen, bietet auch zukünftig die Gewähr, gemeinnützige Arbeit zusätzlich in Grenzfällen erfolgreich anwenden zu können.

---

814 Vgl. oben, Teil 3, 4.1 Abschaffung der Ersatzfreiheitsstrafe.

815 Hierzu oben, Teil 3, 4.2 Änderungen im Verhältnis von Geld- und Ersatzfreiheitsstrafe.

816 Hierzu oben, Teil 3, 4.3 Die Umrechnung zur gemeinnützigen Arbeit.

Sämtliche Umrechnungsmaßstäbe sind zukünftig bundeseinheitlich geregelt, was durch die Neugestaltung des § 43 StGB als Ersatzstrafennorm und einer entsprechenden Anpassung des § 459e StPO erreicht wird[817]. Darin tritt zudem die – nur mit Zustimmung des Verurteilten mögliche – gemeinnützige Arbeit als primäre Ersatzsanktion vor die Ersatzfreiheitsstrafe. Erst die Ablehnung oder Nichterbringung der gemeinnützigen Arbeit führen dann zur Verbüßung einer Ersatzfreiheitsstrafe. Dagegen bleiben die einzelnen Ausgestaltungen des Vollzuges gemeinnütziger Arbeit im Kern auch zukünftig über Art. 293 EGStGB den Ländern vorbehalten, womit sie diese – angepasst an ihre personellen und fiskalischen Möglichkeiten und Bedürfnisse – selbständig und flexibel gestalten können. Gleiches gilt für die entsprechenden Widerruf- oder die Beendigungsvoraussetzungen, damit die Länder ihre bisherigen Widerrufs- und Beendigungspraktiken trotz der bundesweiten Neugestaltung beibehalten können.

Zusammenfassend zeigt sich damit, dass der Geldstrafe ein beträchtliches derzeit ungenutztes Potential anhaftet, das mit den hier aufgezeigten Veränderungen in der Lage ist, weite Probleme des bestehenden Sanktionensystems zu beseitigen und es dadurch den gegenwärtigen kriminalpolitischen Bedürfnissen anzupassen.

817 Vgl. auch zum Folgenden oben, Teil 3, 4.4 Bundeseinheitliche Neuregelung bei Uneinbringlichkeit.

Literaturverzeichnis

Abschlussbericht der Kommission zur Reform des strafrechtlichen Sanktionensystems, 2000, Internetpublikation: www.bmj.bund.de/media/archive/137.pdf

Albrecht, Hans-Jörg, Strafzumessung und Vollstreckung bei Geldstrafen unter Berücksichtigung des Tagessatzsystems: Die Geldstrafe im System strafrechtlicher Sanktionen, Berlin 1980

Albrecht, Hans-Jörg, Legalbewährung bei zu Geldstrafe und Freiheitsstrafe Verurteilten, Freiburg 1982

Albrecht, Hans-Jörg, Generalprävention, in: Kaiser, Günther u.a. (Hrsg.), Kleines Kriminologisches Wörterbuch, 2. Auflage, Heidelberg 1985, 132-139

Albrecht, Hans-Jörg / Kalmthout, Anton van. (Hrsg.), Community Sanctions and Measures in Europe and North America, Freiburg 2002

Barth, Wera, Anhörung des Rechtsausschusses des Deutschen Bundestages zum Entwurf des Gesetzes zur Reform des Sanktionenrechts am 1.12.2004 – Stellungnahme zum Sachverhalt „Gemeinnützige Arbeit" aus sozialpädagogischer, praxisbezogener Sicht, 66. Sitzungsprotokoll des Rechtsausschusses vom 1. Dezember 2004, 38-45

Baumann, Jürgen, Strafrecht - Allgemeiner Teil, 8. Auflage, Bielefeld 1977

Baumann, Jürgen / Weber, Ullrich / Mitsch, Wolfgang, Strafrecht – Allgemeiner Teil, 11. Auflage, Bielefeld 2003,

Beulke, Werner, Die unbenannten Auflagen und Weisungen des § 153a StPO, in: Widemaier, Gunter / Lesch, Heiko / Müssig, Bernd u.a. (Hrsg.) Festschrift für Hans Dahs 2005, Köln, 209-227

Beulke, Werner, Strafprozessrecht, 11. Auflage Heidelberg 2010

Blau, Günter, Die gemeinnützige Arbeit als Beispiel für einen grundlegenden Wandel des Sanktionenwesens, in: Hirsch, Hans Joachim u.a. (Hrsg.), Gedächtnisschrift für Hilde Kaufmann, Berlin 1986, 189-209

Block, Petra, Rechtliche Strukturen der Sozialen Dienste in der Justiz, 2. Auflage, 1997 Wiesbaden

Bösling, Thies, Elektronisch überwachter Hausarrest als Alternative zur kurzen Freiheitsstrafe, Monatsschrift für Kriminologie und Strafrechtsreform, 2002, 105-125

Brand, Torsten, Quo vadis, Sanktionenrecht?, Deutsche Richterzeitschrift, 2004, 197

Breland, Michael, Lernen und Verlernen von Kriminalität: Ein lernpsychologisches Konzept der Prävention im sozialen Rechtstaat, Opladen 1975

Bundesministerium der Justiz, Referentenentwurf eines Gesetzes zur Reform des Sanktionenrechts (Stand: 8. Dezember 2000), Internetpublikation: www.bib. uni-mannheim.de/fileadmin/pdf/fachinfo/jura/refentw-ref-des-sanktr.pdf

Bundesministerium der Justiz, Eckpunkte einer Reform des strafrechtlichen Sanktionensystems, Dezember 2003, Internetpublikation: www.bmj.de/media/archive/132.pdf

Bundesministerium der Justiz, Entwurf eines Gesetzes zur Reform des Sanktionenrechts vom 10.12.2003, Internetpublikation: www.bmj.bund.de/files//559/RegESanktR.pdf

Bundesrechtsanwaltskammer, Angleichung und gegenseitige Anerkennung strafrechtlicher Sanktionen, Nachrichten aus Brüssel, 10. Ausgabe 2004, Internetpublikation:www.brak.de/seiten/pdf/Bruessel/Nachrichten/2004/Nachrichten10aus2004.pdf

Cornel, Heinz, Neues Konzept in Brandenburg, Neue Kriminalpolitik, 3/1999, 8

Däubler-Gmelin, Herta, Schwerpunkte der Rechtspolitik in der neuen Legislaturperiode, Zeitschrift für Rechtspolitik, 1999, 81-85

Dencker, Friedrich, Die Bagatelldelikte im Entwurf eines EGStGB, Juristenzeitung, 1973, 144-151

Detjen, Stephan, Spezialpräventive Denkzettel: Reform strafrechtlicher Sanktionen, Zeitschrift für Rechtspolitik, 2001, 140-141

Deutscher Juristentag, Verhandlungen des 59. Deutschen Juristentages – Hannover 1992, Band II (Sitzungsberichte Teil O), Hannover 1992

Dittmann, Jörg, Wandel in den Kriminalitätseinstellungen der Bundesbürger – eine Zeitreihenanalyse anhand allgemeiner Bevölkerungsumfragen, Neue Kriminalpolitik, 2/2005, 64-70

Dolde, Gabriele, Zum Vollzug von Ersatzfreiheitsstrafen – Eindrücke einer empirischen Erhebung, in: Feuerhelm, Wolfgang / Schwind, Hans-Dieter / Bock, Michael, Festschrift für Alexander Böhm zum 70. Geburtstag am 14. Juni 1999, Berlin 1999, 581-596

Dolde, Gabriele / Rössner, Dieter, Auf dem Wege zu einer neuen Sanktion – Vollzug der Freiheitsstrafe als Freizeitstrafe, Zeitschrift für die gesamte Strafrechtswissenschaft, 1987, 424-451

Dolde, Gabriele / Jehle, Jörg-Martin, Wirklichkeit und Möglichkeiten des Kurzstrafenvollzuges, Zeitschrift für Strafvollzug und Straffälligenhilfe 1986, 195-202

Dolde, Gabriele, Vollzug der kurzen Freiheitsstrafe ohne soziale Desintegration: Verlauf und Erfolg des „Kurzstrafenprogramms" in Baden-Württemberg, in: Göppinger, Hans E, / Jehle, Jörg-Martin / Maschke, Werner / Szabo, Denis, Strafrechtspraxis und Kriminologie: Eine kleine Festgabe für Hans Göppinger zum 70. Geburtstag, 2. Auflage, Bonn 1990, 171-194

Dölling, Dieter, Die Weiterentwicklung der Sanktionen ohne Freiheitsentzug im deutschen Strafrecht, Zeitschrift für die gesamte Strafrechtswissenschaft, 1992, 259-290

Dünkel, Frieder, Reform des Sanktionenrechts – Neuer Anlauf, Neue Kriminalpolitik, 2003, 123-124

Dünkel, Frieder, Rot-grüne Kriminalpolitik – Fehlanzeige? Neue Kriminalpolitik, 2003, 2-4

Dünkel, Frieder, Sicherheit als Vollzugsziel? Die Wende im Strafvollzug in Zeiten des Wahlkampfes: eine Initiative aus Hessen, Neue Kriminalpolitik, 2003, 8-9

Dünkel, Frieder, International vergleichende Strafvollzugsforschung, in: Schneider, Hans Joachim (Hrsg.): Internationales Handbuch der Kriminologie. Band 2: Besondere Probleme der Kriminologie, Berlin 2009, 145-226

Dünkel, Frieder, Strafvollzug in Deutschland – rechtstatsächliche Befunde, Aus Politik und Zeitgeschichte, 7/2010, 7-14.

Dünkel, Frieder / Geng, Bernd, Fakten zur Überbelegung im Strafvollzug und Wege zur Reduzierung der Gefangenenraten, Neue Kriminalpolitik, 2003, 146-149

Dünkel, Frieder / Geng, Bernd, Aktuelle Daten zum Strafvollzug in Deutschland. Forum Strafvollzug – Zeitschrift für Strafvollzug und Straffälligenhilfe, 1/2007, 14-18

Dünkel, Frieder / Geng, Bernd / Morgenstern / Christine, Strafvollzug in Deutschland – aktuelle rechtstatsächliche Befunde. Forum Strafvollzug – Zeitschrift für Strafvollzug und Straffälligenhilfe, 1/2010, 20-32

Dünkel, Frieder / Grosser, Rudolf, Vermeidung von Ersatzfreiheitsstrafen durch gemeinnützige Arbeit, Neue Kriminalpolitik, 1/1999, 28-33

Dünkel, Frieder / Morgenstern, Christine, Aktuelle Probleme und Reformfragen des Sanktionenrechts in Deutschland, Juridica International, VIII 2003, 24-35

Dünkel, Frieder / Scheel, Jens, Vermeidung von Ersatzfreiheitsstrafen durch gemeinnützige Arbeit: das Projekt "Ausweg" in Mecklenburg-Vorpommern: Ergebnisse einer empirischen Untersuchung, Mönchengladbach 2006

Dünkel, Frieder / Snacken, Sonja, Strafvollzug in Europa, Neue Kriminalpolitik, 4/2000, 31-37

Dünkel, Frieder / Spiess, Gerhard, Kriminalpolitische Bewertung der Strafaussetzung und Folgerungen für die Praxis in der Bundesrepublik, in: Dünkel, Frieder / Spiess, Gerhard (Hrsg.), Alternativen zur Freiheitsstrafe – Strafaussetzung zur Bewährung und Bewährungshilfe im internationalen Vergleich, Freiburg 1983, 503-514

Dünkel, Frieder / Spiess, Gerhard, Perspektiven der Strafaussetzung zur Bewährung und Bewährungshilfe im zukünftigen deutschen Strafrecht. Bewährungshilfe, 1992, 117-138

Eisenberg, Ulrich, Kriminologie, 6. Auflage, München 2005

Elsner, Beatrix, Entlastung der Staatsanwaltschaft durch mehr Kompetenzen für die Polizei? Eine deutsch-niederländisch vergleichende Analyse in rechtlicher und rechtstatsächlicher Hinsicht, Göttingen 2008

Entorf, Horst / Spengler, Hannes, Die generalpräventive Wirkung erwarteter Strafe – Eine umfassende Auswertung kombinierter Kriminal- und Strafverfolgungsstatistiken im langfristigen Bundesländervergleich, Monatsschrift für Kriminologie und Strafrechtsreform, 2005, 313-338

Entorf, Horst, Strafvollzug oder Haftvermeidung – was rechnet sich?, Aus Politik und Zeitgeschichte, 7/2010, 15-21

Europäische Kommission, Grünbuch über die Angleichung , die gegenseitige Anerkennung und die Vollstreckung strafrechtlicher Sanktionen in der Europäischen Union, KOM (2004), 334, Internetpublikation: www.europa.eu.int/comm/justice_home/news/consulting_public/gp_sanctions/green_paper_de.pdf

Feuerhelm, Wolfgang, Gemeinnützige Arbeit als Alternative in der Geldstrafenvollstreckung, Wiesbaden 1991

Feuerhelm, Wolfgang, Arbeit als Strafe? Dimensionen der Gemeinnützigen Arbeit, in: Jehle, Jörg –Martin (Hrsg.), Täterbehandlung und neue Sanktionsformen – Kriminalpolitische Konzepte in Europa, Mönchengladbach 2000, 323-348

Fezer, Gerhard, Vereinfachte Verfahren im Strafprozeß, Zeitschrift für die gesamte Strafrechtswissenschaft, 1994, 1-59

Fischer, Thomas, Strafgesetzbuch und Nebengesetze, 58. Auflage, München 2011

Frommel, Monika, 40 Jahre Strafrechtsreform, Neue Kriminalpolitik, 4/2008, 133-139

Geisler, Linus (Hrsg.), Lexikon Medizin: Das große Nachschlagewerk für Ärzte, Apotheker, Patienten. Von Medizinern empfohlen, Köln 2005

Geppert, Klaus, Das Legalitätsprinzip, Jura, 1982, 139-151

Göppinger, Hans, Angewandte Kriminologie – Ein Leitfaden für die Praxis, Berlin 1985

Göppinger, Hans, Angewandte Kriminologie – International, Bonn 1988

Göppinger, Hans, Kriminologie, 4. Auflage, München 1980

Göppinger, Hans, Kriminologie, 6. Auflage, München 2008

Göppinger, Hans / Jehle, Jörg-Martin / Maschke, Werner / Szabo, Denis, Strafrechtspraxis und Kriminologie: Eine kleine Festgabe für Hans Göppinger zum 70. Geburtstag, 2. Auflage, Bonn 1990

Grebing, Gerhard, Probleme der Tagessatz-Geldstrafe Zeitschrift für die gesamte Strafrechtswissenschaft,1976, 1049-1115

Groth, Klaus-Ulrich, Die verfassungsrechtliche Zulässigkeit der Pönalisierung während der Führungsaufsicht begangener Weisungsverstöße, Neue Juristische Wochenschrift 1979, 743-74

Hamdorf, Kai / Wölber, Olof, Die Ersatzfreiheitsstrafe in Schweden und Deutschland, Zeitschrift für die gesamte Strafrechtswissenschaft, 1999, 929-948

Hammer, Ursula, Wunderwaffe Strafgeld ?, Deutsche Richterzeitung, 1999, 206-207

Heghmanns, Michael, Fahrverbot, Arbeitsstrafe und Hausarrest als taugliche Instrumente zur Vermeidung von unnötigem Strafvollzug?, Zeitschrift für Rechtspolitik, 1999, 297-302

Heghmanns, Michael, Verfolgungsdefizite und polizeiliche Ahndungskompetenzen, Zeitschrift für Rechtspolitik, 2001, 554-558

Heinz, Wolfgang, Sanktionierungspraxis in der Bundesrepublik Deutschland im Spiegel der Rechtspflegestatistiken, Zeitschrift für die gesamte Strafrechtswissenschaft, 1999, 461-503

Heinz, Wolfgang, Die neue Rückfallstatistik – Legalbewährung junger Straftäter, Zeitschrift für Jugendkriminalrecht und Jugendhilfe, 2004, 35-48

Heinz, Wolfgang: Das strafrechtliche Sanktionensystem und die Sanktionierungspraxis in Deutschland 1882 - 2006 (Stand: Berichtsjahr 2006). Internet-Publikation: Konstanzer Inventar Sanktionsforschung 2008, Version 1/2008, Internetpublikation: www.uni-konstanz.de/rtf/kis/Sanktionierungspraxis-in-Deutschland-Stand2006.pdf

Heinz, Wolfgang: Mehr und härtere Strafen = mehr Innere Sicherheit! Stimmt diese Gleichung? Strafrechtspolitik und Sanktionierungspraxis in Deutschland im Lichte kriminologischer Forschung, Vortrag, gehalten am 31. März 2007 an der Kansai Universität, Osaka, Internetpublikation: www.uni-konstanz.de/rtf/kis/Heinz_Mehr_und_haertere_Strafen_he306.pdf

Heinz, Wolfgang, Rückfall- und Wirkungsforschung – Ergebnisse aus Deutschland Vortrag, gehalten am 5. April 2007, Kansai Universität, Osaka, Internetpublikation: www.uni-konstanz.de/rtf/kis/Heinz_Rueckfall-und_Wirkungsforschung_he308.pdf

Heinz, Wolfgang, Wie sicher lebt man in Deutschland? Fakten zur Kriminalitätslage und Folgerungen für eine wissensbasierte Kriminalpolitik, Vortrag, gehalten am 11. April 2007, Universität KYUSHU, Fukuoka, Internetpublikation: www.uni-konstanz.de/rtf/kis/Heinz_Wie_sicher_lebt_man_in_Deutschland_he310.pdf

Heinz, Wolfgang, Neue Straflust der Strafjustiz – Realität oder Mythos, Neue Kriminalpolitik, 1/2011, 14-27

Heitzer, Anne; Punitive Sanktionen im europäischen Gemeinschaftsrecht, Heidelberg 1997

Helgerth, Roland / Krauß Friedrich, Der Gesetzentwurf zur Reform des Sanktionenrechts, Zeitschrift für Rechtspolitik, 281-283

Hellmann, Uwe, Richterliche Überzeugungsbildung und Schätzung bei der Bemessung strafrechtlicher Sanktionen, Goltdammer´s Archiv für Strafrecht 1997, 503-524

Hellmann, Uwe, Strafprozessrecht, 2. Auflage, Berlin 2006

Hennig, Dietmar, Vollstrecker ohne Macht, Zeitschrift für Rechtspolitik, 1990, 99-103

Hirsch, Hans-Joachim, Bilanz der Strafrechtsreform, in: Hirsch, Hans Joachim u.a. (Hrsg.), Gedächtnisschrift für Hilde Kaufmann, Berlin 1986, 133-165

Horn, Eckhard, Neuerungen der Kriminalpolitik im deutschen Strafgesetzbuch 1975, Zeitschrift für die gesamte Strafrechtswissenschaft, 1977, 547-569

Horn, Eckhard, „Bewährungsstrafe“: Bewährung, sonst Strafe, Zeitschrift für Rechtspolitik, 1990, 81-82

Horn, Eckhard, Empfehlen sich Änderungen und Ergänzungen bei den strafrechtlichen Sanktionen ohne Freiheitsentzug?, Juristenzeitung, 1992, 828-832

Horstkotte, Hartmuth., Rückblick auf die Strafrechtsreform von 1969: Erwartungen, Erfolge, Enttäuschungen, Bewährungshilfe 1984, 2-12

Janssen, Helmut, Die Praxis der Geldstrafenvollstreckung : Eine empirische Studie zur Implementation kriminalpolitischer Programme, Frankfurt a.M. 1994

Jasch, Michael, Ohne Reform wird die Strafverfolgung zur Farce, Neue Kriminalpolitik, 4/1999, 8-9

Jehle, Jörg-Martin / Heinz, Wolfgang / Sutterer, Peter, Legalbewährung nach strafrechtlichen Sanktionen: Eine kommentierte Rückfallstatistik, Mönchengladbach 2003

Jehle, Jörg-Martin / Albrecht, Hans-Jörg / Hohmann-Fricke, Sabine / Tetal, Carina, Legalbewährung nach strafrechtlichen Sanktionen: Eine bundesweite Rückfalluntersuchung 2004 – 2007, Mönchengladbach 2010

Jescheck, Hans-Heinrich, Die Krise der Kriminalpolitik, Zeitschrift für die gesamte Strafrechtswissenschaft, 1979, 1037-1064

Jescheck, Hans-Heinrich / Weigend, Thomas, Lehrbuch des Strafrechts: Allgemeiner Teil, 5. Auflage, Berlin 1996

Johnson, Elmer-Hubert., Probation und parole: Die Stellung der Strafaussetzung im Sanktionensystem der USA, in: Dünkel, Frieder / Spiess, Gerhard (Hrsg.), Alternativen zur Freiheitsstrafe – Strafaussetzung zur Bewährung und Bewährungshilfe im internationalen Vergleich, Freiburg 1983, 267-280

Jung, Heike, Sanktionensysteme und Menschenrechte, Bern 1992

Kaiser, Günther, Medienkriminalität – Spiegel der Wirklichkeit oder Instrument der Kriminalpolitik?, Zeitschrift für Rechtspolitik, 2002, 30-34

Kaufmann, Armin, Die Strafaussetzung zur Bewährung und das Verbot der reformatio in peius, Juristenzeitung 1958, 297-301

Kawamura – Reindl, Gabriele / Reindl, Richard, Rahmenbedingungen erfolgreicher Ableistung gemeinnütziger Arbeit – Evaluationsergebnisse des Modells der Fachstellen in Nordrhein – Westfalen, Neue Kriminalpolitik, 2003, 49-52

Kintzi, Heinrich, Die Geldstrafe – eine ausbaufähige Sanktion, Deutsche Richterzeitung, 2001, 198-206

Kintzi, Heinrich, Gesetzentwurf zum Sanktionenrecht – Das deutsche Sanktionensystem auf dem Prüfstand, Deutsche Richterzeitung, 2003, 325-328

Klingst, Martin, Der Hamburger läuft im Regen und wartet auf Sonne, Deutsche Richterzeitung, 2000, 131-132

Koalitionsvereinbarung 1998, SOZIALDEMOKRATISCHE PARTEI DEUTSCHLANDS / BÜNDNIS 90 / DIE GRÜNEN, Aufbruch und Erneuerung - Deutschlands Weg ins 21. Jahrhundert, Internetpublikation: www.datenschutz-berlin.de /doc/de/koalo/index.htm

Köhler, Michael, Zur Kritik an der Zwangsarbeitsstrafe, Goltdammer´s Archiv für Strafrecht, 1987, 145-161

Köhne, Michael, Abschaffung der Ersatzfreiheitsstrafe?, Juristische Rundschau, 2004, 453-456

Köhne, Michael, Menschen(un)würdige Unterbringung von Strafgefangenen, Strafverteidiger, 2009, 215-218

Köhne, Michael, 3 Landesstrafvollzugsgesetze – Beiträge zum „Wettbewerb der Schäbigkeit"? Neue Zeitschrift für Strafrecht, 2009, 130-133

Kolbe, Peter, Staatlichkeit im Wandel am Beispiel der Kriminalprävention, Aus Politik und Zeitgeschichte, 46/2005, 9-16

König, Peter, Ist das strafrechtliche Sanktionensystem reformbedürftig?, Deutsche Richterzeitung, 2003, 267-272

Kräupl, Günther / Ludwig, Heike, Wahrnehmung von Kriminalität und Sanktionen im Kontext gesellschaftlicher Transformation: Theoretische Reflexion und Ergebnisse von Kriminalitätsbefragungen in Thüringen, Freiburg 2000

Kretschmer, Joachim, Die Mehrfachbelegung von Hafträumen im Strafvollzug in ihrer tatsächlichen und rechtlichen Problematik, Neue Zeitschrift für Strafrecht, 2005, 251-255

Kretschmer, Joachim, Die menschen(un)würdige Unterbringung von Strafgefangenen, Neue Juristische Wochenschrift, 2009, 2406-2411

Krey, Volker / Hellmann, Uwe, Strafrecht Besonderer Teil Band 2 Vermögensdelikte, 15. Auflage, Stuttgart 2008,

Kropp, Christian, Das Rechtsinstitut der Bewährung, Juristische Arbeitsblätter, 1999, 500-505

Kühl, Kristian, Unschuldsvermutung, Freispruch und Einstellung, Köln 1983

Lackner, Karl, Das zweite Gesetz zur Sicherung des Straßenverkehrs, Juristenzeitung, 1965, 92-95

Lackner, Karl / Kühl, Kristian, Strafgesetzbuch – Kommentar, 27. Auflage München 2011

Landau, Herbert / Fünfsinn, Helmut, Polizeiliches Strafgeld als Reaktion auf den Ladendiebstahl, Zeitschrift für Rechtspolitik, 2000, 5-7

Laubenthal, Klaus, Strafvollzug, 6. Auflage Berlin 2011

Laubenthal, Klaus, Gefangenensubkulturen, Aus Politik und Zeitgeschichte, 7/2010, 34-39

Lehnert, Nicole, Organisation gemeinnütziger Arbeit zur Abwendung von Ersatzfreiheitsstrafen - Eine empirische Untersuchung zur Zufriedenheit der Einsatzstellen in Nürnberg, 2006, Internetpublikation: www.agvbayern.org/diplomarbeiten.html?file=tl_files/content/diplomarbeiten/Diplomarbeit_Lehnert.pdf

Leipziger Kommentar zum Strafgesetzbuch, Band 2, §§ 32-55, 12. Auflage, Berlin 2006, (*Bearbeiter,* in LK-StGB)

Leipziger Kommentar zum Strafgesetzbuch, Band 3, §§ 56-79 b, 12. Auflage, Berlin 2008, (*Bearbeiter,* in LK-StGB)

Lexikon Medizin: über 60.000 Stichwörter, mehr als 1.600 Tabellen und Abbildungen bearbeitet von der Lexikon-Redaktion des Verlages Urban & Schwarzenberg unter Leitung von Norbert Boss, Weyarn 1995

Löwe-Rosenberg, Die Strafprozessordnung und das Gerichtsverfassungsgesetz, Großkommentar, 26. Auflage, Berlin 2007, (*Bearbeiter,* in LR-StPO)

Lübbe-Wolff, Gertrude, Strafen ist tragisch. Man muss bemüht sein diese Tragik zu reduzieren auch im Vollzug, Zeitschrift für Rechtspolitik, 2009, 93-94.

Lüderssen, Klaus, Gnadenweiser Erlaß von Ersatzfreiheitsstrafen, in: Feuerhelm, Wolfgang / Schwind, Hans-Dieter / Bock, Michael, Festschrift für Alexander Böhm zum 70. Geburtstag am 14. Juni 1999, Berlin 1999, 553-580

Maelicke, Bernd, Überbelegung = Fehlbelegung? !!! – Plädoyer für grundlegende Systemverbesserungen im deutschen Strafvollzug, Neue Kriminalpolitik, 2003, 143-145

Matt, Eduard, Haft und keine Alternative? Zur Situation von Ersatzfreiheitsstrafen-Verbüßern am Beispiel Bremen, Monatsschrift für Kriminologie und Strafrechtsreform, 2005, 339 – 250

Meier, Bernd-Dieter, Strafrechtliche Sanktionen, 3. Auflage, Berlin 2009

Meier, Bernd-Dieter, Kriminalpolitik in kleinen Schritten – Entwicklungen im strafrechtlichen Rechtsfolgensystem, Strafverteidiger, 2008, 263-271

Meier, Bernd-Dieter / Homann, Denise, Die Verfolgungspraxis der Staatsanwaltschaften und Gerichte bei Vermögensstraftaten im System der gesetzlichen Krankenversicherung, Monatsschrift für Kriminologie und Strafrechtsreform, 2009, 359-375

Meier, Bernd-Dieter, What works? – Die Ergebnisse der neueren Sanktionsforschung aus kriminologischer Sicht, Juristenzeitung, 2010, 112-120

Mensching, Anja, Ist Vorbeugen besser als Heilen?, Aus Politik und Zeitgeschichte, 46/2005, 17-22

Meyer, Ingeborg M., Wann kann eine Geldstrafe verhängt werden und wie hoch darf diese ausfallen? Praxis Steuerstrafrecht 2008, 257-262

Meyer-Goßner, Lutz, Strafprozessordnung, 54. Auflage, München 2011

Ministerium der Justiz, Strafrecht der Deutschen Demokratischen Republik: Kommentar zum Strafgesetzbuch, 5. Auflage, Berlin 1987

Mitsch, Wolfgang, Die Geldstrafe, Juristische Arbeitsblätter, 1993, 304-310

Mitsch, Wolfgang, Strafrecht Besonderer Teil 2 Vermögensdelikte (Kernbereich) / Teilband 1, 2. Auflage, Berlin 2003

Montenbruck, Axel / Kuhlmey, René / Enderlein, Uwe, Die Tätigkeit des Staatsanwalts in Wirtschaftsstrafverfahren – Einführung in die Probleme, Juristische Schulung, 1987, 967-971

Morgenstern, Christine, Internationale Mindeststandards für ambulante Strafen und Maßnahmen, Mönchengladbach 2002

Müller-Christmann, Bernd, Die Bezahlung einer Geldstrafe durch Dritte, Juristische Schulung, 1992, 379-382

Münchner Kommentar zum Strafgesetzbuch, Band 1, 2. Auflage, München 2011, (*Bearbeiter*, in MK-StGB)

Neubacher, Frank, An den Grenzen des Strafrechts – Stalking Graffiti, Weisungsverstöße, Zeitschrift für die gesamte Strafrechtswissenschaft, 2006, 855-877

Neubacher, Frank, Gewalt unter Gefangenen, Neue Zeitschrift für Strafrecht, 2008, 361-366

Nomos Kommentar zum Strafgesetzbuch, 3. Auflage, Baden-Baden 2010, (*Bearbeiter*, in NK-StGB)

Nüse, Karl-Heinz, Zu den neuen Vorschriften zur Sicherung des Straßenverkehrs, Juristische Rundschau, 1965, 42-45

Ostendorf, Heribert, „Polizeiliches Strafgeld" Auflösung des Gewaltenteilungsprinzips, Neue Kriminalpolitik, 3/1999, 7

Ostendorf, Heribert, Lagebild der Kriminalität, Informationen zur Politischen Bildung, Nr. 306, 1/2010, 4-10, Internetpublikation: www.bpb.de/die_bpb/NR6YMW.html

Otto, Harro, Grundkurs Strafrecht – Allgemeine Strafrechtslehre, 7. Auflage, Berlin 2004

Pfeiffer, Christian / Windzio, Michael / Kleimann, Matthias, Die Medien, das Böse und wir. Zu den Auswirkungen der Mediennutzung auf Kriminalitätswahrnehmung, Strafbedürfnisse und Kriminalpolitik, Monatsschrift für Kriminologie und Strafrechtsreform, 2004, 415-435

Pfohl, Michael, Die gemeinnützige Arbeit als strafrechtliche Sanktion - Eine rechtsvergleichende Untersuchung besonderer Berücksichtigung der britischen Community Service Order, Berlin 1983

Pilgram, Arno, Die erste österreichische Rückfallstatistik – ein Mittel zur Evaluation regionaler Strafenpolitik, Österreichische Juristenzeitung, 1991, 577-586

Poseck, Roman, Anhörung des Rechtsausschusses des Deutschen Bundestages am 1. Dezember 2004 zu dem Gesetzentwurf der Bundesregierung - Entwurf eines Gesetzes zur Reform des Sanktionenrechts – BT-Drucksache 15/2725, 66. Sitzungsprotokoll des Rechtsausschusses vom 1. Dezember 2004, 81-91

Preiser, Friedrich, Bewährungs- und Sicherungsaufsicht – Kritik und Vorschläge zur Strafrechtsreform, Zeitschrift für die gesamte Strafrechtswissenschaft, 1969, 249-276

Priebe, Klaus, Zur Kodifizierung der „Bagatellkriminalität“ in Deutschland und Europa, Grasberg 2005

Prittwitz, Cornelius, Stellungnahme zum Entwurf eines Gesetzes zur Reform des Sanktionenrechts (BT-Drucksache 15/2725) der Bundesregierung, 66. Sitzungsprotokoll des Rechtsausschusses vom 1. Dezember 2004, 92-98

Reuband, Karl-Heinz, Steigende Punititvität in der Bevölkerung – ein Mythos? Änderungen im Kriminalitätserleben der Bundesbürger und ihre Forderung nach härteren Strafen. Neue Kriminalpolitik, 3/2006, 99-103

Reuband, Karl-Heinz, Wie punitiv sind die Ostdeutschen? Sanktionseinstellungen und Strafphilosophie der Ost- und Westdeutschen im Vergleich, Monatsschrift für Kriminologie und Strafrechtsreform, 2008, 144-155

Reuband, Karl-Heinz, Sinkende Kriminalitätsfurcht in Zeiten steigender Kriminalitätsbedrohung? Eine Fallstudie zum Verhältnis objektiver und subjektiver Kriminalitätsbedrohung, Monatsschrift für Kriminologie und Strafrechtsreform, 2008, 416-442

Rieß, Peter, Entwicklung und Bedeutung der Einstellungen nach § 153a StPO, Zeitschrift für Rechtspolitik, 1983, 93-99

Rössner, Dieter, Strafrechtsfolgen ohne Übelszufügung? - Zur Reform der Sanktionen ohne Freiheitsentzug, Neue Zeitschrift für Strafrecht, 1992, 409-415

Roxin, Claus, Strafrecht, Allgemeiner Teil Band I – Grundlagen – Der Aufbau der Verbrechenslehre, 4. Auflage München 2006

Rudolphi, Hans-Joachim u.a., Systematischer Kommentar zum Strafgesetzbuch, Loseblattsammlung, Stand 124. Nachlieferung (September 2010), Neuwied (u.a.), (*Bearbeiter*, in SK-StGB)

Sack, Fritz, Probleme der Kriminalsoziologie, in: König, Rene (Hrsg.), Handbuch der empirischen Sozialforschung, Band 12, 2. Auflage, Stuttgart 1978, 192-392

Sagel-Grande, Irene, Was läßt die BRD von den Sanktionen ohne Freiheitsentzug der DDR übrig, Monatsschrift für Kriminologie und Strafrechtsreform, 1992, 53-58

Saliger, Frank, Grenzen der Opportunität: § 153 a StPO und der Fall Kohl – Zugleich Besprechung von LG Bonn, Beschluss vom 28.02.2001, Goltdammer´s Archiv für Strafrecht 2005, 155-176

Saliger, Frank / Sinner, Stefan, Abstraktes Recht und konkreter Wille – Anmerkungen zur Einstellung des „Mannesmann“-Verfahrens nach § 153a StPO, Zeitschrift für internationale Strafrechtsdogmatik, 2007, 476-482

Sauter, Alfred, Das Strafgeldvorhaben der neuen Koalition das „trojanische Pferd“ zur Entkriminalisierung, Recht und Politik 1/1999, 19-23

Schädler, Wolfram, Das Projekt „Gemeinnützige Arbeit“ – die nicht nur theoretische Chance des Art. 293 EGStGB Zeitschrift für Rechtspolitik, 1983, 5-10

Schäfer, Christoph, Sanktionsbefugnisse für die Polizei, Neue Juristische Wochenschrift, 1999, 543-544

Schall, Hero, Ehegattensplitting und Tagessatzsystem der Geldstrafe – OLG Düsseldorf, NJW 1977, 260, Juristische Schulung, 1977, 307-313

Schall, Hero, Die Sanktionsalternative der gemeinnützigen Arbeit als Surrogat der Geldstrafe, Neue Zeitschrift für Strafrecht, 1985, 104-111

Schatz, Holger, Strafaussetzung zur Bewährung: auch bei Ersatzfreiheitsstrafen, Zeitschrift für Rechtspolitik, 2002, 438-442

Scheffler, Uwe, Das beschleunigte Verfahren als ein Akt angewandter Kriminalpolitik, in: *Graul, Eva / Gerhard Wolf*, Gedächtnisschrift für Dieter Meurer, Berlin 2002, 437-447

Schmidhäuser, Eberhard, Freikaufen mit Strafcharakter im Strafprozeß?, Juristenzeitung, 1973, 529-536

Schmidhäuser, Eberhard, Vom Sinn der Strafe, 2. Auflage, Berlin 2004

Schmidt, Eberhard, Freiheitsstrafe, Ersatzfreiheitsstrafe und Strafzumessung im Alternativ-Entwurf eines Strafgesetzbuches, Neue Juristische Wochenschrift, 1967, 1929-1940

Schneider, Ursula, Der Vorrang des Opfers bei Geldstrafen, Bewährungshilfe, 2002, 25-38

Schneider, Ursula, Gemeinnützige Arbeit als "Zwischensanktion" Monatsschrift für Kriminologie und Strafrechtsreform, 2001, 460-475

Schöch, Heinz, Empfehlen sich Änderungen und Ergänzungen bei den strafrechtlichen Sanktionen ohne Freiheitsentzug? – Gutachten C für den 59. Deutschen Juristentag, in: Deutscher Juristentag (Hrsg.), Verhandlungen des 59. Deutschen Juristentages - Hannover 1992, Band I, Hannover 1992

Schöch, Heinz, Bewährungshilfe und humane Strafrechtspflege, Festvortrag bei der Arbeitsgemeinschaft bayrischer Bewährungshelfer und Bewährungshelferinnen in Fürth am 07.04.2003, Internetpublikation: www.bewaehrungshilfe-bayern.de/archiv/festvortrag.pdf

Schomburg, Wolfgang, Die öffentliche Bekanntmachung einer strafrechtlichen Verurteilung, Zeitschrift für Rechtspolitik, 1986, 65-68

Schönke, Adolf, Schröder, Horst, Strafgesetzbuch, Kommentar, 28. Auflage, München 2010 (*Bearbeiter*, in Sch/Sch-StGB)

Schott, Tillmann, Abkehr von der 1:1 Umrechnung von Geld und Freiheitsstrafe? Juristische Rundschau 2003, 315-320

Schulenburg, Johanna, Legalitäts- und Opportunitätsprinzip im Strafverfahren, Juristische Schulung, 2004, 765-770

Schüler-Springorum, Horst, Von Spuren keine Spur, in: Schünemann, Bernd / Achenbach, Hans / Bottke, Willfried u.a., Festschrift für Claus Roxin zum 70. Geburtstag am 15. Mai 2001, Berlin 2001, 1021-1043

Schwarz, Anja, Gemeinnützige Arbeit anstelle der Ersatzfreiheitsstrafe als Chance für die Betroffenen? Eine Untersuchung zur Perspektive von Geldstrafenschuldnern in Nürnberg, Fürth und Erlangen, 2007, Internetpublikation: www.agv-bayern.org/diplomarbeiten.html?file=tl_files/content/diplomarbeiten/Diplomar beit_Schwarz.pdf

Schwarz, Otto / Kleinknecht, Theodor, Strafprozessordnung, 28. Auflage, München 1969

Schwind, Hans-Dieter / Böhm, Alexander / Jehle Jörg-Martin, (Hrsg.) Strafvollzugsgesetz, 5. Auflage Berlin 2009, (*Bearbeiter*, in Sch/B/J StrVollzG)

Seebode, Manfred, Problematische Ersatzfreiheitsstrafe, in: Feuerhelm, Wolfgang / Schwind, Hans-Dieter / Bock, Michael, Festschrift für Alexander Böhm zum 70. Geburtstag am 14. Juni 1999, Berlin 1999, 519-552

Selle, Dirk von, Der Begriff der unbilligen Härte in § 459f StPO, Neue Zeitschrift für Strafrecht, 1990, 118-120

Sieg, Hans-Otto, Fehlerhafte Eistellung nach § 153a StPO, Monatsschrift für Deutsches Recht, 1981, 200

Siegismund, Eberhard / Wickern, Thomas, Das Gesetz zur Entlastung der Rechtspflege – ein Überblick über die Änderungen der Strafprozeßordnung, des Gerichtsverfassungsgesetzes, des Jugendgerichtsgesetzes und des Strafgesetzbuches (Teil 1), Zeitschrift für Wirtschaft - Steuer - Strafrecht, 1993, 81-99

Sprenger, Wolfgang / Fischer, Thomas, Verbesserte Verfolgung des Ladendiebstahls – Sächsisches Alternativmodell zum „Strafrecht", Deutsche Richterzeitung, 2000, 111-120

Sprenger, Wolfgang / Fischer, Thomas, Verbesserte Verfolgung des Ladendiebstahls – Eine Zwischenbilanz des sächsischen Verfahrensmodells, Zeitschrift für Rechtspolitik, 2001, 241-245

Statistisches Bundesamt, Rechtspflege – Strafverfolgung, Fachserie 10, verschiedene Jahrgänge, Statistisches Bundesamt, Wiesbaden, Internetpublikationen: www.destatis.de

Streng, Franz, Modernes Sanktionsrecht?, Zeitschrift für die gesamte Strafrechtswissenschaft, 1999, 827-862

Streng, Franz, Entwicklung neuer Sanktionsformen in Deutschland, in: Jehle, Jörg – Martin (Hrsg.), Täterbehandlung und neue Sanktionsformen – Kriminalpolitische Konzepte in Europa, Mönchengladbach 2000, 207-233

Streng, Franz, Strafrechtliche Sanktionen – Die Strafzumessung und ihre Grundlagen, 2. Auflage, Stuttgart 2002

Streng, Franz, Strafzumessungsvorstellungen von Laien – Grundlagen für die Kriminalpolitik jenseits des „politisch-publizistischen Verstärkerkreislaufs", Monatsschrift für Kriminologie und Strafrechtsreform, 2004, 127-145

Theile, Hans, Menschenwürde und Mehrfachbelegung im geschlossenen Vollzug – Überlegungen zum Beschluss des BVerfG vom 13.3.2002 (2 BvR 261/01), Strafverteidiger, 2002, 670-674

Tiedemann, Klaus, Wirtschaftsstrafrecht und Wirtschaftskriminalität. Bd. 1: Allgemeiner Teil, Reinbek 1976

Tröndle, Herbert, Die Geldstrafe in der Praxis und Probleme ihrer Durchsetzung unter besonderer Berücksichtigung des Tagessatzsystems, Zeitschrift für die gesamte Strafrechtswissenschaft, 1974, 545-594

Villmov, Bernhard / Sessar, Klaus / Vonhoff, Bernd, Kurzstrafenvollzug, Kriminologisches Journal, 1993, 205-224

Von Hofer, Hanns, Die Entwicklung der Gefangenenraten in achtzehn europäischen Ländern, 1983 – 2002: ein Ausdruck für neue Straflust? Kriminologisches Journal, 2004, 8. Beiheft, 196-205

Wagner, Heinz, Rechtliches Gehör im Ermittlungsverfahren, Zeitschrift für die gesamte Strafrechtswissenschaft, 1997, 545-592

Walter, Joachim, Minoritäten im Strafvollzug, Aus Politik und Zeitgeschichte, 7/2010, 40-46

Walther, Susanne, Was soll „Strafe" – Grundzüge eines zeitgemäßen Sanktionensystems, Zeitschrift für die gesamte Strafrechtswissenschaft, 1999, 123-143

Wasik, Józef *Jakub,* Die kriminalpolitische Bedeutung der kurzfristigen Freiheitsstrafe – Ausgewählte Probleme, Festschrift für Günter Blau zum 70. Geburtstag, Berlin 1985, 600-610

Weber, Klaus, Entwurf eines Gesetzes zur Reform des Sanktionenrechts (BT-Drucksache 15/2725), 66. Sitzungsprotokoll des Rechtsausschusses vom 1. Dezember 2004, 102-125

Weigend, Thomas, Entwicklungen und Tendenzen der Kriminalpolitik in den USA, Zeitschrift für die gesamte Strafrechtswissenschaft 1978, 1083-1127

Weigend, Thomas, Die kurze Freiheitsstrafe – eine Sanktion mit Zukunft ?, Juristenzeitung, 1986, 260-269

Weigend, Thomas, Sanktionen ohne Freiheitsentzug, Goltdammer's Archiv für Strafrecht, 1992, 345-367

Weigend, Thomas, Das Opportunitätsprinzip zwischen Einzelfallgerechtigkeit und Systemeffizienz, Zeitschrift für die gesamte Strafrechtswissenschaft, 1997, 103-121

Wessels, Johannes / Hillenkamp, Thomas, Strafrecht Besonderer Teil/2 – Straftaten gegen Vermögenswerte, 33. Auflage Heidelberg 2010

Weßlau, Edda, Ahndungskompetenzen für die Polizei? – „Strafgeld" auf dem Prüfstand, Deutsche Richterzeitung, 1999, 225-233

Weßlau, Edda, In welche Richtung geht die Reform des Sanktionensystems?, Strafverteidiger 1999, 278-287

Wilkitzki, Peter, Neue kriminalpolitische Akzente in Deutschland, in: Jehle, Jörg – Martin (Hrsg.), Täterbehandlung und neue Sanktionsformen – Kriminalpolitische Konzepte in Europa, Mönchengladbach 2000, 447-454

Wilkitzki, Peter, Vom Beruf unserer Zeit zur Sanktionenreform, Goltdammer´s Archiv für Strafrecht, 2006, 398-402

Wolters, Gereon, Der Entwurf eines Gesetzes zur Reform des Sanktionenrechts, Zeitschrift für die gesamte Strafrechtswissenschaft, 2002, 63-87

Zimmermann, Dieter, Tilgung uneinbringlicher Geldstrafen durch freie Arbeit, Bewährungshilfe, 1982, 113-126

Zipf, Heinz, Die Rechtsfolgen der Tat im neuen Strafgesetzbuch, Juristische Schulung, 1974, 137-147

Zipf, Heinz, Teilaussetzung bei Freiheits- und Geldstrafen, in: Vogler, Theo, Festschrift für Hans-Heinrich Jescheck zum 70. Geburtstag, Berlin 1985, 977-990

Zypries, Brigitte, Rot-grüne Rechtspolitik 2005, in Buchheit, Christine / Wettig, Klaus, 50 Gründe für Rot-Grün, Berlin 2005, 179-185

FSC
www.fsc.org
MIX
Papier | Fördert
gute Waldnutzung
FSC® C083411

Kolibri 360 GmbH
Ferdinand-Jühlke-Straße 7
99095 Erfurt, Deutschland
produktsicherheit@kolibri360.de